KB123453

경상남도 김해
삼정걸립치기

김헌선 · 김은희 · 시지은 · 정서은

보고사

발간에
즈음하여

　오로지 삼정걸립치기를 온전하게 보존하기 위해서 사는 날들이 이어졌습니다. 김해시 삼정리의 농악인 삼정걸립치기는 누대에 걸쳐서 이루어진 것입니다. 다른 고장 사람들이나 외부 사람들이 보면 이 농악은 시골스럽고 촌스러운 농악이었습니다. 하지만 이 농악에는 삼정리 사람들의 땀과 열정이 밴 살아있는 정신이 들어있는 농악이라고 하지 않을 수 없습니다. 이 농악을 지키기 위해서 수많은 날들을 살아왔으며, 잠들지 않는 날들이 많았습니다. 그 전통을 지켜내려고 힘쓴 세월은 노심초사의 과정이었습니다.

　우리 마을의 삼정걸립치기 농악은 마을의 지신밟기를 하거나 마을의 잔칫날이 있거나 해치를 나서던 날에 빠지지 않고 우리의 곁에 있었습니다. 특히 해치는 힘들게 살아가던 그 시절에 농악기를 울리면서 마을 사람들이 하나로 되며 함께 어울리며 쉬어가는 전통이었습니다. 이제 삼정리에도 현대화된 건물이 들어서고 당목이나 당제사를 지내던 곳도 이제는 거의 흔적도 사라지고 남아있는 사람들의 기억 속에만 머물러 있습니다.

　삼정걸립치기의 농악을 몸소 실천하고 이를 보존하려고 노력하는 것이 한 평생의 직분으로 생각하여 이것을 지켜내고, 널리 알리려는 노력을 아끼지 않았습니다. 그 노력에 부응하여 우리 보존회의 농악이 전국대회에서도 수상하는 쾌거를 이룩하기도 하였습니다. 이제 이를 온전하게 계승하고자 하는 전승체계만을 갖춘다면 여한이 없다고 생각이 들어서 이와 같은 자료집을 만들고자 하였습니다. 우리나라의 농악을 세계가 평가하는 시대가 되었으며, 문화재로 등재되면서 보다 원활한 일들이 이어질 것으로 기대되는 이 마당에 삼정걸립치기에 대해 새롭게 정리하고 평가하는 시간이 되기를 기대합니다.

삼정걸립치기는 한 시대의 산물이 아니고, 더구나 낡은 것도 아닙니다. 이 농악은 삼정리 마을의 전통 속에서 빚어진 유서가 깊은 농악입니다. 이 농악을 가능하게 했던 이 마을의 역대 상쇠들이 이를 입증하고, 지금의 상쇠가 농악 가락과 절차 속에서 이 농악의 역사를 담아내어 활발하게 전승하고 있습니다. 농악의 전통과 함께 농악이 살아 숨 쉬는 전통의 산물임을 항상 자각하고 느끼는 때가 자주 있습니다.

이 책자를 통해서 삼정걸립치기가 부당한 평가를 받는 것에서 벗어나 온전한 평가를 받고, 더욱이 잘못된 선입견에서 벗어나 타당한 사실 인식에 이르렀으면 하는 것이 바람입니다. 삼정걸립치기가 소박하면서 힘이 있고, 득배기 가락의 우람하고도 멋스러운 장단에 모두 함께 춤을 추는 농악이라고 하는 점을 분명하게 밝혀내서 자랑삼을만한 가락으로 이어가야 할 것입니다. 마을의 노인네와 아낙네의 농악이 아니라 삼정리의 마을에서 빚어낸 위대한 창조물임을 온당하게 알았으면 합니다.

지금까지 세대를 거쳐 이어 온 삼정걸립치기보존회원들의 노력에 감사합니다. 그리고 이 일을 맡아준 여러분들에게 감사를 전합니다. 인연의 사슬이 닿아서 힘써 준 분네들이 함께 하여 좋은 기억으로 남게 되었으면 합니다. 여러 부족하지만 노력이 결실을 맺어서 우리 삼정걸립치기가 우리나라 전역에 널리 알려졌으면 하는 것이 작은 소망이고, 그와 아울러서 평가를 받았으면 하는 것이 진정한 바람입니다.

2017년 2월 22일
삼정걸립치기보존회
상쇠 양만근

머
리
말

김해 삼정걸립치기는 각별한 의미를 지닌 농악이다. 걸립농악은 전통적인 마을공
동체의 내력을 지닌 유서 깊은 농악 가운데 하나이다. 스스로 공동 경비를 추렴하고
이를 활성화하기 위한 수단으로 하는 농악을 일러서 걸립농악이라고 한다. 따라서
다른 지역에서 하는 낭걸립이나 절걸립의 농악과 다른 독자적인 성격을 지닌 농악
이 바로 걸립농악이라고 한다. 이를 김해 삼정 마을에서는 걸립치기라고 하였으며,
이것은 새로운 농악의 개념으로 평가할 만한 농악으로 시대적 가치를 가진 농악으
로 등재할 만하다고 여겨진다.

걸립농악의 전통을 걸립치기라고 하는 것은 의미를 새삼스럽게 하는 특징이 있
다. 과거 18세기의 기록을 보면 걸립농악이 있었으며, 이들 농악은 외지의 농악대들
이 오로지 걸립만을 위해서 다른 고장의 마을에 가서 정월달을 비롯하여 추수철에
하는 특별한 걸립과 추렴 행위를 한다. 그러한 방편으로 농악을 하고 이를 통해서
구체화한다. 이에 반해 삼정걸립치기는 흔히 마을의 당산이나 제당에 가서 하는 특
정한 제의의 일환으로 하는 것을 중심으로 마을의 집돌이를 하면서 공동의 경비를
추렴하는 것을 걸립치기라고 한다.

삼정걸립치기는 걸립농악의 표본이 될 만한 가치를 지니고 그 형태나 내용이 소
박할 뿐만 아니라, 고형의 시원적인 성격을 지니고 있어서 주목된다. 농악이 세련

되지 않았지만 그 자체로 고졸한 맛을 내고, 특히 상쇠가 하는 걸립의 과정에서 풀어내는 성주풀이와 같은 것은 다른 고정에서 거의 찾아볼 수 없을 만큼 진지한 것으로 상쇠가 쇠를 치면서 풀어내는 본풀이라고 하는 점에서 주목되는 것이다. 또한, 무당 부류의 성주풀이와 성격이 다르며, 그런 점에서 시원적인 문제를 제기하는 가신신앙과 가신신화의 주맥을 해명한다는 점에서도 근본적인 의의를 지닌 농악이라고 판단된다.

호남 지역에서는 이것을 흔히 당산굿이라고 하고, 인접하고 있는 지역에서도 이를 지신밟기 내지 마당밟이라고 하는 것으로 일컫는 것을 볼 수 있지만 김해를 비롯하여 부산지역이나 동래 같은 곳에서는 이를 특정하게 밝혀서 걸립치기라고 하면서 성주풀이를 연행하는 것을 볼 수가 있다. 아마도 이러한 고장에서 하는 걸립치기는 역사적인 전거가 오래되었으며, 농악대의 상쇠가 무속적인 굿의 일환으로 농악을 연행하는 주된 특징을 갖추었던 것으로 전해진다.

삼정걸립치기는 일찍이 여러 연구자들에 의해서 주목받은 바 있으며, 일정하게 세계화의 반열에 들어서 있었던 농악이라고 해도 틀리지 않는다. 가령 유진 어빙 크네즈(Eugene Irving Knez Knezevich, 1916-2010)와 같은 인물을 비롯하여 이두현과 같은 연구자가 그 실상을 주목하고 온전하게 연구한 바 있지만, 그 명성에도 불구하고 그 실상과 내력은 온전하게 해명된 바 없다. 과거의 그것은 어찌할 수 없다고 하더라도 농악의 독자적 결과 의미를 가진 삼정걸립치기의 전통을 지켜내고 보존하려고 하는 노력을 존중하고, 온전하게 그 몫을 담당하고 있는 양만근 상쇠와 삼정걸립치기보존회의 노력을 소중하게 평가해야 할 것으로 본다.

이 연구서는 삼정걸립치기의 순연한 면을 살리면서 그것이 지니는 의의를 소박하게 고찰한 일차적인 산물이다. 삼정걸립치기에 대한 여러 가지 저작이 나와 있어서 송구한 면이 없지 않지만 이 저작에서는 걸립농악으로서 삼정걸립치기가 어떠한 의미를 지니는지 파악하고, 특히 삼정걸립치기를 비롯한 민속문화유산에 대한 일차적인 점검을 목표로 하였다. 다소 한정된 시간에 전적으로 시간을 내서 전력을 다하고 집중할 수 없었지만, 전국적인 농악의 판도와 성격을 파악하는 데 삼정걸립치기의 의의가 있다고 보아서 이러한 저작을 내는 것에 시간을 할애하였다. 그 점에서 이 저작은 일정한 기여를 할 것으로 본다.

새해가 왔는데도 아직 새해가 오지 않은 것처럼 묵은 숙제를 남겨놓고 있는 느낌이다. 앞으로 숙제를 깔끔하게 해결할 수 있는 날들이 이어지리라 낙관하고, 어수선한 새해가 아니라, 민족문화유산 가운데 하나인 삼정걸립치기가 온전하게 대우받는 시대가 오기를 고대한다. 찬란히 동터올 새벽을 기다리는 것이 나만의 생각이 아니기를 빌어본다.

2017년 2월 22일
저자를 대신하여
김헌선 쓴다

차례

I

김해
삼정동의
내력과 지리

김해 삼정동의 내력과 지리

1. 김해시의 역사지리적 환경

삼정걸립치기는 경남 김해시 삼정2구에 전하는 김해시의 소중한 문화유산이다. 김해시는 2016년 현재 52만의 인구가 거주하며, 1개 읍, 6개 면, 12개 동, 101개 법정 리동으로 구성되었으며, 총면적 463.26㎢을 차지하고 있다. 김해는 고대의 선진문화를 이끈 구야국 혹은 가락국의 도읍지로 역사 속에 등장하면서 그 유구한 역사문화적 면면을 자랑삼을만한 곳이다. 2천년이 넘는 세월 속에서 김해지역에서 탄생한 수많은 문화유산들이 오늘날의 김해를 역사와 문화의 고도로서 이름 짓게 한다. 그러한 흔적 중 삼정동의 걸립치기는 민중들의 삶의 터전과 삶의 과정을 이해하는 매우 소중한 자료라 할 수 있다.

이에 김해지역에 대한 역사지리적 개관을 통해 김해지역의 문화적 배경에 대해서 살펴볼 수 있겠다. 김해지역 일대는 본디 가야지역으로 구야국(狗倻國) 혹은 변진구야국(弁辰狗邪國)이었던 지역에 속한다. 일찍이 수로왕이 세운 가락국의 도읍지이다. 김해는 가락가야(駕洛加耶)의 중심지역으로, 금관국(金官國)으로 고쳤다가, 신라에 병합되면서 금관군(金官郡), 가야군(伽倻郡)으로 개칭되었다가, 김해소경(金海小京), 금관소경(金官小京), 임해(臨海), 금주(金州), 금녕(金寧), 분성(盆城), 김해(金海) 등의 다양한 명칭으로 불렸다.[1]

15

고대에 김해지역은 변한에 속하여 철을 생산하여 외국에 수출하거나 뽕나무와 누에를 길러 합사비단을 짤 줄 알았다는 기록[2]을 통해 문화적으로 일찌감치 발달한 지역이었음을 짐작할 수 있다. 김해가 속했던 변한과 변진 일대는 우리나라 전통문화의 기저를 이루는 지역이라 할 수 있는데, 일찍이 제정일치와 정교일치의 고대사회를 형성함으로써 발달된 문화적 역량을 키워냈다. 이후 가락국이 되면서 본격적인 철기와 토기들이 고분군에서 발굴됨으로써 그 문명적 발달과 문화적 환경의 변화상황을 짐작할 수 있다.

특히 가락국은 한반도 동남단의 해변에 위치하여 대륙과 해양성 기후의 영향으로 우풍(雨風)이 순조롭고, 평야의 토질이 사질양토며, 낙동강과 여러 소하천을 끼고 벼농사를 비롯한 다양한 곡물을 키우기에 적합한 지리적 환경이었다. 그리하여 가락국의 백성들은 이미 건국 당시에 산과 들에 집을 지어 살며 우물을 파서 음용할 줄 알았고, 뽕나무를 가꾸어 누에를 길렀으며, 소와 말과 수레를 탈 줄 알았다고 한다.[3] 그리하여 이러한 자연환경과 이를 문명적으로 이용할 줄 알았던 가락국은 불교를 일찍이 수용한 사실을 통해 문화적 교류에도 일찍 눈을 떴음을 확인할 수 있다.

이처럼 김해가 풍부한 해양자원과 내륙의 자원을 원천으로 일찍이 철기문화를 일으켜 세워 그 세력을 넓혀 가락국을 형성한 것을 알 수 있다. 그러나 532년 신라에 병합되면서 금관가야로서의 면모는 축소되는 처지에 이르게 된다. 더욱이 경덕왕에 이르러 금관이라는 명칭을 더 이상 사용하지 못하고, 김해(金海)라는 명칭을 얻으면서, 김해소경(金海小京)이 되었다. 소경(小京)이라는 명칭으로 옛 왕도의 예우를 다하기는 하였으나, 신라 이후 고려에 이르기까지 가야 일대는 지속적인 경계의 대상이 되었다. 이러한 역사적 지리적 환경으로 인하여 김해지역은 자신들이 주도적으로 삶을 영위하기 위한 주체적 힘을 키우는 것이 더욱 중요하였다. 그리하여 이러한 역사적 굴레 속

---

1) 『활천지』, (활천지편찬위원회, 2013), 57쪽. 이후 김해지역의 역사와 관련된 사항은 『활천지(活川誌)』, (활천지편찬위원회, 2013)의 "제1편 고장의 역사" 중 해당하는 내용을 발췌 정리하였다.

2) 『활천지』, (활천지편찬위원회, 2013), 59쪽.

3) 『활천지』, (활천지편찬위원회, 2013), 62쪽.

에서 김해 사람들은 더욱 독립적이며 주체적인 기질을 가지게 되었다.

또한 김해가 남해안이라는 입지조건은 내륙의 수운과 바다의 해운, 왜구 침입 등과 관련해서 중요한 지역으로 작용하는 데 일조하였다. 이러한 상황은 신라, 고려에 이어서 조선시대까지 같은 양상으로 나타난다. 고려시대에는 왜구의 요충지로서 배안사(排岸使)나 방어사(防禦使)와 같은 무관직을 두고, 동남해도도부서사(東南海道都府署使) 본영을 설치하기도 하는 등 해상무역과 안보를 위해 중요한 요충지로 인지되었다. 또한 김해가 일본 사신들의 직접적 왕래가 빈번한 지역으로서 인본국 사실들에 체재할 수 있는 왜관(倭館)이 설치되는 등 왜와의 교류를 위해서 중요한 거점지 역할을 수행하였다.

이러한 맥락에서 김해지역 즉 김해부(金海府)에 김해성(金海城)이 등장하는데, 김해부에 김해도호부사(金海都護府使)가 별중영장(別中營將)과 토포사(討捕使)를 겸임하여, 김해부내의 행정권, 군사권, 사법권까지 행사할 수 있게 한 점[4]은 매우 중요하게 해석될 수 있다. 즉 김해라는 지역의 특수한 지리적 여건으로 인하여 도호부사에게 막강한 권력을 행사하게 하여 부사의 권력남용과 토착세력화를 경계한다. 이러한 측면에서 임진왜란 당시 김해성의 함락과 이후 왜군과의 대치상태에 대한 심각한 문제가, 김해성의 지리적 중요성을 다시 인식하게 만들었다고 할 수 있다.

그리하여 이러한 정황들로 인하여 이후 김해부는 더욱 중요한 위치로 인지될 수밖에 없었다. 이러한 면모가 조선시대에 작성된 고지도 몇 가지를 통해서도 확인할 수 있다. 조선시기에 그려진 지도 중 18세기 중반에 그려진『해동지도』와 19세기 초반에 그려진『광여도』를 통해서 분성의 견고한 모습과 행정구역의 구획이 매우 계획적으로 이루어져 있음을 확인할 수 있다. 즉 분성을 중심으로 동서남북으로 산들이 둘러싸고 있으며, 남쪽의 해안가지역과 동쪽의 낙동강 줄기 등으로 천혜의 요새로서의 면모를 갖추고 있음을 알 수 있다.

---

4)『활천지』, (활천지편찬위원회, 2013), 75쪽.

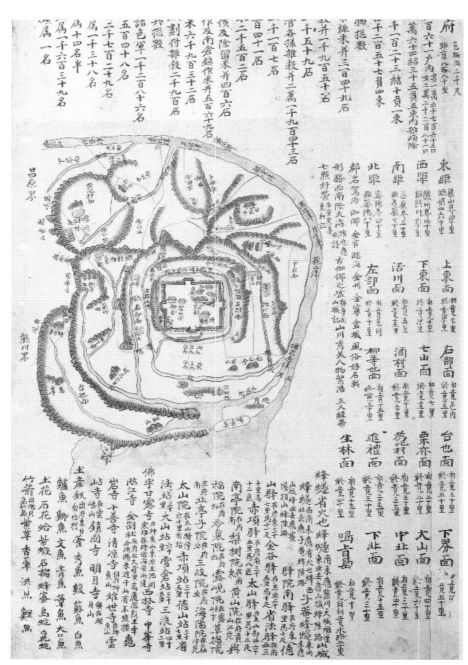

『해동지도』 중 김해부

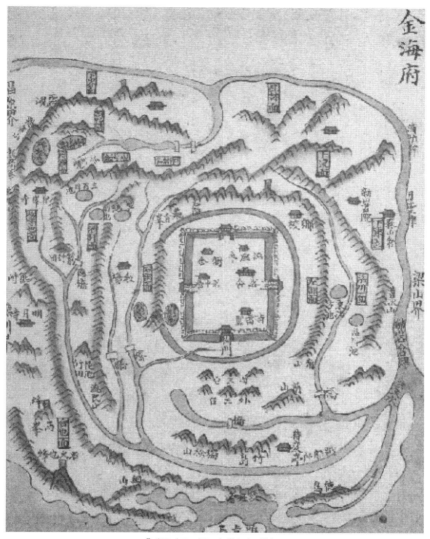

『해동지도』 중 김해부의 세부도

『해동지도(海東地圖)』(서울대 규장각 분류기호 古大4709-41)
제작시기: 1750년대 초, 규격: 47.0×30.5cm, 구성: 8책5)

<hr />

5) 서울대학교 규장각 한국학연구소 원문서비스, 고지도, http://kyudb.snu.ac.kr/pf01/rendererImg.do?
item_cd=GZD&book_cd=GR33469_00&vol_no=0000&page_no=069&imgFileNm=GM33469IL0005_069.jpg

『해동지도』는 18세기 중반(영조 26)에 총 8책으로 제작된 회화식 군현지도로 당시에 제작된 모든 회화식 지도를 총망라하고 있다. 지도의 여백에 호구, 전결, 곡물, 군병, 건치연혁, 산천, 군명, 고적, 역원, 서원, 불우, 토산 등의 항목이 표기되어 있다. 또한 방위를 표시하는 방면주기가 들어 있어서 당시의 각 군현별 사회경제적 상황을 확인할 수 있는 중요한 지표가 된다. 이 해동지도 가운데 김해는 김해부(金海府)로 확인되며, 김해부 가운데 삼정동 일대는 활천지(活川池) 유역에 해당하는 활천면(活川面)에 속해 있다. 활천면은 김해의 동서남북으로 연결된 동쪽에서 내륙으로 유입되는 물길의 하나로, 물자교류와 교통에 활용되었던 것으로 보인다. 또한 북에서 남으로 길게 뻗은 조차산(曺次山)의 아래에 펼쳐진 활천면의 너른 평지와 풍부한 수량으로 일대의 농경이 발달하여, 농악이 성했음을 짐작할 수 있다.

이러한 면모는 19세기에 제작된 『광여도』에서도 여전히 확인할 수 있다. 활천면은 읍치의 동쪽을 이어진 향교(鄕校)와 남역(南驛)과 나란히 기록되어 있음을 확인할 수 있다.

두 지도를 통해서 김해 일대가 남해안의 주요한 교통의 요지였음을 확인할 수 있다. 『해동지도』에 따르면, 산성봉(山城峰)을 비롯한 8개의 봉화를 올릴 수 있는 봉우리와 남정원(南亭院)을 비롯한 11개의 원이 존재한 것으로도 명확하게 드러난다.

또한, 19세기 중반에 만들어진 『대동여지도』를 통해서도 교통요지로서의 김해지역에 대한 면모를 확인할 수 있다. 즉 『대동여지도』에 그려진 도로망의 표기를 통해 김해는 분산을 그 중심지로 하여 남해안에서 동서를 잇는 중요한 구실을 담당하고 있음을 알 수 있다. 또한 수로연결망을 통해 동서와 남으로 물길에 온전히 보호받고 있는 지역임을 알 수 있다.

광여도(廣輿圖)
(서울대 규장각, 古 4790-58, 19세기 전반, 채색필사본, 36.8×28.6㎝)[6]

『광여도(廣輿圖)』는 19세기 초에 제작된 회화식 전국 군현 지도로 각 도별 지도 및 군현별 지도, 군사 요충지 지도가 수록되어 있다. 『광여도』를 통해 김해의 역사를 상징하는 수로왕릉(首露王陵)과 왕비릉인 허후릉(許后陵), 금관가야 건국 설화가 전해지는 구지봉(龜旨峯) 등이 표시되어 있음이 가장 먼저 눈에 띈다. 읍치 공간은 산성봉(山城烽)을 중심으로 좌우로 산줄기가 이어지고 있으며, 안에는 하천이 흐르고 남쪽으로는 남산 혹은 안산으로 여겨지는 내삼대 (內三台)·외삼대(外三台)가 표시되어 있어 풍수적 관념이 강하게 투영되고 있음이 보인다. 읍치 아래쪽 바닷가에 보이는 小箭竹田·大箭竹田은 『신증동국여지승람(新增東國輿地勝覽)』에 김해도호부의 토산(土山)조에 나오는 "죽 전(竹箭)이 덕지도(德只島)·죽도(竹島)에서 생산된다"는 기록과 합치되는 것으로 보이는데 지금의 부산광역시 강서 구 죽림동 일대이며, 그 왼쪽에도 전죽전(箭竹田)이 표시되어 있다. 지도 아래쪽의 칠점산(七点山)이 있는 섬은 지도 에도 표시되어 있듯이 양산(梁山) 땅과의 경계이며, 농사를 짓지 않고 바다에 들어가 생선을 잡아 상류 여러 고을에 판매하는 사람들이 200호 이상 빽빽하게 집을 짓고 살았다고 한다.

---

6) 서울대학교 규장각 한국학연구소 원문서비스, 고지도 및 해제 내용 참고 정리.
   http://kyudb.snu.ac.kr/pf01/rendererImg.do?item_cd=GZD&book_cd=GR33611_00&vol_no=00
   00&page _no=013&imgFileNm=GM33611IL0005_013.jpg#

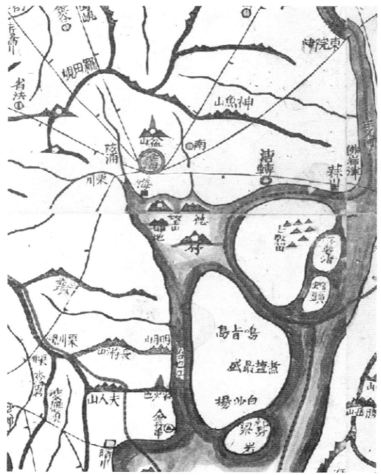

『대동여지도』의 「경기도」 부분
(김정호, 1861년, 목판인쇄본, 31.4×21.3cm,
서울대학교 규장각 소장. 청구기호 古 4709-4-v.1-22)[7]

『대동여지도(大東輿地圖)』는 전체 22층으로 구성된 목판 인쇄본, 절첩식 지도이다. 실제 지도 이해의 편리를 위해 채색을 가미하여 정리한 것이 확인된다. 우리나라 전체를 남북 120리 22층으로 나누고 동서 80리 간격으로 19판(版)으로 각 층에 해당하는 지역의 지도를 각각 1권의 책으로 접어서 엮었다. 1861년(철종 12) 고산자(古山子) 김정호(金正浩)가 편찬·간행하고 1864년(고종 1)에 재간하였다.

---

7) 서울대학교 규장각 한국학연구소 원문서비스, 고지도.

실제 삼정동이 속해 있는 활천면(活川面)은 조선시대에 김해부의 일부였다. 활천면은 활천 인근 지역을 이르는 것으로, 활천면에 속한 마을은 시대마다 다소 편차가 있으나, 대개 16개 마을로 이루어졌었다고 한다. 조선시대 후기인 정조 13년(1789년)의 『호구총수』 자료에 의하면, 불암리, 분도리, 이수포리, 지내리, 마마리, 고천리, 역리, 청석리, 어방리, 판교리, 안역리, 영운리, 산성리, 전산리 등 14개 마을이었다. 이후 1904년 대한제국시기에 만든 『김해군가호안』에 따르면 전산리, 남역리, 삼정리, 청석리, 어방리, 산성리, 영운리, 삼방리, 고천리, 마마리, 안인리, 지내리, 이수리, 양장리, 불임리, 송도리등16개 마을이 포함되었다고 한다. 이처럼 활천 일대에 수 많은 리들이 포함된 것은 조선시대에 사족 집안인 함종어씨 김해 입향조인 어변문(漁變文)이 김해에 정착하고, 1453년 창년 조씨 김해 입향조 조걸(曺傑)이 활천리 삼방동르로 이주하는 등 15~16세기에 활발한 이주와 정착이 이어지고, 임진왜란의 시기까지 거치면서 만들어진 환경이라 할 수 있다. 그리하여 1904년 활천지역 일대에는 303호가 살았다고 한다. 당시 초가집이 대부분이었다고 하며, 볏짚으로 엮은 이엉으로 지붕을 얹었다고 하니 벼농사가 발달했음을 또한 짐작할 수 있다.

　삼정동은 활천 일대라 하여 남역(南驛)이라 하였다가 1914년 행정구역 통폐합에 따라 삼정리가 되어 좌부면(左部面)에 편입되었다. 1941년 일본식 지명인 미산정(米山町)이 되었다가, 1946년 6월 일본식 지명을 없애면서 미산정을 삼정동으로 고쳤다. 1981년 7월 김해읍이 시로 승격함에 따라 김해시 삼정동이 되었다. 1992년에 면적 27만 6557㎡의 토지구획정리사업이 시행되어 1995년에 완공되었다.

　현재 활천지역은 행정구역상 활천동으로 분류되며, 2016년 12월 현재 총 2개 행정동과 46통 212반의 17천 세대, 45,719명이 거주, 5.88㎢에 달하는 면적을 보유하고 있다. 1947년 김해읍 남역리가 삼정동으로 개칭되고, 1981년 삼정동과 어방동이 합하여 활천동이라는 명칭을 가지게 되었다. 삼정동은 세 사람의 정승이 나온다는 삼정곡(三政谷)이 있어서 붙여진 지명이라고 한다. 또한 어방동은 옛날 신어산 영구암에서 초선대까지 배를 타고 갈 때 길목에 있었던 마을인데, 수도하는 사람이 지나가는 길가에 물고기를 잡지 못하게 방을 붙였다는 데서 유래되었다고 한다.

『지방도』(1872년) 중 분산산성지도 중 세부도8)

　활천지역의 서쪽에 분산이 있으며, 이는 김해의 주산으로 분지로 이루어진 산이다. 해발 328m의 만장대와 분산산성 등이 있다. 이 분산의 남쪽 봉우리를 중심으로 가야의 테뫼식 분산성이 있었으며, 성내에는 수로왕비의 무사항해를 도운 바다의 은혜를 기념해서 세운 해은사, 분산성 축성과 관련한 비속을 보호하는 충의각 등이 있다.

---

8) 서울대학교 규장각 한국학연구소 원문서비스, 고지도. http://kyudb.snu.ac.kr/pf01/rendererImg.do?item_cd=GZD&book_cd=GM99999_00&vol_no=0000&page_no=0003&imgFileNm=KYKH008_0003_0003.jpg

삼정마을 전경(유진 어빙 크네즈 촬영)

1960년대 구 활천지역 일대의 환경

1970년대 활천 일대

삼정동은 1, 2, 3구로 나뉘어져 있다. 1구는 그 경계가 아끼아마라는 집으로 경계를 삼고 있다. 3구는 일명 전산이라 부르는 곳으로 섬과 같은 산이 있는 부언동, 초선대가 있다. 청석이라는 지역을 경계로 어방 1구와 구분한다. 삼정2구는 옛 삼정리 지역으로 속칭 내목(뇌목)이라고도 한다.9) 토박이 성씨로 허씨, 양씨, 황씨가 거주하고 있으며, 그 외 각성받이가 함께 모여살고 있다. 과거 삼정2구에는 공동우물이 4곳이 있었다고 하는데, 하나는 삼정동 101-1번지 약수탕 인근으로 큰새미라 불렸다고 한다. 다른 하나는 박봉근씨 집 앞 도로, 다른 하나는 마초부락 동쪽 끝, 다를 하는 열구섬 유치언씨 집 뒤에 있었다고 한다. 물이 풍부하여 마을 인심이 좋았다. 또한 마초반이라는 일본사람이 살던 적산가옥, 열꽃섬이라고도 부르는 열고섬 등이 있다.

삼정리에는 약수탕 옆 청석이용원 자리에 정자나무를 겸하는 당산나무가 있었다고 하며, 마을 두 산허리에 당집도 있었다고 한다. 이러한 정황은 유진 어빙 크네즈가 촬

---

9) 『활천지』, 191-192쪽.

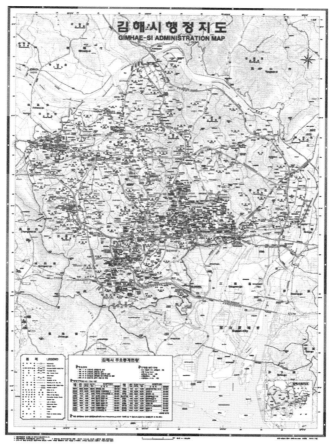

김해시 행정지도 (김해시청)

영한 사진 자료를 통해서 확인할 수 있다.[10] 그러나 이 당집은 1984년 토지구획 정리로 사라져버렸다.

　김해시 삼정동이 속한 1981년 7월에 김해읍 남역리였던 삼정동과 어방리였던 어방동이 합하여 2동 46통 212반으로 김해시의 약 1.27%를 차지하고 있다. 활천동에는 인제대학교가 위치하고 있어서 김해 인재양성의 요람지로 역할하고 있다. 또한 김해

---

10) Eugene I Knez, 『대한민국 세 마을에서의 현대화: 민중과 그들의 물질문화를 중심으로』, (스미스소니언 연구소 출판, 1997)

시가지와 멀지 않은 곳에 위치하여 대규모 아파트단지와 빌라를 비롯한 다세대 주택이 밀집해 있는 지역이다. 활천동은 2017년 2월 현재 약 45천여 명의 인구, 17천 세대가 거주하고 있다. 활천동의 삼정2구에는 삼정걸립치기 보존회가 사무실로 쓰고 있는 삼정2구 노인정이 있다.

2. 삼정동의 두레농악을 둘러싼 환경

1) 두레농악의 주변환경

삼정걸립치기가 두레농악의 일환으로 전통성을 갖고 있다고 본다면, 삼정걸립치기는 농사와 관련한 환경을 살펴봄으로써 그 정통성을 확인할 수 있다고 하겠다. 김해지역의 농사와 관련된 흔적을 찾을 수 있는 것으로 중요한 자료가 바로 가락국 시기에 확인된다. 가락국 시기 김해 일대는 소와 말을 이용할 줄 알았으며, 농업과 어업이 발단하였다. 그 흔적이 바로 회현리 패총에서 발굴된 기원 전후의 자포니카 계통의 탄화미와 각종 생선뼈, 조개류의 껍질, 사슴 동물들의 뼈 등이다. 이러한 유물들은 곧 당시 농어업과 수렵생활을 했었던 거주민들의 삶을 확인시켜주는 중요한 자료라 할 수 있다.[11] 더욱이 『가락국기』에 수로왕 2년 신답평(新畓坪)이라 하여, 묵혔던 밭을 새로 경작하는 순번제 경작의 흔적을 명확히 확인할 수 있는 점은 일찌감치 농업에 대한 기술들이 발달한 것임을 확인할 수 있다.[12]

그리하여 발달된 농업으로 가락국 왕실의 종묘 제삿날에는 밥, 떡, 차, 과실 등의 제수를 갖추어 제사지낼 수 있었다. 이러한 면모가 이규경의 『오주연문장전산고(五洲衍文長箋散稿)』를 통해서 확인할 수 있다. 이 자료의 인사편(人事篇) 논례류(論禮類) 제례(祭禮) 속절(俗節)에 가락국 왕실의 종묘에 1년에 다섯 번 제사를 지내며, 오늘날의 추석차례가 수로왕릉 제사에서 왔다고 밝히고 있다.[13]

---

11) 『활천지』(활천지편찬위원회, 2013), 62쪽.
12) 『활천지』(활천지편찬위원회, 2013), 61쪽.

조선시대 정조 14년(1790)에 작성한 『경술양전안(庚戌量田案)』에 따르면, 토지대장에 김해부의 토지실태가 확인된다. 즉 원전답이 10,254결 49부 3속으로, 원전답 중 전은 4,467결 79부 1속, 답이 5,786결 7부2속이었다. 이들과 함께 진잡견전으로 묵혀둔 농지로 밭이 1,596결 46속, 논이 840결 32부 9속이었다고 한다. 이러한 상황이 조선후기 작성된 『김해읍지』에서 전부조에서 원전답이 『경술양전안』과 동일하게 나타나고 있어서 그 경작에 있어서 큰 위협적인 요소가 없었음을 알 수 있다. 즉 일정하게 안정적인 농경이 가능했던 환경임을 짐작할 수 있다.[14] 1929년에 간행된 『김해읍지』에 따르면, 김해지역의 주요 농산물로 쌀, 대맥(보리쌀), 소맥(밀), 나맥(쌀보리), 대두(콩), 소두(팥) 등이 있었으며, 잡곡으로 조, 피, 기장, 수수, 옥수수, 메밀 등이 있었다고 한다. 또한 특용작물로 육지면, 대마(삼), 닥나무껍질, 왕골, 들깨, 참깨 등이 있었으며, 원예 소채로 고구마, 감자, 무, 배추, 참외 등이 있었으며, 과수로 능금, 배, 포도 등이 있었다고 한다.[15] 다양한 농산물들이 확인된다.

1970년대부터 시작된 기계화 영농시설의 확장으로 인하여, 1990년대에 이르면 트랙터나 콤바인과 같은 기계를 이용한 농업방식이 보편화되었다. 트랙터로 논과 밭을 갈거나 써레질을 대신하며, 파종 시에도 이앙기를 사용하는 등 새로운 기술들이 이용되고 있다. 벼 수확시에는 콤바인을 이용해 직접 벼를 베면서 탈곡을 동시에 진행하는 등 농사의 작업 중 노동이 차지하는 비중이 현격하게 낮아졌다고 한다. 『활천지』에 따르면 이미 1970년대에 삼정동에 딸기가 재배되거나 이후 오래 채소인 토마토와 같은 산물들이 유입되면서 농사를 둘러싼 노동방식의 변화가 찾아왔다.

그리고 이러한 환경의 변화는 두레의 조직과 조직을 통해서 운영되던 두레농악의 현실적인 존재를 어렵게 만들었다. 공동노동인 개별노동으로 바뀌고, 마을단위의 생산형태가 이주와 농지를 화훼나 특수작물 전용으로 바꾸면서 두레농악이 설 자리를 잃어가게 되었다.

---

13) 『활천지』(활천지편찬위원회, 2013), 64쪽.
14) 『활천지』(활천지편찬위원회, 2013), 118-120쪽.
15) 『활천지』(활천지편찬위원회, 2013), 121-124쪽.

『활천지』 중 활천지역 벼베기 자료

　당시 농사의 과정에 대한 양만근의 증언에 따르면,[16] 예전에는 삼정 2구의 앞 쪽에 논이 많아서 논농사가 성했다고 한다. 논농사를 마치면, 그 논에 밀과 보리를 심으며 생활했다고 한다. 1970년대에 밭에는 딸기를 심기도 했다고 한다. 논농사의 경우 논에 이앙법에 따라 심어 놓은 모를 모지기를 해서, 모심기도하고, 논매는 과정을 진행했다. 삼정의 경우 논을 다섯 벌까지 매기도 했다고 하는데, 논을 맬 때 쇠팔이를 끼기도 하면서 대부분 손으로 맸다고 한다. 일제강점기 때 실시한 구획정리로 논이 900평씩인데, 4명씩 들어가서 논을 맸다고 한다. 논맬 때는 등기소리라는 소리를 하면서 논매기를 함께 하며 노동의 고통을 잊었다. 이처럼 다섯 번이나 이어지는 힘든 논매기의 과정에서 두레는 매우 중요한 수단이었던 것으로 판단된다. 그리하여 논농사를 지을 때 항상 들리는 소리가 농악소리, 등기소리였다고 한다.

---

16) 양만근, 2016.7.19, 면담.

『활천지』 중 활천지역 보리타작(삼정동 마조)

또 밭농사의 경우는 보리수확시기가 되면 7명을 한 조가 되어서 보리타작을 진행했다고 한다. 일꾼들은 품을 사기도 하고 서로 품앗이로 진행하기도 한다. 보리타작은 목도리깨, 좀도리깨가 중심이 되고, 친받이, 치단받이, 허단받이, 끝받이 등으로 구성되여, 뒤집기도 하면서 진행한다. 이때 목도리깨가 선소리를 내면서 '치단받이 어와' 등의 소리를 내면 받는 소리를 연이어가며 소리를 했다고 한다. 모든 과정은 함께 도와가면 합동으로 진행했다고 한다.

2) 전통적 삶과 삼정걸립치기의 형성

두레농악의 전통 속에서 삼정동의 주민들에게 또 하나 중요한 전통이 바로 걸립치기이다. 삼정2구의 걸립치기농악 누대에 걸쳐 이어져 온 농악의 뿌리 속에서 유지되어 왔다. 걸립치기는 정월달에 농악대들이 함께 걸립패를 만들어서 마을의 가가호호를 돌면서 크게 농악을 울리면서 도는 중요한 민간의례의 하나이다.

삼정걸립치기가 언제부터 연행되었는지 정확히 알 수 없지만 조선 후기 김해에 유배를 왔던 낙하생(落下生) 이학규(1770-1835)의 시에 당시 김해의 지신밟기가 나오는 것으로 보아, 그 이전부터 김해에서 걸립치기의 전통이 행해지고 있었음을 확인할 수 있다.[17) 이학규의 시 이외에 20세기 이전 삼정걸립치기의 연행을 짐작케 하는 자료는 없다.

지역 원로들의 증언[18)에 따르면 1912년부터 1933년 사이 성행한 김해줄다리기는 음력 정월 보름에 시작하여 18일까지 벌어졌는데, 김해읍 종로를 중심으로 좌, 우부로 나누어 크게 놀았다고 한다. 당시 줄을 종로까지 인력으로 운반 할 때에는 농악을 앞세우고 가며, 줄을 다 운반한 뒤에는 김해 왕릉공원에 들어가서 농악놀이를 했다고 한다. 이때 참가한 농악패는 리 단위로 참석한 진례 신월농악, 진례 담안농악, 가락오광대놀이농악, 대동주동농악, 삼정2구농악(삼정걸립치기), 대성동농악, 안동농악, 월천농악 등으로 농악경연을 벌이며 신명나게 놀았다. 그리고 추석에도 부원동의 남산(지금의 김해시청 뒷산)에 천막을 치고 8월 17일, 18일 이틀 동안 농악을 비롯한 민속놀이를 하면서 놀기도 하였다 한다.

김해 삼정동은 김해부 활천면이었다가 활천면의 남역리가 1914년 좌부면 남역리가 되었다. 일제강점기인 1941년 11월 쌀이 많이 나는 곳이라고 미산정(米山町)이라고 고쳤다가 해방 후 1946년 6월 삼정동으로 개칭하여 3구로 나누었다. 1981년 7월 시(市)로 승격됨과 함께 활천동에 들어가 5통으로 나뉘었다.

1941년 삼정동 명칭이 미산정(米山町)으로 바뀐 것을 보면 이 지역에서 쌀이 많이 생산되었음을 알 수 있다. 또 전기도 일찍 들어오고 포도밭, 배밭, 양계장 등이 일찍 들어선 점 등으로 볼 때 경제적으로 넉넉했으며, 우마차가 20여대나 있었던 것으로 보아 유통이나 교역이 활발한 지역이었던 것으로 짐작된다. 이외에도 그 당시 2일과

---

17) 이학규, 「금관기속시」(金官紀俗時), 1819.
　　月正元日乞供晨 정월 초하루 걸공하는 아침
　　弗鼓鼕鼕喚地神 북소리 동동 지신을 부르네
18) 2009년 인터뷰 참가 원로: 박봉근(남, 1923년생), 최경식(남, 1921년생), 강용찬(1932년생) 등

삼정동 부녀자들의 해치

7일에 열리는 김해장과 5일과 10일에 열리는 서남장이 크게 섰다는 점은 이 지역이 경제적으로 부유하고 활발한 지역이었음을 말해주고 있다. 따라서 해방 이전의 삼정동 지역은 걸립치기의 물적 토대가 상당히 갖추어져 있었던 곳으로 짐작된다.

또한 삼정2구는 마을의 화합이 잘 이루어지고 마을 재정도 넉넉하여 부락 동회관도 걸립하고 김해농업고등학교 학생들이 야학을 개설 운영함은 물론 농업학교 학생들에게 농악을 가르치는 등 부락민들의 단합이 어느 곳보다 잘 이루어졌다고 한다.[19]

즉 삼정걸립치기는 경제적으로 뒷받침이 되는 외적 토대를 바탕으로, 지역민의 화합과 열정이라는 내적인 요소가 더해져 활발하게 진행되었을 것을 짐작 가능하다.

1967년 김해 삼정동 현지조사를 다녀온 이두현 박사에 의하면, 삼정동의 걸립치기는 구정 초부터 15일까지 농악대가 가가호호를 돌며 동네굿을 쳐주는 것을 말하며 이때 쌀과 돈을 거두어 마을의 공동사업비로 충당한다고 한다.

---

19) 박성석 외, 『김해삼정걸립치기』(김해시: 경상대학교 인문학연구소, 2009), 31쪽.

당시 농악대 편성은 농기(農旗)1, 꽹과리(1), 징(1), 북(1), 장고(1), 소고(5), 포수(1), 화동(1), 사대부(1)로 비교적 소인원 편성이었다고 한다. 집집마다 들러 걸립치기를 하는 순서는 마당놀이-성주굿-조왕굿-용왕굿(샘굿)-장독굿-고방굿-마닥(외양간)굿-뒷간굿-거리굿이며, 길놀이를 하며 농악대가 굿을 쳐 줄 집에 이르러 마당놀이를 하는 동안 그 집 안주인은 마루에 성주상(成造床)을 준비한다. 상 위에 마련된 쌀과 돈은 농악대가 걸어 마을 공용으로 쓰는 것이다.

곧 삼정걸립치기는 김해 삼정동의 마을 공동기금 마련이라는 걸립을 목적으로 하지만, 그 이전에 마을 사람들의 안녕과 풍요를 기원하는 제의(祭儀)를 바탕으로 하며 동시에 집단연행을 통해 공동체의 결속과 신명을 강화하는 의미를 지니고 있다고 하겠다. 이와 같은 삼정걸립치기의 복합적인 의미들은 연행과정 속에 깊숙하게 투영되어 행위와 절차, 음악, 사설 등 다양한 내용에 녹아있는바, 그 하나하나가 매우 소중하다할 것이다.

현재 상쇠인 양만근의 경우 아버지인 양산백 어른의 경우에도 걸립치기에서 화주 역할로 섭외를 담당했다고 한다. 화주는 정월달이 되면서 6~7일경에 가가호호를 찾아다니면서 걸립치기를 할 것인지 아닌지를 묻고, 시간이나 경비 등을 확인하는 역할이다. 이때 걸립치기를 하는 사람들은 함께 모여서 8일 경까지 걸립치기 연습을 했다고 한다. 주로 이원출씨 댁의 넓고 편편한 마당에서 연습을 하거나 의논을 하는 장소로 삼았다고 한다. 그리하여 걸립치기라는 명목으로 마을사람들이 함께 모여 한 해의 삶을 함께 만들어간 것이다.

또한 마을주민들이 즐기는 해치(회차)는 봄과 여름의 한 때 쉬어가는 유희의 자리로 모두가 함께 즐기는 흥겨운 자리였다. 그리고 이 자리에 꽹과리, 징, 장고, 북이 빠지지 않았으니 이 전통 또한 소중한 삶의 일부분이었다.

즉 삼정걸립치기는 삼정동 사람들에게 세시절기와 농사철에 노동과 유희의 현장에 언제나 함께하는 공동체의 문화였다. 걸립치기를 통해 함께하는 의미를 다지며, 마을 공동체를 이끌어 나갈 수 있는 경제적 문화적 기틀을 마련한 것이라고 할 수 있다.

걸립농악의
전통과
삼정걸립치기

Ⅱ

걸립농악의 전통과 삼정걸립치기

1. 걸립농악의 기원

걸립농악은 두레농악과 깊은 연관성을 가지면서도 차별성을 지닌다. 걸립농악은 두레의 산물이고, 두레가 지어낸 가장 강력한 도움의 수단이 되었다. 두레를 내고 두레의 일환으로 일정하게 노동력을 결집하는 과정에서 두레농악이 일정하게 변질되게 되면 두레굿과 함께 두레농악이 형성되는 점을 볼 수가 있다. 걸립농악이 따로 분화되고 기원하는 형태로 발전하게 되면 그것이 당산굿처럼 된다. 경상도 일대에 전승되는 걸립농악은 당산굿과 두레굿의 형태를 하나로 볼 수 있는 기원을 보여주는 점에서 주목할 만한 특성을 지닌다.

이 세상에 존재하는 한국의 농악은 크게 세 가지 형태가 있다. 두레농악, 걸립농악, 농사풀이농악 등이 그것이다. 이 가운데 나중에 분화되고 발전된 것이기는 하지만 앞에서 이룩된 것으로 중요한 것이 두레농악이라고 할 수가 있다. 두레농악이 근간이 되고 이 농악이 발달하면서 분화 발전한 것이 바로 걸립농악이나 농사풀이농악과 같은 것이 되었을 가능성이 있다. 이들은 서로 깊은 관련을 가지면서 이들의 연관성을 보여주는 점에서 주목된다.

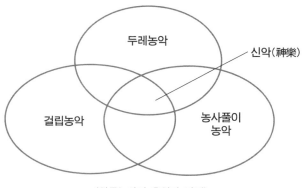

〈한국농악의 유형과 관계〉

　이들의 뚜렷한 공통점은 모두 주술적 기원을 드리던 사고에 입각한 신의 음악과 기원에서 비롯된 공통점을 지니고 있다. 집단이 모여서 특정하게 정한 신에게 기원을 하던 종교적인 행사에서 쓰이던 것이 점차로 분화되어서 등장하게 된 것이 농악이다. 우선 그것을 신악(神樂)이라고 하자. 신에게 일정한 의례를 거행하고 음악적 반주를 하고 기원을 하면서 유래된 것이 농악의 처음 모습니다. 그런데 이 의례적 기원을 드리던 음악적 면모가 가장 온전하게 남아 있는 것이 바로 마을의 주신에게 의례를 드리던 당산굿과 같은 것이라고 할 수 있다. 당산굿은 명확하게 오늘날의 형태로 현재까지 진행된다.

　당산굿만이 유일한 것은 아니다. 당산굿과 같은 것이 오늘날의 형태로 된 것이지만 중간에 중국과 깊은 연관성을 가지면서 형성된 것이 바로 나희(儺戱)와 같은 것도 있었다. 나희와 깊은 관계를 지닌 것이 바로 섣달 그믐과 같은 때에 하던 일련의 제야의 농악과 같은 것도 있었을 것으로 추정되고 그러한 음악 역시 긴요한 구실을 했을 것이다. 조선조의 기록에 제야에 하던 나희가 있는 것은 이러한 현상으로 추정된다. 관아를 중심으로 민관이 함께 하면서 이룩된 것에 농악과 같은 것이 연행되면서 악귀를 구축하고 청소를 하던 것이 있었음이 확인된다.

　두레농악은 상고대시대에 두레라고 하는 집단의 산물이고, 농사를 전개하는 데 가장 중요한 단체적 결속을 강화하던 것의 산물이라고 할 수 있다. 두레는 여러 사람들이 함께 모여서 하는 일련의 공동체 노동을 활성화하고 이를 온당하게 하던 것의 산물이다. 함께 농사를 지으면서 집단이 효율적으로 농사하는 과정에서 함께 노래하고 악기나 연장을 도모하면서 하는 음악이 두레농악이라고 하겠다. 두레농악도 단순한 노동이 아니라 특정한 신에게 기원을 하고 이를 신의 이름 아래 연행하는 것이므로 신성성과 함께 노동성을 확보하는 농악이라고 할 수 있다.

농사풀이농악 역시 같은 관점에서 논의할 수 있는 것이다. 농사풀이라고 하는 특정한 농악이 거행된다. 농사풀이는 농사짓는 과정을 연행하는 것으로 농사의 단계별 과정을 흉내를 내면서 일정하게 농악 가락에 의해서 연행하는 것이 요점이다. 농사풀이농악의 근간이 단순한 모방이 아니라 농사적 기원을 담은 예축적인 의례의 산물이고 농사를 마무리하는 과정에서 연행하던 농사풀이가 유래된 것이므로 이것이 바로 기원과 함께 의례적 재현의 성격을 지니고 있음이 확인된다. 그것을 우리는 앞에서 신악이라고 하는 점을 강조한 바 있다.

걸립농악 역시 같은 신악의 산물인 점은 부인하기 어렵다. 걸립농악에서 중요한 것이 모두 걸립을 하는 명분을 신에게 기원을 하고 신으로부터 비롯된 점을 강조하고 있다. 당산이나 마을의 주신에게 기원을 하고 그 권능을 내세워서 집집마다 돌아다니면서 함께 기원을 하는 것이 바로 걸립의 핵심이다. 자체적으로 걸립을 하는 것과 함께 이 걸립을 마을에서 분리하여 다른 마을에 가서 기원을 하고, 걸립을 하고 기원을 하는 것 역시 성립한다. 그것이 바로 걸립농악이 안팎으로 발전하던 것을 해명하게 하는 것이다. 동시에 걸립만을 전문적으로 하는 특별한 집단이 형성되면서 걸립농악이 더욱 발전하는 것을 보이고 있다.

세 가지 농악은 오늘날 우리가 볼 수 있는 농악의 세 가지 형태이고, 이밖에 다른 것은 거의 존재하지 않는 것을 볼 수가 있다. 그러한 농악의 기원은 모두 청동기 시대에 농사 혁명과 더불어서 발전했을 가능성을 보이는 것이라고 할 수가 있으며, 농사 혁명과 함께 이루어진 농악은 세 가지 기본형을 모두 가지고 있으며, 쇠를 섬기던 집단의 산물인 점을 분명하게 한다. 소재적으로 본다면 돌, 청동, 철기 등을 활용하면서 인류가 새로운 발전을 했으며 시대마다 신소재를 만들어서 문화적으로 혁신을 이룩하면서 문명을 거듭 이루었다고 하겠다.

농사는 신석기시대와 청동기시대의 산물이라고 하겠으며, 철기시대의 것도 함께 이룩된 것을 볼 수가 있다. 청동기시대의 유산은 인류문화의 보편성을 말해주는 강력하고도 철저한 증거물 가운데 하나이다. 우리에게 청동기시대를 열었던 특별한 집단이 있었음을 기억할 필요가 있다. 이들은 제사장이고, 신에게 기원을 드린다는 미명 아래 집단의 지배자로 군림하던 인물이다. 이들은 청동기를 신비화하고 그것을 의례로 구체화하였던 이들인데, 그들은 청동기의 특별한 주구들을 보편적인 기원의 수단으로 삼았다. 청동기로 된 의기를 중심으로 기원을 하고 자신들의 권력을 합리화하였다. 청동검, 청동거울, 청동방울 등이 그것이다. 농악과 무악은 바로 이러한 신성한 주술적 도구를 신비화하면서 사용되던 음악이다.

신성한 음악이기 때문에 이것을 내걸고 집단의 결속을 도모하고, 집단의 권위를 확보하면서 이들은 새로운 주도자 노릇을 했다. 이들의 실질적인 후예가 바로 농악대의 상쇠와 샤머니즘의 무당이라고 보면 많은 부분의 의문이 해소될 수 있다. 무당이 하는 음악과 농악대원이 하는 음악이 모두 청동기로 된 점도 역시 주목할 만한 것이라고 하겠다. 이들이 섬기는 거울 역시 같은 의미를 지닌다. 무당의 명도와 상쇠의 홍박씨나 공모 역시 같은 관점에서 섬기는 신성한 주술적 도구라고 하는 점에서 깊은 공통점을 지니고 있다.

우리는 걸립농악이 두레농악과 농사풀이농악이 발생 단계에서 서로 분리될 수 없는 사정을 이러한 각도에서 이해할 수가 있다. 걸립농악은 농악의 하나의 수단이고, 신들의 이름 아래 서로 결속하는 것으로 중요한 의미를 가지는 것으로 이해할 수 있으며, 이들의 결합에 의해서 새삼스러운 집단적인 의사소통의 수단이고, 물물교환의 주된 수단이었음을 볼 수가 있다. 청동기를 공유하면서 농악과 같은 타악이 연행되고 그것을 통해서 새로운 변혁을 꾀한 것이 바로 농악이었음을 알게 된다. 농악이 바로 시대의 산물이고 인류의 보편사를 장식하는 것은 이러한 사정 때문이다. 우리는 농악의 발생이나 기원에 대한 문제를 심도 있게 논의할 필요가 있음을 새삼스럽게 깨닫게 된다.

2. 농사혁명과 청동기시대

우주의 혁명이 있었다. 우주의 혁명은 우주가 출현한 것에 해당하는 것이고, 우주 자체의 발생이 기적적인 일이 아닐 수 없었다. 그때를 흔히 지금부터 138억 년 전이라고 한다. 이 사건이 없었다고 한다면, 지구의 등장도 없었을 것이다. 지구가 우주에 등장하게 된 것은 지구의 혁명이라고 이를 만큼 특정한 사건이었다고 할 수가 있다. 지구 혁명에서 획기적인 사건이 여럿이었지만, 인류가 지구상에 등장한 것 역시 혁명이었다.

우주혁명, 지구혁명, 인류혁명 등이 긴밀하게 맞물리면서 지구상의 최상위 포식자이며 지배자로 군림하게 된 것은 퍽이나 다행스러운 일일 수가 있다. 인류가 지구상에 존재하게 된 것은 우주 전체의 역사에서 보면 너무나 순간이고 잠깐일 수 있다. 소재적인 특별함을 착안하고 신소재를 거듭 발견하면서 지구에서의 혁명적 성과를 지속하였다. 구석기, 신석기, 청동기, 철기, 나노 등의 신소재와 함께 지구 전체를 지해하는 방법을 새롭게 고안하였다. 그렇지만 이 신소재를 활용하는 특정한 집단의 등장에서 더욱 중요한 혁명이 있었다.

인류혁명에 이어 농사의 혁명이 있었다. 아마도 그 시기는 신석기시대와 청동기시대가 되었을 개연성이 높다. 농사 혁명이 이루어지면서 인류는 안정적인 먹거리를 확보하게 되었으며, 인류증식이 폭발적으로 이루어졌을 것으로 짐작된다. 농사 혁명은 인류문화의 창조에서 가장 중요한 전환기적 사건 가운데 하나였을 것이다.

농사가 인류 전체의 불가피한 현상이고 도저히 뒤로 돌릴 수 없는 사건이자 증폭제가 되었다고 하는 점은 그 뒤를 따르는 여러 가지 증거물들이 이를 입증한다. 밭이 선사유적으로 발견되고 사람의 거주처에서 탄화미가 발견되고, 농사를 통해 먹거리를 증대하려는 여러 가지 도구와 연장이 등장한다. 돌로 만든 보습과 같은 것이 적절한 사례이다. 이 뿐만 아니라 따비와 같은 것도 발견되고, 괭이도 발견되었다.

청동기 시대가 되면서 필요한 정보를 집약하고 이를 의기로 만드는 일이 일제히 시작되었다. 그것은 구석기시대와 신석기 시대를 거치면서 이루어졌던 것과 거의 같은

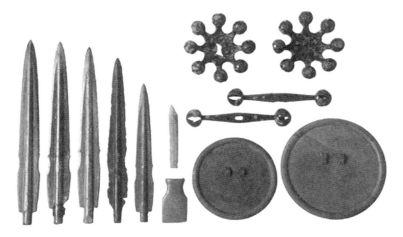

청동검 · 청동방울 · 다뉴세문경

청동검 · 청동방울 · 다뉴세문경

양상이었다. 땅 속이나 돌 속에 숨은 청동의 비밀을 찾아내고 이 비밀스러운 작업에 입각하여 필요한 일을 하게 되었는데 그것이 자신들의 권능을 특화하고 자신들이 각별한 일을 하는 사람임을 알리는 것이었다. 그러한 작업에서 가장 중요한 것이 신성한 권능의 배타적 확보이다.

청동의기를 만들어서 했던 일은 과연 무엇인가? 그것은 간단하게 요약할 수 있다. 자신들이 신과 상통하고 교환하고 의사소통을 할 수가 있다는 점을 강조하고, 그러한 내력을 통해서 일정한 권능을 가진 집단의 내력을 지니고 있는 점을 강조하고자 하는

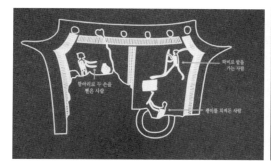
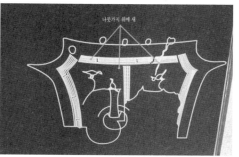
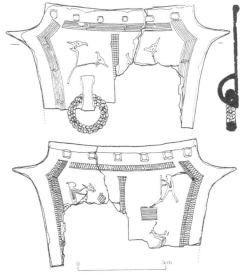

농경문의기 전면과 후면 조형된 그림 전사

것이다. 이 도구들은 현재 남아 있는 무당의 무구와 직접적인 관련을 가지고 선후관계를 지니는 것임이 명확하게 드러난다. 고조선의 천부인, 제주도의 맹두, 일본의 삼종신기 등은 깊은 연관성이 있는 청동의기라고 할 수가 있다. 구성에 차이가 있고, 세부적으로 의의가 있는 점이 다르지만 깊은 성격상 공유를 하고 있는 점이 확인된다.

더욱 중요한 것은 농경을 하는 과정을 직접 형상화한 기록물도 발견되고 있다는 사실이다. 그 가운데 〈농경문청동의기〉(農耕紋靑銅儀器)와 같은 것은 그 용도와 기록의 내용에 있어서 단연 돌올한 위치를 점하고 있다. 농경에 대한 사실적인 기록이라고 하는 점에서 이 청동기는 주목할 만한 내용을 담고 있다. 밭을 가는 과정이 그려져 있으며, 청동기시대의 밭과 따비의 모습을 확인하게 한다. 다른 한편에서는 괭이로 무엇을 파는 면모가 그려져 있으며, 다른 한 쪽에서는 항아리에 무엇을 담았다가 내는 장면이 그려져 있다.

이 청동기를 제작한 이들이 누구인지 많은 의문이 있다. 아마도 특정한 시대를 이끌어나갔던 특정한 집단이 아닌가 한다. 이들은 청동기를 제작할 줄 알았던 집단이고, 자신들의 특정한 지식과 권능을 전유물로 삼으면서 신과 의사소통을 한다고 하고 제정일치 사회를 이끌고 나갔던 인물들이라고 판단된다. 이들 집단의 전통과 함께 등장은 정말로 소중한 전환을 알리는 것이었다고 할 수가 있다.

농경문의기가 있는 것 자체가 중요한 정보를 담고 있는 것으로 추론된다. 도대체 이 농경문의기를 제작한 의도는 무엇이고, 이를 제작하여 얻고자 한 결과는 무엇인가? 농사의 혁명 과정에서 파생된 것임을 부인할 수 없을 것으로 판단된다. 앞뒤로 다른 그림을 새겨 넣고 도달하고자 했던 것은 농사의 기술과 함께 그것이 풍요롭게 이루어지도록 하는 생식력을 고양하는 것이라고 판단된다. 많은 것들을 농사지어서 항아리에 담고 그곳에서 얻고자 하는 중요한 귀결이 바로 이 의기의 핵심적 면모라고 할 수가 있을 것이다.

한면은 솟대를 연상시키는 나뭇가지에 앉은 새를 새겼다. 새를 새겨 넣은 것은 우연이라고 보기 어려우며, 하늘과 소통하는 방식의 산물이고, 솟대와 연관 지어서 하늘과 의사소통을 하는 경우를 연상하게 한다. 새가 중심에서 구실을 하고 특정한 곳과 연관되는 전통은 여러 가지 기록에 그대로 남아 있음이 확인된다.[1] 솟대의 전통은 세계의

---

1) Uno Holmberg-Harva, The pillar of the world, *Finno-Ugric, Siberian Mythology The Mythology of all Races. Bd.4*, Archaeological Institute of America, Boston, 1927, p.335
Some peoples in North-West Siberia, who have a similar custom, place on the world-pillar a wooden figure of a bird, which sometimes has two heads. What this bird, which is spoken of by the Dolgans as the "lord of the birds," and which hangs on the breast of the Yenisei Ostiak shaman-dress, is intended to represent, the people themselves do not know; but it is probable that this bird has flown here from the mythology of the ancient peoples. The pillars, on which these birds are placed and which have sometimes cross-pieces like branches, are, according to

세계수라고 하는 관념과 깊은 관련을 지니고 있으며, 하늘과 의사소통을 하는 수단이 새이고, 새는 태양의 아들이라고 하는 신화적 설정과 깊은 관련을 지니고 있다.

다른 한 장면은 더욱 기이하다고 할 수가 있다. 그림의 좌면과 우면이 갈라져 있다. 우면은 별반 이의가 없는 그림이라고 판단된다. 땅을 파면서 갈아엎는 것을 핵심으로 한다. 따비질을 하는 것이 핵심이고, 밭에 씨를 뿌리는 것을 강조하면서 생식력의 상징인 남자의 성기를 강조하고 있는 점이 두드러진다. 아래의 장면은 밭을 개간하면서 사용하는 곡괭이로 무엇을 파는 장면을 암시한다.

그렇지만 좌면은 의견이 갈리는 부분이 있다. 이것은 부식이 심해서 알기 어렵다. 크게 항아리를 잡는 장면이라고 보고, 곡종이나 곡식을 거두어서 갈무리하는 장면으로 보는 편이 적절한 것으로 보인다.[2] 봄갈이와 함께 씨뿌리기를 핵심으로 하고, 가을걷이를 하면서 가을걷이의 곡종을 항아리에 담는 것으로 보는 것이 사실에서 어긋나지 않은 무리가 없는 해석이라고 할 수가 있겠다.

청동기시대의 사람들이 살아갔던 면모 가운데 가장 중요한 농사 장면을 형상화한 것임을 분명하게 알 수 있는데, 이 의기의 제작 이유가 무엇인지 궁금하다. 그것은 당시의 고급 정보를 집약해서 전달하고 이를 통해서 기술과 지식을 전달하며 아울러서 특정하게 생산주술을 강조하는 방식을 형상화한 것으로 파악할 수 있다. 농업 생산 기술을 청동판에 새겨서 의례적인 목적으로 이를 교환하고 소통하려는 것이 이 의기 속에 담겨 있다.[3]

---

the Dolgans, a symbol of the "never falling props" before the dwelling of the Supreme God. On the cross-pieces, so it is said, dwell the sons of God.

2) 한병삼, 「선사시대 농경문청동기에 대하여」, 『고고미술』 112, (고고미술사학회, 1971).
이강승, 농경문청동기, 『한국민족문화대백과사전』, (한국학중앙연구원, 2009).
http://encykorea.aks.ac.kr/Contents/Index?contents_id=E0013076
위의 두 가지 글에서 여러 가지 문제를 제기하고 그 의의를 논하면서 새로운 해석을 한 것을 볼 수가 있다. "중앙에는 앞면처럼 문살무늬띠를 수직으로 내려 면을 양쪽으로 나누었다. 왼쪽 구간에는 사람이 손을 앞으로 내밀고 있고, 그 앞에는 사격자문(斜格子文)의 아가리가 좁은 항아리가 놓여 있다. 사람 머리 뒤에는 가늘게 상투 같은 것이 달려 있다. 손에 무엇인가 잡고 있는 듯하나 부식(腐蝕)이 심해 알 수 없다."고 하였다.

3) 마치 네브라 하늘 원반(Fundort der Himmelsscheibe. Nebra sky disk)과 같은 것의 기능을 수행하였을

농경문청동의기는 세 가지 각도에서 의의를 지니고 있음이 확인된다. 한병삼의 견해를 존중하면서 이와 다른 해석이 가능함을 제기하고자 한다. 첫째, 농경문청동의기는 일단 세계적인 흐름 속에서 파악할 수 있다는 사실이다. 나뭇가지에 새가 앉아 있는 형태는 내몽골지역의 오르도스 청동기 시대의 새장식 장대 형태이다. 이것은 세계적인 흐름과 일정하게 관련되며 철기나 청동기로 만든 세계수나 세계의 필라와 관련을 가진 것이라고 할 수가 있다. 그러므로 이러한 장식은 시베리아 일대의 일반적인 양상과 어긋나지 않는 것으로 판단된다.

둘째, 주목할 만한 것은 이러한 권능을 가진 세계관을 강조하고 있다는 점이 더욱 중요한 것이라고 할 수가 있다. 이 조간은 시베리아 샤머니즘과 일정한 관련을 지니고 있는 것으로 하늘을 나는 새를 통해서 하늘의 지존적 존재와 의사소통을 하고, 인간의 권능을 넘어서는 이른 바 샤만의 절대적 권능을 합리화하는 특정 세력의 자기 변호와 같은 성격을 지니고 있는 것이라고 할 수가 있다.

셋째, 이와 아울러서 형상화된 농사의 장면과도 연관을 지어서 논의를 해야 할 사정이 생긴다. 농사의 장면이 구현된 것은 넓은 의미로 본다면 농사의 시작과 관련된 것을 말하는 것으로 농사의 농경과 주술적인 생식력을 함께 하려는 시대의 산물이라고 하는 점을 명확하게 보여주고 있다. 농사를 통하여 고도의 문명과 문화를 이룩하고 이 시대를 다스리는 특별한 존재가 필요하다고 하는 과정을 보여주고자 하는 것이 이 농경문청동의기의 제작 의도라고 할 수가 있다.

이 청동기를 사용하면서 등장한 집단은 외적으로 강력한 신앙의 상징으로 집단을 결속하면서 생식력을 증대하고, 다른 한편에서 농경이라고 하는 특정한 수단을 통해서 삶의 질을 제고하던 시대의 산물이다. 무속신앙과 농경을 핵심으로 하면서 생식력과 주술력을 결합하려고 한 것이 중요한 삶의 지표이자 수단이었다고 할 수가 있다. 이들이 하나의 흐름으로 그치지 않고, 국제적인 양상과 일치한다고 하는 면모가 발견된다.

가령 한병삼이나 이강승이 지적하였듯이 청동기의 제작 기법이나 문양의 구현 양상

가능성이 있다. 네브라의 하늘 원반에는 절기와 밤하늘의 별자리 변화를 기록한 것인데 일종의 천체 변화를 기능적으로 묘사한 것으로 추정된다.

뿐만 아니라 특정한 신앙적 바탕이 일정하게 국제적인 흐름과 관련된다. 한 면에 구현된 나뭇가지에 새가 앉아 있는 형태는 내몽골의 오르도스 청동기(Ordos 靑銅器)에 새 장식간두[鳥飾竿頭]로 구현된 것과 밀접한 관련을 가진 듯하고, 그러한 조식간두의 형태는 남러시아·한반도·일본에까지 널리 퍼져 있는 점이 확인된다.4) 이를 그간에 전파론적인 각도에서 해명하려고 하였으나 그것은 외면적 일치이고 온전히 그러하다고만 해명하기는 어려울 듯하다.

아울러서 이러한 형태의 일치는 상징적인 의미를 지니고 있는 것이므로 이것은 새가 인간의 영혼을 저승으로 안내하거나 특정한 형태로 하늘과 땅, 우주와 인간을 연결하는 것과 깊은 관련을 지니고 있다. 이는 상징적인 의미를 지니고 있으며, 서시베리아에서 동시베리아 전역에 널리 퍼져 있는 샤먼신앙과 관계 깊은 세계관적 구현물로 보는 편이 적절할 것으로 보인다. 이로써 새에 대한 신앙의 유입과정 내지는 스키타이 문화의 전파경로를 알 수 있다고 하였다. 청동기의 제조법을 알고 있는 특정한 집단의 이동에 의해서 물물교환과 지식정보가 유통되었을 가능성을 지니고 있다. 그렇지만 이를 받아들이고 정착시킨 것과 국제적인 흐름을 온전하게 해명할 수 있는 방법은 독자적인 관점에서 유지되어야 한다.

한국의 농경문청동의기와 비교할 수 있는 적절한 예증이 필요하다. 국제적인 양상과 흐름이 권역이나 지역별로 다른 점을 해명할 수 있는 단서가 되는 예증을 하나 들기로 한다. 같은 청동기를 사용하지만, 전혀 세계관이나 양상이 다른 점이 존재하는 예증이다. 청동기는 인류의 보편사를 보여주는 것으로 제정일치사회의 특별한 지배집단을 알려주는 긴요한 구실을 하게 된다. 농사 집단을 지배하면서 그들의 세계관을 구체화한 것이 바로 청동기이다.

독일 지역의 작센주에서 등장하였던 하늘 원반이 대표적인 예증이 될 성싶다.5) 이

---

4) http://encykorea.aks.ac.kr/Contents/Index?contents_id=E0013076 이강승이 집필한 견해이다. 대부분 한병삼의 견해를 추존하고 있다.

5) http://www.unesco.org/new/en/communication-and-information/flagship-project-activities/memory -of-the-world/register/full-list-of-registered-heritage/registered-heritage-page-6/nebra-sky-dis c/ The Nebra Sky Disc features the oldest concrete depiction of cosmic phenomena worldwide. It

원반은 독일의 작센안할트 주의 네브라에서 발견된 것이다. 네브라 하늘 원반(Nebra Sky Disk)은 직경 30센티미터이고, 무게가 2.2킬로그램의 청동제 원반이다. 이 원반은 청동기로 보믜빛 녹이 덮여 있다. 그 청동원반에는 상징물들로 추정되는 태양 또는 보름달, 초승달, 그리고 별들이 있는데 그 가운데 플레이아데스도 있는 것이 확인된다.

세계적으로 가장 오래된 청동기로 구체적인 우주를 형상화하고 묘사한 것을 추정된다. 대체로 3,600년에 미텔베르크(Mittelberg)에서 발견되었는데, 특징적인 검, 두 개의 도끼, 나선형으로 된 두 개의 손 팔찌, 한 개의 끌 등이 동시에 발견되었다. 천문현상을 비범하게 파악하고 이를 활용하면서 청동기 시대의 종교적 신앙을 결합하여 독자적인 성찰을 할 수가 있는 자료이다.

이 원반은 우리의 농경문 청동의기와 비교하게 되면 전혀 다른 세계관으로 구성되어 있으며, 청동기를 제작한 의도나 양상이 다른 것을 볼 수가 있다. 천체와 자연을 관찰하면서 구체적인 정보를 담고 있는 점에서 주목된다. 초자연적인 현상을 경외시하고, 이를 신에게 바치면서 구현하려고 하는 점에서 우리의 농경문청동의기와 별반 다르지 않다고 판단된다. 이들 청동기는 생식력과 주술적인 의도를 갖추고 있는 것이라고 할 수가 있다.

우리의 농경문청동의기는 논농사에 대한 지식을 근간으로 하여 농사짓기와 함께 농업의 혁명적 이해를 필수적으로 수반한 것이라고 하겠다. 청동기 시대의 지식과 내용을 청동이라고 하는 소재에 담아서 농사에 대한 지식과 함께 농사의 풍부한 수확을 기원하는 종교적 의미를 담으면서 새롭게 지식을 전수하던 특정한 지도자들이 만들어낸 것이다.

네브라 스카이 디스크와 함께 발견된 것으로 우리가 더욱 주목해야 할 것이 있는데 청동제 검, 청동제 도끼, 청동제 팔찌 등이 더 있다. 청동기를 통해서 신성한 의례를 거행하면서 이것이 사용되었을 가능성이 있는데 이 의기를 통해서 우리의 인식의 지

was ritually buried along with two precious swords, two axes, two spiral arm-rings and one bronze chisel circa 3,600 years ago on the Mittelberg near Nebra (Saxony-Anhalt, Germany) and dedicated to the gods. The bronze disc is considered to be one of the most important archaeological finds of the 20th century. It combines an extraordinary comprehension of astronomical phenomena with the religious beliefs of its period, that enable unique glimpses into the early knowledge of the heavens.

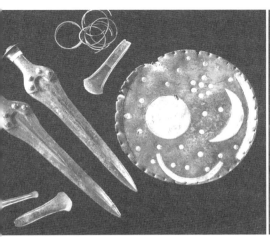
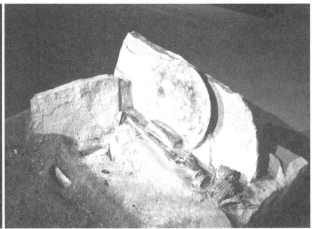

평을 넓힐 수가 있겠다. 이는 우리의 청동기가 나온 것과 다르지 않다고 할 수가 있다. 청동기시대의 산물이고, 정확하게 기원전 1600년의 산물이다. 현재 이 청동의기는 유네스코 세계기념물로 등재되어 있다.

왼쪽에 있는 것은 발견 당시에 함께 출토된 청동기 소재의 여러 가지 것들이다. 실용적인 도구와 함께 여러 가지 청동기로 된 장식품, 그리고 세계관을 대표하는 것들이 동시에 매장되었던 것이다. 당시로서 새롭게 구성된 신소재의 청동의 출처가 문제되었던 것으로 안다. 청동기로 된 것이 독일 지역에서는 발견되지 않던 것들이라고 하는데 이 청동의기를 만드는데 물물교환의 증거로 차용된다. 이 원반을 통해서 국제적인 교류가 가능하였으며, 이는 분명하게 당시의 의례와 종교적 기원을 비롯하여 국제적인 소통의 증거물이라고 한다.

오른쪽에 있는 것은 발굴 당시에 현장을 재현한 것이다. 실제적으로 이는 도굴범에 의해서 도굴된 것이므로 그 정황을 정확하게 이해하는 고고학적 재현품이라고 할 수가 있다. 이 과정에서 진정한 학문적 추구와 집요한 탐구가 이러한 고고학적 성과물을 낼 수가 있었을 것으로 추정된다. 인류의 고고학적 성과 가운데 인류의 지혜와 지식을 여쓸 수 있는 중요한 증거물로 작동하게 되었다. 그것이 인류의 진화와 발전에 일정한 빛을 던져주는 증거물이 된 셈이다.

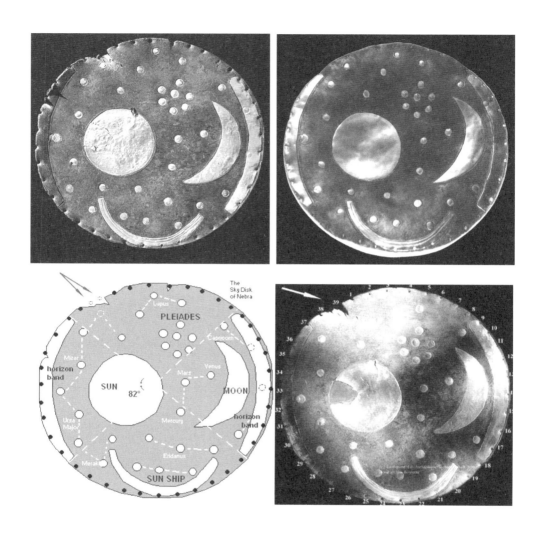

이 의기는 사실의 반영이면서 사실을 초월하는 기능을 한 것으로 판단된다. 사실의 반영이라고 하는 것은 당대 청동기시대의 면모를 정확하게 반영하고 있으며, 신앙적 기원과 함께 실제 농사를 짓는 방식에 대한 정확한 묘사가 핵심적으로 작동하고 있음이 확인된다. 신앙적 기원은 이 농경문의기의 용도나 기능을 추론하면서 찾을 수 있다. 고급 정보를 집약하고 전달하면서 이를 유통하고 보관하면서 후대에 전승하고자 하는 노력의 일환으로 이를 제작하였을 가능성이 있다.

농사를 짓는 것이나 솟대로 추정되는 신앙적 기원을 구현하는 데 있어서 이를 주목할 만한 것으로 보이게 하는 특성이 있다. 신앙과 실제의 고급 정보를 집약하면서 이를 전달하고자 하는 특정 집단의 산물이 바로 이 의기에 집약되어 있는 것으로 판단하게 된다. 그러면서도 주목해야 할 것은 신비한 생명의 생식력과 농사 작업을 통해서 얻는 소득을 증대하려는 기원을 간직하고 있는 것으로 볼 수 있다. 그리하여, 앞서 확인한 땅을 개간하는 인물이 벌거숭이로 자신의 생식기를 내놓고 밭에다 따비질을 하는 것은 생식력의 확장인 주술적 원리에 기대고 있는 것으로 추정된다.

그러므로 이 농경문청동의기는 사실의 반영이면서 무엇인가 대체하고 인간의 생식과 농작물의 증식을 확대하는 관점에서 마련된 특정한 의기이고 주술성에 기초한 자료임을 쉽사리 알 수가 있다. 그렇기 때문에 농사를 짓는 것과 의례적 기원을 하는 것이 서로 표리관계를 이루면서 농사와 신사를 동시에 충족하는 대상인 점을 알 수 있다. 이 의기에 새겨진 내용은 그러한 내력을 선명하게 보여주는 것이라고 할 수 있다.

농사와 신사가 서로 결합되면서 실제와 추상이 연결되고 경험과 초경험, 실상과 이상 등이 체계적으로 결합된 점에서 이 의기는 많은 것을 생각하게 한다. 마한에서 이룩된 사례를 보게 되면, 이 의기는 일정하게 농사와 신사를 통해서 일종의 집단적 기원을 보여주는 것을 볼 수 있다. 가령 일정하게 의례적 행위를 했을 것인데 이 의례적 행위가 바로 특정한 악기를 들고 일정한 춤을 추었다고 하는 것을 볼 수가 있다.

항상 오월 달에 씨뿌리기를 마치고 귀신에게 제사한다. 무리가 모여서 노래와 춤을 춘다. 음주하기를 밤낮으로 쉬지 않는다. 그 춤은 수십 사람이 함께 일어나고 서로 따른다. 땅을 밟고 몸을 낮추었다가 일으키는데 손과 발을 서로 응대한다. 가락과 연주하는 것이 흡사 탁무(鐸舞)와 같다. 시월 달에 농사를 마치고도 또한 반복하기를 이와 같이 한다.[6]

---

6) 『三國志』「魏志」〈東夷傳〉馬韓
   常以五月下種訖, 祭鬼神, 羣聚歌舞, 飮酒晝夜無休. 其舞, 數十人俱起相隨, 踏地低昂, 手足相應, 節奏有似鐸舞. 十月農功畢, 亦復如之.

오월 달에 씨뿌리기를 마쳤다고 하는 것은 이것이 농사와 신사가 되는 것이고, 신사의 가장 강력한 증거가 되는 것은 바로 귀신에게 제사하는 점이라고 할 수 있다. 귀신에게 신사를 드리는데 있어서 무리가 모여서 노래와 춤을 추고, 술을 마시기를 밤낮이 없이 한 것이 구체적인 증거이다. 신사를 드리는데 있어서 음악과 춤이 필요한데 그춤의 면모가 분명하게 제시되어 있다. 그 춤의 형상은 구체적으로 묘사되어 있다.

탁무라고 지칭되는 여러 사람이 모여서 하는 춤사위를 연상하면, 이 놀이는 바로 농악대에서 하는 춤사위와 연계된다. 몸을 숙였다가 일으키면서 땅바닥을 밟는 행위를 하는 것을 볼 수가 있으며, 이러한 행위는 농악대에서 하는 춤사위와 다르지 않다. 단순하게 이러한 행위를 반복하지 않았으며, 특정하게 악기 장단에 맞추어서 이러한 행위를 한 것을 볼 수가 있다. 그렇기 때문에 농악의 악기, 장단, 춤사위를 통해서 이러한 농사, 신사, 농악 등이 결합하는 특정한 절차를 행했을 것으로 추정된다.

농악은 소박하지만 오늘날과 거의 같은 형태로 이룩되었을 가능성이 있으며, 그 구체적인 방식은 땅을 밟고 무리를 지어서 일정한 행렬을 이루는 것이 핵심적으로 이해된다. 무리 짓고 행렬을 짓는 것은 이례적이라고 할 수 있는데 농악대가 하는 행위는 고차원한 것은 아니고, 진풀이를 하면서 땅을 밟으면서 윤무를 위주로 하는 것이 가장 중요한 것이라고 할 수 있다.

윤무는 민요를 부르면서도 했고, 농악을 하면서도 했으며, 심지어 무당의 무를 추면서도 했음이 드러난다. 민요무, 농악무, 무무 등에서 발견되는 춤의 면모는 거의 동일한 형태와 패턴을 이루는 것으로 추정된다.[7] 특히 이것이 흔히 발해국에서도 있었다고 하니 이를 주목할 필요가 있다.[8]

마한과 일정한 거리가 있지만, 마한과 발해의 시대적 거리를 이어주는 일정한 기록들이 남아 있다. 그 기록 가운데 답추무를 비롯한 특정한 기록들이 남아 있는데 이를

---

7) 장정룡, "'돈돌라리' 민요의 실상과 전승론적 의미", 『속초문화』, (속초문화원, 2012).
  http://www.sokcho-culture.com/scculture/?module=view&parent_num=401300000&seq=142380
  4096&did=3154&sch_key=contents&sch_val=%B6%D9%B1%E2
8) 이에 대한 기록은 다음과 같은 글에 의거하여 다시 찾은 것이다.
  安自山, "朝鮮古代의 樂舞", 『學生』, (昭和五年一月, 1930).

서로 연결하면서 정리할 필요가 있다. 삼한과 발해는 서로 실상은 무관하고, 예와 발해는 깊은 관련이 있으며, 그러한 사실에 대한 기록이 남아 있으므로 이를 주목할 필요가 있다. 가령 『세종실록지리지』 강릉대도호부의 기록을 보면 이 점이 명료하게 드러난다. 말갈과 인접한 관계를 맺고 있었으며, 예의 고국이라고 하는 것에서 서로의 연결성을 찾을 수가 있다.

예국에 대한 전통적인 고대의 의례에 대한 기록이 별도로 남아 있으므로 이를 고찰할 필요가 있다. 그것이 농악과 깊은 관련이 있을 것이기 때문이다. 고대의 기록을 전면적으로 보면서 이 시대에 무슨 일이 있었으며 그들이 이룩한 나라가 어떠한 형국이었는지 알아볼 필요가 있겠다. 『삼국지』「위지」〈동이전〉의 기록을 보면 다음과 같다.

> 가) 濊常用十月祭天 晝夜飮酒歌舞 名爲舞天 其作樂 大抵與夫徐同 特所用月異耳[9]
> 나) 三韓其俗信鬼 常以五月祭之 晝夜群飮鼓瑟歌舞踏地爲節 十月農功畢亦如之(註-瑟如筇彈之亦有音曲)[10]
> 다) 渤海俗 每歲時聚會作樂 先命善歌舞者數輩前行 士女相隨 更相唱和 回旋宛轉 號曰 踏錘[11]
> 라) 渤海國俗 每歲時聚會作樂 先命善歌舞者數輩前行 士女隨之 更相唱和 回旋宛轉 號曰 踏錘焉[12]

가)는 『삼국지』「위지」〈동이전〉의 기록과 다르지 않으나 분명한 차이점이 하나가 있다. 그것은 예와 부여의 의례적인 음악이 같다고 하는 사실이다. 나중에 고구려에 흡수되어서 생긴 것은 아니고 이미 상대에도 서로 깊은 공통점을 전제로 하고 있다는 사실을 주목할 만하다. 다음으로 뒷대목에서 말한 "特所用月異耳"이라고 하는 것이

---

9) 『文獻通考夷樂部』 卷百四十八
10) 『文獻通考』
11) 『契丹國志』 卷24 王沂公行程錄(王欣公上契丹事)에도 있으며, 다른 기록에서도 동일한 기록이 이어지고 있다. 가령 『宋會要輯稿』 蕃夷2 "渤海俗, 每歲時聚會作樂, 先命善歌善舞者, 數輩前行, 士兵相隨, 更相唱和, 回旋宛轉, 號曰踏錘"라고 되어 있으며, 『續自治通鑑長編』卷79, 『遼史』 卷39에 수록되어 있다.
12) 『文獻通考』

무엇인지 논란거리이다. 분명하지 않은 것은 분명하지 않다고 하는 것이 바람직할 것이다.

문제는 이들을 무엇으로 보든지 음악을 의미하는 것으로 요해된다. 이를 꽹매기와 같은 악기나 음악, 그것의 차자로 보는 견해도 있지만 과연 그런지 의문이 있다. 그러므로 이에 대한 논란을 판가름하지 않고 장차 연구하기로 하고 문제는 무천에서 하는 음악을 통해서 여러 사람이 모여서 논 것을 주목하고 그것이 국중대회와 같은 의미를 지니는 것으로 볼 수가 있다.

나)는 앞에서 살핀 것과 같지만 이제 그 내용이 다르다. 자간의 넘다드는 문제를 떠나서 중요한 차별성이 발견된다. 그것은 거의 같지만 다른 점은 고슬(鼓瑟)·가무(歌舞)·도지(蹈地)라고 하는 것을 절목으로 삼았다고 하는 사실이다. 슬은 음곡이라고 하여 주석을 달았으므로 슬을 두드리면서 했다고 한다. 가무는 노래하고 춤추는 것이고, 도지는 땅을 밟았다고 하는 점이 두드러진다.

씨뿌리기를 마치고도 이러한 행위를 하고 농사를 마치고도 이를 반복하였다고 되어 있으므로 이는 중요한 고대의 제전의례를 말하는 것으로 보아야 할 것이다. 마한, 진한, 변한 등에서 이를 했다고 하니 중요한 고대의 행사의례이다. 농사, 신사, 농악 등의 전통이 어울리는 점을 이 기록은 전하여 준다. 농사와 관련된 신사의 의례를 강조하는 점에서도 주목할 만한 것들이 공통적으로 드러난다.

다)와 라)는 거의 같은 기록이라고 할 수 있다. 발해국의 습속에 세시절기에 모여서 음악을 연주하면서 놀았다고 하는 것이 처음이다. 먼저 노래를 잘하고 춤을 잘 추는 사람에게 명하여 노래와 춤을 하게 하고, 두어 패의 리더로 삼은 점이 확인된다. 이들은 농악대의 상쇠나 선소리꾼과 같은 구실을 하는 인물로 추정된다. 그리고 남녀가 서로 뒤따르면서 무리를 이어가도록 하였다. 서로 소리를 받도록 했다고 하는 전형적인 선후창의 방식으로 춤추고 노래한 것으로 짐작된다.

다음으로 주목할 만한 사실은 이들이 빙글빙글 돌면서 춤을 추고 행렬을 이루었다고 하는 점인데 이것은 일정하게 놀이를 했다고 하는 것이다. 그런데 이러한 것을 일러서 명백하게 이름을 지었는데 그 이름이 바로 "답추"(踏鎚)라고 하는 것이다. 이 말은 분명하게 이해되지 않는다. 말 그대로라고 한다면, 이것은 땅을 밟으면서 쇠망치질을 한다고 하는 것인데, 그것이 무엇인가? 그것은 아마도 쇠망치로 두드리면서 악기 소리를 냈다고 하는 것으로 이해된다.

이 기록은 많은 것들을 이해하는 준거를 제공한다. 행렬을 이룬 것이 핵심이고, 이들이 선후창으로 노래와 춤을 추고, 일정하게 빙글빙글 돌아가는 춤을 추는 행렬을 하였으며, 땅을 밟고 동시에 악기를 두드리는 것이 확인된다. 그것은 오늘날의 농악에서 보이는 진풀이, 노래와 춤의 선후창 김매기 소리, 빙글빙글 돌면서 춤을 추는 행렬을 이루는 것은 질굿과 같은 것의 원무를 말하고, 땅을 밟으면서 쇠를 연주하는 것과 일치하는 현상이다. 땅밟이를 하면서 하는 것은 뜰볿이, 마당밟이, 지신밟기 등의 그것과 연결된다.[13]

노래를 하고 춤을 추면서 땅을 밟는 행위는 여러 곳에서 발견된다. 중국 측의 기록에서도 이 점이 확인되는데 가령 『서경잡기』(西京雜記)와 같은 데서도 이러한 행위를 하면서 노래를 하는 전통이 있다.[14] 그러므로 땅을 밟으면서 여러 가지 놀이를 하는 것은 주목할 만한 의례이고 이러한 의례를 통해서 우리는 고대의 기록이 오래된 것들의 전형인 점을 새삼스럽게 확인하게 된다.

우리의 농사가 이러한 신사, 농악, 춤사위 등을 묘사한 것이라고 한다면, 이러한 특징은 농업혁명을 이룬 곳에서도 보편적으로 이룩되었을 가능성이 있다. 시원적인 상황 속에서 이룩된 이러한 의례적인 면모는 많은 것들을 이해하는 단서가 된다. 그 가운데서도 후대에 남아 있는 기록을 들어서 위에서 살핀 것들이 어떠한 의의가 있는지 해명할 차례이다. 이 차례를 통해서 우리는 깊은 의미를 추출할 수 있다.

구체적으로 농사 행위를 하면서 일정한 놀이를 했을 개연성이 있다. 그것을 우리는 농사풀이라고 할 수가 있을 것이다. 농사풀이는 예의 기록과 일치되는 면모가 있으며

---

13) 『舊唐書』卷7 睿宗
　　二年春正月 敕河北諸州團結兵馬 皆令本州刺史押掌. 乙亥 吏部尚書兼太子右諭德 鄭國公蕭至忠爲中書令. 上元日夜 上皇禦安福門觀燈 出內人連袂踏歌 縱百僚觀之 一夜方罷.
14) 『西京雜記』卷三 七七 戚夫人侍兒言宮中樂事
　　十月十五日 共入靈女廟 以豚黍樂神 吹笛擊筑 歌上靈之曲 既而相與連臂 踏地爲節 歌赤鳳凰來

이를 상대의 기록과 후대의 전승으로 연결 지어서 논의를 하는 것은 주목할 만한 사실을 말해주는 증거이다. 이를 핵심적으로 정리하게 되면 농사풀이의 기원이 예국의 그 것과 일치하는 점이 드러난다.

그렇다면 왜 이러한 의례를 하는 것인가? 그것은 자연의 재해와 맞서서 농사를 문화적으로 창조하려는 속성과 관련된다. 주술적으로 해결하려는 의도가 있으며 농사풀이에서 이러한 의례적 속성이 우선적으로 발견된다. 농사하는 과정을 재현하기도 하고, 동시에 농사를 하면서 자매놀이와 같은 것을 하는 것은 현행 농악의 핵심적인 소인이라고 할 수가 있다. 이 놀이의 방식을 해명하는 단서는 제주도의 전승 자료 속에서 확인된다.

3. 걸립농악의 전사, 두레 출현

청동기 시대에 강력한 특정 집단이 출현했다. 이 집단은 청동기 의기를 중심으로 신과 의사소통을 하고 특정한 무리를 모아서 주도적인 구실을 하면서 집단과 동아리를 이끌었다. 오늘날에 잔상을 보이고 있는 무리의 특징인 두레와 엄격하게 부합한다. 두레의 노동에서 쇠와 북을 가지고 일정하게 무리를 이끌면서 농악을 치는 것도 이 청동기 시대의 산물이다.

『삼국지』「위지」〈동이전〉을 보면 이들 집단이 한 행적을 상세하게 기록하고 있다. 그 가운데 집단이 하는 일을 정확하게 기록하고 있는 것이 있는데, 이것은 마한조와 진한조에 남아 있다. 마한조에서는 집단의 핵심적 과업이 무엇인지 기록하고 있다. 오월에 씨뿌리기를 마치고 귀신에게 빌고, 모두 모여서 놀면서 춤을 추고 노래하고 술마시기를 밤낮으로 그치지 않았다고 하는 것이 요점이다. 더욱 소중한 것은 이들이 한 행적을 그대로 구현하면서 춤을 추는 형국을 남기고 있는데 오늘날의 농악에서 진풀이로 하는 일과 다르지 않다. 그 춤을 탁무라고 하였으니 춤은 땅을 밟고 구르면서 손과 발을 일치시킨 것으로 나타난다. 아울러서 이러한 일을 흔히 농사를 마치고 하는

때에도 했다고 하니 결코 단순한 일은 아니라고 할 수가 있다.[15]

진한 조에는 더욱 중요한 사실이 기록되어 있다. 진한과 마한의 말이 서로 같지 않다고 하면서 중요한 사실을 증언하고 있다. 그것은 나라를 방(邦)이라고 하고, 활을 호(弧)라고 하고, 도적을 구(寇)라고 하고, 술잔을 돌리는 일을 행상(行觴)이라고 한다는 사실이다. 서로 부르는 것을 도(徒)라고 하므로 진(秦)나라 사람들과 흡사하니, 단지 연(燕)나라와 제(齊)나라의 명칭만은 아니라고 하였다.[16] 이 가운데 중요한 것은 도라고 하는 것을 어떻게 해석할 것인지에 대한 논란이다.

도는 전통적으로 두레라고 하는 것으로 해석하기도 한다. 두레는 둘레, 두리, 둘레 등으로 성립된 것으로 돌과 같은 경계면의 뜻도 있다. 동아리와 같은 일정한 테두리를 이리기도 한다. 두레의 출현이 긴요하고 두레 조직이 등장하면서 공동체의 노동문화가 논농사를 중심으로 성립되었을 가능성을 배제할 수 없다. 두레는 여러 가지 의미를 가지고 있으나, 대체로 공동작업조직, 농악, 한 동아리의 모임 등의 뜻을 가지고 있다. 그에 대한 일반적 견해가 필요하다.

현재까지 나온 견해를 집약적으로 제시하면 다음과 같다.[17] 첫째, 두레를 윤번의 뜻으로 부여하는 견해가 있으니 대표적으로 강정택이나 인정식이 그러한 견해를 나타낸다.[18] 그러한 견해를 답습하고 있는 인물은 전장석이다.[19] 두레를 부사적으로 해

---

15) 『三國志』「魏志」〈東夷傳〉馬韓

　常以五月下種訖, 祭鬼神, 羣聚歌舞, 飮酒晝夜無休. 其舞, 數十人俱起相隨, 踏地低昂, 手足相應, 節奏有似鐸舞. 十月農功畢, 亦復如之. 信鬼神, 國邑各立一人主祭天神, 名之天君. 又諸國各有別邑. 名之爲蘇塗. 立大木, 毛之, 木, 作本, 誤. 縣鈴鼓, 事鬼神. 諸亡逃至其中, 皆不還之, 好作賊. 其立蘇塗之義, 有似浮屠, 而所行善惡有異.

16) 『三國志』「魏志」〈東夷傳〉辰韓

　辰韓在馬韓之東, 其耆老傳世, 自言古之亡人避秦役來適韓國, 馬韓割其東界地與之. 有城柵. 其言語不與馬韓同, 名國爲邦, 弓爲弧, 賊爲寇, 行酒爲行觴。相呼皆爲徒, 有似秦人, 非但燕、齊之名物也。

17) 주강현, 『두레, 농민의 역사』, (들녘, 2006), 75-77쪽. 두레의 정의와 견해에 대한 것을 받아들여서 이를 다시 서술하고자 하며 이하 출처를 명시하지 않는다.

18) 姜鋌澤(박동성역), "조선의 공동노동조직과 사적 변천", 『식민지 조선의 농촌사회와 농업경제』, (서울: YBM Si-sa, 2008), 271-308쪽; (원본 초간) "朝鮮に於ける共同勞動の組織とその史的變遷," 『農業經濟硏究』 17(4), (東京: 農業經濟學會, 1941), 525-575쪽.

　印貞植, "두레와 호미씻이", 『朝鮮農村記』, (東都書籍, 1943), 2-3쪽.

석하면서 농경에서 윤번대로 시행하는 제도를 그러한 조직으로 보는 것을 말한다. 번갈아 가면서 공동의 경작을 하는 방식을 두레라고 이해한다.

> 두레라는 조선말은 명백히 輪番이라는 의미를 갖고 있다. 甲・乙・丙・丁의 4인이 두레조직에 참여한다고 하면, 그들은 4인 전부의 共同勞動으로 甲의 논밭부터 시작하여 乙・丙・丁의 논밭을 각각 일정한 순번에 따라 경작하는 것이다. 이처럼 공동노동의 참가자가 일정의 輪番에 따라서 각각의 田畓을 共同耕作하는 데서 두레라는 용어가 나왔다. 따라서 두레는 하나의 형태적 표현이기는 하지만, 공동노동의 조직 그것을 나타내는 말은 아니라고 본다.[20]

강정택과 인정식은 거의 같은 견해를 표방하면서 윤번의 뜻으로만 이를 파악하였다. 공동노동의 조직으로 보지 않는 점이 문제이고 이 견해는 주목되면서 한계를 지니고 있다고 판단된다. 그렇지만 명확하게 두레는 공동체의 성격을 지니고 있으며, 이것을 핵심으로 일정한 조직을 하고 번갈아가면서 하는 것임을 분명하게 하고 있다. 그러므로 두레를 하나의 형태적 표현이라고 하는 점은 쉽사리 수긍하기 어려운 면모가 있다.

둘째는 두레를 원래적으로 결사의 의미로 해석하고 회원의 뜻으로 조직을 말하는 것으로 보는 견해이다. 이 견해는 주목할 만한 것이므로 상세하게 언급할 필요가 있다. 이와 달리 두레의 어원, 조직, 구성원 등이 이해하면서 역사적 기원과 경과를 규명하고, 세계적인 보편성의 차원에서 논한 것이 있다. 이러한 견해는 주목할 만한 것이고, 이 논의를 통해서 두레의 역사적 기원에 대한 의미를 확보할 수가 있게 되었다.

> "두레"는 원래 結社를 의미하며 종래 "社"자의 訓을 흔히 두레라고 읽어왔거니와, 그 어원을 캐면, 圓周・圓繞의 뜻인 "둘레" "둘려"에서 나온 것일 것이다. 마치 영어에서 圓周의 뜻을 가진 Circle이 徒黨, 또는 社會의 뜻으로 됨과, 독일어의 Verein이 "統一"

---

19) 전장석, 두레에 관하여, 『문화유산』, 1957년 2호, 15쪽.
20) 印貞植, 두레와 호미씻이, 『朝鮮農村記』, (東都書籍, 1943), 2-3쪽.

"統一者"의 원의에서 結社의 뜻으로 되고, Genosse가 동무란 뜻에서 조합원·당원·회원의 뜻으로도 공통함과 같다고 하겠다. 그리고 보면 종래 우리나라의 결상의 칭인 徒(Circle)·接(Group face to face)·契(Association)·社(Circle) 등의 한자가어가 모두 국어 "두레"의 역일 것이다.[21]

두레의 성격을 명확하게 규명한 점에서 주목할 만한 것이다. 사회적인 조직의 한 방식이고, 그것이 공동의 경작을 하던 논농사 노동의 결집 방식임을 분명하게 할 수 있다. 두레라고 하는 말이 긴요한 것이고, 이것의 어원이나 기원을 해명하려고 하는 점에서 필요한 정보를 보이고 있다. 그 점에서 사회적인 이해를 할 수가 있는 단서를 파악하게 된다.

셋째는 두레를 집단이나 조직으로 파악하는 견해가 있다. 두레는 농사와 깊은 관련이 있으며, 논농사의 경영이나 작업을 함께 하려는 것의 산물임을 분명하게 할 필요가 있다. 두레의 성격을 분명하게 한 점을 논농사로 한정한 것은 그러한 의미에서 값진 것이라고 할 수가 있겠다. 이 점에서 논의의 핵심을 그러한 각도에서 논하는 것을 주목할 필요가 있다.

두레는 "두르다"라는 말에서 나왔으며, "두르다"라는 말은 원래 여러 사람이 모인 상태의 뜻을 나타내는 것으로서 일정한 집단, 조직을 표시하는 말이다. 두레를 社·廳·契와 같은 일정한 결사와 집단을 표시하는 글과 결부하여 오래 전부터 불러온 것으로 보아도 알 수 있다. 일정한 조직을 의미하는 두레를 농사농청, 그리고 지방에 따라서 農契·農廳·擧社 등으로 불러왔다.[22]

두레의 어원을 두르다라고 하는 데서 찾는 점에서 이병도의 견해와 다르다. 여러 사람이 함께 모인 조직을 의미하는 관점에서 주목할 만하게 견해의 진전을 꾀했다. 이들의 견해를 중심으로 하여 우리는 몇 가지 중요한 두레에 대한 정보를 집약할 수

---

21) 李炳燾, "古代南堂考-原始集會所와 南堂", 『서울대논문집』 1집, 1954.
22) 조대일, "과거 우리나라 공동로동의 형태와 그 특성", 『고고민속론문집』, 197쪽.
    전장석, "조선원시사연구에서 제기되는 몇 가지 문제", 『북한민속학자료집』, 1975.

있었는데, 이것을 통하여 일정한 의미와 의의를 부여할 수가 있을 것으로 보인다. 두레의 어의와 기능을 통해서 우리는 새로운 추론을 할 필요가 있다고 생각한다.

요컨대 위와 같은 견해를 압축하여 보면, 두레는 우리나라 삼한 시대 이래로 존재해온 공동 노동을 위한 마을 성인 남자들 간의 작업 공동체를 의미하며 주로 논농사와 관련된 일을 하는 과정에서 파생되었을 가능성을 지닌다. 두레라는 용어의 기원에 대해서는 몇 가지 설들이 있으며, 일정한 근거를 지니고 있는 견해임을 알 수가 있다.

이러한 두레의 어원에 대해서는 여러 설이 있으며 이에 대한 견해의 차이가 결국 이론적 가설을 가지게 한다. 초창기 연구자인 강정택이나 인정식은 두레는 윤번의 뜻을 나타낸다고 하였으며 비로소 그 두레의 실체를 파악하는데 이르렀다. 그렇지만 온전한 인식이 있었다고 보기 어렵다. 그에 대한 대안으로 우리는 이병도의 견해를 주목할 필요가 있었다. 이병도는 두레의 어원이 원주(圓周)의 뜻인 '둘레', '둘려'에서 나왔다고 보고, 이것은 마치 영어에서 원주의 뜻을 가진 circle이 도당, 조직의 뜻이 있는 것과 같은 이치라고 보았다. 아울러서 이병도는 우리나라에서 결사의 명칭인 도(徒), 접계(接契), 사(社)가 모두의 두레의 한역어라고 주장하였다.

조대일과 신용하는 "두레는 '두르다'의 고어에서 파생되어 나온 명사이며 그 부사인 '두루'의 '전체'를 나타내는 명사"라고 하였고, "두레가 공동체 그 자체를 나타내는 말"이라고 보았다.[23] 그러한 견해는 앞선 연구자들의 견해를 혁신적으로 능가하면서 새로운 견해로 귀일된 것을 볼 수가 있다. 두레의 기능과 의미가 비로소 명확하게 되었다고 볼 수가 있다.

두레의 성격과 기능을 새로운 각도에서 조망해야 한다고 하는 사실이다. 두레는 현재까지 남아 있는 것을 중심으로 해서 본다면, 세 가지 특별한 성격을 지니고 있다고 파악된다. 두레의 성격 규명을 위해서 필요한 성격 규명을 할 필요가 있겠다.

첫째는 두레는 명확하게 신앙공동체의 산물이라고 하는 점이 흔히 간과되었다고 생각한다. 두레가 신앙공동체인가 하는 점에서 많은 의문이 있을 것이다. 그렇지만 마을

---

23) 신용하, "두레공동체와 농악의 사회사", 『한국사회연구』 2, 1984.

의 공동체적 대상인 당산이나 마을의 수호신에서 그 기능을 위임받는다고 하는 점에서 이는 부인할 수 없는 것이다.[24] 두레기를 원용하면서 이 두레를 시작하는 것은 그러한 점에서 묵과할 수 없는 중요성을 지니고 있다.

서낭대나 신대를 이용하여 신을 받아서 이를 기원하는 대상으로 삼고 권능의 핵심적 구실을 하도록 하는 점에서 중요한 가치를 지니는 것이고 이 신앙의 형태를 중심으로 걸립농악이나 농사풀이농악이 성립하는 것은 이해할 만한 가치를 지니는 것으로 판단된다. 마을신의 이름으로 이를 신봉하고 받들어서 농사의 순서와 일의 구실을 결정하는 것은 중요한 것이라고 하지 않을 수 없다.

둘째는 두레는 심미적인 미감을 거칠게 가지고 있는 예술공동체이다. 예술공동체이기 때문에 정서적 기반을 공유하고 있으면서 동시에 이를 통한 일련의 가치를 창조하고 두레소리와 두레풍장을 공유하고 있으면서 이를 발산하는 것을 이러한 각도에서 이해할 수가 있을 것이다. 두레풍장이나 두레소리의 전통이 두레와 깊은 관련이 있으며, 대체로 김매기와 같은 형태를 유지하고 있는 것을 이러한 각도에서 재조명해야 할 것으로 보인다.

두레는 명백하게 중세 이전에 성립되었던 것이고 마을 사람들의 인정 기반 위에서 정서적 일체감을 조성하면서 생성된 노동 형태임을 부인할 길이 없다. 이 형태를 중심으로 일을 하고, 소리를 하고, 풍물을 두드리는 점은 주목되는 바이다. 그러한 각도에서 이들이 지니는 일정한 가치와 의의를 규명하는 것이라고 판단된다. 마을에서 빚어낸 예술적 경험 자체가 중요하고 이를 각 지역의 소리와 풍장으로 거듭 표현하는 지역성을 가지게 되었다.

셋째는 두레는 공동경작을 위한 공동노동체임을 부인할 길이 없을 것으로 판단된다. 두레의 공동노동체를 통해서 사람을 규합하고 힘을 분배하면서 일정한 운영을 하였다. 특별하게 이 과정에서 필요한 여러 가지들이 생산되었는데 그것이 바로 두레에

---

24) 이보형, "신대와 농기" 『韓國文化人類學』 Vol.8 No.1, (서울:한국문화인류학회, 1976), 59-66쪽.
　　이보형, "마을굿과 두레굿의 의식구성(儀式構成)", 『동양음악』 Vol.4 No, (서울대학교 동양음악연구소, 1981), 9-20쪽.

대한 토박이 언어와 운영 세칙을 비롯한 고유한 언어문화를 이룩한 점이 주목되어야 한다. 그러한 성격을 통해서 두레의 웅건한 역사와 뿌리를 새삼스럽게 알아낼 수가 있을 것으로 보인다.

두레는 여러 가지 측면에서 중요한 성격을 지니고 있었으며, 다면적인 기능을 했던 것으로 추정된다. 마을문화, 공동체 운영에 대한 지혜의 결집이 바로 두레이고, 두레만큼 적절한 사정은 다른 데서 찾을 수가 없었을 것으로 보인다. 두레와 두레문화의 전통을 통해서 우리는 신기원을 이룩하였으며, 오랜 지혜를 축적할 수가 있었다.

공동노동체이므로 섬세하게 여러 말들을 발달시켰다. 가령 충청남도 지역에서 있는 특별한 언어문화유산이 있다. 그것을 옮겨보게 되면, 성격을 분명하게 알 수가 있다. "맨 앞에서 논을 매는 사람을 '앞구잽이', 맨 뒤에서 논을 매는 사람을 '뒷구잽이'라고 하는 곳도 있고(금산군 부리면 평촌2리 물페기), 양 가장자리에서 논매는 사람을 '벼루(베루)잽이'라고 하기도 하며(대전시 대덕구 장동), 오른쪽 맨 앞에서 매는 사람을 '호미잽이' 왼쪽 맨 앞에서 매는 사람을 '지심잽이'라고 하는 곳도 있다(청양군 목면 안심리)" 이 유산은 매우 중요하고 가치가 있는 것이라고 하겠다.25)

두레는 단선적으로 발전하지 않았으며, 역사적 경과와 함께 일정한 변화를 복합적으로 이룩했음을 인식할 수가 있다. 신용하가 제기한 이 문제는 매우 시사적이라고 할 수가 있겠다. 두레를 두 시기로 나눈 것은 일반적인 역사적 전개와 함께 하면서 변화를 추론하였다. 삼한삼국시대에 생성된 것으로 작업공동체인 첫 번째 단계의 두레를 말하고, 다음으로 일정하게 질적으로 진화를 거듭하여 논농사의 수전과 같은 것이 등장하면서 생성된 이른 바 두레논매기 형태의 두레를 두 번째 단계의 두레라고 지칭하였다. 두레는 조선후기에 와서 활성화되었을 가능성이 높다.

그것이 시사하는 바는 두레는 단순하지 않고 복합적으로 진행된 결과임을 볼 수가 있다. 두레와 함께 고려해야 할 사항은 다음과 같은 두레 이전과 두레와 병용되는 일의 형태를 고려해야 할 것으로 보인다. 그 사실을 정리한 것을 가지고 와서 두레와의

---

25) 『한국민요대전』(충청남도편), (문화방송, 1995).

상관성을 고려해야 할 것으로 보인다.[26] 두레의 조직적 출현과 관련하여 유관한 몇 가지 유형의 조직이 있다. 그러한 노동의 전통적인 방식은 다음과 같은 것들이 있다. 작업의 유형에 의해서 결정되는 몇 가지 유형을 유관한 것들과 관련하여 비교하는 것이 필요하다.

호작질은 혼자서 하는 노동의 형태를 말한다. 원래는 호락질이라는 용어에서 유래되었으며, 근대 시기에 성립되었을 가능성이 높다. 구전의 증언에 의해서 본다면 이것은 개인 가구별 노동을 말하고, 집단의 노동에서 일탈한 것을 말한다. 구전민요에도 이 용어가 등장한다.

그렇기 때문에 이를 간단하게 한 사람의 손장난으로 표현하는 것을 볼 수가 있다. 문맥적으로 두 가지 뜻을 포함한다. 하나는 개인적인 손장난으로 말하는 것이고, 다른 하나는 혼자서 하는 작업의 방식을 뜻한다. 곧 혼자서 모내기를 하거나 일을 하는 것을 호작질이라고 이른 것이라고 하겠다. 이 작업 방식은 마을의 고립된 인물이 하는 방식이므로 일정하게 한계를 지닌 것이라고 할 수 있다.

품앗이는 품고 앗는 방식을 말한다. 남의 일을 맡아서 하는 것을 품는다고 하고 이를 해결하는 것을 앗는다고 한다. 품고 앗는 방식은 노동의 교환, 노동하는 일의 교환을 뜻한다고 하겠다. 품고 앗는 방식을 선택하여 이들 사이의 일정한 노동 방식 교환을 품앗이라고 한다. 대체로 모심기나 모내기 등에서 하는 것을 품앗이라고 한다. 품앗이는 일정한 노동교환의 전형적인 사례이고, 일의 방식과 노래의 방식이 일치한다.

두레는 철저하게 일의 분배 방식이지만 집합노동과 공동노동의 형태로 일종의 종교적 의례와 노동의 의례를 겸하고 있는 점에서 일정한 가치를 지닌다고 할 수 있다. 두레의 조직을 짜고 신대를 받아서 이를 신의 존재로 간주하면서 신을 보내는 날까지 노동의 과정을 일치시키는 점은 각별하다고 할 수 있다.

---

26) 김헌선, 『경기도의 토박이농악』, (경기문화재단, 2015). 이하 서술은 여기에 의존하여 재론한다.

특징 작업 방식	작업의 방식과 내용	다른 명칭과 형태
호락질27)	혼자서 하는 노동의 방식을 말하며, 마을에서 고립된 인물의 노동방식을 호락질(호작질)이라고 하며 개인적인 노동을 말한다.	호락질, 호닥질, 호독질, 호다깨질
품앗이	노동교환의 형태로 노동을 품고 앗는 원리에 입각하여 움직이는 원리를 가진 노동조직이다. 모내기와 같은 것에서 이러한 원칙을 운용한다.	수눌음(제주도에 전승되는 품앗이 형태를 지칭하는 용어이다.)
두레	서낭당에서 조직의 운용 원리를 찾고 역군들을 모아서 하는 마을 단위의 노동조직이다.	질레, 줄레, 둘레, 질/길쌈두레, 삼두레/풀두레 마루두레, 꼬리두레, 꼼뱅이 먹는 날, 선두레 후두레(공주지역)28)
사창(社倉)	천재지변과 같은 재앙이나 전쟁이 있을 때에 하는 국가 단위의 노동조직의 방식이다.	
품	고지를 이르는 말로 품을 파는 것을 이르는 말이며, 이를 한자로 사용하면서 문서에 적은 것들이 더러 있다.	품팔이, 雇只, 雇地, 雇持, 雇支 등이 문서에 있다.
놉	품삯을 주고 하는 노동을 말한다.	전라도와 같은 고장에서 쓴다.
운력	절집에서 하는 노동의 방식을 말한다.	달리 울력이라고도 한다. 와전으로 이해된다.
계	계는 특정한 노동의 방식으로 일정한 가치와 의의가 있는 돈을 모으는 방식이다. 향두계와 같은 것이 있기도 하다.	향두계, 기로회 등의 조직이 이러한 금전으로 얽매여 있다.
향약	조선시대 유교적 관점의 조직을 운용하는 단체적 특징을 지니고 있다.	

---

27) 안승택, "해방 전후 한국농촌의 공동노동과 호락질: 공동노동에서 이탈하는 단독노동 배후의 공동체 이데올로기와 경제논리", 『비교문화연구』 제15집 2호, (서울대학교 비교문화연구소, 2009), 35-77쪽. 안승택의 논의에서 두레노동과 달리 개인 가구별 노동이 어떻게 분화되었는지 다룬 바 있다. 여기서 호락질은 "남의 힘을 빌리지 않고 가족끼리 농사를 짓는 일"을 이른다.

28) 이걸재, 『공주 말 사전』, (민속원, 2009), 149-150쪽.

두레와 달리 사창은 천재지변이나 전쟁의 경우에 활용하는 것으로 이 노동방식은 각별하며, 일종의 노동 전개 방식에서 가장 큰 것이라고 할 수 있다. 원래는 국가에서 행하는 방식이지만 부득이하게 일을 하는 과정에서 나라가 개입하고 일제히 노동을 하는 점에서 각별한 방식이라고 할 수 있다.

이 가운데 가장 긴요한 것이 바로 두레이다. 두레는 "둘게삼"(두레삼삼기)과 같은 작은 것의 사례에서 큰 것의 두레에 이르기까지 다양하다. 농촌에서 서로 협력하여 공동작업을 하는 풍습으로, 서낭당의 전통 속에서 비롯되어 이 전통 속에서 이루어지기도 하고 또는 이를 위하여 부락이나 마을里 단위로 구성한 노동의 조직을 말하기도 한다. 일정한 조직을 중심으로 하는 것으로 여기에 두레를 짜는 방식이 존재하고 마을의 당산이나 신당에서 근거를 찾고 철저한 원리에 입각하는 것이므로 주목을 요한다.

부락이나 마을의 이 단위의 모임은 만두레라고 한다. 만두레라고 하는 용어는 일정하게 김매기의 두레를 마치면서 만물두레를 하는 것을 말한다. 근원적인 것을 살피게 되면 이것은 동회(洞會) 또는 동제(洞祭)와 같은 씨족사회의 유풍이기도 하고 동시에 마을의 중심적인 구실을 하는 기억과 노동의 공동체적 성격에서 비롯되었음을 보여준다. 주로 농번기의 모내기에서 김매기를 마칠 때까지 시행되지만 특히 농번기 가운데 김매기를 중심으로 하여 운용되는 특징적인 단체를 두레라고 한다. 두레의 전통은 마을 단위의 각별한 형태의 노동조직을 운영하면서 유래된 것이라고 할 수 있다.

두레의 조직은 부락 내의 장정이 주가 되며, 참여 자격은 노동 능력에 따라 두레의 역원이 재가한 후 가입이 허락된다. 한 사람의 노동 구성 능력을 지니고 있는 것을 보여주고 있으며 여기에 마을의 두레에 대한 엄격한 규칙을 지니고 있다. 역원의 구성은 통솔자인 행수(行首) 1명, 보좌역인 도감(都監) 1명, 두레작업의 진행을 지휘하는 수총각(首總角) 1명, 두레 규약을 감시하는 조사 총각 1명, 유사(有司) 1명, 방목지의 가축으로부터 전답을 보호하는 방목감(放牧監) 1명으로 구성되어 있기도 하지만 마을마다 지방마다 이 조직의 구성원은 각기 다르다고 할 수 있다. 행수·도감은 자작농민 중에서 물망과 역량이 있는 자를, 그 외에는 소작농이나 머슴 중에서 선출하였다.

두레가 등장하면서 두레가 지니는 경제공동체를 확장하는 방식이 필요하였다. 경제공동체를 운용하는데 있어서 가장 중요한 충원수단은 걸립이다. 공동의 자금을 조달하는 방식으로 중요한 수단이 된 것은 걸립이다. 걸립은 두레의 자금을 보완하고 공동의 경비를 구축하고 마을의 공동이익을 추구하면서 마을 사람들의 일정한 살림을 감당하는 것이었다.

걸립은 걸립농악과 깊은 관련을 지닌다. 걸립농악이 신대를 모시고서 마을의 집돌이를 하는 것으로 되어 있다. 이와 달리 마을마다 마을돌이를 하면서 걸립을 행할 수도 있으며, 그것이 정식적인 걸립이었을 것이다. 마을마다 돌아다니는 걸립을 통해서 자산을 축적하고 새롭게 이룩한 점에서 긴요한 의의가 있는 것을 볼 수가 있다. 걸립과 걸립농악이 마을의 공동 경비추렴을 위해서 행하게 된 것은 두레의 공동노동이 경제적으로 중요한 진전을 하며 발전한 것이라 할 수 있다.

두레와 걸립은 깊은 관련을 가진다. 근대의 자본주의 사회가 도래하기 이전에 공동노동과 공동경제를 유지하던 방식이 바로 두레와 걸립이다. 형식과 내용을 함께 갖추고 한 시대를 이끌었던 것이 현재 유용한지 잘 모르겠다. 힘을 보태고 재화를 나누면서 한 시대를 이끈 두레와 걸립은 이 시대에 유용하지 않을지 모른다. 이 자체를 미화하는 것은 온당하지 않다. 이미 두레와 걸립의 유통 기한이 지난 것이기 때문이다.

이러한 사정에도 불구하고 두레와 걸립은 미학적으로도 정서적으로도 여전히 높은 의미와 차원을 지니고 있다고 해도 지나치지 않다. 수천 년을 압축해서 보면 인간의 진정성이 느껴지는 제도이고 형식이었으며, 문화적으로도 문명적으로도 신성한 가치와 의의를 지니고 있으며, 인간의 상호존중을 핵심으로 하고 있는 것이 두레와 걸립이기 때문이다. 이 과정에서 파생된 진정한 인간의 해방, 고통의 분담, 정서적 충동과 함양 등을 핵심으로 하면서 두레와 걸립은 예술 창조를 이룩하였다. 그것이 바로 두레농악과 걸립농악이라고 할 수가 있다.

두레풍장과 걸립농악의 진실한 면모를 오늘날에 농악이라고 하는 형태로 되살려야 할 책무가 우리에게 남아 있다. 삼정걸립치기와 같은 것은 신성성과 예술성을 동시에 보여주는 중요한 가치를 지닌 것으로 평가된다. 걸립치기라고 하는 말 자체에서 이와 같은 오랜 역사적 전통을 찾아내고 발견하면서 우리의 미래를 설계할 수 있음을 생각하여야 한다. 그것이 진정한 가치와 의의를 지닌 것이고 두레풍장과 걸립치기의 전망을 하게 하는 것이다. 두레풍장과 걸립농악의 미학을 계승하고 정신을 배워야 한다.

Ⅲ

김해
삼정걸립치기
농악의
구성과 전개

김해 삼정걸립치기 농악의 구성과 전개

김해 삼정걸립치기는 다른 지역의 지신밟기와 유사한 형태로 진행된다. 마을의 당산에 올라가 걸립치기 할 것을 고하고 나서 마을 가가호호를 돌아다니며 안과태평을 빌고 액살을 몰아낸다. 삼정걸립치기 농악의 구성과 전개에 대해 정리하기 위해 다음과 같은 자료를 참고하고 종합하였다.

1967년, 삼정걸립치기 이두현 박사의 정치봉 상쇠 녹취본
2016년 6월 4일, 김해삼정걸립치기 시연 동영상, 김해민속박물관 마당
2016년 6월 28일, 김해삼정걸립치기 양만근 상쇠 면담, 삼정2구 경로당

1. 구성과 복색

삼정걸립치기는 기본적으로 기수와 치배, 그리고 잡색으로 구성되어 있다.

기는 '農者天下之大本'이라고 쓴 농기와 '김해삼정걸립치기보존회'라고 쓴 단체기 그리고 1쌍의 영기가 있다. 농기와 단체기의 크기와 형태는 거의 유사하다. 흰 기면에 해당 문구를 쓰고, 위에 홍·황·청색의 색동을 차례로 덧댔으며, 양 옆에 지네발을 달고 아래쪽에 기 꼬리 2개를 달았다. 농기는 검은색의 지네발과 기 꼬리를, 단체기는 청색의 지네발과 기 꼬리를 달아 색깔에서 차이가 있다. 농기와 단체기 모두 기 맨

농기와 단체기

위쪽의 양 옆으로 홍·황·청색의 드림을 늘였고, 깃대 꼭대기에는 잎이 달린 댓가지를 꽂고 그 아래 붉은 실로 만든 수술을 달았다. 기수는 1명씩으로, 다른 지역에서처럼 버릿줄(곁줄)을 달아 균형 잡는 데 보조하는 기수는 없다. 영기는 2개 1쌍으로, 청색 기면에 붉은 색으로 슦을 쓰고 지네발을 달았다. 걸립치기를 나설 때 영기가 가장 앞에 선다.

치배는 꽹과리, 징, 북, 장구, 소고, 태평소로 구성되는데, 2016년 6월 4일 시연에서는 꽹과리 3, 징 3, 북 6, 장구 5, 소고 7, 태평소 1의 수로 구성되었다. 북 치배가 장구 치배보다 앞서고 수가 많은 것은 영남농악의 일반적인 특징이다.

모든 기수와 치배, 호적수는 흰 바지저고리에 붉은색·연두색·노란색의 삼색띠를 두른다. 삼색띠는 오른쪽 어깨에 붉은색을, 왼쪽 어깨에 연두색을, 허리에 노란색을 두르는 것으로 모든 구성원이 동일하게 착용한다. 옷을 지어 입는 것이 쉽지 않았던

복색과 고깔의 형태

예전에는 광목으로 된 옷, 검정물을 들인 옷을 입는 등 각양각색의 옷을 입을 수밖에 없었으나 현재는 위와 같은 복장으로 통일되게 입는다. 양만근 상쇠는 어깨에 두른 붉은색과 연두색은 하늘을 상징하고, 허리에 두른 노란색은 땅을 상징하는 것이라고 옛 어른들이 이야기하는 것을 들어 기억한다고 하였다.

모든 기수와 치배는 고깔을 쓴다. 고깔은 종이로 접은 고깔에 종이꽃 5개를 얹은 것인데, 꽹과리 치배들만 흰꽃 5개를 얹은 고깔을 쓰고, 나머지 치배들은 분홍색 꽃 1개, 초록색 꽃 1개, 노랑색 꽃 1개, 흰색 꽃 2개로 된 고깔을 쓴다. 꽃의 배열은 치배에 따라 차이가 있어서 징은 앞에서부터 옆으로 초록, 노랑, 분홍 그리고 양 옆에 흰색 꽃을 얹은 고깔을 쓰고, 기수·장구·북·소고는 앞에서부터 분홍, 초록, 노랑 그리고 양 옆에 흰색 꽃을 얹은 고깔을 쓴다.

잡색의 구성과 차림

　기수, 치배, 호적수 외에 대포수와 양반, 각시, 창부 역할의 잡색이 따른다. 당산제를 지낼 때 제관, 축관 그리고 성주굿을 할 때 등장하는 집 주인 내외는 공연을 할 때의 배역일 뿐이지 걸립패를 따라다니는 잡색은 아니다. 따라서 삼정걸립치기의 잡색은 대포수, 양반, 각시, 창부 4명으로 구성된다.

2. 연행 순서

　삼정걸립치기는 당산제와 당산굿, 우물굿 그리고 각 가정의 걸립치기의 순서로 진행된다. 당산제를 시작하기 전에 먼저 상쇠는 한 쪽에서 준비하고 있는 치배들과 장단을 쳐서 행사의 시작을 알리며 분위기를 진작시킨다. 이 때 치는 장단의 순서 자진모리-득배기-휘모리이다. 휘모리를 맺고 분위기가 정돈되면, 당산제를 시작한다. 원래 당산제는 정월 초여드레에서 초아흐레로 넘어가는 시간에 축관과 제관 내외만 올라가서 지내고 제에 올린 음식을 가지고 내려온다. 초아흐레 날이 밝으면 마당이 너른 집에

당산제

마을 사람들이 모여 당산제에 올린 음식을 나누고 걸립을 치르기 위한 당산굿을 지내기 위해 당산에 오른다.

1) 당산제

걸립치기를 시작하기 전에 제관, 축관, 아낙이 당산에서 당산제를 지낸다. 당산제는 당산에 지내는 유교식 제사이다. 이때 아낙은 일종의 헌관의 역할을 담당하였다.

제상이 차려진 당 앞에서 제관이 초헌을 올리고 재배(再拜)를 한다. 다시 아헌으로 술 네 잔을 올리면 아낙이 제상의 밥그릇에 삽시(揷匙)를 한다. 제관이 일어났다 앉으면 축관이 옆에 앉아 축문을 읽는다.

독축이 끝나면 제관이 일어나 재배한다. 축관과 아낙이 제상의 밥을 조금 떠서 물에 말아 신께 음식을 헌다(獻茶)한다. 잠시 후에 수저를 거두어 철시하고, 제관이 다시 일어나 재배하고 당산제를 마친다.

당산굿

2) 당산굿

① 모둠굿: 당산제가 끝나면 상쇠가 '갱' 하고 꽹과리 소리를 내고 이 소리를 신호로
   모든 치배가 박자를 맞추어 치는 모둠굿을 친다.

② 질굿: 모둠굿을 마치면 상쇠가 질굿 신호 가락을 내고, 치배들은 모두 질굿을 치며
   당산 앞으로 이동한다. 당산 앞으로 이동하면 상쇠의 지휘에 따라 질굿의 박자를 잦
   게 치는 빠른질굿을 친다.

③ 휘모리: 치배들이 모두 당산 앞에 도열하면 상쇠의 신호에 빠른질굿을 휘모리로
   넘겨 치다가, 휘모리 가락을 털며 모두 당산에 절을 한다.

④ 상쇠 덕담: 상쇠가 당산을 향해 다음과 같이 기원한다.

"당산할머니, 당산할아버지, 산신님, 용왕님. 금년 농사 풍년되게 하여 주시옵고 집집마다 안과태평하게 하여 주시옵소서~."

⑤ 상쇠의 덕담이 끝나면 다같이 일채를 치며 다시 당산에 절을 한다.

⑥ 상쇠가 "금년 농사 풍년되고 집집마다 안과태평하게 풍악을 한 번 울려보십시다." 하면 치배 일동이 "예~." 하고 대답한다.

⑦ 자진모리: 상쇠의 신호에 자진모리를 치다가 득배기-자진모리를 연결해서 친다. 자진모리를 치면서 이동한다.

3) 우물굿

① 휘모리, 절: 자진모리를 치며 마을 공동우물 앞에 당도하면 자진모리를 몰아치고 휘모리로 연결해서 치다가 가락을 털며 우물에 절을 한다.

② 상쇠 고사소리: 상쇠가 우물굿 고사소리를 한다. 상쇠가 소리 한 마디를 하면, 치배들이 자진모리 한 장단을 치는 것이 반복된다.

> 여루 여루 용왕님들 (자진모리 한 장단)
> 서해바다 용왕님들
> 사해바다 용왕님들
> 북해바다 용왕님들
> 사해바다 용왕님이
> 하해동심 하여서라
> 먹고쓰고 남도록 하세
> 철철철 넘쳐주소
>
> 여루 여루 용왕님아 수 만년을 누리소

③ 휘모리, 절: 덕담을 마치면 휘모리를 치다가 가락을 털면서 다함께 우물에 절을 한다.

④ 질굿을 치며 이동한다.

문굿을 마치고 집 안으로 들어가는 걸립패들

4) 문굿

① 질굿, 빠른질굿, 휘모리, 절: 질굿을 치며 이동하여 한 집의 문 앞에 도착하면 빠른
질굿을 치다가 휘모리를 연결해서 치고, 휘모리 가락을 털며 다함께 문에 절을 한다.
별도의 상쇠 고사소리는 없다.
② 질굿을 치며 집 안으로 이동한다.

5) 마당굿

① 질굿, 빠른질굿: 질굿을 치며 집 안의 마루 앞에 둥글게 모여 서면 질굿을 빠른질
굿으로 몰아 자진모리로 넘어간다.

득배기에서 뒤집기를 하는 치배들

② 자진모리, 득배기: 자진모리를 치며 득배기로 연결하는 것을 두 번 반복하는데, 득
　배기를 할 때 치배들이 연풍대, 뒤집기 등을 하면서 기예를 뽐내며 신명을 올린다.
③ 자진모리, 휘모리: 두 번의 득배기를 마치고 다시 자진모리를 치며 원진을 돈다.

6) 성주굿

① 자진모리를 치며 돌다가 상쇠와 부쇠줄 두 줄로 나누어 들어가 마루 앞에 선다.
　자진모리를 몰아서 치다가 휘모리로 연결해서 친 다음 가락을 털면서 성주에 절을
　한다.
② 상쇠 고사소리: 상쇠가 성주풀이를 한다. 상쇠가 한 마디를 하면, 치배들이 굿거리
　한 장단을 치는 것이 반복된다. 상쇠가 "김씨 대주 성주님을 모셔 보십시다." 하면
　치배들이 "예~" 하고 대답하고 바로 상쇠의 성주풀이가 이어진다.

여루 여루 성주님요 (굿거리 한 장단)
성주님 본은 어디메냐
경상도라 안동 땅에
제비야 원도 본 아니시고
조선국도 본 아니시고
중원국도 본 아니시고
서천서국이 본이로다
그때야 성주 조부님은
왕발왕시 아니신가
그때여 성주 조모님은
매화야 부인이 아니신가
성주님의 부치신(부친)은
천궁대왕 아니신가
성주님의 모치신(모친)은
옥천부인이 아니신가
성주님의 신의 부인
계화씨 부인이 아니신가
성주님 거동 보소
집은 우야 지어서러
인간에게 전해야만
성주라고 할 수 있다

  성주의 본을 풀고 나서 집 짓는 대목이 시작되면 굿거리에서 자진모리로 장단이
바뀌면서 소리가 빨라진다.

앞집의 김대목아 (자진모리 한 장단)
뒷집의 박대목아
서른 세가지 연장망태
양어깨 걸러메고
나무 잡으로 가자시라

무주야 공산 들어가서
나무야 한 줄 바라보니
흉도 없고 탈도 없네
김대목 박대목 거동보소
금독은독 양날 갈아
십리야 만치 물러서서
오리야 만치 견주더니
이모 찍고 저모 찍어
나무야 한 줄 넘어갔네
설은 신명 역군들이
어기여차 하는 소리
허공 중에 높이 떴네
이수하여 건너와서
곧은 낭구 등을 지고
젖은 낭구 배를 타고
곧은 나무 꽃다듬어
이 대목 내어놓고
이 집터 볼작시면
관동은 금강산
금강산 정기를 받아
전라도 지리산
지리산 정기를 받아
황해도라 태백산
태백산 정기를 받아
생림하고 무척산
무척산 정기를 받아
김해하고 보우재
보우재 정기를 받아
이집 터가 생겼구나
용머리 터를 닦고

봉의 절에 주추 놓고
갑자년 갑자월에
갑자일 갑자시에
일조 상량 높이 놓고
태각으로 기와 이어
일역수 동문내고
이칠화 서문내고
삼팔목 남문내고
사거구(사구금)에 북문내고
자시야 바삐 중문내고
그 문상에 하여서대
소지하니 황금출이요
개문하니 만복래라
집일랑 지었으나
성주님이 없을소냐
모시러가자 모시러가자
성주님을 모시러가자
백지야 석장 품에 품고
서천국에 들어가서
성주님 모셔올 때
일역수 저 바다에
배 삼척 떠들어온다
앞의 배 둘러보니
이 집 조왕 타신 배요
뒷 배에 둘러보니
이 집 성주 타신 배요
그 뒤에 높이 뜬 배
석가세존 타신 배요
석가세존 모셔다가
양산통도 좌정하고

치배들은 두 줄로 서고 상쇠는 앞에서 성주풀이를 한다.

조왕님 모셔다가
제자리에 좌정하고
성주님 모셔다가
자가중에 좌정하고
성주님 덕택으로
이 집의 대주 양반
동서사방 다 댕겨도
물 밝히고 불 밝히고
말소리 향내되고
웃음소리 꽃이 되고
잡구야 잡신 물리치고
의기단합 하옵시고
소원성취 하오리다

③ 휘모리, 절: 성주풀이가 끝나면 상쇠는 "여루여루 성주님아 수 만년을 누리소"라고 말하고 나서 휘모리를 치다가 가락을 털면 다함께 성주에 절을 한다.

④ 질굿을 치며 이동한다.

7) 조왕굿

① 질굿: 질굿을 치며 이동하다가 부엌 앞에서 상쇠, 부쇠줄 두 줄로 나누어 들어가서 나란히 서고, 휘모리로 넘어간다.

② 휘모리, 절: 부엌 앞에 두 줄로 나누어 서면 휘모리 가락을 털면서 조왕에게 절을 한다.

③ 상쇠 고사소리: 상쇠가 조왕굿 고사소리를 한다. 상쇠가 소리 한 마디를 하면, 치배들이 자진모리 한 장단을 치는 것이 반복된다.

> 여루 여루 조왕님요 (자진모리 한 장단)
> 철년(천년)조왕 말년(만년)조왕
> 조왕님 모신 곳에
> 조왕님 덕택으로
> 이 집에 내무대신
> 동서사방 다 댕겨도
> 물 밝히고 불 밝히고
> 잡구야 잡신 물리치고
> 농사장원도 하옵시고
> 돈바리도 들어와서
> 서말찌 닷말찌는
> 주렁주렁 걸려있고
> 온도야 사도오도
> 죽죽이 나여있고
> 은조래(조리) 놋조래도
> 죽죽이 걸려있고

조왕님 덕택으로
험한 음식 하지말고
쌀밥팥밥을 삼시로 하고
일년하고 열두달에
과년하고 열석달에
안과태평 하옵기는
조왕님 덕택이요

④ 휘모리, 절: 고사소리를 마치고 나서 상쇠가 "여루 여루 조왕님아 수 만년을 누리
소"라고 말하고 나서 휘모리를 치다가 가락을 털면 다함께 조왕에 절을 한다.
⑤ 자진모리를 치며 이동한다.

8) 장독굿(장광굿)

① 휘모리, 절: 자진모리를 치다가 장독대 앞에 두 줄로 서면 자진모리 몰아서 치다가
휘모리로 넘어간다. 휘모리를 치다가 가락을 털면서 장독에 절을 한다.
② 상쇠 고사소리: 상쇠가 장독굿 고사소리를 한다. 상쇠가 소리 한 마디를 하면, 치
배들이 자진모리 한 장단을 치는 것이 반복된다.

여루 여루 장독아 (자진모리 한 장단)
이 장독이 뉘 장독고
하늘의 옥황상제
지하에 내려와서
이 곳에 앉혔구나
이 장을 담글 적에
태고라 천황씨는
콩태자 지맛이요
연지라 신농씨는
소금염자 지맛이요

장독굿

이가지 저가지 조합하여
이 장을 담겄구나
띠장단지 꿀 재기고
지름단지 꽃가지 피고
매운 장에 찔레꽃 피고
사시사철 먹더라도
생청같이 달아주소

③ 휘모리, 절: 고사소리를 마치고 상쇠가 "여루 여루 장독아 수 만년을 누리소"라고
  말하고 나서 휘모리를 치다가 가락을 털면 다함께 장독에 절을 한다.
④ 자진모리를 치며 마당 가운데로 향한다.

9) 거리굿

① 자진모리: 자진모리를 치며 마당 가운데에 원진을 만든다. 이 때 아낙이 마당 앞쪽에 간단한 술상을 차려 내온다.

② 휘모리: 치배들이 술상 앞에 네 줄로 서면 자진모리에서 휘모리로 넘어간다. 네 줄로 서는 방법은 장구 한 줄, 쇠와 징이 합쳐 한 줄, 북이 나뉘어 두 줄이다. 그리고 이 네 줄로 선 치배들 뒤로 소고잽이들 가로로 길게 선다.

③ 상쇠 고사소리: 상쇠가 거리굿 고사소리를 한다. 상쇠가 소리 한 마디를 하면, 치배들이 자진모리 한 장단을 치는 것이 반복된다. 양만근 상쇠는 거리굿 고사소리를 유종출, 김용택이 하는 것을 보고 배웠다고 한다.

> 어허야 거리야 (자진모리 한 장단)
> 사해팔방 거리들아
> 이 술 한잔 먹고가서
> 걸기를 면해가고
> 걸뱅이 죽은 저 구신아
> 합배기 덧배기 앞에야 끼고
> 살짝살짝이 돌아갈 때
> 이 술 한잔 먹고가서
> 걸기를 면해가고
> 총각 죽은 몽달귀도
> 이 술 한잔 먹고가서
> 몽달기 면해가고
> 처녀 죽은 저 구신아
> 전반같은 저 머리를
> 치마끝에 찔러 꽂고
> 물동이 앞에야 끼고
> 샘엘랑 돌아갈 때
> 이 술 조금 먹고가서

거리굿 고사소리를 하고 술을 뿌리는 상쇠

처녀귀신을 면해가고
이 집의 대주양반
동서사방 다 댕겨도
물 맑히고 불 밝히고
잡구야 잡신 물리치고
부귀다남 하옵시고
소원성취 하오리다

④ 상쇠 덕담: 고사소리가 끝나면 상쇠는 "에이 거리들아, 이 술 한 잔 먹고 가거라." 하면서 술 한 잔을 마당에 뿌린다. 가락을 몰아치다가 맺으면 상쇠가 치배들을 향하여 "자, 술 한 잔 하이소." 한다.

⑤ 음복: 치배들이 상 앞에 모여 술 한 잔씩을 나누어 먹는다.

거리굿이 끝나고 음복을 하는 치배들

10) 한마당

① 음복이 어느 정도 이루어지면, 상쇠가 '술도 한 잔 했으니 놀아봅시다' 하며 가락
을 일구어 내면 치배들이 다같이 일채를 치다가 맺는다.

② 자진모리, 득배기: 자진모리를 내서 치며 원진을 돌다가 쇠·징·북과 소고줄이 양
편으로 각각 나누어 서고, 장구는 가운데에 가로로 늘어서서 열린 입구(ㅁ) 형태를
만든다. 자진모리를 치다가 상쇠의 신호에 득배기를 치다가 다시 자진모리를 친다.

③ 개인놀이: 북과 장구, 소고 치배들이 차례로 나와 개인놀이를 한다. 원래 개인놀이
는 한 사람씩 하는 게 원칙이지만, 치배별로 집단놀이를 진행한다.

   ㉠ 북춤: 자진모리를 치며 나와 원진으로 놀다가 휘모리를 치며 맺고 자진모리를 치
   며 들어간다.

   ㉡ 장구놀이: 자진모리를 치며 나와 원진으로 놀다가 휘모리를 치며 맺고 자진모리
   를 치며 들어간다.

북춤

장구놀이

소고놀이 중 벼베기 장면

ⓒ소고놀이: 자진모리를 치며 나와 한 줄로 서서 장단에 맞춰 농사모의동작을 진행한다. 농사모의동작은 씨뿌리기, 모심기, 김매기, 벼베기, 탈곡의 순서로 진행된다. 농사모의동작이 끝나면 자진모리 장단에 한바탕 놀고 휘모리를 치다가 맺고 자진모리를 치며 들어간다.

삼정걸립치기에서 농사풀이는 원래 연행하지 않았던 놀이이다. 경연, 공연이 많아지면서 흥미와 볼거리 제공을 위해서 넣기 시작한 것이 지금까지 놀아지고 있는 것이다. 농사 지역이라 젊은 사람들에게 농사법을 보여주기 위한 것도 있다. 이 지역에서는 김매기를 다섯 번 하는데, 각각 아시, 두벌, 세벌, 네벌, 다섯벌이라고 부른다. 다섯 번째는 바람 들어가라고 손으로 골만 터 준다. 이 지역에서 김매기를 할 때 호미를 사용하지 않고, 주로 손으로 직접 잡초를 제거하는 방식을 사용한다. 대나무로 만든 골무 형태의 '고동'을 끼고 김매기를 했지만, 김매기를 하고 나면 손가락에서

피가 나기 일쑤였다고 한다. 일제시대 때는 논이 너무 여물어 손으로 김매기가 어려우면 기계로 논을 밀기도 했다고 한다.

농사풀이를 하지 않는 원래의 소고놀이는, 자진모리를 치고 들어가서 둥글게 원을 만든 다음 굿거리로 한껏 춤을 추다가 휘몰이로 몰아간 다음 마치는 것이다. 소고잽이들의 춤사위가 단연 돋보이는 장면으로, 보존회에서는 이러한 소고놀이를 다시 재연하려고 노력하고 있다.

④ 자진모리: 개인놀이가 다 끝나면 자진모리를 치며 이동한다.

11) 고방굿(곳간굿)

① 휘모리, 절: 자진모리로 이동해서 곳간 앞에 두 줄로 서면 휘모리로 넘어갔다가 가락을 털면서 고방에 절을 한다.
② 상쇠 고사소리: 상쇠가 고방굿 고사소리를 한다. 상쇠가 소리 한 마디를 하면, 치배들이 자진모리 한 장단을 치는 것이 반복된다.

여루 여루 고방아 (자진모리 한 장단)
고방의 덕택으로
이 집의 대주 양반
금년농사 장원하여
이 고방 채워주고
이 고방 채우고 남는 것은
건너고방 채워주고
일년하고 열두달에
과년하고 열석달에
사시장천 먹더라도
비지않게 채워주게

고방굿

③ 휘모리, 절: 고사소리를 마치면 상쇠가 "여루 여루 고방아 수 만년을 누리소"라고 말하고 나서 휘모리를 치다가 가락을 털면 다함께 고방에 절을 한다.

④ 자진모리를 치며 이동한다.

12) 마닥굿(마구간굿)

① 휘모리, 절: 자진모리를 치며 마구간 앞에 두 줄로 서면 휘모리로 넘겨 치다가 가락을 털면서 마구간에 절을 한다.

② 상쇠 고사소리: 상쇠가 마닥굿 고사소리를 한다. 상쇠가 소리 한 마디를 하면, 치배들이 자진모리 한 장단을 치는 것이 반복된다.

여루 여루 마당아 (자진모리 한 장단)

철년말(천리마)을 매였나

말년말(만리마)을 매였나

겨울 삼동 먹여서

이랴자라 하거들랑

용천마가 되어주고

날쟁비 되어주게

마당장군의 덕택이요

③ 휘모리, 절: 고사소리를 마치면 상쇠가 "여루 여루 마당아 수 만년을 누리소"라고
말하고 나서 휘모리를 치다가 가락을 털면 다함께 마구간에 절을 한다.

④ 자진모리를 치며 이동한다.

13) 물림굿

삼정걸립치기에 물림굿은 집의 나쁜 기운을 몰아 없애는 순서로, 물림굿을 할 때는
밥을 새로 해서 상을 차릴 정도로 정성을 들였다고 한다. 유진 어빙 크네즈(Eugene
I.Knez)의 기록을 보면 무당이 있었다고 하는 부분이 있는데, 양만근 상쇠는 예전에
삼정동에는 봉사 할매가 있었는데 점도 보고 굿도 했다고 기억한다. 굿 할 때 보조하
는 여성이 있었는데, 악기도 치고 신대를 잡기도 했다. 서서 굿을 하는 건 아니고 앉아
서 경 읽는 것처럼 한 것으로 기억한다. 이러한 무속의 영향과 집안 가신신앙의 주체
인 여성들의 액막이 행위가 걸립치기에 영향을 주어 물림굿 연행이 자리잡게 된 것으
로 추정된다. 양만근 상쇠는 걸립치기 하는 사람은 굿을 잘 안 하고 굿 하는 사람은
걸립치기를 잘 안 한다고 하는 견해를 말하여, 무당굿과 농악대굿을 대하는 민간의
태도를 피력하였다. 물림굿은 다음과 같이 진행되었다.

① 휘모리: 자진모리를 치며 문 앞에 두 줄로 서면 휘모리로 넘어가서 치다가 맺는다.

② 문 앞에 농기와 단체기가 양 쪽으로 나누어 서고 그 사이에 물림굿 상이 마련되어
있다.

물림굿 상 앞에서 항마진언을 하는 상쇠

③ 상쇠의 항마진언: 상쇠가 상 앞에 서서 혼자 항마진언(降魔眞言)을 한다. 소리를
할 때 꽹과리를 막고 박자를 맞추며 친다.

불살 항마진언이라
안이금강 삼등방피
심심금강 반을푼유
당상고미 남자공명
사생풍와 패학지심
불법주 하계지심
오해도래 강복소재
엄소만이 엄소만이
흠허리 한야라 하리 한야라
바이반 옴도로 오광사파하
동남산 진사하니
조삭세끼 삼천하고

머석셋기 팔백이로되 유이부족이라
욕식이 어귀하니
어귀는 불원천리 원근타파하라

④ 귀신 물리기: 항마진언이 끝나면 상쇠는 상의 술과 음식을 바가지에 담고 그것을
칼로 저으면서 '이 놈의 귀신들아 이 집에서 썩 물러가라~' 하면서 바가지의 음식과
칼을 동시에 문 바깥쪽을 향해 뿌린다. 칼이 바깥으로 향하지 않자 '(귀신들이) 안
나갔다'며 귀신 물리기를 두 번 더 하였다. 세 번째 시도 끝에 칼 끝이 바깥으로 향하
고 나서 물림굿을 끝냈다.

귀신 물리기를 하는 상쇠

칼 끝이 문 밖으로 나가면 칼을 땅에 꽂는다.

14) 한마당

① 자진모리: 물림굿을 마치면 자진모리를 치며 원진으로 돌면서 신나게 논다. 원진을 덕석말이로 말았다 풀었다를 두 번 반복한다. 덕석말이 할 때는 자진모리를 '자자자 자자자 자자자 자자자'하며 몰아서 치다가 '자장 자장 장 짝'으로 맺는다. 자진모리를 이렇게 맺는 방식은 덕석말이 할 때만 이루어지는데, 이를 다드래기라고 한다.

② 일채, 휘모리: 일채를 내서 치며 다시 덕석말이를 말았다가 푼 다음 휘모리를 친다.

③ 굿거리: 굿거리를 치며 치배들이 제자리에서 춤을 한바탕 추며 마당판을 벌인다. 양만근 상쇠는 굿거리에서 치배들이 이렇게 신나게 노는 것을 '신명대로 악에 취해가 노는 것'이라고 표현한다.

④ 인사굿: 인사장단을 치고 나서 퇴장한다.

굿거리 한마당

3. 삼정걸립치기의 장단

1) 모둠굿

모둠굿은 특별한 가락 없이 가락을 천천히 치다가 서서히 몰아서 치며 맺는 장단으로, 다같이 모여서 시작해 보자라는 의미이다.

■ **모둠굿**

쇠	갱	갱	갱	갱	갱 갱갱갱갱개개개개……
징	징	징	징	징	징 징징징징지지지지지……
장구	덩	덩	덩	덩	덩 덩덩덩덩더더더더더……
북	둥	둥	둥	둥	둥 둥둥둥둥두두두두두……

2) 자진모리, 휘모리

자진모리는 삼채 종류로 3소박 4박자 형태의 장단이다. 자진모리를 치다가 북·장구·소고들이 놀이를 하는 득배기로 이어지는 경우가 많으며, 이 득배기가 다시 휘모리로 이어지는 경우가 많다.

■ **자진모리**

쇠	갠		지	갠		지	갠		지	개	갠
징	징										
장구	덩			덩			덩			따 궁 따	
북	둥			둥			둥			둥	

자진모리는 위의 가락을 기본으로 하면서 다음과 같이 다양한 변주들을 사용한다.

쇠 변주 1	개	갠		갠		지	갠		지	개	갠	
쇠 변주 2	개	갠	지	개	갠	지	갠		지	개	갠	
쇠 변주 3	개	갠	지	개	갠	지	개	갠	지	개	갠	
쇠 변주 4	개	갠	지	개	갠	지	개	갠	지	개	갠	지

장구 변주 1	덩		따	궁	따	(따)	덩		따	궁	따	(따)

장구 변주 2	덩		따	궁	따	따	궁	따	따	궁	따	따

북 변주	둥			둥			둥		둥			

자진모리를 치다가 상쇠가 다음과 같이 신호하면 득배기로 넘어간다.

쇠 신호	개	개	개	개	개	개	갠		개	개	갠	

■ 득배기(덧배기) 도입

쇠	개	갠		갠		갠		갠		개	갠
징	징										
장구	더	덩		덩		덩		덩		더	덩
북	두	둥		둥		둥		둥		두	둥

득배기(덧배기)로 넘어가면 장구, 북, 소고가 마음껏 논다. 득배기를 할 때 신명이 많이 올라있을 때라 북도 장구도 소고도 신나게 친다, 특히 소고는 '차고 앉고 돌고'하며 독특한 춤사위로 신명을 드러낸다.

득배기는 시간이 허락된다면 몇 번이라도 놀 수 있지만, 요즘은 시간상 서너 번만 노는 경우가 많다. 득배기를 마치면 다시 자진모리를 치고 휘모리로 맺는다. 원래 휘모리로 맺은 다음엔 굿거리를 쳐야 한다. 빠른 가락인 휘모리를 치고 나면 매우 힘이 들었으므로 그것을 풀어주기 위해서 굿거리를 치는 것이다. 하지만 요즘은 시간이 없어서 그렇게 하지 못한다.

■ 득배기

쇠	갱			개	객		객		객		개	
징	징											
장구	덩		따	궁	따		덩		덩			
북	둥			둥			둥		둥			

■ 득배기에서 자진모리 넘어가는 신호

쇠	갱		개	개	갱		갱		개	개	갱

상쇠 신호에 득배기를 멈추고 자진모리를 빨리 치다가 휘모리로 넘어간다.

쇠	개	갠	지	개	갠	지	갠		지	갠		

■ 휘모리

쇠	갱		갱		갠	지	갠
징	징						
장구	덩		덩		궁	따	궁
북	둥		둥		둥		둥

휘모리를 치다가 맺는 상쇠의 신호는 다음과 같이 두 가지가 있다.

쇠 신호 1	개	갠		개	갠	
	갠			갯		

쇠 신호 2	갱			개	개	갱
	갱					

3) 질굿, 빠른질굿, 반질굿

질굿을 치기 전에는 상쇠가 다음과 같이 질굿 신호 가락을 낸다. 쇠가 먼저 친다고 하여 쇠 신호를 '먹임쇠'라고도 한다.

쇠	개	갱		갱			개	갱

이것은 질굿의 뒷부분으로 상쇠가 먼저 이 질굿 뒷부분을 먼저 치면 다른 치배들은 질굿의 앞부분부터 같이 치기 시작한다.

■ 질굿

쇠	갱		갱		개 갱		개 갱		개 갱		갱			개 갱
징	징								징					
장구	덩		덩		더 덩		더 덩		더 덩		덩			더 덩
북	둥		둥		두 둥		두 둥		두 둥		둥			두 둥

질굿은 3소박과 2소박이 혼합된 장단으로 2·2·3·3/3·2·2·3의 구조를 갖추고 있다. 앞부분의 2·2·3·3과 뒷부분의 3·2·2·3이 대칭적이진 않지만 10개의 소박을 대등하게 사용하고 있다. 질굿 한 장단에 모두 여섯 걸음을 걷게 되는데, 2·2소박에 한 걸음, 3소박에 한 걸음씩을 걸어 약간 절름거리는 느낌이 난다.

질굿을 치다가 상쇠의 지휘에 따라 질굿을 치는 속도가 점점 빨라지게 되는데 이를 빠른질굿이라고 한다. 빠른질굿은 박자와 가락이 질굿과 동일하며 속도에서만 차이가 난다. 빠른질굿을 치다가 상쇠가 질굿의 뒷부분을 [갠 | 지 | 갠 | | 갠 | 지 | 갠 |]으로 치면서 신호를 하면 자진모리나 휘모리로 넘어간다.

■ 질굿에서 자진모리 넘어갈 때 신호

쇠	갱		갱		갱		갱		갱			

질굿에서 빠른질굿을 치다가 반질굿으로 넘어가는 경우도 있다. 빠른질굿을 치다가 휘모리로 넘어가는 경우도 있으며, 질굿에서 바로 빠른질굿으로 넘어가서 휘모리로 이어지는 경우도 있다. 반질굿은 질굿의 앞부분만 치는 것으로 경기충청지역의 마당일 채와 흡사하다. 반질굿 할 때 상쇠는 원 안에서 '돌고 앉고'하는 상쇠놀이를 진행한다.

■ **반질굿**

쇠	갱		갱		개	갱		개	갱	
징	징									
장구	덩		덩		더	덩		더	덩	
북	둥		둥		두	둥		두	둥	

질굿을 시작하면 질굿-빠른질굿-휘모리로 진행하거나 질굿-빠른질굿-반질굿-자진모리로 진행하는 경우 두 가지가 있다. 이러한 진행은 상쇠가 임의대로 하는 것이다.

4) 굿거리

삼정걸립치기에서 굿거리는 성주풀이를 할 때와 치배들이 한마당 신명풀이를 할 때 연주한다. 3소박 4박의 장단으로 다른 지역의 굿거리와 비슷하다.

■ **굿거리**

쇠	갠	갠지	개개	갠	갠지	개개	갠	갠지	개개	갠	갯
징	징										
장구	덩	기	닥따	덩	기	닥따	덩	기	닥따	궁	따
북	둥			둥			둥			둥	

5) 인사장단

인사장단은 걸립치기를 모두 마치고 '잘 놀다 갑니다.'라는 의미로 치는 장단이다. 첫 장단의 마지막 '갠'에 고개를 숙여 인사를 하고, 두 번째 장단의 마지막 '갠'에 고개를 든다. 상쇠 혼자 장단을 치고 마지막 ‘갠’만 모든 치배들이 다함께 치며 인사를 하고, 고개를 든다.

걸립치기를 모두 마치고 그 집을 떠날 때 집 주인에게 인사를 할 때 사용하는 장단이었으나, 요즘에는 걸립치기 공연을 마치고 퇴장하기 전에 연주한다. 3소박 4박 장단에 마지막 ‘갠’이 덧붙여져 3소박 5박 장단이 되었다.

■ **인사장단**

쇠	갠			갯	지	갠	지	개	개	갠
	갠									

삼정걸립치기 농악의 전개과정과 장단을 살펴본 바, 걸립치기를 진행하는 과정은 다른 지역의 지신밟기와 크게 다르지 않다. 경남지역의 지신밟기에서 성주풀이가 발달한 특징이 삼정걸립치기에서도 두드러지게 나타났다. 다만 걸립치기 과정에서 거리굿이나 물림굿과 같이 무속적인 성격의 과정이 연행된다는 점이 특징이라 할 수 있다. 이 점은 가신신앙과 무속신앙을 연관시킬 수 있는 좋은 단서라고 여겨진다.

장단에서 특이한 점은 2소박과 3소박이 혼합된 형태의 질굿이 잘 남아있다는 점을 우선 들 수 있다. 질굿과 더불어 빠른질굿, 반질굿이 연결되어 질굿의 연행양상을 다채롭게 하고 있어 우리나라 길굿(길가락) 양상을 더욱 넓고 통일되게 바라볼 수 있는 시각을 제공해 준다.

주목할 만한 장단은 자진모리를 치다가 신명의 놀이로 이어지는 득배기장단이다. 경남지역에서 춤장단으로 알려져 있는 덧배기와는 다른 장단이라는 것이 양만근 상쇠의 설명으로 어느 정도 해명될 수도 있다. 양만근 상쇠는 득배기는 ‘득’은 주먹을 쥔다는 뜻이고, ‘배’는 물리친다는 뜻, ‘기’는 鬼, 즉 귀신 도는 삿된 기운이라고 설명한다. 즉 나쁜 기운을 물리치는 것이 바로 득배기장단의 기능이라 할 수 있는데, 이 장단에 금속악기인 꽹과리와 징을 제외한 북, 장구, 소고잽이들이 모든 신명을 다해 악기를 치며 활발한 춤사위를 펼쳐내는 점이 매우 흥미롭다.

김해
삼정걸립치기의
가신신앙적 면모

김해 삼정걸립치기의 가신신앙적 면모

1. 가신신앙의 전통과 유형

우리나라에 전해지고 있는 전통 가운데 가내수호신 즉 가신(家神)과 관련된 의례가 존재한다. 가신은 하나로 존재하지 않으며, 여러 신들의 복합적인 집체를 통칭하는 명칭이라 할 수 있다. 한국에서 섬기는 가신은 그 명칭에서와 같이 집안의 여러 장소와 연계된 신들의 모습을 취하고 있다. 가정의 여러 공간을 차지하며 수호하거나, 특정한 공간과 연계된 속성을 포함하고 있다. 이러한 가신과 관련된 신앙적인 형태를 일명 가신신앙이라 부른다. 이러한 가신신앙은 유교적인 의례와 별개의 것으로 존재하며, 그 기원적인 속성에 있어서 고대적이며 애니미즘, 조령신앙적 속성과도 연계되는 부분이 있다. 그 신앙의 대상으로는 성주, 제석, 조왕, 삼신, 터주, 수문장, 장독(철륭), 고방, 지신, 측신, 업 등의 다양한 형태가 있다.[1]

우리나라에서 이러한 가신신앙과 관련된 의례의 형태가 다양하게 존재하고 있다. 각 가정에서 개별적인 가신에 대하여 별도의 의례의 형태가 존재하기도 하고, 특정 집단에 의해 공통의 형식을 통해 연행되기도 한다. 이를 달리 가내 부인들이 진행하는 형태와 농악대에 의한 형태, 무당에 의한 형태로 구분할 수 있다. 이 중 특정한 의례집

---

[1] 赤松智城, 秋葉 隆 저, 심우성 역, 『조선무속의 연구 下』, (동문선, 1991), 152-153쪽.
그 외 송재용, "일제강점기 가신신앙 연구", 『한국고전연구』 17집, (한국한문고전학회, 2008), 277-310쪽을 통해 연구자 또는 조사자에 따라 지역적 차이가 있음을 확인할 수 있다.

전을 위한 직능을 별도로 보유하고 있지 않음에도 불구하고, 민간인들에 의해서 가신신앙에 대한 의례가 진행되는 것으로서 앞의 두 가지 형태가 공통적이라 할 수 있다.

가신신앙은 실질적인 전승형태는 일정한 신격과 신에 대한 의례를 집전하는 자의 형태를 통해서 확인할 수 있다. 가신신앙의 유형에 따라서 곧 의례를 집전하는 자가 달라지고 그 연행양상도 달라진다. 특히 민간인에 의한 의례 형식이라는 측면에서 농악대 집단에 의한 형태는 함께 살펴볼만한 측면이 있다고 하겠다. 이는 민간인 주체라는 측면에서 기층민중집단에 의한 연행이라는 점에서 주목된다.

더욱이 삼정걸립치기는 이런 전통의 일환으로 연행되는 측면에서 중요한 면모를 확인할 수 있는 소중한 사례의 하나라 할 수 있다. 실질적인 농악대에 의한 가신신앙으로써 지신밟기의 사례를 경남 김해시 삼정동에 전승되어 오는 삼정걸립치기를 통해서 확인할 수 있다. 이러한 가신신앙적 면모는 삼정걸립치기가 소중한 민간전통을 담고 있는 문화유산으로서의 가치가 충분함을 입증하는 것이라 할 수 있다.

가신신앙은 일명 '가정 단위의 신앙'이라고 한다. 민간신앙의 한 형태이며, 특정한 연행집단 또는 전형적인 의례양상이 정해져 있는 것이 아니다. 여러 신을 각신의 종류와 성격에 따라서 다르게 인식하는 것으로 각양의 의례형식을 통해서 드러내는 신앙형태이다. 여러 서민들의 가까이에서 일상적으로 그들과 함께 머물면서 직접적으로 그들을 지켜주는 신으로써 민간신앙의 핵심이라 할 수 있다.

그럼에도 불구하고 또는 그렇기 때문에 가신신앙에 대한 신에 대한 인식과 신앙적 행위와 이에 대한 의례적 주체에 관해서 복잡하고 다면적인 양상을 띠고 있는 것 또한 사실이다. 특정한 신에 대한 특정한 의례의 형태가 없다. 구체적인 신앙주체집단이나 연행집단, 또는 전형적 의례방식이 규정되어 있지 않기 때문에, 가신신앙의 형태는 지역에 따라서 또는 연행집단에 따라서 다른 모습으로 확인된다.

가신신앙의 다양한 형태는 특히 연행집단에 따라서 다른 양상으로 드러낸다고 할 수 있다. 이를 크게 (가) 비손-가내집전 유형, (2) 지신밟기-마을굿 유형, (다) 안택굿-무당굿 유형으로 나누어서 정리할 수 있다. 이들 각유형에 대해 간략하게 유형적인 특성을 정리해보면 다음과 같다.

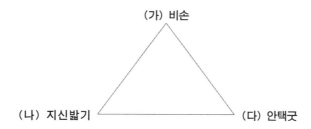

(가) 비손-가내집전 유형은 가신신앙의 가장 기본적인 형태이며, 근원적인 속성을 나타내는 것이라 할 수 있다. 가내수호신에 대한 개별적인 장소에 대한 개념을 통해 공간수호신이거나 특정 공간에 안치된 신격이다.

이들 개별 수호신에 대해서 개별적인 의례가 존재한다. 그 의례의 양상은 복잡하지 않으며, 단순한 형식에 소원하며 비는 자의 마음을 담아서 손을 비는 것을 중요하게 여긴다. 그리고 이를 집전하는 존재는 집안의 안주인인 어머니이다. (가) 유형의 가신신앙을 말할 때 가장 중요한 가장 중요하게 언급되는 점이 바로 '어머니'라는 존재이다. 여성이 신앙의 중심에 존재하면서 주도적인 역할을 수행한다.[2] 여성이 의례의 집전자로써 가족들을 대표하거나 또는 가족들의 동참을 유도하면서 가정의례를 진행한다. 어머니는 가족의 건강을 유지하고 자손의 안위를 지켜주는 존재로써 매우 중요한 존재이다. 어머니가 가족의 대표자로써 자손들을 대신하여 가신과 만난다.

국립민속박물관에서 편찬한『한국세시풍속사전』에 따르면 세시절기에 따라서 나타나는 다양한 형태의 가신신앙의 양상이 드러난다. 예를 들어서 정월달의 성주고사, 정월 열나흗날 우물가에 밝혀두는 '우물밝히기', 정월 대름날 우물에서 진행하는 '용알뜨기', 정월 열나흗날의 '조왕제', 평상시의 조왕물 올리기, 평상시 터주에 정화수 올

---

2) 김명자, "가신신앙의 성격과 여성상",『여성문제연구』13, (대구가톨릭대학교 사회과학연구소, 1984), 227-242쪽.

리기 등이 확인된다.[3] 이들은 대개 특정 세시절기와 연계해서 진행되는 의례와 평상시 의례의 양측면을 모두 갖고 있다. 성주고사, 우물밝히기와 용알뜨기, 조왕제 등은 정월 대보름 또는 특정 일자를 기준으로 진행되는 의례로 세시절기와 만나면서 특정한 의례를 진행하게 된다. 또한 조왕물 올리기와 터주에 정화수 올리기 등은 세시절기와 관계없이 평소에 진행되는 의례의 형태이다. 이들 (가) 유형의 가신신앙 모두 복잡한 양상이 없으며, 단순한 절차로 진행되는 데 있어 동일하다. 그리고 이러한 의례에 진행에 있어서 비밀성 또는 은밀성이 중요한 덕목이어서 난잡하거나 소란스러운 것을 금한다. 이는 평상시 의례 역시 동일하다. 그리고 이러한 은밀하고 비밀스러운 의례는 어머니가 단독으로 진행하거나, 어머니의 주도하에 가족들이 동참하여 진행되는 공통점이 있다. 이들 여러 가신에 대한 가내집전 의례는 특정한 경우에는 순차적으로 진행되기도 하지만 특정한 목적에 의해서 개별적인 신에 대한 개별만 진행되기도 한다. 그러나 현재 이러한 가신신앙의 형태는 가택구조의 변화와 민간신앙의 약화 등의 여러 요인에 의해서 거의 사라지고 있는 실정이다.

(나) 지신밟기-마을굿 유형의 가신신앙은 현재까지 가장 온전하게 다양한 형태로 전승되고 있는 가신신앙의 한 형태라고 말할 수 있다. 가신신앙의 일반적인 신격을 공유하면서 지역에 따라서 일정한 차별성을 두고 있으나, 특정한 집단 즉 '농악대'를 중심으로 집단적으로 전승되는 형태에 있어서 명확한 유형적 특성이 있다. 또한 이러한 (나) 유형의 가신신앙 형태는 가신신앙의 형태로 독립적인 형태라 말할 수 있다. 그럼에도 (나)의 형태는 좀 더 확장된 범위에 대해서 진행되는 의례로서 마을굿의 일부이다. 전국적인 (나) 유형의 사례를 살펴보더라도 지신밟기만 독립적으로 진행되는 사례는 없다. 대개 정월 대보름에 당산굿 또는 서낭굿으로 진행되는 마을굿의 형태로써 농악대가 주도하는 의례가 존재한다. 이 마을굿의 절차 중 당산굿에 이어서 연행되는 절차로 지신밟기가 있다.[4]

---

3) 『한국세시풍속사전』, (국립민속박물관, 2004). 정월달 의례만 정리한 것이다.
4) 정월달 마을굿이 아닌 경우에 특정 마을 공동경비 마련을 위한 걸립이나 외지 걸립 등의 경우가 있으나, 이 경우에도 먼저 당산이나 서낭에 올라서 서낭을 맞이하는 굿을 먼저 진행하는 데 있어서는 동일한 양상이

(나) 유형의 형태를 농악대가 주도하는 지신밟기라 할 수 있다. 지신밟기는 대개 마당밟이, 뜰볿이, 집돌이 등으로 불린다. 즉 대표명칭으로서 '지신'이라는 신명을 사용하고 있으며, 그 행위적인 형태를 드러내서 '밟기'라는 용어가 사용된다. 지신밟기에 대한 문헌적 전거로는 조선시대 학자인 이옥(李鈺, 1760-1812)의 기록에서 확인할 수 있다.[5] 이옥의 기록에 의하면 경남 봉성 지역의 사례가 있다. 이 기록에 따르면 악기를 든 일행이 정월 십이일 남의 집에 들러 떠들며 놀이를 벌이며, 이때 소반에 쌀을 담아 문 밖에 내온다고 한다. 이를 통해 지신밟기가 특정한 신에게 바치는 의례를 여기저기 돌아다니면서 떠들면서 시끄럽게 발로 밟으면서 진행하는 연행형태라 말할 수 있다. 이를 다시 여러 가신을 찾아 방문하면서 그 흔적을 남기면서 진행하는 의례라 할 수 있다. 즉 이와 같은 연행형식은 (나) 유형이 (가) 유형과 크게 다른 점 중 하나라고 할 수 있다. 또 하나 연행주체의 차별성 역시 (나) 유형의 독자성을 더욱 두드러지게 하는 요소라 할 수 있다.

즉 앞서 살펴본 것과 같이 (가) 비손-가내집전 유형은 어머니인 가족을 수호하는 존재로써의 대표자인 어머니가 신앙의 주체가 되었다. (가) 유형이 어머니가 마음을 담아 올리는 정한수와 비손으로 비밀스럽고 은밀하게 의례를 진행하는 형태와 달리, (나) 유형은 남성집단으로 이루어진 농악대가 공개된 상황에서 질펀하고 소란스럽게 의례를 진행한다. 즉 지신밟기가 마을공동의 의례로써 마을주민들이 동참하면서 특히 남성들의 주도하게 진행됨으로써 (가) 유형과는 전혀 다른 양상으로 가신에 대한 의례를 진행하게 된다. 이때 (가) 유형이 어머니의 기원말로만 진행되거나 무언으로 진행되는 형태와 달리 특정한 장단과 특정 가신에 따라서 개별적인 사설을 구연한다는 점 또한 큰 차이라 할 수 있다. 그리하여 이러한 차이점으로 인하여 대개 (나) 유형은 가신신앙의 한 형태로 적극적으로 이해되지 않았던 면이 있다.

이들 (가), (나) 유형과 달리 특정한 의례 집전집단에 의해서 전형적인 의례형식으

있으므로, 별도로 구별하여 언급하지 않는다.
5) 이옥, "乞供", 『이옥전집』 3, (소명출판, 2001).

로 진행되는 가신신앙을 (다) 유형이라 할 수 있다. (다) 안택굿-무당굿 유형은 말 그대로 무당을 불러서 그들이 연행주체가 되어, 특정한 가종을 대신하여 가신에게 의례를 바치는 형태이다. 이때 의례의 연행방식은 무당 집단에서 규정하고 있는 의례의 전형적인 형식에 기반한 것이며, 일부 민간의례의 형태를 포함하여 진행된다. 대개 가을 추수를 마친 후에 진행되는 시월상달굿이나 정월달의 안택굿의 형태를 취하고 있다. 그러나 이때 의례의 진행은 가신에 대한 의례와 함께 조상신을 비롯한 여러 복합적인 신에게 기원하는 의례가 순차적으로 진행된다. 이때 집안의 어머니는 신앙 주체로써 의례를 의뢰한 제2의 위치에서 가신들과 만나게 되며, 주도권을 무당에게 넘긴다. 따라서 어머니의 주도권이라는 측면에서 (나) 유형과 유사하다 할 수 있으며, 그 의례의 전형성이 있다는 측면에서 또한 (나) 유형과 같다. 그러나 (나)와 달리 (다)는 의례 집전자가 민간인이 아니라 특정한 능력을 부여받은 존재로 제한된다는 점에서 차이가 있으며, 남성집단에 의해 의례 진행이 주도되지 않는다는 점에서 차이가 있다.[6]

이들 가신신앙의 세 유형을 통해 (가)와 (나)가 민간인에 의한 의례라는 점에서 민간신앙으로써 동일한 분면을 강하게 보유하고 있다고 할 수 있다. 그럼에도 (가)와 (나) 유형은 그 실실적인 의례의 연행양상을 통해 서로 다른 분면을 드러내고 있어서 이들의 명확한 속성을 잘 드러냄으로써 같고 다름을 말할 수 있다고 생각한다. 이러한 (가)와 (나)에 대한 같고 다름의 경계를 짓게 만드는 요소에 대한 명확한 정리가 필요하다. 즉 둘을 모두 가신신앙의 한 형태라고 했을 때 둘을 왜 다른 집단에 의해서 주도되면서, 다른 양상으로 연행되는가에 대한 문제를 해결해야 한다. 민간신앙이라는 측면에서 동일하지만 그 연행양상과 형태가 전혀 다르게 나타나는 것을 어떻게 해명할 수 있을지 고민의 지점이 드러난다. 이러한 고민의 지점을 명확히 인식할 수 있는 사례로써 김해 삼정걸립치기는 매우 중요한 자료라 할 수 있다.

---

6) (다) 유형에 대해서 이번 논의의 주된 대상이 아니므로 간단하게 정리하였다.

2. 삼정걸립치기의 실상과 가신신앙적 속성

우리나라의 전역에는 각 지역마다 주민들의 안녕과 풍농을 기원하는 다양한 민간의식들이 전승되고 있다. 이들 민간의식 중 특히 가신신앙과 세시풍속의 속성을 모두 담고 있는 의식들이 있으며, 이 가운데 생활공동체를 형성하고 있는 민중집단에 의해서 연행되는 대표적인 의식으로 지신밟기를 들 수 있다. 지신밟기는 마을주민들이 농악대를 형성하여 매구를 치면서 마을의 각 집을 차례로 들러서 집안의 구석구석을 돌면서 지신을 밟는 것을 말한다. 이때 한 해의 안녕과 복덕을 기원하는 것으로 대체로 정월 초에서 정월대보름 사이에 진행된다. 지신밟기는 농악대에 의해서 정월초에 진행되므로 많은 경우 세시풍속과 농악의 측면에서 관심을 받은 바 있으나, 지신밟기를 진행하는 장소가 성주, 조왕, 철륭, 곡간, 우물, 측간 등이라는 점에서 가신신앙의 장소와 매우 닮아 있다. 더욱이 지신밟기를 연행함에 있어서, 쌀과 실, 촛불, 정화수 등의 제물이 활용되는 면모 또한 집안의 아녀자들에 의해서 진행되는 가신신앙과 만나는 점이 매우 유사하다는 점을 확인할 수 있다. 따라서 지신밟기를 민간신앙이라는 점에서 또한 가신신앙이라는 점에서 살필 수 있는 가능성이 열려있다고 할 수 있겠다.

먼저 이러한 가신신앙으로써의 지신밟기를 확인하기 위하여 경남 김해지역에 전승되는 삼정걸립치기를 확인할 수 있다. 김해 삼정걸립치기는 지신밟기의 지역명칭으로, 정초에 마을의 농악대가 지신을 밟기 위해 가가호호 방문하여 진행하는 것으로 액막이, 풍농기원, 안택기복, 마을주민 단결을 꾀하는 중요한 기능을 담당하고 있다. 삼정걸립치기보존회에서 정리한 『삼정걸립치기』 자료집 30~31쪽의 박봉근, 강용찬, 최경식, 강용찬, 장석기, 양만근 등의 증언에 의하면, 김해는 과거 들이 넓은 곡창지대로 농악소리가 끊이지 않는 곳이었다고 한다. 일찍이 마을주민들의 화합이 잘 이루어져서 1912~1933년 사이에는 김해줄다리기를 하기도 했었는데, 신월농악 진례 담안농악, 가락오광대놀이농악, 대동주동농악, 삼정2구농악(삼정걸립치기), 대성동농악, 안동농악, 월천농악 등 다수의 인근지역 농악패들이 참가했었다고 한다. 삼정2구농악 걸립치기는 적어도 20세기 초반부터 명확하게 그 집단적 결속력을 유지하고 있었음

을 확인할 수 있는 증언이다. 삼정2구에서는 정
월달의 걸립치기 외에도 2월 영등날, 3월 삼짓
날, 마을 샘 청소하는 날, 칠월칠석, 호미씻이,
꼼배기 참놀이, 8월 한가위 등 농번기 중간 외
에도 봄과 한 여름 해치(야유회) 등 자주 농악을
치며 놀았다고 한다.(34~35쪽 증언 정리) 또한
1969년에 유진 어빙 크네즈가 촬영한 삼정동
당집의 존재[7] 등을 통해서 당산굿 형태로써 마
을집단의례가 있었음을 또한 짐작할 수 있다.
또한 삼정걸립치기가 당산굿 즉 마을굿의 일환
으로 연행되었다는 것이 분명하게 확인된다. 그
러나 기록 속에 연행을 펼쳤던 당산이 이미 사

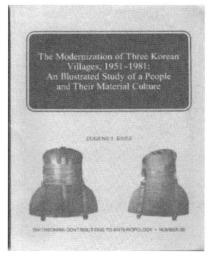

유진 어빙 크네즈의 저작

라진 지 오래되어서 실제 걸립치기 연행에서 당산굿과의 직접적인 상관성은 드러나지
않고 있다.

실제 삼정걸립치기에 대한 내용은 1967년 2월 14일 삼정동 정재룡씨댁의 지신밟
기 현장을 정리한 이두현의 논문[8]과 2016년 6월 4일의 시연행사를 통해서 확인된
김해 삼정걸립치기가 있다. 여기에 유진 어빙 크네즈가 1950~1980년대에 조사하여
정리한 자료들을 첨가하면서 설명할 수 있다.

먼저 이두현의 논문에 정리된 김해삼정걸립치기의 절차를 확인하면 1. 마당놀이,
2. 성주굿, 3. 조왕굿, 4, 용왕굿(샘굿), 5. 장독굿, 6. 고방굿, 7. 마닥(외양간)굿, 8.
뒷간굿, 9.거리굿 등이 있다. 이는 김해삼정걸립치기만의 절차라기보다 인근지역인
동래지신밟기의 형태와 함께 정리하는 과정에서 일차적으로 걸러져서 정리된 절차라
할 수 있다. 실제 좀 더 구체적인 형태는 2016년 6월 4일에 있었던 시연행사에서는

---

7) Eugene I Knez, 『대한민국 세 마을에서의 현대화: 민중과 그들의 물질문화를 중심으로』, (스미스소니언
　연구소 출판, 1997).
8) 이두현, "김해삼정동걸립치기", 『국어교육』 18, (한국어교육학회, 1972).

1. 우물굿(마을공동우물), 2. 문굿, 3. 마당굿. 4. 성주굿, 5. 조왕굿, 6. 장독굿, 7. 걸귀먹이(거리굿), 8. 마당놀이, 9. 고방굿, 10. 물림굿의 순으로 확인된다. 이두현의 정리보다, 좀 더 구체적이고 실질적인 지역적 특생을 드러내는 절차들이 확인된다. 이러한 과정은 마을의 공동적인 영역에서 시작된 걸립치기의 행위가 개별 집안으로 들어와 진행되면서, 좀 더 개별적인 직접적인 의례로 이어진다고 할 수 있다.

이러한 삼정걸립치기의 절차를 다시 정리하면 다음의 표와 같다.

〈김해 삼정걸립치기의 연행 순서〉

	이두현 정리	시연행사	주요 내용
0		우물굿	마을의 공동우물로 이동하여 마을주민들의 건강을 기원하며, '여루여루 요왕님/…중략…화해도침 하여서러/ 먹고씨구 남두룩까지/ 철철철 넘쳐주소/여루여루 요왕님아 수만년을 누리소"라는 사설의 소시를 하고, 한 바탕을 우물주변을 돈다.
1	(문굿-) 마당놀이	문굿-마당굿	문굿은 걸립치기를 위해 일행이 특정한 집안으로 들어가기 위한 것으로, 집주인에게 걸립치기패가 왔음을 알리고 안으로 들어간다. 집안으로 들어온 걸립치기패가 마당에서 한껏 실력을 뽐내면서 노는 거리를 '마당놀이' 또는 '마당굿'이라고 한다. 이때 집주인은 백미, 술, 묵, 돈, 양초를 올린 소박한 상을 차려서 고사가 진행되는 장소마다 함께 갖고 다니면서 여러 장소의 신께 바친다.
2	성주굿	성주굿	집안 마루에 성주상을 차려 놓고, 상쇠가 안택축원을 비는 노래를 한다. "여루여루 성주님요~"로 시작되는 긴 사설의 성주풀이로, 가족의 화목과 안녕, 번영을 기원하는 노래를 길게 구송한다.
3	조왕굿	조왕굿	부엌에 있는 조왕님께 고사를 올리는 것이다. 부엌에는 상쇠를 포함하여 4~5명의 인원들만 들어가서 부뚜막 앞에 서고, 나머지 인원들은 문 밖에서 가족의 건강과 안녕을 함께 기원한다.
4	용왕굿(샘굿)		집안에 있는 우물 또는 샘을 찾아가서 요왕님을 모시고 물맛이 좋아서 가족들이 건강하기를 기원하는 사설의 간단한 노래를 부르고 우물을 돌아 나온다.
5	장독굿	장독굿	집의 뒷곁이나 한쪽에 있는 장독이 있는 곳에 가서 철륭을 모시는 절차이다. 장독에 담아둔 장맛이 좋아 가족들이 건강하기를 기원한다.

	걸귀먹이- 마당놀이		집안을 한 바퀴 돌아본 걸립치기패가 전체를 일단락 짓는 '걸귀먹이' 달리 '거리굿'을 한다. 고시레와 같은 절차로, 먼저 거리굿을 한 후에 걸립치기패 들이 음식을 한 상 받아서 술과 안주, 떡 등을 먹는다. 이어 잘 먹은 걸립치기패가 흥을 달구어서 마당놀이를 한 차례 논다.
6	고방굿	고방굿	각 집안의 세세한 공간을 도는 절차로, 먼저 많은 양식들을 걷을 수 있도록 풍농을 기원하고 부를 기원하는 고방굿을 진행한다.
7	마닥(외양간)굿		이어서 농사의 으뜸으로 중요한 소가 있는 곳으로 가서 마닥굿을 함으로써 소가 건강하고, 농사가 잘되기를 기원한다.
8	뒷간굿		가족들이 뒷간을 건강하게 잘 이용하고, 뒷간의 결과물이 농사에 잘 쓰일 수 있도록 집안의 안녕을 기원한다.
9	거리굿	물림굿	걸립치기를 마무리하는 절차로서, 염불과 비나리를 통해 나쁜 것들이 모두 물러나서 집안에 좋은 기운만 가득할 수 있도록 한다. 고사상에 올렸던 음식들을 걷어서 잡밥을 내고, 칼을 던져내서 마무리한다.

위에 정리된 표에 의하면, 삼정걸립치기를 연행할 때는 쌀이라고 하는 중요한 제물을 중심으로 여러 집안의 신들께 기원을 올리는 것임을 확인할 수 있다. 그리하여 연행순서에 따라서 마당-마루-부엌-장독-뒷마당-고방 등 부속 공간-마당으로 일정한 공간을 이동하면서 걸립치기가 연행된다. 이때 각각의 공간에서 독립적인 고사덕담에 해당하는 사설들을 구송하고, 각 장소를 여러 걸립치기패가 함께 돌면서 지신밟기를 진행한다. 여러 집안 곳곳의 나쁜 기운들이 발동하지 않고 좋은 기운만 가득하기를 기원하는 것이다. 이두현 정리본과 시연행사가 시간적으로 40년이 넘는 시간의 간격이 있음에도 그 연행 내용에 있어서 크게 다르지 않음을 확인할 수 있다. 다만 장독굿과 고방굿 사이에 걸귀먹이라고 하여 별도의 거리굿을 진행한 후에 마당놀이를 하는 것은 기술상의 차이로 판단된다.

이와 같이 삼정걸립치기와 같은 걸립치기가 집안을 수호하는 여러 신에게 쌀을 제물로 바치면서 일정한 의례행위를 하는 점에 있어서 (가) 비손 형태의 가신신앙과 매우 닮아 있음을 확인할 수 있다. 더욱이 걸립치기가 지신밟기의 유형으로서 성주, 조왕, 터주, 철륭, 문신, 측신, 우물신 등에게 일정한 의례를 바치는 가신신앙과 그 장소와 공간을 수호하는 신에 있어서 동질성이 있음을 확인할 수 있다. 특히 특정 공간을 수호하는 신에게 일정한 의례를 수행할 때 쌀을 통해서 신과 소통하는 것은 곡령을 통해 조상 또는 신과 만나는 것으로 동일한 가치를 바탕에 두고 있다고 할 수 있다. 그리하여 걸립치기가 가신신앙으로 여성들에 의해서 은밀하게 진행되는 의례와 형태적인 측면에서 차이가 있으나, 그 내용적인 측면에서 매우 닮아 있다는 것을 명확히 드러내고 있다.

특히 물림굿은 무속의 영향과 집안 가신신앙의 주체인 여성들의 액막이 행위가 걸립치기에 영향을 주어 형성된 된 것으로 추정된다. 삼정걸립치기의 양만근 상쇠는 걸립치기와 굿이 대립적으로 연행된다고 증언한 바 있는데, 이는 곧 걸립치기의 신앙적 의미를 더해주는 증거라고 하겠다.

3. 가신신앙행위의 전개와 목적에 따른 차별성

가신신앙으로서 (가) 비손-가내집전 유형과 (나) 지신밟기-마을굿 유형이 민간인에 의해서 주도되는 의례라는 측면에서 동일한 점을 갖고 있다. 두 유형의 의례 모두 민간인의 주도로 특정 가신이 위치해 있는 집안의 여러 장소에서 일정한 가신에 대한 의례를 진행한다는 점에서 공히 가신신앙이라 할 수 있다. 둘을 모두 가신신앙이라고 보았을 때 신앙적 측면에서 그 주체집단과 의례양상이 다르다는 점이 앞서 확인되었다. 그렇다면 둘은 어떻게 같은 가신신앙이라 할 수 있을까라는 의문점이 드러날 수밖에 없다.

가신신앙이 가내수호신에게 가족의 안녕을 기원하여, 제액초복, 안과태평, 자손창성, 재수소망을 기원한다는 점에 있어서 (가)와 (나) 유형은 분명한 동질성을 갖고 있다. 이는 즉 신앙대상에 대한 동일한 인식에 근거한 것이라 할 수 있다. 성주, 제석, 조왕, 삼신, 터주, 수문장, 장독(철륭), 고방, 지신, 측신, 업 등의 여러 신격에 대한 민간의 인식이 각각의 공간에 독립된 신격에 위치한다는 점을 공유하고 있다.

그러나 민간신앙의 형태로 가신들에 대한 신앙적 행위가 존재한다는 점의 공통적인 분면 외에 두 유형은 그 외형적인 형태와 특징에 있어서 크게 다른 분면의 차이점이 있다. 동일한 가신신앙임에도 불구하고 다르게 나타나는 이유와 의미에 대해서 찾는 작업을 일명 신앙행위의 차별적 전개 양상이라는 측면을 통해서 진행하고자 한다.

1) 신앙행위의 차별적 전개 양상

① 은밀함과 공개적 의례

가신신앙은 집안을 수호하는 신에 대한 의례라는 점에서 (가) 유형의 형식이 적합하다고 여겨진다. 집안을 수호하는 신에게 정갈하고 은밀하게 기원을 올리며, 비밀스럽게 진행하는 형태가 그것이다. 가신이라는 특별한 존재, 즉 항시 가족구성원들의 주변에 머물면서 그들의 일상에서 자주 접하는 공간에 거중하는 신들이라는 점에서 매우 밀접하고 친근한 신으로 인식될 수 있다. 그러한 이유로 개별적이며 은밀한 가족의 비밀에 해당하는 것 조차도 수시로 신에게 기원할 수 있다. 이러한 신의 속성과 기원의 열린 문은 무속에서 만나는 신들과 다른 인식을 바탕으로 한다고 할 수 있겠다.

그런데, 이러한 기원의 주도권 즉 가족대표이며 외부적 표상으로써 드러나는 존재가 어머니라는 점에서 매우 독특하다. 유교의례에서 가족구성원의 수장으로 여겨지는 존재가 남성 즉 아버지라는 점과 전혀 다른 측면이다. 여성이 집안을 수호하는 존재와 만나는 존재이며, 기원을 주도하는 집전자가 된다는 점은 유교의례와 차이점을 나타내는 주요한 요소에 해당한다. 그리하여 유교의례가 '조상'이라는 특정한 신을 중심으로만 거행되며, 현격하고 첨예한 절차상의 형식과 가족구성원의 동참을 중요시 여기는 형태와 다르게 나타난다. 즉 (가) 비손-가내집전 유형의 형식은 다신의 형태로 존재하는 가신들에게 각각의 개별적인 의례형식을 통해 매우 은밀한 기원을 개별적으로 진행한다.

이러한 유교적 의례와 (가) 유형의 의례의 차별성은 (가)와 (나) 유형의 차별성에서도 일정부분 드러난다. 즉 (나) 유형 역시 남성의 주도하게 진행되며, 특정한 형식과 절차를 갖추고 있으며, 마을구성원들의 동참을 통해 공동제의로 진행된다는 점이다. 즉 (나)는 남성집단인 농악대가 주도하면서, 특정한 농악장단과 가신을 방문하는 공간을 규정하여 순차적으로 진행되는 전형성을 갖고 있다. 또한 은밀하거나 비밀스럽지 않게 마을의 모든 사람들이 함께 참여하여 공개적으로 진행되는 의례이다. 이를 통해 (가)는 개별성과 비밀성, 은밀성이 강조되는 의례 형태라고 한다면, (나)는 공동체성, 공유성, 공개성이 강조되는 의례 형태라 하겠다.

② 여성과 남성집단 주도

두 유형간의 차별성은 결국 여성 : 남성이라는 대립적인 존재의 주도와 연관된다 할 수 있다. 실제 가신신앙에서 섬기는 여러 신들이 거처하는 장소는 여성이 사용하는 공간과 남성이 사용하는 공간의 측면이 모두 포함된다. 이 가운데 안방, 부엌, 장독 등은 남성의 출입이 제한적인 공간이며, 이곳에 거처하는 신에 대한 의례의 의미는 가신신앙에 매우 중요하게 여겨진다.

안방은 여성이 거처하는 장소로 일명 '제석'이나 '조상' 등을 모시는 공간이다. 가을에 제석오가리나 제석주머니에 든 쌀을 갈아서 모시고, 일정한 고사를 올린다. 또는 조상당세기나 삼신바가지 등을 모시는 곳 또한 안방이다. 즉 안방은 여성이 관리하는 공간으로 남성에 의한 가신신앙 행위가 진행될 수 없는 공간이다. 그리하여 실제 (나) 유형에서 유일하게 어느 지역에서도 의례행위가 발견되지 않는 공간이다. 부엌 역시 대개 남성들의 출입이 금기시 되는 공간으로 여겨지는 곳이며, 장독은 여성들이 주로 사용하는 공간임이 분명하다. 또한 고방 역시 여성들이 부엌살림을 하기 위해 수시로 드나드는 장소이다. 장독대 근처에 위치한 터주나 업 등 가신신앙에서 주요하게 여겨지는 공간들이 여성과 연계된 공간이 많다. 그리하여 이러한 공간을 직접 관리하고 자주 이용하면서, 그 공간에 거주하는 신들과 자주 접촉하는 존재로써 어머니는 가족들과 가신들을 연결시키는 매개자가 될 자격이 있는 존재라 하겠다.

어머니가 자주 드나들며 살림을 하는 장소가 가신신앙에 있어서 매우 중요한 장소들임을 다시 한 번 인식하게 된다. 즉 가족들의 안녕을 책임지며, 내부적인 가족의 결속을 다지는 데 있어서 주도권은 남성이 아닌 여성에게 있음을 상징하는 것이라고 달리 말할 수 있겠다. 그리하여 남성들이 주도하는 (나) 유형의례에서는 삼신, 제석 등과 만나지 못한다. 즉 (가) 유형의 개별적이며 비밀스럽고 은밀한 것을 넘어설 수 없다. 그리하여 (가) 유형은 가가례로 각 집안의 안주인의 성향에 따라서 그 실질적인 형태는 약간씩의 차이를 나타낸다.

③ 단순함과 순차 복합적 형태

가신신앙의 의례를 연행하는 데 있어서 형식적으로 드러나는 가장 큰 차이점 중의 하나가 바로 비손과 지신밟기라 할 수 있다. (가) 유형이 어머니의 주도로 은밀하고 비밀스럽게 개별적인 의례를 단순한 연행형태를 통해서 나타내는 것과 달리, (나) 유형은 남성농악대의 주도로 집단적인 의례를 공개적인 형태로 전형적인 연행형태에 따라서 진행한다.

(가) 유형의 경우 앞서 정리한 것과 같이 어머니가 혼자서 또는 가족의 동참을 유도하여 진행하지만, 새벽 또는 한밤중에 다른 이들이 알지 못하게 은밀하게 정숙한 분위기에서 진행하는 것이 일반적이다. 그리하여 매우 개별적인 가정의 의례이며, 특정 신에 대한 독립의례로 진행되는 것이 일반적이다. 가신신앙의 대상이 되는 여러 신에 대해서 거듭 여러 차례 순차적으로 진행되는 경우는 가을 고사나 (다) 유형으로 무당을 불러서 진행하는 사례와 같은 경우에만 해당한다. 그 외 대개의 경우에는 개별적인 신에 대한 독립적이며 단순한 형태의 의례인 경우가 더 많다. 특별히 순서에 구애되지 않으며, 형식적인 측면에서도 물 한 잔만 올리거나, 팥시루에 물 한그릇 초 한 자루만 올리거나, 아무 제물도 바치지 않는 등의 방식이다. 그리하여 단순한 형식으로 개별신에게 바치는 의례에서 마음을 담아서 소원하는 바를 정성껏 비는 행위가 더욱 소중해진다.

이와 달리 (나) 유형의 경우는 좀 더 구체적인 형식적 틀을 갖고 있어서, 이를 흔히 지신밟기라고 부른다. 이를 정병호는 『농악』에서 축원농악이라 하여 여러 지역의 사례에 해당하는 것들을 마을굿의 일환으로 진행되는 것으로 정리한 바 있다.9) 『농악』의 사례와 함께 『한국민속신앙사전-마을신앙』에 지신밟기의 여러 사례가 간략하게 정리된 사례가 있다10). 예를 들어서 전북 남원농악의 경우 문굿-마당굿-술굿-정지굿(조왕굿)-장독굿(철륭굿)-심굿(우물굿)-곳간굿-고사소리(산세내력·집터내력·여쭈어라·비단타령·패물타령·업타령·노적타령·액막이타령)의 순으로 진행된다.11) 이는 김해 삼정걸립치기에서12) 우물굿-문굿-마당굿-성주굿-조왕굿-장독굿-거리굿-마당놀이-고방굿-물림굿-한마당으로 진행되는 것과 비교해 볼 수 있다. 실제 지신밟기는 다양한 절차들이 순차적으로 진행되는 것이 일반적이며, 지역에 따라서 방앗간굿이나 소마구간굿 등이 더해지기도 하고 빠지기도 하면서 일정한 차이를 보이면서 전승되고 있다.

이러한 의례의 형식적인 측면에서 살펴보았을 때 김해 삼정걸립치기를 비롯한 지신밟기는 흔히 문굿, 성주굿, 조왕굿, 철륭굿, 곡간굿 등의 신격이 거주하는 장소를 이동하면서 순차적으로 진행한다. 이때 남성집단으로 구성된 농악대는 상쇠의 주도하에 다양한 농악장단을 구사하고, 각각의 신격에 따라서 상쇠의 축원노래를 구송하며, 마당굿 등의 절차에서는 농악대의 판굿이라는 요소를 이용한다. 이러한 연행요소들을 복합적으로 이용하면서 농악대들은 질펀한 판을 만들어간다. 이때 상쇠와 농악대는 남성의 출입이 금기시 되는 장소에는 진입하지 않고, 출입이 허가된 장소를 중심으로 연행한다. 상쇠의 축원노래와 농악대의 놀이형식을 특정한 형태로 전형적인 양상이 존재하기 때문에, 여러 가정을 방문하여 지신밟기를 하더라도 형식적인 측면에서 공통적인 양상을 띠게 된다.

---

9) 정병호, 『농악』, (열화당, 1986), 105-113쪽.
10) 시지은, "지신밟기" 항목, 『한국민속신앙사전-마을신앙』, (국립민속박물관, 2010), 862-863쪽.
11) 김정헌, 『남원농악』, (남원농악보존회, 2015), 118-135쪽; 209-224쪽.
12) 〈삼정걸립치기〉, 2016.06.04. 시연, 연구자 촬영 영상 속 절차에 따라 정리한 것이다.

그리하여 (가) 유형의 가신신앙이 매우 단순한 형태로 은밀하게 비밀스러운 내용까지 포함하면서 진행되는 것과 달리 (나) 유형은 특정한 연행양상의 전형적인 형식에 따라서 공개적이며 공통적인 형태를 통해 가신을 위한 신앙의례행위를 진행하게 된다.

④ 개별성과 집단성 추구

위에서 정리한 (가)와 (나) 유형의 연행 양상은 실제 연행과정과 의례에 있어서 개별적인 의례이냐 마을공동의 의례이냐에 따라서 달라지는 것이라 할 수 있다. 즉 (가) 비손-가내집전 유형의 경우 어머니가 가족들의 안녕을 기원하기 위하여 은밀하게, 비밀스러운 내용을 포함하면서 기원하는 측면에서 매우 개별적인 의례행위라 할 수 있다. 또한 이때 특정 신에게만 특정한 목적하게 의례를 진행하는 것이 일반적이다. 매일 상시적으로 의례를 올리는 조왕물 올리기나 터주 정화수 올리는 의례의 경우에도 이러한 양상을 동일하다고 하겠다. 즉 개별 가정 내에서 가족구성원들을 중심으로 한 가정의 가내평안과 가족안녕이라는 목적하에 매우 개별적인 기원과 소원의 내용을 집중적으로 비는 행위 그 자체를 중요시할 수 있다. 따라서 민간신앙이라는 보편적인 신앙행위이면서 매우 개별적인 신앙행위라 할 수 있다.

이와 달리 (나)의 경우는 개별성을 탈피한 공동체성 또는 집단성을 추구하는 신앙행위라 하겠다. (나) 지신밟기-마을굿 유형이 마을굿의 일환으로 진행되는 절차라는 점에서 이러한 추구의 방향이 명확하게 드러난다. 즉 지신밟기의 신앙의 행위가 한 가정의 울타리 안에서 일어나고 있는 것은 (가)와 유사하다고 하겠으나, 실제 신앙행위가 추구하는 주술적 실현의 범주는 마을담위로 확장된 것이라 할 수 있다. 한 사람이 한 가정을 위해서 진행하는 것이 아니라, 집단이 함께 집단내의 공통적인 안녕을 기원하고 축원하는 것이 지신밟기이다. 그리하여 고사소리와 같은 차별적인 소리의 연행을 통해 공통의 보편적인 축원관념을 확장해 낸 것이라 할 수 있다. 따라서 지신밟기는 가신신앙 행위이면서 또한 가신신앙 행위가 아닌 이중적인 면모를 모두 갖추고 있다고 할 수 있다. 이러한 면모로 인하여 지금까지 지신밟기는 오히려 가신신앙을 언급할 때 제외되어 왔다고 할 수 있다.

2) 의례목적성의 차별

가신신앙의 (가) 비손-가내집전과 (나) 지신밟기-마을굿 유형이 가신신앙 동일한 신앙형태에 기원하고 있으나 실제 연행양상에 있어서의 차별성을 확인했다. (가) 유형은 실제 은밀하게 여성이 주도하면서, 단순한 형태로, 개별적인 신에 대한 독립된 가정의 개별의례로써의 면모를 갖추고 있다. 이와 달리 (나) 유형은 공개적으로 남성 주도하에, 순차 복합적인 형태를 집단에 의해서 연행한다. 그리하여 이 둘은 가신신앙의 신앙대상에 대한 의례를 진행하는 동일한 신앙행위임에도 불구하고 실제 그 연행양상이 다르게 나타남으로써 서로 다른 의례로 인식되기도 한다고 할 수 있다.

이처럼 같으면서 다른 (가)와 (나) 유형의 차별성을 나타내는 중요한 요소를 의례목적이라 할 수 있다. (가) 유형의 의례목적이 앞서 정리한 것과 같이 독립적인 가정의 울타리 안에서 일어나는 일에 대한 것을 기원하는 데 있다고 할 때 (나)는 가정의 울타리를 포함한 마을 전체로 확장된 영역에 대한 것을 기원하는 데 있다고 하겠다. 비손은 그 형식상 단순하며 은밀한 기원의 형태로서 가족구성원을 중심으로 안녕을 바라고, 특정한 기원의 대상에 대해서 소원을 비는 것이다. 이와 달리 김해 삼정걸립치기를 비롯한 지신밟기는 농악과 마당밟이·뜰밟이와 같이 집안의 곳곳을 돌아다니면서 비는 행위를 하는 점에서 차이점이 있다. 또한 지신밟기에서는 개별 집안의 문제나 소원을 기원하지 않으며, 마을공동체의 공통된 문제의식에 입각한 축원행위가 주도를 이룬다고 할 수 있다. 그리하여 지신밟기는 집단적인 문제의식을 중심에 두고 집단성을 발현시켜서, 공동체의식을 확장함으로써 집단의 결속을 유지하고자 하는 목적의식이 숨어 있는 것이라고 할 수 있다. 지신밟기에서 한 집안에서 이루어지는 행위가 마을 전체에서 집단적으로 진행됨으로써 마을집단의 결속과 공동체의식의 확장이 이루어진다고 할 수 있다.

장독굿(김해 삼정걸립치기)[13]	조왕굿(금릉 빗내농악)[14]
어여로 장독아	천년지독을 누르고 만년지독을 누르세

이-장뚝이 누장뚝고　　　　　　　조왕에 대신아 대신아
하늘의 옥황상제　　　　　　　　서도북방에 조왕세
지하를 내려와서　　　　　　　　남도북방에 조왕세
이 자리다 앉혔구나　　　　　　동도북방에 조왕세
이장을 담을 적에　　　　　　　북도북방에 조왕세
태고라 천왕씨는　　　　　　　　요양에 고냥을 발라주세
콩태자 지맛이요콩　　　　　　　천년아 지독을 누르세
염지라 실농씨는　　　　　　　　만년지독을 누르고
소금염자 지맛이요　　　　　　어허허 지신아
이가지 저가지 조합하야　　　어허허 지신아
이- 장을 담았구나
뛰장단지 꿀제기고
지름단지 꽃까지페고
매븐장에 찔레꽃페고
일년하고 열두달에
과연하고 열석달에
사시장천 먹더라도
생청같이 달아주소
장뚝에 덕분이요
여러 여러 장뚝아 수만년을 누리소

　　위의 지신밟기 굿 사설의 두 가지를 예를 들더라도 동일한 집단에서 연행되는 지신밟기가 일정한 내용과 형식적 측면의 일체성이 있음을 확인할 수 있다. 지신밟기가 농악대들에 의해 집단적으로 진행됨으로써, 일정한 형식적 일체성을 갖추고 있다. 즉 위의 금릉 빗내농악의 조왕굿의 연행에서 'ㅇㅇㅇㅇ를 누르세' 또는 '～～ 누르고'로 시작하여, '어허허 지신아'로 마무리 짓는 방식이 일치함을 확인할 수 있다. 또한 김해

13) 『삼정걸립치기』(삼정걸립치기보존회, 미간행본), 98쪽에 정리된 사설.
14) 정병호, 『농악』, 275-276쪽.

상정걸림치기의 경우에도 '여루 여루 ○○○'로 시작하여, '여루 여루 ○○○ 수만년을 누리소'라는 동일한 형태로 진행되는 것을 확인할 수 있다. 이들은 대개 자진모리형의 장단으로 일치하는 장단을 치면서 상쇠의 구송과 농악대의 연주를 반복하면서 진행하는 동일한 면모가 있다. 즉, 형식의 일체성과 일관된 형식의 반복을 통해 집단적 연행을 용이하게 한다. 또한 이러한 면모를 통해 특정한 지신밟기의 형식이 공동체 전통성을 갖고 유지될 수 있다고 할 수 있다.

이러한 측면에서 (가) 유형은 가내수호신에 대한 개별적인 기원을 목적으로 하는 의례이며, (나) 유형은 가내수호신에 대한 공동체적 기원을 목적으로 하는 의례라고 할 수 있다. 여기서 지신밟기가 마을굿의 일환으로서 일련의 연속성을 가지면서 연행된다는 점이 이러한 목적성의 해명에 주요한 단서가 된다. 즉 지신밟기가 각각의 가정에서 개별적으로 진행되는 의례형태로 보여지지만 이는 실제로는 모든 가정에서 공통된 기원의례를 반복적으로 수행함으로써, 가내수호신의 주술적 영향력의 확장을 통해 마을의 안정적 수호를 꾀하는 것이라 할 수 있다. 삼정걸림치기의 경우에 집안의 여러 장소를 이동하면서 우물굿-문굿-마당굿-성주굿-조왕굿-장독굿-고방굿 등을 진행한다. 이때 가내수호신에 대한 기원을 걸림치기패가 참여하여 마을굿의 일환으로 진행함으로써 개별 집안의 기원의례는 공동체적 기원의례로 확장된다.

더욱이 이를 농악대가 주관한다는 점이 주요하게 작용된다. 농악대가 서낭대/농대로 불리는 신대를 서낭/당산에서 모시고 와서, 마을 곳곳의 각 집안을 돌아다니는 것은 마을신의 수호의 범주가 각 가정으로 직접적인 영향력을 미칠 수 있게 하는 것이라 할 수 있다.

즉 (가) 비손-가내집전 유형은 의례의 주술적 목적 발현 범주가 가족구성원 내부로 집중하는 것이라고 할 수 있다. 그렇게 볼 때, (나) 지신밟기-마을굿 유형은 그 범주과 집안의 울타리 안에서 시작하여 점점 범주를 확장하여 담장 밖을 넘어서 마을의 공동체 공간으로 나아가는 외부 확장되는 양식이라고 하겠다.

3) 가신신앙의 범주 확장과 삼정걸립치기

가신신앙은 가정을 수호하는 여러 신을 섬기는 다신 신앙의 형태를 그 근간으로 하고 있다. 더욱이 어들 가신들은 한편에서는 인간이 더불어 살아가고 있는 자연신으로서 애니미즘적 신격의 특성이 있다. 또한 여러 장소에 특정한 신이 존재하는 형태의 토테미즘적 요소가 명백하게 존재한다. 여기에 특정한 신을 쌀로 신체를 삼는 다거나, 신께 바치는 공물로 쌀을 사용하면서 조령신앙적 면모를 분명하게 드러내고 있다.

또한 두 가지 유형의 가신신앙은 민간주도 형태의 민간신앙의 한 형태라는 점에서 분명한 공통점을 갖는다. 그리하여 둘은 여전히 가신신앙이라는 점에서 같다. 앞에서 언급한 것과 같이 둘은 외형적으로는 그 형식과 추구하는 목적에 있어서 그 방향성이 다르다. 그럼에도 불구하고 가신에 대한 가신신앙에 그 신앙의 바탕을 두고 있음은 분명하다.

이렇게 볼 때 (가) 비손-가내집전 유형과 (나) 지신밟기-마을굿 유형은 분명한 공통점이 있는 가신신앙의 다른 양상들이라 할 수 있다. 두 유형의 의례는 의례 대상이 같지만, 의례 주체가 여성인가 남성인가에 따라서, 은밀하고 비밀스럽게 개별적으로 연행되는가 공개적으로 집단적으로 연행되는가에 따라서 그 형식과 내용이 다르게 나타는 것이라 할 수 있다. 이제 지금까지 (나) 지신밟기-마을굿 유형이 마을굿의 일환으로 연행되는 측면으로 인하여 가신신앙의 본격논의의 대상에서 제외되었던 것에서 시선을 확장할 필요가 있겠다. 가신신앙의 범주를 그 주체와 연행내용, 목적에 따라서 다르게 설정함으로써, 어머니에 의해서 주도되는 가신신앙과 다른 공동생활체를 형성하고 있던 마을공동체에 의해 주도되는 가신신앙의 유형에 대해서까지 분명한 범주 확장이 필요하다.

이러한 정리로 살펴보았을 때 김해 삼정걸립치기 역시 (나) 지신밟기의 한 형태로 보았을 때 그 속성을 가신신앙적 관점에서 다시 정리할 수 있다. 즉 삼정걸립치기는 마을공동체의 정초 의례행위이면서 동시에 가신신앙의 확장형태로써 매우 중요한 의미가 있다고 할 수 있다. 삼정에 거주하는 여러 주민들이 거주하는 공간을 공동체들이 함께 둘러봄으로써 나와 남이 아닌 우리가 된다. 그리고 우리가 내 집안의 여러 곳을 함께 돌면서 우리집의 안녕과 행복을 기원하고, 내가 남의 집의 안녕과 행복을 기원하면서 우리 모두의 안녕과 행복을 기원하는 것으로써 중요한 기능을 수행하게 된다. 그리하여 비밀스럽고 '은밀하게'가 아닌 공개적으로 집단이 함께 지신밟기를 수행함으로써 가신에 대한 신앙적 행위는 더욱 확대되고 확장되어서 공동체가 함께 추구하는 집단의 목적에 부합된다.

삼정걸립치기는 그 음악적인 속성과 내용적인 측면에서 경상도 지역의 지역적 특색을 지닌 지신밟기라는 점에서 또한 그 지역적 전통성을 확인할 수 있다. 걸립치기가 지신밟기로써 마을주민공동체에 의해서 진행되는 정초에 진행되는 의례로서, 그 형식과 내용에 있어서 전통적인 가신신앙의 중요한 한 축을 형성하고 있는 것으로서 그 중요한 의미를 확인할 수 있다. 그리하여 이것이 집단의 결속을 다지면서 한 편에서는 공동체 구성원들의 개별적인 안녕을 꾀하는 점에서 근본적인 가신신앙으로서 근원적인 속성을 공유한다고 할 수 있다. 그럼에도 지신밟기는 여성들이 주도하는 비손형태의 가신신앙과 달리 가족 또는 집의 울타리라는 범주를 둘러싼 내부와 외부간의 차별성을 꾀하려는 인식에 바탕으로 한 것임을 다시 한 번 확인하게 된다. 즉 '우리'의 범주가 '가족' 내에 머물러 있는 것이 아니라 울타리를 넘어서서 마을의 경계를 공유하고 있는 생활공동체, 마을공동체, 노동공동체라는 측면으로 확장되고 있다. 그리하여 가신신앙이면서 가신신앙이 아닌 내부와 외부와의 소통을 통해 동질성을 추구하는 것으로써 걸립치기가 매우 중요한 위치에 있다고 할 수 있다.

V

삼정걸립치기
성주풀이의
음악적 특징과
의의

V

삼정걸립치기 성주풀이의 음악적 특징과 의의

1. 삼정걸립치기와 성주풀이

'걸립'은 어떤 집단에 특별히 경비를 쓸 일이 있을 때 풍물을 치고 집집마다 다니며 축원을 해주고 돈과 곡식을 얻는 일을 말한다. '걸립'이란 말이 언제부터 쓰였는지 구체적인 것은 알 수 없으나『성종실록』12년 12월조에 직업적인 걸립패의 걸립을 '걸량'이라 하여 간단히 기록되어 있다.[1]

걸립의 형태에는 마을에서 농악대가 하는 걸립, 중들이 하는 걸립, 무당들이 하는 걸립 등이 있다. 그 중 마을에서 농악대가 하는 걸립은 주로 정월대보름 전후, 또는 추석 전후에 행해지는데 농악대가 가정을 방문하여 집안 고사굿을 쳐주고는 곡식이나 돈을 얻는다. 이러한 의례를 '걸립굿', 또는 '걸립친다'·'걸궁났다'고 하는데 마당밟기나 지신밟기 또는 매귀(埋鬼, 매굿) 등과 같은 형태이다.[2] '걸립치기'라는 용어 또한

---

1) 殿下敎曰:"重修古基,『大典』所載。"臣等謹按,『大典』云:"凡寺社勿許新創。唯重修古基, 告兩宗, 報本曹, 啓聞。"其曰:"勿許創之"者, 欲絶其根株窟穴, 而使無君´無父之徒, 不得肆行。其曰:"啓聞"云者, 欲使上之人, 酌其可否, 而爲之。非謂修古基者, 則不問是非, 而輒許之也。殿下何據此法, 以拒臣等之言乎? 納丁錢, 給度牒, 法也。今因營繕, 以一朔之勞, 不收半錢, 永度爲僧者, 不知其幾千人。且京城之內, 僧尼留宿閭閻間者論罪, 法也。今僧徒不因乞糧, 不因見父母, 憑藉赴役, 街巷之間, 千百爲群, 肩相磨而袂相連, 不徒橫行, 又止宿焉, 未聞禁一人, 而罪一人也。『성종실록』163권, 성종 15년 2월 26일 계미 2번째 기사
2)『한국민족문화대백과사전』'걸립'항

위와 같은 의미로 쓰이며 '삼정걸립치기'는 김해 삼정동에서 행하는 걸립굿이다.

삼정걸립치기는 경상남도 김해읍 삼정동3) 2구에서 정월 2일부터 15일까지 농악대가 동네 가가호호를 돌며 행했던 것으로 다른 지방의 매굿이나 지신밟기와 같은 것이다.4) 1998년에 삼정걸립치기보존회가 결성된 이후 보존회 회원들을 중심으로 현재까지 그 전통을 이으려는 노력이 지속되고 있다. 삼정걸립치기보존회가 활동을 하면서 각종 대회에 출전하고, 걸립치기가 공연용으로 다듬어져서 그에 따른 변화도 일어나고 있다. 이는 다만 삼정걸립치기만의 문제는 아니며 현재 연행되고 있는 대부분의 무형문화재와 민속놀이가 처한 동일한 상황이라 하겠다.

삼정걸립치기에 관한 기존연구는 그리 많지 않다. 가장 먼저 삼정걸립치기를 연구한 이두현의 "김해삼정동걸립치기"(1972)5)는 1967년 2월 14일 김해 삼정동에서 행해진 지신밟기 연행6) 과정과 각종 축원사설, 성주풀이를 채록하여 수록하였다. 그리고 걸립치기 전후에 행해지는 동제(洞祭)에 대한 소개와 모시는 신의 종류, 제일(祭日), 제관(祭官), 동제 장소, 동제의 목적, 금기 사항, 제전에 대한 내용 및 걸립치기를 하는 기간 등이 기록되어 있다. 이외에도 지신밟기 명칭에 관한 범례와 설명, 걸립치기 기금사용, 농악대 편성, 상쇠 소개와 축원사설 전승에 대한 소개, 현지 녹음일과 장소, 걸립치기 순서, 성주 상차림, 굿전 형태와 걸립치기 축원사설에 대한 설명이 있다. 이두현 박사의 논문은 당시 학계에 소개되지 않았던 삼정걸립치기를 자세히 소개하고 그 현장을 고스란히 글에 담았다는 사실만으로도 큰 가치가 있다고 할 것이다.

이두현 이외에 삼정걸립치기에 관해 기록한 이는 미군 공보관을 역임한 E. 크네즈이다. 크네즈는 한국의 민속놀이에 관심을 가지고 1970년 삼정동 정월 풍속 가운데 삼정걸립치기를 기록으로 남겼다.7) 기록에는 당시 걸립치기 인원과 악기 구성, 농악

---

3) 삼정이란 명칭은 세 정승이 나올 명당자리가 삼정곡(三政谷)에 있기 때문에 내려온 이름이라 한다.

4) 김해 삼정걸립치기가 언제부터 연행되었는지 정확히 알 수 없다. 관련된 기록 중 가장 오래된 것은 조선 후기 김해에서 유배생활을 했던 이학규(1770-1835)가 1819년 쓴 연작시 '금관기속시'(金官紀俗詩)에서 찾아볼 수 있다.

5) 이두현, "김해삼정동걸립치기"『국어교육』(서울: 한국어교육학회, 1972), 제18집.

6) 이두현은 1967년 김해 삼정동에서 연행된 걸립치기 현장을 녹음하여 음원으로 남겼다.

대의 성격, 상쇠의 역할, 치배의 몸 움직임, 복장, 잡색, 걸립 기금의 쓰임새, 마을의 필수 연행 장소, 악기 보관 등을 기록하고 있다. 특히 이러한 기록이 수차례에 걸친 현장조사를 통해 이루어진 것이라는 점에서 삼정걸립치기의 역사를 되짚어 보는 데 큰 가치가 있다고 할 수 있다.

최근에 이루어진 연구는 김해시 경상대학교 인문학연구소에서 펴낸 『김해삼정걸립치기』[8]가 있다. 여기에서는 이두현과 크네즈의 연구를 바탕으로 김해삼정걸립치기와 관련된 자료를 수집하여 수록하고 지역의 원로들을 중심으로 한 인터뷰 내용을 추가하는 등 삼정걸립치기 자료집 수준을 뛰어넘지 못하고 있다.

삼정걸립치기와 관련된 연구는 이와 같이 1960년대와 1970년대 현장을 조사한 이두현과 크네즈의 기록 및 경상대학교 인문학연구소의 자료집이 전부이다. 소중한 자료와 현장기록을 바탕으로 지속되어야 할 연구가 사실상 1970년대 이후 중단되었던 것을 알 수 있다. 특히 1960년대 삼정동 걸립치기 현장을 담은 음원이 있음에도 불구하고 음원을 바탕으로 하는 음악적인 연구는 전무한 상황이다.

그럼에도 다행히 이두현이 1967년 2월 14일 녹음한 음원[9]이 남아있어서, 녹음된 음원을 바탕으로 하여 1960년대 삼정걸립치기의 고사소리를 살펴볼 수 있다. 또한 이 음원과 현해 삼정걸립치기보존회에서 연행하고 있는 고사소리의 전통이 서로 어떻게 연관관계를 맺고 있는지도 살펴볼 수 있는 중요한 자료가 된다.

그리하여 1967년과 2016년 녹음된 두 자료 속 삼정걸립치기의 연행은 마당놀이-성주굿-조왕굿-샘굿(용왕굿)-장독굿-도장굿(고방굿)-마닥굿(마구굿)-거리굿[10] 순서로 확인된다. 이 중에서 굿의 내용이 가장 풍부한 성주굿을 통해 삼정걸립치기의 음악적 특징과 성격이 드러날 수 있다고 하겠다. 즉 성주굿 고사소리에 나타나는 출현음과

---

7) E. 크네즈, 『대한민국 세 마을에서의 현대화: 민중과 그들의 물질문화를 중심으로』(서울: 스미스소니언연구소, 1997).

8) 박성석 외, 『김해삼정동걸립치기』(김해: 경상대학교 인문학연구소, 2009).

9) 국립문화재청 소장 자료.

10) 현재 삼정걸립치기보존회의 연행과정에는 마지막에 '물림굿'이 추가되기도 한다.

선율유형을 분석하여 고사소리의 선율적인 특징을 정리함으로써 삼정걸립치기에 대한 음악적 이해를 도울 수 있을 것이다.

2. 삼정걸립치기 고사소리의 선율적 특징

삼정걸립치기를 할 때 고사소리는, 성주상 앞에서 농악 반주에 맞춰 상쇠가 축원가를 노래하는 것이다. 고사소리의 내용은 농사의 풍요와 안택축원이며, 그 축원가의 장단은 상황에 따라 다르다. 대가(大家)에서 새로 집을 짓고, 특별히 초청받아 농악을 칠 때에는 성주풀이 거의 전부를 노래한다고 한다. 성주풀이는 걸립치기 중에서도 가장 중심이 되며, 그 길이도 길다.

실제 삼정걸립치기의 음악적 특징을 정리하기 위해서 이두현박사가 1967년 2월 14일 녹음한 음원과 2016년 삼정걸립치기보존회의 시연 영상자료를 대상으로 하여 정리하고자 한다. 먼저 1967년 자료는 김해 삼정동 정재룡 댁 지신밟기 현장에서 녹음한 것이며, 정치봉(鄭致鳳)[11]이 소리하였다. 2016년 자료는 삼정걸립치기보존회 현 회장이자 상쇠인 양만근[12]의 소리로 이 두 자료는 약 50년의 시간적 차이가 난다.

그리하여 걸립치기 연행 과정 중에서 사설이나 음악적으로 그 내용이 가장 풍부한 성주굿 고사소리의 장단 변화를 크게 두 부분으로 나누어서 정리해보면 다음과 같다.

1) 성주굿 전반부

성주굿은 가신(家神)인 성주신에게 식구들의 재앙을 물리치고 행운이 있게 해달라고 비는 굿이다. 성주신은 가신 중에서도 가장 최고의 신으로 받들기 때문에 성주굿의

---

11) 정치봉은 삼정걸립치기 제2대(1960년대~1980년대 활동) 상쇠로 1904년생이며 1985년 작고했다. 그는 제1대(1920년대~해방 전후) 종쇠로도 활동하였다고 한다.
12) 양만근은 삼정걸립치기 제4대(1988년~현재) 상쇠로 1942년생이며 1960년~1970년대부터 삼정걸립치기 종쇠로 활동하였다.

고사소리는 다른 굿의 고사소리에 비해 더욱 내용이 풍부한 경향이 있다.

성주굿 고사소리의 전반부는 굿거리장단으로 성주본풀이에 해당된다. 성주본풀이가 끝나고 집을 건조하기 위해 재목을 구하는 대목 이하의 사설은 자진모리장단으로 변화하게 된다. 본 항에서는 먼저 굿거리장단으로 이루어진 성주본풀이를 분석하겠다.

다음 〈악보 1〉은 정치봉이 부른 성주굿 고사소리 첫 10장단이다. 정치봉이 한 장단을 소리하면 그에 이어 한 장단은 꽹과리, 장구, 북, 징 등이 연주한다. 따라서 고사소리 다음에 이어지는 빈 악보는 장단을 치는 부분이다.

〈악보 1〉 정치봉 구연 성주굿 고사소리 전반부

위 악보를 보면 성주굿 고사소리의 앞부분은 라-솔-미 하행선율의 반복으로 미, 솔, 라 3개의 음 이외의 음은 나타나지 않는다. 출현음을 기준으로 본다면 메나리토리에 해당하며 메나리토리 구성음 미-솔-라-도′-레′ 중 아래 3개의 음만으로 선율이 구

성된다.

위 10장단의 선율은 거의 동일하며, 사설에 따라 리듬이 세분되거나 하는 약간의
변화가 있을 뿐 결국 한 장단을 기준으로 동일한 유형의 선율이 계속 반복되고 있는
것이다. 이러한 선율 흐름은 굿거리장단의 성주본풀이 40장단 즉 성주굿 전반부에 걸
쳐 동일하게 나타난다.

정치봉 상쇠가 부른 성주굿 고사소리 전반부 선율의 골격을 간단히 제시하면 다음
과 같다.

반면 양만근 구술 성주굿 전반부의 악보를 보면 다음과 같다.

〈악보 2〉 양만근 구연 성주굿 고사소리 전반부

성주굿1

위 악보를 보면 성주굿 앞부분의 출현음은 미, 솔, 라, 도′ 4음이며, 소리의 첫 부분은 매번 도′음으로 질러서 낸다. 도′-라-솔 혹은 도′-라-솔-미 등의 반복되는 선율유형이 나타나며, 종지는 동일하게 라음으로 마무리된다. 이와 같은 특징으로 보아 양만근 구술 성주굿 고사소리의 전반부 선율은 메나리토리로 구성되어 있으며, 한 장단을 기준으로 도′음으로 질러서 내고 라음으로 종지하는 유사한 형태를 지닌 것으로 파악된다. 악보에 제시되지 않은 성주굿 전반부의 소리도 이와 유사하다. 선율의 주요골격을 간단히 제시하면 다음과 같다.

이와 같이 동일 대목의 선율을 구사하는 데 다소의 차이가 있는 것은 구연자 개인의 음악적 성향이 반영된 것으로 보이며, 실제 동일 구연자의 소리라 하더라도 상황에 따라 조금씩 다르게 선율을 구사하기도 하는 것을 확인할 수 있다.13)

2) 성주굿 후반부

성주본풀이 다음에 이어지는 고사소리에서는 장단과 선율의 흐름이 달라진다. 장단

---

13) 2016년 10월 19일 양만근 상쇠와의 인터뷰에서는 시연 동영상과 조금 다르게 선율을 구사하였다.

은 자진모리장단으로 변화되며, 선율 또한 전반부와는 다르게 진행된다.

먼저 정치봉 상쇠의 소리를 살펴보면 다음과 같다.

〈악보 3〉 정치봉 구연 성주굿 고사소리 뒷부분 제1유형

위의 악보를 보면 첫 번째 마디에 라음을 중심으로 단일음 선율진행이 보이는데, 이것은 동일한 음으로 사설 첫 부분을 던지면서 말과 소리의 중간 형태로 구연하는 것이다.

다음 세 번째 장단 '뒷집에 박대묵아' 부분부터는 선율의 흐름이 나타나는데, 음정으로 보면 라-도′-시-라의 진행이다. 출현음의 내용만으로 보았을 때, 성주굿 고사소리 앞부분의 메나리토리와는 차이를 보인다. 이처럼 도′에서 시음으로 반음 관계를 보이며 하행하는 선율이 성주굿 전반에 나타나는 것이 아니라 일부분에만 나타나고 있기 때문에 부분적으로 육자배기토리가 혼용되고 있음을 볼 수 있다. 이렇게 도′에서 시음으로의 하행 진행이 나타나는 부분은 모두 일곱 장단이다. 선율의 골격을 제시하

면 다음과 같다.

다음은 메나리토리로 구사하는 부분의 선율유형이다.

〈악보 4〉 정치봉 구연 성주굿 고사소리 뒷부분 제2유형

'금독 옥독 양날 갈아'에서부터 '나무야 한준 넘어갔다'에 이르는 다섯 장단의 소리
는 조금씩 다른 선율과 리듬으로 구성되어 있다. 선율의 흐름만 음정으로 나타내면
다음과 같다.

1. '금독 옥독 양날 갈아': 도′-라-솔
2. '십리야 만츰 물너서서': 도′-라-솔-라-솔

3. '오리야 만츰 전주더니': 라-도′-라-솔

4. '이것 찍고 저것 찍어': 도′-라-솔-라-솔

5. '나무야 한준 넘어갔다': 도′-라-솔-라-솔

결국 조금씩 다르게 선율이 진행되고 거기에 다른 리듬이 섞이면서 다양하게 구연
되는 듯하지만 골격은 도′-라-솔 3음으로 정리될 수 있다. 위의 선율에는 앞에서 보
이던 도′-시의 꺾는 음이 등장하지 않고 도′에서 라음으로, 라음에서 솔음으로 하행하
는데, 이는 메나리토리로 분석된다. 선율의 주요골격은 다음과 같다.

이외에 라음으로 마치는 선율도 보이는데 다음 악보와 같다.

〈악보 5〉 정치봉 구연 성주굿 고사소리 뒷부분 제3유형

'김대묵~' 대목에서는 보통 다른 대목의 선율이 도′-라-솔로 종지하는 데 비해 마
지막에 라음으로 올려서 종지하는 것이 다르다. 이와 같이 종지하는 경우는 성주굿
전체에서 3장단이다.

다음은 양만근 상쇠가 부른 성주굿 후반부 선율에 관한 내용이다.

〈악보 6〉 양만근 구연 성주굿 고사소리 후반부

성주굿2

양만근 구연
정서은 채보

양만근 구연 성주굿 고사소리 후반부의 선율은 전반부의 선율골격을 그대로 유지하
면서 빠른 장단에 맞춰 선율을 단순화하고 리듬에 변화를 주었다. 당김음이 자주 등장
하여 리듬의 변화로 인한 흥겨움을 느낄 수 있는 점이 특징이다.

출현음은 앞과 동일하게 미, 솔, 라, 도′ 4개 음이며, 소리의 첫 부분은 매번 도′음으로 질러서 내며 라음으로 종지한다. 구성음으로 본 선율의 유형은 다음의 몇 가지로 정리될 수 있다.

1. 도′-라 2음으로 구성되는 유형
2. 도′-라-솔-라 3음으로 구성되는 유형
3. 도′-라-솔-미-라 4음으로 구성되는 유형
4. 도′-라-미-라 3음으로 구성되는 유형

주요 선율골격은 다음과 같다.

성주굿 고사소리의 후반부는 뒷부분으로 갈수록 장단이 점차 빨라지면서 도′-라의 2음으로 구연하는 부분이 많은데, 선율의 실제는 위 악보의 첫째, 셋째 마디와 동일하다.

성주굿 고사소리의 선율을 살펴본 결과, 양만근 구연 고사소리는 출현음이 미, 솔, 라, 도′ 4개 음이며, 소리의 첫 부분은 매번 도′음으로 질러서 내고 라음으로 종지하는 동일한 구조를 지니고 있다. 이는 메나리토리의 구성음 내에서 고사소리를 구연하고 있음을 보여주는 증거이다. 성주굿의 전반부에는 도′-라-솔 혹은 도′-라-솔-미 등의 반복되는 선율유형이 나타나며 이는 메나리토리의 음악어법을 드러내는 요소로 주목된다. 또한 후반부의 선율은 전반부의 선율골격을 그대로 유지하면서 빠른 장단에 맞춰 선율을 단순화하고 리듬에 변화를 주었는데, 당김음이 자주 등장하여 리듬의 변화로 인한 흥겨움을 느낄 수 있는 점이 특징이다.

반면, 정치봉 구연 고사소리는 전반적으로 라-솔-미 3개 음이나 도′-라-솔 3개 음을 주요음으로 하지만 부분적으로 도′에서 시음으로 반음 꺾어서 내려오는 선율이 나타나고 있기 때문에 육자배기토리의 혼용으로 파악되었다.

실제 김해 삼정동은 토리권으로 보았을 때, 메나리토리권이라 할 수 있다. 그러나 메나리토리권 지역에서도 종종 지역의 토리가 아닌 다른 토리가 등장하기도 한다. 그것은 가창자 개인의 특성일 수도 있고, 지역적 접변이나 변이의 결과일 수도 있으며, 타 장르와의 혼재양상일 수도 있는 것이다. 그러나 실제 어떠한 영향으로 외부의 음악적 요소가 가미되었는지를 밝히는 것은 어려운 일이다.

다음은 김해 인근지역 민요와 고사소리를 살펴보고 이 지역의 음악어법이 어떻게 나타나고 있는지 살펴보고자 한다.

3. 김해 인근지역 민요 및 고사소리와의 비교

경남 김해지역 민요에 대한 현장조사는 1980년대에 이르러 이루어졌다. 『한국구비문학대계 8-9』(1983)에 68편의 민요가 수록되어 있으며, 『한국의 민속음악: 경상남도 민요편』(1985)에 17편의 민요가 수록되어 있다. MBC 문화방송에서 제작한 『한국민요대전』(1994)에도 경상남도편이 수록되어 있으며, 그 중 김해지역의 민요는 4편이다.

이 중 조사자, 조사지역, 제보자 등의 정보가 비교적 정확한 MBC 문화방송 『한국민요대전』(1994)에 수록된 김해지역의 자료와 인근지역 자료를 중심으로 살펴보고자 한다.

이 항에서는 소리를 채보하지 않고 출현음과 선율유형을 글로 간단히 표기하여 주요 내용만을 나타내도록 하겠다.

1) 김해와 인근지역의 민요

김해지역의 민요는 모두 4편으로 김해군 장유면 유하리 유포의 〈사친가〉, 〈꽃노래〉, 〈한글뒤풀이〉와 김해군 진례면 산본리 관동의 〈모심는소리〉이다.

김해군 장유면 유하리 유포의 〈사친가〉는 1992년 1월 29일 길금이[14](1918년생) 가창자에 의해 불린 소리이다. 〈사친가〉는 딸로 태어나서 중매를 통해 시집을 간 여성이 느끼는 시집살이의 어려움과 친정부모에 대한 그리움을 노래하고 있다. 중간 부분에서 시집을 가는 딸에게 시집에서 할 행동을 일러 주는 친정어머니의 당부 말씀은 내방가사와 같은 느낌을 준다. 가창자는 친정에서 어머니께 이 노래를 배웠다고 한다. 〈사친가〉의 출현음은 미-솔-라-도′ 4음이며, 선율유형은 주로 라-도′-라-솔 혹은 도′-라-솔이며, 종지음은 솔음이다. 즉 〈사친가〉는 메나리토리의 민요이며, 주요음은 도′, 라, 솔 3개 음이라 할 수 있다.

김해군 장유면 유하리 유포의 〈꽃노래〉는 마찬가지로 〈사친가〉를 부른 길금이 할머니가 부른 민요로 꽃들의 특성을 노래로 읊은 것이다. 〈꽃노래〉의 출현음은 미-솔-라-도′ 4개 음이며, 선율유형은 주로 라-도′ 혹은 도′-라가 가장 많이 나타난다. 종지음은 미음이며 주요음은 도′, 라 2개 음으로 메나리토리이다.

김해군 장유면 유하리 유포의 〈한글뒤풀이〉는 1992년 김쾌남(여, 1928년생) 가창자가 부른 민요이다. 〈한글뒤풀이〉는 〈한글타령〉 또는 〈언문뒤풀이〉라고도 하는 노래로 한글을 재미있게 배우기 위한 노래인 동시에 임을 그리는 여인의 심정을 노래하고 있다. 출현음은 솔-라-도′-레′-미′-솔′-라′ 7개 음이며 선율은 7개 음을 골고루 사용하며 인접 진행한다. 종지음은 실제 최저음 솔음인데, 가창자가 솔-라로 올려서 종지한다. 경토리 중에서 진경토리에 해당한다.

김해군 진례면 산본리 관동의 〈모심는소리〉는 1991년 김자선(여, 1945), 구이동(남, 1941) 가창자가 함께 부른 민요이다. 모를 심다가 참 먹을 때가 다 되어 갈 무렵에 모심기를 마무리하면서 하는 소리이다. 〈모심는소리〉의 출현음은 미-라-도′-레′ 4개 음이며, 종지음은 라음이다. 주요선율은 상행 라-도′-레′, 하행 레′-도′-라-미-라 이며, 동일선율이 거의 유사하게 반복된다. 메나리토리이다.

---

14) 장유면 율라리에서 태어나 18세에 유포마을로 출가하여 슬하에 1남 4녀를 두었다. 남편을 41세에 사별하고 평생 농사를 지으면서 생계를 엮어 왔다.

다음은 김해 인근지역인 창원군의 민요이다. 창원군 북면 신촌리 온천 진대수(남, 1927) 가창자가 부르는 〈논매는소리〉는 출현음이 미-솔-라-도′-레′-미′의 6개 음으로 구성되어 있다. 라음으로 종지하며 주요 선율유형은 미-라-도′-라, 레′도′라도′-라-솔-미 등으로 볼 수 있다. 전형적인 메나리토리이다.

다음은 창원군 북면 화천리 시화의 〈강배끄는소리〉이다. 조태호(1927) 가창자가 불렀으며, 출현음은 미-솔-라-도′의 4개 음이다. 라음으로 종지하며, 주요 선율유형은 라-도′-라, 라-미-라이다. 메나리토리이다.

김해와 인근지역의 민요를 살펴본 결과, 메나리토리가 우세하다. 물론 진경토리의 민요도 있지만, 경토리 선율이 지역민요에 나타나는 것은 전국적으로 나타나는 경향이다. 따라서 김해와 인근지역의 민요는 짐작한 바와 같이 메나리토리 우세지역임에 틀림없다.

그렇다면 다음은 김해 삼정동 인근 지역의 걸립치기 고사소리를 살펴보도록 하겠다.

2) 김해 걸궁치기의 고사소리

김해 걸궁치기는 김해시 장유면 유하리 벼등마을에서 전승되는 놀이이다. 특히 김해 걸궁치기에서 성주굿풀이는 굿놀이가 가진 연희적인 성격을 띠면서 동시에 성주신이라고 하는 가신에게 집안의 안택과 화평을 비는 굿음악이다. 이를 김해 걸궁치기에 대한 연구물인 최현숙의 "김해 걸궁치기 놀이의 음악분석 연구"[15]의 채보와 음악분석을 바탕으로 그 내용을 정리하면 다음과 같다.

김해 걸궁치기의 성주굿풀이 선율에 나타나는 출현음은 미-솔-라-도′-레′의 5개 음으로 메나리토리의 구성음과 일치한다. 주요 선율진행은 라-도′, 도′-라이며, 라음과 도′음을 상행, 하행하면서 전반적인 소리가 이루어진다. 삼정걸립치기에 비해 메나리토리의 구성음이 골고루 나타나고 있으며, 그 외의 토리로 구성된 선율은 보이지 않는다.

---

15) 최현숙, "김해 걸궁치기 놀이의 음악분석 연구" 서울: 중앙대학교 석사학위논문, 2011.

그런데 김해 걸궁치기에서 특이한 점은 성주굿풀이 중 나무를 고르는 대목에서의 선율이다. 이 부분의 선율은 메나리토리의 일반적인 선율진행이 아닌 부분이 있는데, 예를 들면 라-도′-미′, 미′-도′-라, 도′-미, 미-라-미 등의 신민요 선율유형이 나타나는 것이다.

위와 같은 선율의 변화는 소리를 듣는 이로 하여금 주목하게 만드는 요소이며, 이러한 요소가 특정 부분에만 등장하는 것으로 보아 의도된 것으로 생각된다.

김해 인근지역의 민요와 걸립치기의 고사소리를 살펴본 결과, 메나리토리가 우세한 것을 알 수 있었다. 물론 인근지역의 소리를 더 분석하면 다양한 면모가 드러날 수도 있겠으나 일반적으로는 메나리토리의 범위 내에 있는 것으로 확인되었다. 즉 김해는 메나리토리권역에 해당하는 지역이다.

4. 삼정걸립치기 성주풀이 음악의 특징

1967년 삼정걸립치기 음원과, 2016년 삼정걸립치기보존회의 시연 영상을 바탕으로 삼정걸립치기의 음악적 특징을 살펴본 결과 성주굿에 나타나는 고사소리의 선율적 특징은 다음과 같이 정리할 수 있다.

성주굿 고사소리의 선율을 살펴본 결과, 양만근 구술 고사소리는 출현음이 미, 솔, 라, 도′ 4개 음이며, 소리의 첫 부분은 매번 도′음으로 질러서 내며 라음으로 종지하는 동일한 구조를 지니고 있다. 이는 메나리토리의 구성음 내에서 고사소리를 구연하고 있음을 보여주는 증거이다. 성주굿의 전반부에는 도′-라-솔 혹은 도′-라-솔-미 등의 반복되는 선율유형이 나타나며 이는 메나리토리의 음악어법을 드러내는 요소로 주목된다. 또한 후반부의 선율은 전반부의 선율골격을 그대로 유지하면서 빠른 장단에 맞춰 선율을 단순화하고 리듬에 변화를 주었는데, 당김음이 자주 등장하여 리듬의 변화로 인한 흥겨움을 느낄 수 있는 점이 특징이다.

반면, 1967년 정치봉 구술 고사소리는 전반적으로 라-솔-미 3개 음이나 도′-라-솔

3개 음을 주요음으로 하지만 부분적으로 도'에서 시음으로 반음 꺾어서 내려오는 선율이 나타나고 있기 때문에 육자배기토리의 혼용으로 파악되었다.

김해나 인근지역의 민요 및 고사소리에서도 이러한 현상이 일어나는지 확인하기 위하여 지역의 민요와 김해 걸궁치기 고사소리를 함께 살펴보았는데, 그 결과 삼정걸립치기에 나타나는 토리 혼용이나 육자배기 선율은 나타나지 않았다. 실제 김해나 인근지역의 민요 및 고사소리는 메나리토리권역 음악의 일반적인 특징을 드러내고 있었다.

정치봉 구연 고사소리에 육자배기토리의 혼용현상이 나타나는 것은 앞에서도 언급한 바와 같이 가창자 개인의 특성일 수도 있고, 아직 드러나지 않은 지역적 접변이나 변이의 결과일 수도 있으며, 타 장르와의 혼재양상일 수도 있다. 어떠한 요소가 고사소리에 반영되었는지 명확하게 알 수 없지만, 지역의 음악어법과 상충하는 것으로 보아 가창자 개인의 특성이 아닌가 생각된다. 특히 농악대의 고사소리는 상쇠의 음악적 역량에 따라 종종 외부의 음악이 가미되기도 하고, 그에 따른 변화가 일어나기도 하기 때문에 위와 같은 짐작이 가능하다.

그에 비해 양만근 구연 고사소리는 지역의 음악어법을 바탕으로 하여 이루어져 있으며, 주요음역 내에서 선율을 자연스럽게 변화시켜 이어나가고 있다. 마치 상쇠가 이 지역에서 오랫동안 토박이로 살아오면서 듣고 내재화한 소리가 발현되는 것으로 보인다. 이러한 양상은 개인의 소리 특성이라기보다는 지역적 소리의 반영으로 봐야 할 것이다.

살펴본 바와 같이 삼정걸립치기 제2대 상쇠인 정치봉과 제4대 상쇠인 양만근의 고사소리는 서로 다른 모습이 있다. 시간이 흐름에 따라 소리를 구연하는 방식이 달라지기도 하고, 개인의 역량에 의해 변화가 일어나기도 한다. 변화에 있어 옳고 그름을 따지기는 어렵지만, 전승의 과정에서 생기는 자연스러운 변화는 그것 자체로 전통이라 생각된다. 특히 양만근의 고사소리는 지역의 음악어법인 메나리토리의 특성을 잘 담고 있으며, 주요음을 구사하는 방식 또한 자연스럽다. 이는 김해의 음악적 특성이 고스란히 반영된 결과라 할 수 있다. 따라서 양만근 상쇠의 고사소리 전통은 앞으로도 잘 전승되어야 할 소중한 김해의 전통문화유산의 하나이다.

VI

모정자소리와
김해
삼정걸립치기

모정자소리와 김해 삼정걸립치기

1. 명칭과 정의

〈모정자소리〉는 경상북도와 경상남도 일대에서만 발견되는 특별한 소리이다. 이 소리의 명칭은 토박이 말로 된 것으로 이것이 곧 이 소리의 고유성과 의의를 말해주는 증거이다. 〈모정자소리〉를 가령 정구지, 정지, 정자, 등지 등으로 부르는데, 이는 경상도 사람들이 지칭하는 토박이 말이라고 할 수가 있다.[1] 말이 있다는 것은 장르가 살아있다는 말이고, 이 말에 따라서 다양한 우리의 소리 속살이 존재했다는 말이기도 하다. 그런 점에서 이 말은 매우 긴요한 의의가 있음이 확인된다.

〈모정자소리〉는 모찌는소리와 모심는소리를 합쳐서 일컫는 말이다. 이 소리는 초창기 연구자들이 주목했다. 송석하, 고정옥 등이 이 소리를 일러서 여러 말을 한 것은 이 때문이다. 이름이 등지, 정지, 정자 등으로 다양하게 나타난다. 모찌기와 모심기에서 이러한 소리를 하는 것은 보면 이 소리가 매우 오랜 내력을 가진 것임이 확인된다.

---

1) 고정옥, 『조선민요연구』, (수선사, 1949); 고정옥, 『조선민요연구』, (동문선, 1998), 114쪽.
　　송석하, "남방이앙가", 『학해』, 1937. 12. 420-427쪽; 송석하, 『한국민속의 재음미』 하권, (국립민속박물관, 2004), 899-911쪽.
　　이 글은 석남 송석하가 1937년 『學海』지에 실은 "南方移秧歌"를 보고서 이를 근거삼아서 전통적인 〈모정자소리〉의 실상을 알아보기 위해서 정리하여 본 글이다. 동시에 〈모정자소리〉의 실상을 비교하기 위해서 전통적인 소리를 찾기 위해 정리한 글이다.

초창기 연구서를 읽어보니 여러 가지 다른 성격의 일단이 발견되었고 소리의 유형이 미세하게 구분되었음을 확인하게 된다. 종래 연구에서 아침소리, 점심소리, 저녁소리 등이 구분되는 것은 확인되었다. 1930년대 영남 지역 현지에서 찾아본 소리는 더욱 다양하다. 시간적으로 미세한 시간적 분할을 하고 있어서 소중한 전례이다.

〈모정자소리〉의 정의를 여러 각도에서 논할 수 있으며 이를 소리의 기능, 율격, 가창방식, 장단과 율격 등으로 정의하면 다음과 같다.

　　가] 모정자소리는 모찌기와 모심기에서 한다.
　　나] 한 줄에 네 토막을 부르는 소리이다.
　　다] 교환창으로 부른다.
　　　다]1 남녀가 한 줄씩 번갈아 불러서 한 단위를 완성한다.
　　라] 장단이 규칙적이나, 다양한 방식으로 부르는 것이 특징이다. 3소박 24박이다.

가]는 기능이 분화되어 있지 않으나 두 가지 작업을 동시에 진행한다고 하는 점에서 각별하다. 나]는 행과 음보에 관련된 것으로 서로 깊은 관련이 있는 것으로 일반론 수립을 위해서 필요한 것으로 판단된다. 다]는 교환창의 가창방식 가운데 긴요한 것으로 남녀교환창이라고 하는 점에서 주목을 요한다. 라]는 음악적 장단과 규칙에 관련되는 면모라고 할 수 있으며 이에 대해서 일반론으로 나아갈 수 있는 것이다.

〈모정자소리〉는 노동의 현장과 일터에서 하는 소리이므로 주변의 경관과 서로 깊은 관련을 가지고 있으며, 사설로 이를 묘사하면서 인간의 근원적 정서를 자극하고 있다는 점에서 이 소리는 주목할 만한 가치를 지니고 있다. 또한 이 소리가 시간적 경과에 따라서 달라진다고 하는 사실 역시 중요하다. 그러한 점을 주목하면서 과거 일제시대에 조사된 자료를 기준으로 하여 이를 상세하게 제시하면 이 소리의 소중한 전통을 되새길 수 있을 것으로 보인다. 이와 같은 점에서 이 소리는 우리의 문화적 자산이라고 하지 않을 수 없다.

1차구분	2차구분	소리의 사설
아침소리	조식 후	물귀야 처정청 허르놓고 主人네 兩班 어데 갓노 文魚야 大全鰒 손에 들고 妾의야 방에 놀녀갓네 (朝食後)
	조참	쩔래야 꽂튼 장개가고 석유야 꽂튼 상객 간다 萬人間아 웃지 마라 씨동자 하나 바래간다 (朝參)
	조참·오참	密陽아 三浪 국노숲에 蓮밥 따는 저 수자야 사래야 질고 장찬 밭에 木花 따는 저 처자야 (朝參, 午參)
점심소리	점심 전	꼰둘내 書房任 밥 담다가 놋주개 닷단 뿌었다 야야 메늘아 그 말마라 난도 닷단 뿌엇다 (點心前)
	점심 직후	샛골서 부는 바람 道令任 扇子를 훗날닌다 이야 그 처녀 너울 조타 날닌 부채 조아주네 (點心 直後)
	오후소리	남창남창 베리 끝에 야속하다 우로라바 나도 죽어 後生 가서 郎君 한번 생겨볼네 (午後 無時)
저녁소리	저녁참	포랑아 붓채 半裸짐에 妻家 집을 차자간다 밀창을 반만 열고 七寶丹粧을 하는고나 (저녁참)
	어둡사리 칠 때	오날아 햇님은 다 젔넝강 골목골목이 煙氣 난다 우리야 님은 (어)데가고 煙氣낼 줄 모르네 (어둡사리 칠 때)
	어두운 후	초롱아 초롱아 청사초롱 님의 방에 불 밝켜라 님도 눕고 나도 눕고 초롱불를 누가 껵고 (어두운 후)

시간의 경과에 따라서 세분되어 있는 점은 이 소리의 중요한 가치이고 재평가되어야 할 전통이라고 하겠다. 이 소리의 전통을 통해서 우리네 전통을 인지하는 일이 매우 중요하다 하겠다.

2. 연가의 형식과 남녀주술 원리

이 소리는 연가의 형식으로 되어 있다. 연가는 남녀간의 그리움을 말하는 형식이다. 그러나 본디 이 소리가 연가였던 것은 아니라고 생각한다. 오히려 남녀교환창의 형식으로 남녀의 생산주술을 말하던 것에서 비롯되었으나 후대적 변형을 일으켜서 연가의 형식으로 바뀐 것으로 추정할 수 있다.

그렇게 보는 근거가 긴요하다. 일단 남성과 여성이 교환창으로 부르는 방식이 주술적 의미를 완성하고 있다. 하나가 아니라 둘이며 둘이 구실을 나누어서 한 행씩 완성하여 부르는 것이 가장 요긴하다고 하겠다. 다음으로 중요한 근거는 모두가 다 그러한 것은 아니지만 사설의 내용이 남녀의 사랑 노래를 중심으로 하고 있다고 하는 사실이다. 남녀가 만나서 사랑을 하고 서로 인연을 맺은 결과 서로의 사랑을 확인하자고 하는 것이 사설의 내용을 분명하게 하는 대목이라고 하겠다.

남녀가 생산하고자 하면서 남녀의 생식을 유사하게 자극하고 노래를 하는 것이 이 소리의 기본적 양상이다. 그것은 모를 심기 위해 논바닥에 모를 꼽는 행위와 일치한다. 모를 심어서 크게 자라나라고 하면서 노랫말을 주고받는 것이 곧 남녀의 생식과 모의 성장이 깊은 관련이 있다고 믿어서 그러한 노래를 했던 것으로 추정할 수 있다.

예전에는 남녀가 함께 논에 모를 심고서 그 곁에서 성행위를 했던 적이 있다고 한다. 남녀의 생식력이 곧 많은 곡식을 얻는 것과 관련된다고 하는 믿음과 깊은 관계가 있다. 노래 속에 그 잔영이 남아 있어서 남녀의 생식과 남녀의 사랑, 논바닥에 모를 심는 행위와 연계되는 것은 이상한 일이 아니다. 그것은 주술에 의존하고 남녀의 생식을 중시하던 시대의 산물이면서 동시에 예술적인 노래로 승화된 결과물임을 알 수 있다.

3. 율격과 형식, 그리고 시가사

율격과 형식은 기본적으로 가창방식과 무관하지 않다. 대체로 본다면 율격은 4음보로 되어 있으며, 4음보의 2행시를 중심으로 이해할 수 있다.

가 : 이 논바닥에	모모를 심어 ‖ 가지가 벌아도	장해로세	**행(line)**
1	2	3	4	**음보(foot)**
5	5 **반행(halfline)** 6		4	**음절(syllable)**

--**안짝**

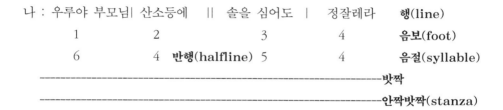

나 : 우루야 부모님| 산소등에   ‖   솔을 심어도 | 정잘레라   **행(line)**

　　1　　　　　2　　　　　　　　3　　　　4　　**음보(foot)**

　　6　　　　4 **반행(halfline)** 5　　　　4　　**음절(syllable)**

────────────────────────────────────**밧짝**

────────────────────────────────────**안짝밧짝(stanza)**

　하나의 음보에서 음절(syllable)은 가변적임을 알 수 있다. 가령 김선이와 최화식이 부른 소리에서는 처음의 2행을 보면 김선이의 경우에는 "이 논바닥에 모모를 심어 가지가 벌아도 장홰로세"로 5·5·6·4음절로 구성되어 있고, 최화식의 경우에는 "우루야 부모님 산소등에 솔을 심어도 정잘레라"로 6·4·5·4음절로 구성되어 있다. 기준음절수는 4음절이고 최대 6음절과 최소 4음절로 되어 있음이 확인된다.

　이상과 같은 분석을 통해서 우리는 민요의 율격적 분석을 새롭게 할 수 있는 방법을 찾아낼 수 있다. 작은 단위에서 큰 단위로 단계적 위계를 고려해서 이를 분석하고 이론을 수립하기로 한다. 그렇게 하는데 있어서 이 분석은 매우 유용하고 적절한 단위를 형성할 수 있을 것으로 본다. 이러한 분석에 있어서 필요한 안을 구상할 수 있다.

1] 기준이 되는 자질은 음절이다.
　음절은 우리 언어의 기본적 단위이므로 다른 언어와 다르다.
　음절수는 가변적이다. 그런데 기준음절수는 4≤X≤6이다. 이 사항은 가변적이다.
　음절의 가변성은 매우 중요한 자율성을 구현한다. 고정성과 달리 비고정성을 구현한다.

2] 자질의 일정한 규칙은 음보이고, 음보가 시가율격의 기준이 된다.
　음보는 음절수를 기준으로 하며, 음절수의 가변성에 근거해 하나의 토막을 이룬다.
　음보는 고정적이고 불변의 사실을 구성한다. 음보가 구체적으로 하나의 단위를 형성한다. 음절수는 기본적인 단위의 요소이지 단위가 되는 것은 아니다.

3] 음보가 모여서 반행을 이룬다.
　음보와 음보가 반행을 이루고, 이것은 구성상의 요건일 뿐이고, 절대적인 기준이 되지 않는다. 반행과 반행은 서로 관련되지만 경우에 따라서 이 관계양상이 달라질 수 있다.

4] 반행은 2음보이고, 한행은 4음보이다. 반행과 반행은 2반행으로 하나의 행을 구성한다. 반행과 반행은 장단과 밀접하나 아직 구체적으로 드러나는 것은 아니다.

5] 한행 4음보와 한행 4음보가 모여 한 연을 이룬다. 한행과 한행은 서로 밀접하게 관련되며 그것이 직접적인 인과성을 이룬다. 행과 행은 대구를 이루게 된다. 그러므로 행과 행의 구성은 일정한 사설의 유기적 구성을 갖게 된다.

6] 한 연과 한 연은 유기적 인과관계를 반드시 이루는 것은 아니다.
유기적 연계는 의무적인 것이 아닌 것을 볼 수가 있다.

```
1        2        3        4 음보
-        -        -        - 행
-        -        -        - 련
```

음절 syllable 〈 음보 foot 〈 행 line 〈 연 stanza

다음절어이고 교착어이다. 이 때문에 달라진다. 이를 시가의 율격론적 관점에서 재론할 수 있겠다. 우리말과 다른 나라 말은 다르다고 하는 점을 이로써 알 수가 있으며, 언어적 기저 자질에 따라서 율격 구성이 달라지는 점을 알 수가 있겠다. 율격 구성의 차별성에 의거해서 율격과 율격의 이론을 구성한다고 하는 점이 구체적으로 확인된다. 그러나 민요가 무엇인가 기준에 따라서 달라지는 점이 이로써 확인된다.

민요의 율격관계를 통해서 시가사 일반의 문제와 연결되어 논의가 가능하다. 가령 적절한 사례가 향가의 율격이라고 할 수 있다. 2행시, 4행시, 5행시 등의 관계를 한 대목에 이해할 수 있는 특징이 있으며 2행시의 전통과 무관하지 않다. 그러한 점을 다음과 같은 율격을 두고 논할 가능성을 열어둔다.[1]

```
- - - -        - - - -        (-) - - -
- - - -        - - - -        - - - -
               - - - -        - - - -
               - - - -        - - - -
                              - - - -
```

---

1) 조동일, "향가의 율격", 『제4판한국문학통사』 1권, (지식산업사, 2005).

4. 사설과 음악

〈모정자소리〉의 음악적 특징에 대한 논의를 전개할 필요가 있다. 선율과 장단 가운데 필자의 능력을 벗어나는 대목은 제외하고 가장 중요한 장단의 형태를 통해서 이 문제를 접근하는 것이 필요하다. 장단은 분할론의 관점과 집합론의 관점에서 논의를 할 필요가 있다. 서양의 분할론에서는 이 문제를 다룰 수 없다. 오히려 전통적인 집합론의 관점에서 이 문제를 다루어야 한다.

분할론	집합론
♩ ♩ ♪ ♫	♩ (1) ♩　　♩ (2) ♩　♩　♩　♩ (4) ♪♪　♪♪　♪♪　♪♪ (2222)

집합론의 관점을 유지하면서 장단을 채록하게 되면 다음과 같은 두 가지 형태가 출현한다. 그런 점을 고려하면서 이에 대한 특징을 살펴보는 것이 긴요한 문제이다. 일단 불규칙하게 채록되는 것이 있다. 이와 달리 규칙적으로 채록되는 것이 있다. 이러한 과정을 정리하면 다음과 같다.

모정자소리는 음악적으로 까다로운 대상이다. 그 이유는 비교적 명확하다. 이유는 대상이 일정하고 가지런하게 되어 있지 않기 때문이다. 모정자소리의 명칭이 다양하듯이 불규칙한 박자로 된 것과 일정한 규칙 장단으로 된 것이 양존하고 있다. 일단 이 장단의 파악이 긴요하므로 이 점을 정간보로 옮겨서 파악하는 것이 긴요하다.

민요는 사설이면서 음악이다. 사설과 음악을 함께 다루는 방법이 가장 중요한 문제 가운데 하나이다. 사설은 문학의 소관사이고, 장단과 선율은 음악의 전공 영역이어서 서로 합쳐서 논할 길이 매우 막연하였다. 둘을 함께 논의하면서 〈모정자소리〉가 지니는 의의를 다시 생각하도록 한다. 현재 민요학에 대한 학문적 작업을 하면서 이 소리를 부르는 방식이 두 가지라고 하는 점을 새삼스럽게 알게 되었다. 이 가창방식을 정간보로 옮겨놓고 이를 논하고자 한다.

① 포항의 〈모정자소리〉[2]

박자	1	2	3	4	5	6	7	8	9	10	11	12	13	14	15	16	17	18	19	20	21	22	23	24
여자	이논	--	--	바다	--	-에	모모	를	심어	--	--	--	가지	가-	-	벌	-	아도	장-	해	-로	세-	--	--
남자	우루	야	--	부-	--	모님	산-	소-	등-	에			솔-	-	을-	-	심어	도	정-	잘	레	라	-	-
여자	모시	야	--	적-	삼	-	반-	적-	삼-	에	-		분	-	통-	같으	나	--	저	-좆	-보	소	--	--
남자	많이	야-	--	보-	면	은	병	-이	되-	고-	-		담배	씨-	--	만-	침만	보-	고	가	소		--	--
여자	유-	월-	이-	-		라야	새벽	달-	--	에	--		처-	녀	--	둘이	가	도-	-망	-가	네-	--	--	
남자	석	자	--	수건	--	을-	목에	--	걸	고-	--		총-	각-	--	둘이	가	뒤-	따-	--	리-	네-	--	--

② 영양의 〈모숭키소리〉[3]

박자	1	2	3	4	5	6	7	8	9	10	11	12	13	14	15	16	17	18	19	20	21	22	23	24
남자	신	사	-	-	-	-	주	소	야	신	사	주	소	-	-	총	각	-	낭	군	신	사	주	소
여자	신	을	-	-	-	-	사	주	면	님	이	알	고	-	-	돈	을	-	주	면	내	사	신	지
남자	수건	아	-	-	-	-	수	건	아	광	포	수	건	-	-	님	떠	-	주	던	광	포	수	건
여자	수	건	아				귀	가	야	뚝	떨어	지	면	-	-	님	의	-	정	도	뚝	떨어	진	다

남녀교환창으로 부르는 점에서 같고 4음보 2행시로 된 점에서도 같은데 가창방식에 결정적 차이가 있다. 지역마다 작은 차이가 발생하면서 특정한 변형이 생기는 점을 알 수 있다. 장단은 한행이 중모리 두 장단이기도 하고, 이를 달리 하면 세마치 4장단

---

2) 김헌선채록, "포항모심는소리", 『한국민요대전』(경상북도편), (문화방송, 1994).
3) 김헌선채록, "4-1 모심는소리: 경상북도 영양군 일월면 주곡동", 『조동일교수채록 경상북도 구전민요의 세계』, (신나라음반, 2002).

으로 되어 있기도 하다. 그런데 그러한 것은 포항의 모심는소리에도 부합한다. 영양의 모숭키소리는 서로 부합하지 않는다. 영양의 모심는소리는 지역적 특성이 구현되면서 2행 시가인 점에서 같은데 남녀교환창의 방식에서 깊은 차이점을 가지고 있으며, 반 행의 구성에서 차이점이 드러나는 점을 볼 수 있다.

결과적으로 이들 사이의 핵심적 차이는 영양의 〈모숭키소리〉는 반행과 반행이 정 격적으로 균등하게 맞아떨어지지 않으며, 사설의 균등과 장단의 불균등이 비대칭을 이루는 점에 차이가 있다.[4] 반행과 반행이 대칭적으로 구성되면서 장단으로 합치되 는 것과 이와 달리 반행과 반행, 반행의 음보 등이 비대칭으로 구성되면서 불균등한 분할이 이루어지는 점이 핵심적 차이라고 할 수 있다.

비대칭의 음보와 반행 관계에서 앞의 반행이 길고 뒤의 반행은 장단이 짧다. 이러한 방식이 탄생한 것은 우연한 일이다. 지역마다 소리를 하는 방식에 근본적 차이가 있으 므로 특정한 지역에서 지역유형 oicotype이 형성된다. 그러면서도 한행과 한행은 근 본적으로 비대칭으로서 대칭을 이룩하면서 이 소리의 본질을 해치지 않는다.

〈모정자소리〉의 특성을 감안하면서 이 소리를 악보로 옮겨놓으면 더욱 긴요한 특 징이 발견된다. 포항에서 부른 소리를 채보하면 다음과 같다.

---

4) 시지은, "강원도 아라리와 경북 모심는 소리-음보와 박자의 구성 측면에서-", 경기대학교 일반대학원 B24호 강의실, 2008년 11월 8일 연구 모임에서 발표한 글에서 이러한 사실을 처음 밝혔다. 이에 근거하여 논의를 다시 한다.

모심는소리

소리: 김선이, 최화식
채보: 정서은

5. 비교 : 모정자소리와 田植唄(たうえうた)

모심는소리가 한국과 일본에 있다는 점을 비교해야 두 민족의 민요가 어떻게 같고 다른지 추론할 수 있다.[5] 모심는소리를 구체적 자료에 근거해서 비교하고 추정할 수 있다. 한국의 〈모심는소리〉는 전국적으로 다양하나, 일본의 〈田植唄〉에 해당하고 유사한 것은 경상도의 〈모심는소리〉이므로 이 점을 구실삼아 경상도의 〈모심는소리〉를 예거하기로 한다.

　　　이논배미 모를심허 속잎아너서 정자로세
　　　우리부모님 산소듬에 솔을심허 정자로다

　　　멈아멈아 정심멈아 정심밥이 늦어가네
　　　아흔아홉간 정지안에 돌고나니 늦어가네

---

5) 김헌선, "현단계 민요 연구의 좌표",『구비문학』제9집, (한국구비문학회, 1997). 이 글의 부분을 가지고 와서 확대한다.

1950년대 경남 진주 모심기 장면

초롱아초롱아 청사초롱 임우방에다 불밝혀라
임도눕고 나도눕고 거불끝이 없구나[6]

이 소리는 두 가지 특징이 있다. 하나는 두 줄로 된 노래라는 것이다. 한줄과 한줄이 일정한 율격을 유지하고 있어서 짜임새가 있고, 안짝과 밧짝이 어울려서 소리를 완성한다. 안짝을 하는 패와 밧짝을 하는 패가 나뉘어서 교환창으로 부르는 것이 퍽이나 인상적이다. 그래서 이러한 소리의 방식을 흔히 교환창 중에서도 남녀교환창이라 한다. 남녀교환창이라고 하는 것은 사실 판단의 소관사이나 이러한 사실이 의미하는 바가 단순하지 않다.

다른 하나는 소리가 아침소리, 점심소리, 저녁소리로 나뉜다는 점이다. 아침소리는 모를 내면서 하는 소리이기 때문에 싱그러운 분위기를 연출한다. 다른 소리에서는 갓 자고 나온 새를 묘사해서 한층 상큼함을 고조시킨다. 점심소리는 일을 하다가 생기는 허기와 노동의 싫증을 나타내는 것이 예사이다. 저녁소리는 일종의 연가이다. 논에서 헤어지기 싫은 아쉬움을 노래하고, 남녀가 함께 하룻밤을 지내는 즐거운 상상을 표현하고 있다.

---

6) 조동일, 『경북민요』, (형설출판사, 1997), 29-38쪽, 소리에 맞추어서 발췌하여 인용했다.

〈모심는소리〉는 가창방식과 소리의 갈래에서 엄격성을 유지하는 것으로 나타난다. 그리고 이러한 두 가지 특징은 〈모심는소리〉가 노동요이고, 노동의 현장에서 벗어나지 않는 긴요한 삶의 소리이기 때문에 이렇게 굳어졌을 가능성이 있다.

〈모심는소리〉는 기본적 성격이 남녀사이의 연가임이 확실하다. 모심는 사이에 연가를 부르는 것은 기본적으로 남녀사이의 연정을 빗대서 주술에 의한 풍작을 기원하자는 뜻에서 비롯되었다. 남녀의 사랑이 싹트듯이 모가 무럭무럭 자라나서 생산을 희구하자는 뜻에서 비롯된 주술적 노래가 곧 사랑 노래로 변했음이 확인된다. 경상도 지역에서 남녀교환창의 전통이 확립된 것도 이러한 의미에서 긴요한 뜻을 나타낸다고 하겠다. 그러나 달리 남녀교환창의 전통이 그다지 오래되지 않았다고 하는 주장이 있으므로 후대적 변형이라고 인정하더라도 본래는 생산주술을 기원하는 의례적인 것이었음은 부인하기 어렵다.

일본의 〈모심는소리〉라 할 수 있는 〈田植歌〉 또는 〈田植唄〉는 다음과 같은 사설로 되어 있다.[7]

〈아침소리〉
갑: 바람불어 동쪽으로 (요호호이) 펄럭이는 (아도꼬이쇼) 헛간에는
을: 헛간에 돛대를 (요호호이 세워서 (아도꼬이쇼) 바람을 기다린다

〈점심소리〉
갑: 재미있다 교토의 거리엔 (요호호이) 수레요 (아도꼬이쇼) 강가에는 배라
을: 강가에 배는요 숭어새끼 노니는 (요호호이) 강가 (아도꼬이요) 무가이새로 고기잡는 배라

〈저녁소리〉
갑: 해저물녘에 바닷가를 (요호호이) 거닐면 (아도꼬이쇼) 물새가 울고
을: 물새야 울어, 또 한 마리 우네 (요호호이) 저 물새(아도고이쇼) 소리 다투며

---

13) 町田歌聲, "農作業歌의 諸相", 『日本民謠全集1』, 1976, 203쪽. 이 민요는 오사카에 전승되는 것이다.

일본의 〈모심는소리〉는 가창방식에 있어서 우리의 소리와 비슷하다. 갑과 을로 나뉘어서 소리를 전재하고, 완결된 의미를 구성하는 것은 교환창의 전례와 비슷하다. 그런데 소리의 의미 단위를 완결시키는 것은 우리와 차이가 있다. 선창자가 하나의 완결된 단위의 문장을 구사하는

일본의 모심기 하는 장면

것이 우리네 〈모심는소리〉의 특징이라면, 일본의 〈모심는소리〉는 문장의 의미가 선창자에게 완성되지 않는다. 오히려 후창자의 문장 머리를 운자를 불러 주듯이 불러서 이하의 문장 의미를 완성하도록 주선하고 있다.

다음으로 일본의 〈모심는소리〉는 朝歌 또는 朝唄, 晝歌 또는 晝唄, 夕歌 또는 夕唄 등으로 소리의 갈래가 나뉘어진다는 점이다. 우리네 〈모심는소리〉의 아침소리, 점심소리, 저녁소리 등과 엄밀하게 대응한다. 조패에는 바람이 일어 돛대를 세우고 떠나는 배를 묘사하고 있고, 주패에는 한낮의 교토 거리의 한가한 놀이 경치를 묘사하고 있으며, 석패에는 해 저물녘에 물새가 우는 모습을 묘사하고 있다.

일본의 세 가지 소리는 사람에 대한 묘사는 생략되어 있고 여러 가지 경치나 자연물에 대한 묘사가 두드러진다. 물론 선택된 소리가 한정적이어서 그렇겠지만, 경치묘사에 주력하고 있는 것이 우세하다고 할 수 있다. 이에 반해서 우리네 소리는 경치묘사와 정감묘사가 적절하게 배합되어 다정다감한 인간사를 표현한다.

일본의 〈모심는소리〉는 사설의 사이 사이에 조흥구가 들어간다. 이것을 하야시(囃子)라고 한다. 예컨대 '요호호이', '아도꼬이쇼' 등과 같은 첨가구가 들어가는 것은 우리 소리와 전혀 다른 모습이라고 할 수 있다. 이러한 첨가구인 조흥구는 우리의 경우에 〈논매는소리〉에 들어가는 것이 일반적이라고 할 수 있다.

따라서 일본의 〈모심는소리〉는 독자적으로 발전한 것이라 할 수 있겠으나, 소리의 갈래와 가창방식에 견주어서 본다면 우리네 〈모심는소리〉와 매우 유사하다고 할 수

있다. 두 나라의 민요가 과연 유사한가 하는 것은 사설의 형식과 내용 및 갈래로 해결할 수 없는 문제이다. 오히려 두 가지 소리를 어떻게 소리내어 부르는가 하는 음악적 분석에 의존해야 할 것이다.

〈모심는소리〉는 모심기를 하면서 부르는 것이므로 노동요의 성격이 있으나, 일과 굿 및 놀이가 처음부터 분간이 있었던 것은 아니다. 일이 굿이고, 굿은 무언가 잘되기를 기원하는 주술적 성격이 우세하다. 한국의 〈모심는소리〉와 일본의 〈田植唄〉는 모두 일노래이나 성격에 있어서는 주술적 면모가 강하다.

한국의 〈모심는소리〉는 남녀가 함께 교환해서 부르는 교환창이다. 남녀가 교환창으로 부르는 형식 자체가 연가의 성격이 강하다. '방실방실 웃는님을 못다보고 해가지네/ 걱정말과 한탄마소 새는날에 다시보세'라고 되어 있는 것이 연가의 성격을 분명히 하고 있다. 연가의 형식을 하고 있는 점은 〈모심는소리〉가 본디 주술적인 성격을 가졌음을 의미한다. 남자가 한 토막을 하고 여자가 한 토막을 불러서 완결 짓는 것이 모정자소리의 기본적 가창방식이며, 이것은 언어주술적 형식에서 비롯되었을 것이다. 주술에는 언어주술과 행위주술이 있는데, 원래 행위주술이었던 것이 언어주술로 변형된 결과이다.

일본의 〈田植唄〉도 주술적인 성격을 지닌 굿에서 비롯되었다고 하는 것이 일반적 견해이다. 구체적으로 다음과 같은 견해를 살펴볼 필요가 있다[8]. 일본에서 모심기가 대체로 일이 아니라 굿이었을 때에는 반드시 노래가 곁들여졌다. 오늘날 고풍스런 모심기 방식을 간직하고 있는 곳은 히로시마(廣島), 시마네끼(島根) 등으로 중국산맥의 가까운 지역이다. 그곳에는 산간지방의 〈囃田〉(花田植)이 있지만, 여기서 주목되는 것은 절차이다.

산바이(サソバイ)라고 하는 모심기의 인도자이기도 하고, 田神으로 간주되는 선소리꾼이 중심이 되어서 모심기 행사가 이루어진다. 그때에 〈田植唄〉가 가창된다. 田神을 맞이하는 노래에서 시작해 저녁 나절에 모심기를 마치고 신을 보내는 노래까지 때를 정해서 그 시간에 맞게끔 노래를 한다. 그렇기 때문에 모심기 노래에는 朝歌, 晝

---

8) 仲産幸二郎外編, 『日本民謠辭典』, (東京堂出版, 1975), 208-209쪽.

歌, 夕歌가 있게 된다.

　한국의 〈모심는소리〉와 일본의 〈田植唄〉는 주술적 성격을 지닌 점에 공통점이 있으나, 그 양상이나 절차에 차이가 있다. 한국의 소리는 굿의 성격이 희소해지고 대신에 노동의 성격이 강화되면서 일노래로서의 성격이 강조되고, 아울러서 남녀교환창 내지 교환창의 특별한 형식을 창출함으로써 연가의 성격이 우세하게 되었다. 남녀의 연가라는 방식을 갖고 일터인 논에서 주변의 자연환경과 시간에 주목함으로써 아침소리, 점심소리, 저녁소리의 갈래를 생산하고, 모정자소리, 또는 정자소리의 공포유형을 창출했다.

　일본의 〈田植唄〉는 소개된 사례가 고풍적인 민요이기도 해서이지만 일보다 굿을 소중하게 여긴 결과가 아닌가 싶다. 선소리꾼이 모심기 작업의 인도자이기도 하고 논의 신으로 간주되는 것이 일과 함께 굿으로서의 모심기를 강조하는 것으로 보인다. 신과 인간이 만나서 굿을 한다는 사실은 제의적 주술성에 얽매여 있음을 보이는 증거이다. 아침소리, 점심소리, 저녁소리 등으로 구분하는 것도 굿의 절차상 필요했던 것으로 보인다.

　한국과 일본의 〈모심는소리〉는 유사한 형식으로 되어 있으나, 주술적 성격이 전혀 다르게 구현되었다는 점에서 차이가 있다. 한국은 연가의 형식으로 남녀 사이의 언어주술로 변질되었다면, 일본은 신과 인간의 굿노래 형식으로 제의주술적 성격이 우세한 점에 차이가 있다고 하겠다.

　결론적으로 말한다면 비교민요학은 소중한 연구 과제가 아닐 수 없다. 같고 다른 점이 민요 형성의 비밀을 다소간 밝혀주기 때문에 상호보완적인 것이라고 할 수 있다. 우리나라 〈모심는소리〉가 연가로 되고 교환창으로 된 사정은 그 자체로 잘 해명되지 않는다. 그런데 일본의 주고쿠 지방에 전승되는 〈田植唄〉가 있어서 그것이 본디 일노래와 굿노래의 복합적 성격이었다가 변형되어서 연가풍의 노래로 바뀌게 된 사정을 알게 해 준다. 남녀간의 연가는 서정시 기원의 한 가닥이기도 해서 굿노래에서 일노래, 일노래에서 연가, 연가에서 서정시로 변하는 단계를 해명하는 연결고리가 비교민요학에 의해서 찾아지게 된 셈이다.

김해시
활천면 삼정리
등기소리의
전통과 가치

김해시 활천면 삼정리 등기소리의 전통과 가치

1. 등기소리의 전통

경상남도와 경상북도를 통틀어서 중요한 소리가 전해진다. 이 전통적인 소리를 흔히 남도와 북도가 달리 이른다. 그 소리를 지역명칭으로 정자소리, 정지소리, 등기소리, 등기소리, 등지소리 등으로 일컫는데 이 용어는 경상남도에서만 사용하는 소리이다. 이와 달리 북녘에서는 이 소리를 모숭키소리 또는 모심는소리라고 이른다. 같은 형태, 같은 방식으로 모를 심으면서 부르는 소리인데, 이처럼 지역적 차이가 있다고 하는 것은 이를 수용하고 향유하는 이들이 각각 다르다고 하는 점을 명확하게 한다.

경상남도 지역의 소리인 등기소리는 사설의 짜임새도 다르고 동시에 가창방식에서도 커다란 차이점을 가지는 것으로 이해된다. 경상남도의 등기소리가 다르다는 사실을 말하지 않고 연구사에서 항상 같은 것이라고 여겨서 이에 대한 연구가 천착되고 진척되지 못했다. 연구를 새롭게 하는 것은 그 소리의 전통이 아마도 새롭기 때문이고, 이것이 발견되었기 때문이기도 하다. 전인미답의 신천지는 더 이상 존재하지 않는다. 오히려 신천지를 새롭게 발견하는 눈이 진정한 것이라고 할 수가 있다. 눈이 새롭고 보는 관점이 적절한 것에 의해서 새로운 것들이 발견되고 기존의 것들이 재해석되어 나간다.

등기소리는 경상남도 김해시 활천면 삼정리의 중요한 무형문화유산의 자산이 된다.

현재에도 그곳에 거주하는 분들이 옛날에 하던 등기소리를 기억하고 있고, 자랑삼아 노래를 하기 때문에 이들의 전통적인 소리에 의미 부여를 할 수 있을 것으로 본다. 마을의 주전승자들인 부녀자들이 기억이 총명하고 자신들이 힘써 일구었던 등기소리를 확실하게 전승하고 있으므로 이들의 전통적인 소리를 평가해야 할 필요가 있을 것이다.

더욱 중요한 사실은 이들의 등기소리가 경상남도 일원의 등기소리와 깊은 관련성을 공유하면서 삼정걸립치기의 문화적 배경이 되었다고 하는 것이다. 이 지역의 등기소리는 유다른 특징이 있는데 그것이 바로 모찌기와 모심기를 통해서 소리가 세분화되어 있으며, 아침소리, 점심소리, 저녁소리 등으로 구분되고 새참을 먹거나 어둠이 몰려올 때에 부르는 소리도 따로 분화되어 있음이 확인된다. 그러한 점에서 등기소리의 본고장에서 보이는 문화적 유전자를 그대로 간직하고 있다. 아울러서 더욱 중요한 것은 경상남도 울산 지역에서부터 밀양, 부산, 김해, 진주, 하동 등지의 등기소리와 사설을 거의 공유하고 있다는 사실이다.

사설의 주된 내용은 생활에서 발견되는 현실적인 성향이 매우 강한 그 자체의 속성을 보여주는 일종의 지금 여기에서 보이는 "있는 것"을 중시한다.[1] 현실 속에서 이루어지는 여러 가지 고민의 실상을 담고 사람살이의 기본적 관심사를 보여주는 것이 민요의 세계에서 보이는 일반적인 특성이고, 특히 등기소리에서는 그러한 면모를 정확하게 보여준다. 있는 그대로의 자연스러운 삶을 중시하는 것을 볼 수가 있을 것이다. 그러한 점에서 민요의 "있는 것"이 등기소리에서도 거의 같은 양상을 반복되는 것을 보이므로 이를 중시해야 할 것으로 보인다.

등기소리에서 가장 중요하게 여기는 있는 그대로의 삶은 바로 우리의 주변에서 보이는 것을 핵심으로 한다. 남녀 사이에 벌어지는 관계, 자연물의 성장과 사람의 비교, 현실 속에서 만나는 여러 가지 대소사 등을 핵심적으로 담고 있으며, 그것이 바로 등기소리의 특징이라고 할 수가 있을 것이다. 현장에서 우러나는 가슴 속의 이야기를

---

1) 조동일, "민요에 나타난 해학", 『우리문학과의 만남』, (홍성사, 1978).

하는 것이므로 이들의 관련성 속에서 등기소리의 현실적인 면모를 과시하는 것을 볼 수가 있을 것이다. 등기소리가 곧 현장의 소리이고, 사람이 진정하게 살아가는 모습을 담아내는 전통이 있다고 할 수 있다.

등기소리의 전통이 경상남도의 등기소리와 있는 것을 강조하는 점에서 동일하다고 할 수 있으며, 그 점에서 예외적인 것은 아니라고 생각한다. 등기소리의 전통적인 소리를 통해서 우리네 삶의 전통을 일깨우고 현실적인 소리의 아름다움을 주는 점에서 이 소리의 전통은 바로 김해시 삼정동의 동민들이 지니는 전통과 다르지 않다고 본다.

2. 등기소리의 해학

김해시 활천면 삼정리에 전승되는 등기소리의 전통적인 면모를 문학적 관점에서 확인하고 해학의 실상을 그대로 보는 것이 필요하다. 소리가 지니는 곡진한 형태의 삶이 우러나는 것은 인상적인 것이라고 하지 않을 수 없다. 정만자 제보자가 부른 등기소리의 실상을 직접 들여다보면 이 점이 쉽사리 확인된다.

유자캉 탱자캉 의논이 좋아 한쪽다리 둘 셋 여네
처녀캉 총각캉 의논이 좋아 한 벼개에 둘이 잔다
—김해시 활천면 삼정2구 / 삼정2구 경로당 정만자 할머니(82세), 2016. 7. 20.

사랑 앞에다 노송을 심어 노송나무에 학 앉았네
학은 점점 자라오고 이 몸 잠잠이 늘어가네
—김해시 활천면 삼정2구 / 삼정2구 경로당 정만자 할머니(82세), 2016. 7. 20.

아기야 도련님 병환이 나서 순금씨야 배 깎아라
순금씨 깎안 배는 맛도 좋고나 연약하네
—김해시 활천면 삼정2구 / 삼정2구 경로당 정만자 할머니(82세), 2016. 7. 20.

낭창 낭창 베리 끝에 무정하다 저 오라바
나도 죽어서 남자가 되어 처자 권속 싱길라네
—김해시 활천면 삼정2구 / 삼정2구 경로당 정만자 할머니(82세), 2016. 7. 20.

이 등기소리에 일정한 법칙은 존재하지 않는다. 등기소리는 반드시 안짝과 밧짝이 짝이 되어서 불려지는 것이고 서로 소리를 주고받고 하는 주받이의 형태로 된 점이 각별하다. 한줄 한줄이 짝이 되어서 소리가 완결되는 연을 구성하고 연은 유기적인 관계를 형성하지 않고, 연행되는 점을 볼 수가 있다. 그렇기 때문에 각기 독립적인 특성을 형성한다.

첫 번째 등기소리는 유자와 탱자가 서로 의론이 좋아서 한 꼭지에 두 개나 세 개가 연다는 것을 자연물을 대상으로 하여 현실적으로 말하고 있다. 마찬가지로 사람 가운데 처녀와 총각이 서로 만나서 정이 나고 정분을 통해서 이들이 함께 잠을 자고 혼인하면 자연적인 생식력으로 아이들이 번창하는 것을 말한다. 그렇듯이 모가 잘 심어져서 많은 곡식을 열려야 한다는 점을 강조한다.

둘째 등기소리에서는 자연의 생장과 함께 영원한 것과 짧은 일생을 빗대서 현실적인 것들의 비교를 하고 있다. 노송나무와 학은 무궁하게 산다는데 우리 인간의 몸은 유한하므로 점점 늙어간다고 함으로써 현실적인 수긍을 자아내도록 한다. 학은 자라지만 인간은 별 수 없이 살다가 죽게 되어 있음을 강조한다. 앞의 등기소리와 무관하다.

셋째 등기소리에서는 도령과 순금씨의 관계를 들어서 서로 비교하고 있다. 병이 들어 있는 도령에게 배를 깎아 주어서 맛도 있고 순하게 병을 고칠 수 있음을 암시한다. 남녀관계에서 이루어지는 기쁨이 위안과 치유의 모습을 통해 잘 드러난다. 자연물과 인간의 교감이라고 할 수 없으나 정분에 의해서 병도 나을 수 있다고 한다.

넷째 등기소리에서는 전혀 다른 말을 하지만, 오라버니와 올케, 시누이 사이에서 벌어지는 현실적인 갈등을 노래한다. 등기소리의 전통에서 이 이야기가 나온 것으로 추정되는데 일정한 서사성이 전제되어 있으나 확실하지 않다. 벼랑 끝에서 시누이와 올케가 함께 물에 빠졌는데, 오라버니가 올케만 구하자 원망하는 소리라고 한다. 이

역시 현실에서 우러나는 갈등을 전제로 한다.

　삼정리의 등기소리는 현실적인 해학에 의해서 이루어지는 문학이고, 생활에서 우러나는 문학임을 분명하게 한다. 삼정리의 여성들이 부르는 민요에서 이러한 점을 모두 확인할 수가 있을 것이다. 그것이 민요의 문학성이라고 하지 않을 수 없다.

3. 등기소리의 음악

　등기소리는 문학이면서 음악이고, 음악이면서 문학이다. 문학과 음악은 서로 깊은 관련성을 지니고 있으며, 이들 사이에 일정한 가치와 의의를 지니고 있음을 분명하게 확인하게 된다. 등기소리의 음악적 측면을 규명하기 위해서는 이들의 음악적 면모가 어떻게 드러나는지 악보를 두고 이야기를 할 수가 있을 것으로 보인다. 앞에서 살핀 등기소리의 전부를 악보화하면 다음과 같다.

등기소리

둥기소리

김해시 활천면 삼정2구
소리 : 정만자
채보 : 정서은

둥기소리

김해시 활천면 삼정2구
소리 : 정만자
채보 : 정서은

등기소리

김해시 활천면 삼정2구
소리 : 정만자
채보 : 정서은

등기소리는 일반적으로 경상남도 민요의 토리와 궤를 함께 한다. 장단은 중모리 장단과 한배가 맞고, 아울러서 이들의 장단을 약간 빨리하면 세마치장단 네 개가 한 줄을 형성하고 다시 세마치장단 네 개가 하나로 어울리는 것으로 볼 수가 있다.

경남지역 민요에서 가장 많이 쓰는 음계는 메나리토리이다. 메나리토리는 메나리조 또는 동부민요 선법이라고도 하는데 경상도와 강원도 그리고 함경도지방 민요에 많이 쓰이는 음계이다. 메나리토리의 선율 구성음은 mi·(sol)·la·do·re이고 종지음은 la 혹은 mi이다. 특징적인 선율형은 do-la-mi나 re-do-la의 하행 선율이 많이 쓰인다.[2] 구성음 중에서 sol과 re는 다른 음에 비해서 출현 빈도가 적은데 re는 do-re-do로 진행할 때 경과음으로 쓰이거나 re에서 do로 하진하여 꺾는 목처럼 쓰이는 경우가 많다.

---

2) 이보형, "메나리조", 『한국음악연구』 제2집, 1972.

4. 등기소리의 가치

등기소리는 세 가지 각도에서 가치가 있다. 삼정리의 등기소리는 소리의 결이 단아하고, 사설이 정연하여 문학적 가치가 매우 높은 것임을 알 수가 있다. 소리가 한창 전승되었을 때에는 이 소리를 근간으로 풍부한 문화적 유산이 전승되고 동시에 문화적 풍토를 통해서 다른 여타의 민속문화적 기반을 형성하였을 것으로 추정된다. 부녀요가 번성한 곳이 곧 김해이고, 이곳 여성들의 감성을 풍성하게 드러내는 것이 등기소리이므로 그 가치를 인정할 수 있을 것으로 보인다.

그렇지만 이러한 등기소리의 문학적 감성은 이들 지역에서만 가지고 있는 것은 아니고, 다른 고장에서도 가지고 있지만 대체로 경상남도 지역과 무관하지 않다. 이것은 사설 자체와 소리 자체가 서로 깊은 연관성을 가지면서 지역유형으로 군림한다고 하는 사실을 보여주는 적절한 예증이 아닌가 한다. 등기소리의 전통이 지역유형으로 구체화되면서 북녘의 모숭키소리와 한편에서 심각한 질적 차이를 가진다. 그리고 더욱 중요한 것은 이 소리들의 전통이 공유되면서 달라진 점이 주목을 요한다. 특히 소리가 시간적 경과와 더불어서 달라지는 점은 매우 인상적인 것이라고 하겠다.

등기소리는 음악적 성격에 있어서도 주목할 만한 특성을 지닌다. 왜 등기소리가 유장하고도 긴 호흡 속에서 불려졌는지 현재로서 알기 어려운 면이 있다. 그런데도 불구하고 이 소리는 정형화된 틀을 견고하게 가지고 있다. 일단 교환창으로 한 행씩을 부른다고 하는 사실이다. 한 행씩 번갈아서 부르면서 소리로 교감하고 동시에 소리를 가지고 예술적 재능을 유지하고 있다는 점에서 가장 주목할 만한 특성을 지니는 것이 확인된다.

등기소리는 장단에서도 주목할 만한 특성을 지닌다. 세마치장단 넷을 합쳐서 하나의 반행을 형성하고, 반행이 다시 보태져서 한 행을 형성한다. 중모리장단 둘인 셈이다. 세마치장단 여덟 개가 한 행을 구성하고, 한 행에 한 행을 더하게 되면 중모리장단에 넷이 된다. 사설의 구성과 장단의 구성이 이러한 상관성을 가지는 것은 정말로 중요한 의의가 있으며, 다른 민요보다 원칙적인 차원에서 매우 수준 높은 고형의 장단이라고 하는 점을 보여주는 확실한 증거물이다.

등기소리는 문학과 음악의 양측면에서만 문제가 되는 것은 아니고 다른 차원에서도 높은 가치를 지닌다. 그것은 바로 미적 관점에서 두드러지는데, 그것은 인간의 사람살이에서 가장 중요한 것이 남녀의 애정이고, 사람은 유한한 점을 들어서 현실적으로 필요한 것을 추구하는 사고가 민요의 핵심이라 한다면, 등기소리에 그러한 현상이 잘 드러난다.

등기소리에 보이는 것은 절망이나 좌절이 전혀 아니다. 오히려 이들이 지니는 것으로 현실적인 남녀관계를 인정하고 보다 나은 생식력을 고조시키는 것이 가장 중요한 것이라고 말한다. 그것이 여기에서 보이는 적절한 현상이라고 할 수가 있다. 남녀간의 애정이 사람이 살아가는데 있어서 무엇보다도 중요하다는 사실이 명백해진다. 이것은 민요를 부르면서 터득한 현실적 사고이고, 현실적인 삶을 긍정하면서 주술적인 생식력을 제고하던 전통에서 비롯된 것이다.

있는 것으로 현실을 긍정하고 지금 여기의 시학을 전개하는 소리의 전통은 다른 곳에서 발견되지 않고 오직 등기소리의 전통 속에서만 우러나는 점을 볼 수가 있다. 다음과 같은 신선하고 싱그러운 것들을 보면 이 점이 명확하게 드러난다. 이것이 민요의 진실한 세계이다.

> 놀짱놀짱 세삼배 처마 주름주름이 향내나네
> 내 몸에는 땀내가 나고 당신 몸에 향내나네
>
> 모시적삼 안섶 안에 연적겉은 저 젖 봐라
> 한 번 쥐고 두 번을 쥐니 쥘 때마장 주미크네[3]

---

3) 정상박·김현수·성재옥, "모노래", 『한국구비문학대계』 8-10(경상남도 의령군편), (한국정신문화연구원 어문연구실, 1981), 265-271쪽.

VIII

김해
삼정걸립치기
농악의 전통과
가치

김해 삼정걸립치기 농악의 전통과 가치

김해 삼정걸립치기는 그 실상이 세계적으로 조명되고 그 가치에 대해서 평판을 얻었음에도 불구하고 현재 그 명성에 비견되는 걸맞는 품격이 뒤따르지 않고 있다. 그것은 커다란 문제라고 하겠다. 그 문제의 핵심이 무엇인지 심각하게 고민을 하지 않을 수 없다. 이는 재래의 전통적인 농악이 평가되지 못하는 것과 같음을 다시금 절감하게 된다. 전통적인 삼정걸립치기 농악의 면모가 무엇인지부터 심각한 고민을 하게 한다.

김해 삼정걸립치기는 일제 강점기부터 주목받던 영남 지역의 농악 가운데 하나이다. 일찍이 손진태, 이두현, 유진 어빙 크네즈(Eugene Irving Knez/Knezevich, 1916-2010)[1] 등이 참여하여 이 지역의 현지조사를 벌인 바 있다. 그 결과가 긴요한 저작으

---

[1] http://www.washingtonpost.com/wp-dyn/content/article/2010/06/10/AR2010061004973.html
　　Eugene I. Knez Smithsonian Anthropologist에 대한 부고란을 보면 그의 생애가 어떠한 것인지 알 수가 있다. Eugene I. Knez, 94, a retired curator of Asian anthropology at the Smithsonian Institution's National Museum of Natural History, died June 5 at a nursing home in Honolulu. He had a heart ailment. Dr. Knez worked at the history museum from 1959 to 1979, during which time he started its first permanent Asian exhibitions. He went on to create many more exhibitions documenting life and culture in Asia and oversaw the acquisitions of Hindu and Buddhist sculpture. In 1977, he prepared a traveling exhibition called "Korean Village in Transition," which had a three-year tour in the United States and Canada. Eugene Irving Knezevich was born in Clinton, Ind., and graduated from the University of New Mexico in 1941. He was an Army veteran of World War II. After the war, as an American military government officer in Seoul, he was assigned to administer the national cultural and scientific agencies in South Korea, which launched his lifetime interest in Asian culture. In 1959, he received a doctorate in anthropology from Syracuse University.

로 간행된 바 있으니 그것이 바로『삼정동 마을 연구』2)와『한국 3개 마을의 근대화 1951-1981: 그 사람들과 물질문화의 예증적 연구』3)가 그것이다. 유진 어빙 크네즈의 저작에 대한 서평도 이루어진 바 있다.4)

이들이 유일한 학문적 깊이를 가지고 논한 것들이라고 장담할 수 없으나, 적어도 삼정걸립치기의 가치를 주목하고 이에 대하여 일정한 동기 부여와 가치를 덧보탠 것임에는 틀림이 없다. 특히 유진 어빙 크네즈와 이두현의 발언은 정말로 중요한 관찰이고 현장 조사를 겸한 것임을 부인하기 어렵다.

일찍이 1930년대에 손진태는 최순도의 필사본 〈성주풀이〉를 주목한 바 있다. 맹인 조합장에게서 얻은 〈성주풀이〉가 구전서사시의 면모를 갖추고 있음을 최초로 공개한 인물이다. 이두현은 크네즈와 함께 조사를 하면서 지속적으로 관련을 맺고서 삼정동을 관찰 참여하는 데 일정한 기여를 하면서 삼정걸립치기의 자료를 소개한 바 있다.

이와 달리 크네즈는 일정하게 현지조사를 하면서 삼정동의 변화에 주목하고 이를 근대화의 사례로 조사하여 보고한 바 있다. 삼정걸립치기에 대해 확인할 수 있는 중요한 서술자인 유진 어빙 크네즈(Eugene Irving Knez Knezevich, 1916-2010)는 1950— 1980년대에 한국에 와서 우리나라의 여러 곳을 조사한 결과를 논문으로 정리하였다. 특히 유진 어빙 크네즈가 삼정동에 머물면서, 삼정동의 다양한 삶의 양태를 인류학자적 관점에서 잘 정리하였는데, 이 가운데 삼정걸립치기가 확인된다. 유진 어빙 크네즈는 삼정걸립치기에 대해 정당한 의미를 부여하고 전통적 한국농악의 원형과 함께 하

---

2) Eugene Irving Knez, *Sam Jong Dong: a South Korean village*, Maxwell Graduate School of Syracuse Univ., 1959, U. M. I. c1959 TD 390.095199 K68s

3) Eugene I. Knez, *The modernization of three Korean villages, 1951-1981 : illustrated study of a people and their material culture (SuDoc SI 1.33:39)*, Smithsonian Institution Press; First Edition edition (1997).

4) 최협, "The Modernization of three Korean Villages, 1951~1981 :「An Illustrated Study of a People and their Material Culture」", Knez, Eugene I. 『한국문화인류학』 31,2, (한국문화인류학회, 1998), pp.597-601

이두현, "한국 3개 마을의 現代史, 1951~1981: 그 사람들과 물질문화의 例示的 研究:「The Modernization of three Korean Villages, 1951~1981: An Illustrated Study of a People and their……」", Eugene I. Knez, 『比較民俗學』 제15집, (비교민속학회, 1998), pp.595-614.

나의 농악 형태로 걸립치기가 있는 것을 고증한 점에서 중요한 기여를 하였다. 게다가 한국의 근대화 과정에서 장차 변질되는 전통적인 요소가 격변 속에서 삼정사람들이 어떻게 그 전통을 지키려고 했던지 역사사회문화적 맥락을 정확하게 서술하였다고 하는 점에서 주목할 만한 가치와 의미를 부여했다고 하겠다. 유진 어빙 크네즈는 삼정걸립치기를 타자의 눈으로 지켜보고, 동시에 이를 세계적인 의미망으로 조명한 점에서 삼정걸립치기의 국제화와 세계화에도 일정하게 의의를 제공했다고 보아도 지나치지 않다. 유진 어빙 크네즈가 서술한 삼정의 전통적인 문화적 배경을 보게 되면 그곳이 도시화되기 이전에 얼마나 전통에 충실하고 삼정걸립치기 문화가 성행했던가 하는 점을 감동적으로 서술하였다. 밖에서 보는 관점의 농악, 타자의 시선으로 본 삼정걸립치기를 다시 생각하게 하는 것을 우리는 그의 저작을 통해서 거듭 환기하게 된다.

크네즈의 서술을 중심으로 보면 정확한 관찰의 결과임을 알 수가 있다.

'정월초, 스무 명 정도의 마을 농악대들이 풍년과 한해의 행운을 빌며 각 가정에 들러 마당에서 간단한 연행을 했다. 열다섯 명 정도의 치배들은 조그마한 소고를 나무채로 두드렸고 나머지 치배들은 다른 타악기를 연주하고 있었는데, 장구와 몇 가지의 다른 북 그리고 크고 작은 타악기인 쇠와 징 등을 가지고 했다. 태평소가 간혹 등장하기도 했다. 마을 농악대는 그 편성과 운용에 있어서 군사 행렬과 닮았다. 상쇠는 농악대의 선두에서 조그마한 꽹과리로 속도와 박자를 조절했다. 그에게는 가락 연주를 주도하고 진풀이와 춤사위를 도맡아 하는 두 가지 책임이 있었다.

춤사위에서 걸음새는 무릎을 약 45도 구부린 채 한 발 한 발 땅을 박차고 뛰어올랐다. 농악대들은 춤추는 동안 몸을 약간 앞쪽으로 구부리고 있어 이쪽저쪽으로 방향을 바꾸거나 완전히 회전할 수도 있었다. 의상은 발목을 묶은, 곧 대님을 친 헐렁한 바지, (꽃)술을 붙인 삼각형 모양의 고깔을 쓰고, 가슴을 가로질러 비스듬히 넓은 삼색띠(채복 -붉은색, 초록색, 노란색, 푸른색, 흰색 등의 밝은 색상을 한)를 맨 저고리를 등을 입었다. 농악대의 임원(총무, 길잡이, 화주)은 악사는 아니지만 연행의 일정을 조정하고 사무를 관장하는 책임이 있는 인물들이었다. 이 사람은 마을의 촌장(구장)이었거나 아니면 영향력 있는 마을 남성이었다. 또 다른 농악대 구성원이 있었는데, 악기를 다루거나 춤을 추지는 않았지만 연행하는 동안 내내 춤추는 악사들과 함께 보였다. 이른 바 이들은 잡색이었다. 검은 색의 높은 관(冠)과 넓은 테를 한 모자를 쓰고, 희거나 초록색의 긴 외투를 입고, 담뱃대를 들고 있는 귀족(양반)을 나타내는 복장을 하고 있었다. 듣기에는 연행에서 위엄(허세)을 부리는 역할을 한다고 했다. 또 다른 풍물패 구성원으로는 '어릿 광대'(익살꾼, 화동)와 총과 가방을 멘 사냥꾼(포수)이 있었다. 이 두 구성원은 춤은 추지만 악사는 아니었는데 재담을 주고받으며 구경꾼을 즐겁게 했다.

마을 농악대는 며칠간의 연습을 하며 연행을 준비한다. 농악대는 돈이나 쌀을 기부 받았는데 이 돈의 일부는 필요한 악기를 구입하거나 수리하는데 쓰였다. 예전에는, 농악대가 각 가정을 찾아가 돈이나 쌀을 모아 마을의 여러 대소사를 위해 사용했는데, 빈궁한 가정을 난처하게 하는 이러한 예는 더는 계속되지 않고 있다. 최근에는 초청하는 가정에 한하여 찾아가 약 20여 분간 집 주변의 마당이나 부엌, 딸린 건물, 장독대 등에서 연행을 한다. 정월 절기 동안 농악대는 반드시 동구 밖 사당(당집)이나 공동우물, 공동 빨래터, 마을 사무소(마을회관) 등을 찾아 돌며 연행을 했는데 이를 통해 마을 전체가 새해에는 경사스럽게 시작되도록 해야 하는 것으로 믿어 왔다. 농악대가 연행을 하지 않을 때에는 악기는 마을 촌장(구장)이 택한 집에 함께 보관하였다.'5)

---

5) Eugene I. Knez, *The modernization of three Korean villages, 1951-1981 : illustrated study of a people and their material culture(SuDoc SI 1.33:39)*, Smithsonian Institution Press; First Edition edition, 1997, p.26.

  Often early in the first month, a band of dancing village musicians, usually twenty men, visited homes to perform briefly in each yard, assuring a good harvest and good fortune throughout the year. As many as fifteen of the musicians played small, round drums with peg handles whereas the other musicians had different percussion instruments, a large hourglass-shaped drum, several other drums, and large and small cymbals (Figure 31). A flutist also frequently appeared. The formations and maneuvers of the village band resembled those of a military unit. The leader of the band was often the first musician among those who provided the tempo with small cymbals. He was in charge of both the musical performance and the dance choreography. The dance steps consisted of raising one foot after the other off the ground with the knee bent about forty-five degrees. The body of the musician was often slightly bent forward and while dancing might turn to one side or the other, or revolve completely. The costumes included baggy trousers tied at the ankles, three-pointed hats with attached pompons, and jackets with wide sashes worn diagonally across the chest. The bright colors employed were red, green, yellow, blue, and white. An officer of the band, but not a musician, was responsible for arranging the schedule for the performances and managing the business affairs. He was often the village chief or some other influential male villager. There was another band participant who didn't play an instrument or dance but who was seen with the dancing musicians during a performance. He was dressed to depict a nobleman, as he wore a black high-crowned, wide-brimmed hat and a long white or

이 증언들은 이두현의 기록과 일치하지만 연행에 초점을 두고 자세한 발언을 한 것이므로 주목받아 마땅하다. 농악대의 편성과 농악대의 걸립 행위가 지니는 가치를 존중하고 구성원 사이에 벌어지는 것들을 비교적 상세하게 기술하고 있음이 발견된다. 치배와 잡색으로 나뉘는 전통을 지닌 것에는 변함이 없다. 꽹과리, 징, 장고, 북, 소고 등으로 편성되는 면모와 함께 뒷치배들이라고 하는 잡색의 편성에 대하여 자세하게 증언하였다. 양반, 화동, 포수 등의 구성은 오늘날에 전승되는 삼정걸립치기 농악대와 그다지 다른 것이 아님을 알게 된다.

농악대의 걸립치기를 하는 인적 구성에 대해서 명확한 증언을 해놓았다. 마을 농악대의 걸립 행위를 하는 주체를 몇으로 밝혔으니 총무, 길잡이, 화주 등이 있는 것은 명확하게 마을농악대의 걸립패임을 분명하게 한다. 그러한 농악대의 전통을 통해서 우리는 농악이 단순 걸립패에서 나아가 일단의 마을 자체의 걸립 행위로 일관하는 점이 삼정걸립치기에서 발견되는 것을 볼 수 있다.

특히 주목되는 것은 농악대가 하는 걸립의 과정에 대해서 상세하게 기술하고 있으며 크네즈의 기록은 이두현의 그것과 다르지 않으며, 걸립굿의 본질적 면모를 확인하는 것이라고 판단된다. 개인집과 함께 마을의 공동으로 관리하는 당집, 우물, 빨래터, 마을회관 등을 차례로 다니면서 걸립치기를 하는 점은 결국 걸립의 핵심이 낭걸립과

green coat, and carried a long-stemmed pipe. His role, it was said, was to dignify the dance performance. Other common participants included a "clown" and a hunter with his gun and game bag. These two band members, who danced but were not musicians, exchanged repartee that amused the spectators. The village band, after several days of rehearsal, was ready to perform. It received donations of money and rice. Some of the money was used to buy or repair instruments when needed. In the past, the band would collect money or rice for various village projects by visiting every household, but this practice, embarrassing to impoverished home owners, was discontinued. In more recent times, the band only went to households upon invitation. They spent about twenty minutes performing about the yard near the house, including the kitchen, annex buildings, and the outdoor cluster of sauce jars. During the New Year's holiday season, it was believed that the band should also visit the outdoor village shrine, the public well, the public laundry area, and the village office so that the year for the entire village would commence auspiciously. Whenever the band was not performing, the instruments were kept together in a home selected by the village chief.

같은 것이 아니라 자족적인 구조 속에서 대내적인 걸립의 성격을 지니고 있는 점을 구체적으로 보여주는 것임이 확실하게 보이고 있다. 그런 점에서 이 걸립치기는 자체의 전통에 충실한 것이었음을 간접적으로 알 수가 있다. 아래의 사진은 1971년도에 촬영된 것이다.[6]

FIGURE 31.—Village band dancing and simultaneously playing percussion instruments in the yard of a home. The flute, often seen in village bands, is conspicuously absent here. Black and white photograph, 1971.FIGURE 31.—Village band dancing and simultaneously playing percussion instruments in the yard of a home. The flute, often seen in village bands, is conspicuously absent here. Black and white photograph, 1971.
삼정동 한 가정의 걸립치기 장면(흑백, 1971).

---

6) Eugene I. Knez, *The modernization of three Korean villages, 1951-1981 : illustrated study of a people and their material culture(SuDoc SI 1.33:39)*, Smithsonian Institution Press; First Edition edition, 1997, p.27에 사진 31번으로 수록된 사진이다.

1971년도 삼정마을 걸립치기

김해 삼정걸립치농악의 전통은 걸립농악의 전통에서 비롯되었으며 세시절기와 밀접한 관련을 지니고 있다. 가령 다음과 같은 기록과 연계해서 볼 필요가 있다. 걸립의 전통과 소종래가 어느 지점이며, 어떠한 경로를 통해서 이루어졌는지 알 수가 있는 대목이다. 그 문면 가운데 동량에 대해서 말하는 대목을 보기로 한다.

지금 都城의 북쪽에 王輪寺라는 절이 있는데, 이 절은 해동의 종파가 항상 모든 법의 힘을 전파하는 寺刹이다. 이 절에는 毘盧遮那佛의 丈六金像(높이 16척의 황금 불상) 하나가 있다. 들으니, 옛날 巨貧과 皎光이라 하는 두 사람의 比丘가 있었다. 둘이서 황금 불상을 鑄造할 것을 發願하고 속된 말로 棟梁이란 것을 하였다. 동량이란 것은 무릇 중이 남에게 施主하기를 권유하여 佛事(부처에게 봉사하는 일)를 營爲하는 것을 일컫는 말이다. 거빈이 그 일을 주관하고 교광이 보조하였는데, 거빈이 하루는 갑자기 보조자 교광에게 말하기를, "일이 나의 뜻대로 되지 않은 것이 많다. 더구나 나이도 늙었으니 반드시 일을 마칠 수 없을 것이다. 마땅히 皆骨山에 들어가서 스스로 焚身하여 죽어야 하겠다. 너는 나의 舍利를 수습하여 그것을 가지고 사람들에게 시주하기를, 권유한다면 즐겨 시주하지 않는 이가 없을 것이다. 그렇게 한 뒤라야 일이 성취될 수 있을 것이다." 하고, 말을 마치자 곧 그 산에 들어가 道를 닦았다. 병신년 8월 15일에 이르러 摩訶衍

方丈의 북쪽 봉우리에서 산 채로 그의 몸을 살랐다. 교공(皎公)이 그의 유언에 의하여, 사리를 거두어 상자에 담아 스스로 짊어지고 서울에 돌아왔다. 사람들에게 시주하기를 권하니 위에서부터 높은 벼슬아치와 선비들과 庶人에 이르기까지 시주하지 않는 이가 없어서 재물이 산같이 쌓였다.[7]

　걸립의 행위를 직접적으로 보여주는 중요한 대목이다. 본래의 걸립은 종교적인 신성성을 강조하면서 종교적 기원을 달성하기 위해서 동냥을 다니는 것을 주목적으로 한다. 걸립을 하는 농악에서도 서낭기를 중심으로 당산굿을 치고 걸립을 하는 것과 서로 성격을 공유하는 것이라고 할 수가 있다. 위 대목에서 거빈과 교광이 합세를 하고 동량을 다니는 전통적인 방식을 보여주고 있다. 걸립을 하면서 시주를 모으는 전통과 농악대의 걸립은 상통하는 것이고, 시대적으로 13세기에 동일한 방식이 존재하는 것을 보여주는 적절한 예증이라고 할 수가 있다.

　세습무들이 걸립을 하는 전통 역시 동냥이라고 하는 점을 볼 수가 있다. 세습무들이 단골판을 운용하면서 봄철의 보리와 가을철의 쌀을 걷는 행위를 하는 것을 동량이라고 하는 것 역시 같은 방식이라고 할 수가 있다. 이 과정에서 쏙수를 걷으면서 전량을 구하는 것 역시 동량이라고 하는 점은 주목할 만하다. 세습무들의 전통과 세습무들이 이루는 면모가 동일하고, 농악대들의 걸립 역시 같은 맥락을 가지고 있는 것이라고 할 수가 있다.

　이는 동량의 전통이 불사를 일으키는 전통에서 비롯되었으며, 그 전통에 입각한 일련의 농악 행위와 깊은 관련이 있는 것은 아니지만 이른 바 동량의 전통을 말하는 것인 점에서 주목해야 한다. 그 전통과 달리 농악의 전통은 다른 각도에서 문제되는 대

---

[7] 李奎報, 「王輪寺丈六金像靈驗收拾記」, 『東國李相國集』 卷第二十五.
　今夫都城之北 有寺曰王輪 是海東宗恒轉法輪之大伽藍也 寺有毗盧遮那 丈六金像一軀 聞昔有二比丘 曰巨貧曰皎光 同 發願欲鑄成金像 作俗諺所謂棟梁者 其所謂棟 梁者 凡浮屠之勸人布施 營作佛事者之稱也 巨 貧主其事 皎光佐之 巨貧忽一日謂佐者曰 事有 不稱吾意者多矣 加之年亦老矣 必不能卒事 當入皆骨山 自焚而化 汝可拾吾舍利 持以勸人 則 無有不樂施者 夫然后事可辦矣 言訖 入其山鍊 道至丙申八月十五日於摩訶衍方丈北岫 生茶 毗其身 皎公依其言 收靈骨 盛于箱 自負擔歸京 師 勸人檀施 則自上方至搢紳士庶人 無不施財　如山積焉

목이 있다. 그 기록은 14세기의 이색의 글이나 16세기 성현의 글에서 구나에 대한 의례로 주목할 만한 것들이 있다.

동량을 하는 방식과 함께 세시절기에서 중요한 것은 섣달 그믐에서부터 이듬 해 설날, 정월 대보름에 이르는 일들을 주목해야 한다. 한 해의 절기를 새롭게 시작하는데 사악한 것을 물리는 구나의례를 하고, 다시금 정월 대보름에 이르는 절기에 일정하게 당산굿을 치고 걸립을 하는 맥락을 중시해야 한다.

이러한 맥락을 세시절기와 깊은 관련이 있으며, 세시절기에 일정하게 필요한 전환을 핵심으로 하고 있다. 중국에서 유래된 것으로 구나의례가 있는데 구나의례의 방식과 섣달 그믐의 절기적 전환을 함께 하는 점에서 중요한 의의를 지니고 있다. 섣달 그믐에 하는 의례 가운데 광대짓을 하고 농악을 하는 전통은 긴요하게 되어 있다. 성현의 기록을 보면 이 점을 부각할 수 있다.

한 해의 명절에 거행하는 일이 한 비일비재하였다. 섣달 그믐날에 어린애 수십 명을 모아 초라니 광대(侲子)로 삼아 붉은 옷에 붉은 두건을 씌워 궁중(宮中)으로 들여보내면 관상감(觀象監)이 북과 피리를 갖추어 소리를 내고 새벽이 되면 방상시(方相氏)가 쫓아낸다. 민간에서도 또한 이 일을 모방하되 비록 초라니 광대는 없으나 녹색의 죽엽(竹葉), 자줏빛 형지(荊枝), 익모초(益母草) 줄기, 동쪽으로 뻗은 복숭아나무 가지(桃東枝)를 한데 합쳐서 빗자루를 만들어 대문(欞戶)을 어지럽게 막 두드리고, 북과 바라를 울리면서 문 밖으로 몰아내는 내는 일을 하는데, 이를 매귀쫓기(放枚鬼)라고 한다. 이른 새벽에는 그림을 대문간과 창문에 붙이는데, 그림에는 처용각귀종구(處容角鬼鍾馗), 복두관인(僕頭官人, 급제하여 홍패(紅牌)를 받을 때 쓰던 관), 개주장군(介胄將軍), 경진보부인(擎珍寶婦人) 그림, 닭 그림과 호랑이 그림 따위의 사례였다. 섣달 그믐날 서로 인사하는 것을 과세(過歲)라 하고, 정월 초하룻날 서로 인사하는 것을 세배(歲拜)라 한다. 정월 초하룻날에는 모두 일을 하지 않는다. 모여서 다투어 효로(梟盧) 놀이를 하면서 술을 마시고 즐겨 논다. 새해의 상자(上子), 상오(上午), 상진(上辰), 상해(上亥) 일에도 이렇게 한다. 또 어린이들은 다북쑥(蒿)을 모아서 동산에서 불을 지르는데 상해일은 훈가훼(薰猏喙)라 하고, 상자일은 훈서(薰鼠)라 한다.[8]

2008년 민속예술축제 출전당시 사진

　구나의 전통 속에서 마련된 농악 놀이와 비슷한 것을 연행하는 모습을 보여주고 있다. 이 농악의 전통이 이른 바 섣달 그믐의 농악 전통과 관련되는 점을 분명하게 알 수가 있을 것이다. 더 나아가 이러한 전통은 조선후기까지 이어지면서 계승되었을 가능성을 배제할 수가 없다. 섣달 그믐이 되면 일정하게 제만굿을 치게 되는데, 제만굿은 전남 구례의 잔수농악에서 발견된다.

　위에서 확인한 사실의 전사가 조선후기에도 이어지는 것을 볼 수가 있다. 18세기 기록과 일치하고, 마을 자체의 전통이라고 하는 점에서 주목할 만하다. 한 해 농사를 마무리하고 세시절기의 전환점에서 중요한 의의가 있는 농악이 연행되는데 그것은 섣

---

8) 成俔, 『慵齋叢話』第二卷.
　歲時名日所擧之事非一 除夜前日 聚小童數十名爲侲子 被紅衣紅巾 納于宮中 觀象監備鼓笛 方相氏臨曉驅出之 民間亦倣此事 雖無侲子 以綠竹葉紫荊枝益母莖桃東枝 合而作箒 亂擊橢戶 鳴鼓鈸而驅出門外 曰放枚鬼 淸晨附畫物於門戶窓扉 如處容角鬼鍾馗 幞頭官人介冑將軍 擎珍寶婦人畫雞畫虎之類也 除日相謁曰過歲 元日相謁曰歲拜 元日人皆不事 爭聚梟盧之戲 飮酒游樂 新歲子午辰亥如之 且兒輩聚蒿草燒園苑 亥日曰薰猵喙 子日曰薰鼠

2008년 민속예술축제 출전당시 사진

달 그믐의 전통적인 농악과 새해에 이루어지는 것과 깊은 관련을 지닌다. 가령 그러한 기록으로서 주목해야 하는 것은 이옥(李鈺, 1760-1815)의 『봉성문여』(鳳城文餘)에 등장한다. 두 가지 기록과 연계해서 보면 이 점을 분명하게 확인된다.

음력 12월 29일 밤에 고을 사람들이 봉성문 밖에서 매구굿을 벌인다. 이렇게 하는 것은 관례이다. 아이들이 구경을 하고서 돌아와서 자기들이 하며 이르는 말이 "광부 세 사람이 가면을 썼는데, 한 사람은 선비, 한 사람은 할미, 한 사람은 귀면을 했다. 금고(꽹과리, 징, 북, 장고 등의 연물)를 빠르게 치면서 소리를 아울러서 했기 때문에 아주 즐거웠다."고 말했다. 정월 이튿날 시끄럽게 하면서 창 밖을 지나가는 사람이 있어서 숨어서 엿보니 종이 깃털 장식과 흰 총채를 잡고 앞장서서 가는 한 사람, 작은 동발을 든 세 사람, 징을 든 두 사람, 북을 쥔 일곱 사람이 보였다. 모두 붉은 쾌자를 입고 전립을 썼는데 전립 위에는 지화를 꽂았다. 남의 집에 이르러서 떠들면서 놀이를 벌이면, 그 집에서는 소반에 쌀을 담아서 문 밖으로 나온다. 이를 화반 곧 꽃반이라고 한다. 이는 또한 나례의 남아 있는 풍습 중에 하나일 것이다.9)

매구굿을 치면서 촌락을 돌아다니면서 쌀과 돈을 걷는 것을 또한 걸궁이라고 한다. 정월 12일에는 큰 뚝 아래에서 걸궁하는 사람이 있었다. 한 사람은 흑의에 전립을 쓰고 푸른 색 기를 들고 앞장섰으며, 한 사람은 종이 갓을 썼는데 갓에는 백로 깃털을 꽂았고 누런 웃옷에 부채를 들었다. 한 사람은 공작의 깃털을 꽂고 흰 웃옷을 입었다. 다섯 사람은 전립을 쓰고 검은 겹옷을 입었으며 북을 들었다. 두 명의 아이는 붉은 깃털을 꽂은 전립을 쓰고 검은 겹옷을 걸치고 춤을 추었으며, 두 아이는 전립을 쓰고 꽹과리를 들고, 세 아이는 전립을 쓰고 징을 들었다. 한 사람은 갓을 쓰고 흰옷을 입었는데 큰 죽통을 들었다. 한 사람은 개가죽 모자를 쓰고 짧은 옷에 조총을 들었다. 북, 꽹과리, 징 등을 든 사람은 모두 머리에 한 발 가량 되는 흰 천을 달고 있는데 상양이 뛰듯이 걸으면서 징, 꽹과리, 북 등을 치면서 머리를 흔들면 머리 위에는 수레바퀴와 같은 흰 무리가 생기는데 이를 그들 말로 '중피'라고 한다.

　　모두 마당을 돌며 뛰놀고 노래도 부르고 춤도 추는데 징, 꽹과리, 북 등은 잠시라도 쉬지 않고 울린다. 얼마 있다가 백로 깃털의 갓을 쓴 자는 붉은 깃털 장식을 한 아이를 어깨 위에 얹고 달려가는데 이 아이는 어깨를 밟으면서 춤을 춘다. 이것을 '동래무'라고 한다. 며칠 뒤에 또 다시 먼 데서 온 자가 있었는데 또한 그 무리가 매우 많았다. 마당에 들어오기 전에 세 차례에 신포가 울리고 쌍각 피리를 불며 두 개의 큰 깃발을 세우고 있었다. 징과 북이 땅이 울리니 마을 사람들은 모두 놀랐다. 현감은 그 우두머리 세 사람에게 매를 때려 놀이를 하지 못하도록 하고, 조창과 나팔을 몰수하여 병고에 넣어버렸다.[10]

9) 李鈺, "魅鬼劇", 『鳳城文餘』.
　　十二月十九日夕, 邑人設魅鬼劇于鳳城門外, 例也. 童子觀而歸言："狂夫三人着假面, 一措大·一老婆·一鬼臉. 金鼓迭作, 謳謠竝唱以樂之." 正月二日, 有喧而過窓外路者, 窺之, 執紙氅白拂先者一人, 執銅小鈸子三人, 執銅鉦者二人, 執鼙鼓者七人, 皆衣紅掛子, 戴氈笠, 笠上揷紙花. 到人家噪戲, 其家盤供米出門, 名曰 '花盤'. 其亦儺之餘風歟!

10) 李鈺, "乞供", 「鳳城文餘」, 『李鈺全集』下卷.
　　魅鬼劇之流行村落, 求索米錢者, 亦名曰'乞供'. 正月十二日, 有乞供于大堤下者. 一人黑衣氈笠, 執大青旗先, 一人 揷鷺羽紙花黃襖執扇, 一人笠揷孔雀羽白襖, 五人氈笠黑袂執鼓, 二人童子氈笠垂紅氅黑袂而舞, 二人童子氈笠執鑼, 三人氈笠執鉦, 一人笠而白襖, 執大竹篙, 一人狗皮帽短衣執鳥鎗, 執鼓執鑼執鉦, 皆頭垂一丈白, 行作商羊步, 鼓且搖其頭, 則頭上暈白如車輪, 曰'衆皮'. 皆遶場而走, 且歌且舞, 鉦鼓鑼, 不敢少間, 須臾, 冠鷺者, 以肩紅氅童子而走, 童子踏肩而舞, 名曰'東萊舞'. 其後數日, 又有自遠來者, 又甚衆. 未入場, 三響信砲, 吹雙角, 建大旗二, 鉦鼓動地. 邑人皆驚, 太守笞其渠三人, 使不得戲, 沒入其鳥鎗 喇叭於兵庫

이옥의 기록은 주목할 만한 정보를 제공하고 있다. 농악의 쓰임새가 두 차례 이루어지는 점을 확인하게 된다. 하나는 섣달 그믐에 하는 매구굿이고, 다른 하나는 걸립굿이다. 매구굿과 걸립굿은 세시절기에서 다르게 운용되고, 우주적 전환기에 이루어지는 특별한 행사임을 보이고 있다. 매구굿과 걸립굿의 전통은 각기 다른 시간에 별도의 목적으로 농악을 연주하는 것임을 보이고 있다.

걸립의 전통은 불교, 무속, 농악 등에서 이루어지고 이를 별도로 하는 걸립패의 전통 속에서 이룩하는 것을 볼 수가 있다. 걸립패들이 농악을 연주하면서 다루는 것은 흔히 조선후기에 집중되어서 나타난다. 동량승인지 유랑예인집단인지 알기 어려운 인물들이 함께 연행하면서 이룩한 면모를 이능화의 『조선불교통사』(朝鮮佛敎通史)에서 다음과 같이 기록하고 있다.

조선시대 이전부터 양식을 구걸하는 중들이 있었는데 이름을 동량승이라고 한다. 동량의 출처는 고려시대의 『동국이상국집』(백운거사 이규보의 문집이다)〈왕륜사장육금상영험수습기〉에 항용 법륜을 굴리는 대가람이다. 절에는 비로자나불장육존상 한 구가 있었다. 옛날에 거빈과 교광이라고 하는 승려가 있었다. 한 가지로 금상을 주조하기를 발원하였다. 속언으로 동량이라고 하는 것을 했다. 그 이른 바 동량이라고 하는 것은 무릇 불교에서 불사를 이룩하기 위해서 보시를 권유하는 것의 명칭이다. 조선시대에 동량승은 목탁을 두드리면서 많이 천수경을 외우는 것이고 수행자가 또한 이렇게 한다. 구리로 된 바라를 두드리면서 송운대사가 지은 회심곡을 부르는 것은 자신의 몸을 빈도로 추천하는 것이고 또한 가난한 사람이 이를 행한다. 속칭으로 땡땡이중이라고 부르는 것은 상아로 구리 바라를 두드리는 소리를 말하면서 이름한 것이다. 이 또한 신라시대의 대안이 대안이라고 하는 유풍에서 비롯된 것이다.[11]

---

11) 李能和, 『佛敎通史』下卷, 1009-1012쪽.
　　朝鮮自古來 乞糧僧 名曰 棟樑僧 棟樑出處 見於高麗李相國集(白雲居士李奎報之文集) 王輪寺丈六金像靈驗收拾記云……寺有毘盧遮那丈六金像一軀 聞昔有一比丘 曰巨貧 曰皎光 同發願欲鑄成金像 作俗諺所謂棟樑者 其所謂棟樑者 凡浮圖之勸人布施 營作佛事之稱也 朝鮮棟樑僧 有擊木鐸者 多誦千手呪 修行者亦爲之 有擊銅鈸 唱回心曲(松雲大師所作)者 推身貧道又貧者爲之 俗呼(뎡뎡)僧是象銅鈸之聲 而爲名 亦卽新羅大安大安之遺風也

앞의 것과 같은 자료를 통해서 걸립의 전통이 복잡한 것이지만 고래의 전통 속에서 세시절기와 걸립패들이 긴밀하게 결합하면서 이룩한 전통임을 알 수가 있다. 우리의 절기에서 이루는 여러 가지 전통적인 것 가운데 긴요한 것이 세시절기의 참된 의미를 알아보는 것이다. 이러한 의례에서 가장 중요한 것이 걸립과 농악의 쓰임새인데 이 맥락을 잘 알기 위해서 필요한 것이 바로 현지조사이다. 현지조사를 통해서 얻어진 생생한 자료를 통해서 구체적인 의미를 이해할 수 있다. 이러한 사실은 우리나라의 전통적인 것뿐만 아니라 해외의 사례를 통해서도 확인할 수 있다. 우리의 전통과 깊은 관련이 있는 것으로 일본 아마미오시마의 의례인 아라세츠를 보면 세시절기와 의례 속에서 거행되는 행위의 중요성을 어느 정도 알 수가 있겠다. 그 과정은 삼단 구조이다. 이를 현지 조사의 결과로 보이면 이해할 수 있을 것이다.

구분 월일	2016년 9월 10일	9월 11일: 아라세츠(アラセツ, 新節)		7일후에 하는 의례 (관찰하지 못함)
시간	저녁 6시 이후	새벽 5-7시	오후 4-5시	
의례명	스카리일(アラセツのスカリの日)	쇼쵸가마 (ショチョガマ)	히라세만카이-八月踊リ(平瀬マンカイ)	시바사시, 코스가나시 (シバサシ, コスガナシ)
핵심 내용	새로운 의례일을 앞두고 각자의 집에서 준비하는 일종의 천신의례이다. 각자 모시고 있는 제단 앞에다 지신과 조상의 몫으로 단을 꾸미고, 마루 쪽을 향해서 일정한 상을 차리고 이 상을 다시금 조상신단에 바치는 것이 핵심적인 내용이다. 마을전체의 공동의례는 아니고 개별적인 천신의례이자 조상을 위하는 성격의 것이다. 햇곡식을 바치면서 조상에게 대접하는 의례이다.	남성과 어린 여자 아이만이 참여할 수 있는 의례이다. 소나무와 대나무로 만든 제단을 두고 떠오르는 태양을 향해서 일정하게 노래를 하면서 풍농을 기원하는 의례이다. 선창과 후창으로 하는 제창을 하면서 일정한 노래를 하고 토우토카나지(トウトガナシ) 신에게 일련의 의례를 바치는 것이고, 제단이 쓰러지는 방향을 통해서 풍농과 예축을 하는 의례적 속성을 지닌다. 산제의 성격을 지니고 있다.	히라세만카이는 해변가로 가서 이루어지는 의례이다. 히라세라고 하는 바위와 이를 마주하고 있는 바위에 5명의 유타와 8명의 남녀들이 네리야를 향해서 새로운 풍농을 기원하는 의례를 하는 것이 바로 히라세만카이이다. 이 의례를 마치게 되면 오도리를 하면서 음식을 함께 하고 신나는 의례를 하는 것이 매우 주목할 만하다고 하겠다. 이 의례는 갯제의 성격을 지니고 있다.	이 의례는 일종의 죽은 혼령에게 보내는 제사적 성격이 강한 것이다. 사령공양과 함께 불제의 성격이 있으므로 좋지 못한 것을 물리치는 성격도 강하다고 할 수가 있다. 그것은 섣달 그믐을 납월이라고 하고 납제의 일환으로 구나의례를 하는 것과 성격이 상통하는 것으로 볼 수가 있다. 나례의 의례적 성격이 상통하는 의례라고 할 수가 있다. 조상신령을 위한 것은 아니다. 해로운 조상을 코스가나시라고 하고 이를 물리치는 의례를 행하는 것이다.

담당자	집안의 불단에서 행해지는 개별적인 의례로 여성이 주도한다. (개별/여성)	쇼쵸가마에서 남성들이나 15세미만의 여성들도 참석가능한 남성 주도의 의례이다. (남성-노로/집단적인 면모)	히라세만가이는 여성들의 유타나 마을사람들의 여성과 남성들이 서로 마주서서 네리야를 향하여 신에게 풍농을 기원하는 특징이 있다. (여성-유타/남성-여성집단)	개별적인 의례이기도 하면서 구나의식과 같은 형태의 것이므로 집단의례일 가능성이 있다.
중국의 례비교		협의의 蜡祭: 풍작 감사의례로 볼 수 있음	농신영접, 臘祭: 한해의 예축 납제	객사한 조령에 공양하고, 귀신을 물리치는 儺戲儀禮

아라세쯔(アラセツ)는 중국의 연말 종합적인 제사인 사제(蜡祭)과 납제(臘祭)을 기준으로 보면 잘 이해할 수 있다.[12] 사제(蜡祭)과 납제(臘祭)는 원래 다른 것이었지만, 한나라 때에는 비슷한 것으로 간주했다. 납제는 농사에 대한 추수 감사절인 사제와 귀신(조상신령(祖靈)을 포함한다) 제사를 포괄하는 것으로 생각된다. 그리고 그 전날에는 푸닥거리[儺, 나례]가 열린다.

중국의 연말에 '농경 감사(農耕感謝)', '미리 축하하는 제의(祭儀)와 조상신령(祖靈) 맞이', '액을 막고, 귀신 쫓기'의 3개의 제사, 즉 협의의 사제(蜡祭), 조상신령(祖靈)등의 귀신을 제사지내는 납제(臘祭), 악귀를 쫓아내는 나례[儺儀]는 밀접한 관계를 갖는다.

아끼나(秋名)의 아라세쯔(アラセツ)에서도 이러한 요소를 볼 수 있다. 즉 아라세쯔 전날 조상 맞이와 나례[儺] 놀이, 쇼쵸가마 〈협의의 사제(蜡祭), 풍년 감사〉, 히라세만카이(ヒラセマンカイ) 〈농신맞이, 다가오는 해의 미리 앞당긴 예축[予祝]〉 [이상은 납제(臘祭)], 그 뒤에 시바사시(シバサシ) 〈코스가나시(コスガナシ)〉, (객사한 조상령. 재앙이 강한 영) 공양, 귀신 쫓기, 액막이, 마귀 쫓는 부적을 포함한다. 넓은 의미의 나례[儺

---

12) 이 글 원문 수록 주소는 이와 같다.(http://www.flet.keio.ac.jp/~shnomura/amami/amami.html)
　野村伸一，ショチョガマと　平瀬マンカイ:奄美大島秋名のアラセツ - ショチョガマと平瀬マンカイ(図版と映像補遺)

儀]. 그리고 이것들에는 어느 것이나 팔월 춤(八月踊り)이라고 하는 가무가 동반된다.

　이러한 세시절기 의례의 이면적 질서 중 가장 긴요한 것은 농경시시력이라 할 수 있다. 양력, 음력 등이 혼재해 있다. 이 고장에서 중요하게 인식하는 질서로서 음력 7월 15일인 백중이 있다. 그렇지만 가장 중요한 사실은 이 지역에서 하는 아라세츠의 정체이다. 이것이 도대체 어디에서 왔는지 알기 어려운 면이 있다. 이것들이 농경세시력의 매우 기본적인 모습을 갖추고 있는 것으로 보이는데, 이러한 것에 근거한 독자적 세시력이 창조된 것으로 보인다. 특정한 환경에서 이루어지는 특별한 세시력과 의례력이 합쳐져 있는 것이고, 이를 아라세츠의 성격을 지니고 있는 것임이 확인된다.

엄미대도 일대의 신절의례 준거		
음력 8월 첫 번째 병오일 전날	음력 8월 첫 번째 丙午日 (アラセツ, 新節)	음력 8월 병오일 이후 甲子日
스카리일 (アラセツのスカリの日)	쇼쵸가마(ショチョガマ) 히라세만카이(平瀬マンカイ) 하쯔마쯔오도리(八月踊り)	시바사시, 코스가나시 (シバサシ, コスガナシ)
엄미대도 일대의 신절의례 준거: 중국 사제-납제-나제의 비교		
	蜡祭-臘祭	儺祭
←6월 벼의 수확	←8월 아라세츠→	10월 벼의 파종→

　그리하여, 이러한 사실과 관련되어서 살펴볼 수 있는 위의 그림에 대해 해명이 필요하다. 맨 아래에 있는 것은 농경력을 말하는 것이다. 볍씨를 뿌리고 이를 거두어들이는 것이 바로 중요한 생활세시력의 근간을 이룬다. 10월에 뿌려서 이를 6월에 거두어들이니 농사의 근간을 이룬다. 휴지기와 전환기가 되는 지점은 아라세츠이다. 왜 이 지점이 전환점인지 그것은 자연적인 순환과 환경에서 비롯된 것일 것이다. 이것에서 하는 의미론적 원리는 중국에서 왔다고 하지만 과연 그런지 의문이 있다.

　이러한 사실을 비견할 때 지금 우리농악은 어떠한 맥락에서 움직였는가 선명하게 알 수가 있다. 정월달에 하는 의례와 섣달그믐의 제석에 하는 의례, 그리고 일정한 날이 되어서 하는 정월달의 의례가 왜 중요한지 알 수가 있는 자료가 김해 삼정걸립치기라 할 수 있다. 삼정걸립치기는 제만굿-매구굿-걸립굿의 구조가 긴요한 것은 이 때문이다. 이 절차를 통해서 일정하게 이루어지는 특별한 의례를 중심으로 하는 일련의 변화를 보여주는 것이 우리 농악의 세시맥락이고 무엇이 어떻게 이루어졌는지 알 수가 있는 기록이다.

김해 삼정걸립치기는 영남 지역의 본래적이고 특별한 문화적 조건 속에서 생성된 특정한 농악으로 판단된다. 다른 고장에 없는 농악이므로 각별하게 주목되는 농악일 뿐만 아니라, 고유성과 함께 지역성을 지니고 있는 농악이라고 해도 지나친 말은 아니다. 농악의 전통적인 국면 가운데 소박하고도 절실한 가치를 지니고 있는 농악임이 비로소 분명하게 간주된다.

① 삼정걸립치기는 특별하게 김해 지역의 고유한 세시적 조건 속에서 탄생한 농악이다.

김해 지역에서는 음력으로 정월달 초여드렛날부터 당산굿을 중심으로 마을농악을 전개하였다. 이것이 삼정걸립치기의 근간이 되는 것이다. 정월달에 하는 걸립치기를 비롯하여, 2월 바람 올리는 날(영등할매), 3월 삼짇날에 하는 걸립치기, 마을 전체 구성원들이 공동노동을 하는 새미칠 때(청소), 칠월 칠석, 호미씻이(써레씻이), 꼼배기 참놀이(백중놀이) 등에도 걸립치기를 전개하였다.

이따금 8월 한가위 등 농번기 사이사이 날을 잡아 농악을 치며 놀았다. 더욱 요긴한 것은 봄철에 하는 해치(봄꽃놀이) 등에도 걸립치기를 하였다고 전한다. 그러므로 독자적인 특성으로 말미암는 이 걸립치기는 마을 사람들의 자족적인 공동 추렴 행위의 연장선상에서 벌어지는 농악이라고 하는 점을 분명하게 인식할 수 있으며, 다른 고장에서 했던 대외적인 걸립치기와 준별되는 특징을 지니고 있다. 삼정걸립치기는 공동체적 성격을 지니고 있는 농악임이 분명하다.

김해 지역의 삼정걸립치기는 기본적으로 세시절기에 형성된 특정한 의례적 성격을 지닌 농악임이 분명하게 관찰된다. 삼정걸립치기의 농악이 특정한 시기에는 마을의 공동 안녕과 질서를 다지는 작업을 하면서 일정하게 농악대가 걸립패를 조직하면서 일정한 공동체의 성격을 지니고 있는 농악임을 분명하게 하고 있다.

② **삼정걸립치기는 마을공동체의 의례이면서 동시에 개별 집안의 의례적 성격을 지닌다.**

삼정걸립치기는 마을공동체의 의례이다. 그렇기 때문에 마을 단위의 굿이 구성되면서 정월달을 비롯한 특정한 절기에 걸립치기라고 하는 의례를 하는 것이 확인된다. 동시에 마을 개별단위인 집안의 안과태평을 기원하는 성격도 존재하므로 삼정걸립치기라고 하는 특정한 의례적 절차를 행하는 것으로 보인다. 동시에 의례적 성격이 매우 주목할 만한 것이므로 특정한 절차에서 의례적 성격이 두드러지게 확인된다.

거리굿과 물림굿이라고 하는 특정한 절차에서 주목할 만한 무속적 의례를 행하는데 무속적 성격을 지닌 농악의 면모가 두드러지는 점을 확인할 수가 있다. 이는 가신신앙에 근거한 김해지역만의 특징은 아니고 무악과 농악의 이중적 장치에 의해서 발현된 농악의 특성을 지니고 있다고 해도 과언이 아니다. 그러한 점에서 삼정걸립기의 농악이 걸립치기가 아닌 제의적 면모가 우세하게 등장하는 이유가 된다.

농악대가 하는 의례적 성격의 내용을 지닌 농악이 있는 점을 본다면, 이들의 농악의례는 단순하지 않고 일정한 가치와 의의를 지닌 농악이라고 하는 점에서 매우 주목할 만한 것이다. 무속집단의 의례와 농악대의 의례가 공동체와 집안 사이의 농악대라고 하는 점에서 서로 주목할 만한 의의를 지니는 것임을 분명하게 하고 있음이 드러난다.

③ **삼정걸립치기는 가신신앙의 전통을 구현하는 것이면서 특히 성주풀이와 같은 농악에서는 신화와 의례, 본풀이와 걸립치기가 절묘하게 연결되는 특징을 지니는 소중한 사례이다.**

가신신앙의 특징을 발현하는 농악이 곧 삼정걸립치기라고 하는 사실은 그 의례적 절차에서 명료하게 발현된다. 마을지킴이보다는 집안지킴이를 중심으로 일정한 의례적 면모를 구성하는 점에서 이 삼정걸립치기의 존재 가치와 의의가 분명하게 드러나는 점이 확인된다. 현재 전승되는 것은 물론하고 전통적인 조사 자료를 본다면 이러한 삼정걸립치기의 존재 가치와 의의를 분명하게 확인할 여지가 의례 구성상에서 드러난다.

1. 길군악-질굿
2. 성주굿
3. 조왕굿
4. 용왕굿
5. 장독굿(장광굿)
6. 거리굿
7. 개인놀이-농사풀이(소고)
8. 고방굿
9. 바닥(외양간)굿
10. 뒷간굿
11. 물림굿

이 농악에서 이처럼 중요한 절차를 갖추고 있는데, 집안의 지킴이 의례를 충실하게 하고 있음이 드러난다. 철저하게 집안의 수호신에 대한 의례에 치중하는 것은 동해안 지역의 다른 사례에서 집안신앙에 충실한 것과 성격이 서로 상통하는 것임을 분명하게 한다. 마을공동체의 별신굿에서도 거의 이러한 성격을 어긋나게 하지 않는데 이 집단의 의례적 성격은 농악대 굿이 곧 무속집단의 굿과 그렇게 갈라지는 것은 아니라고 하는 점을 분명하게 하고 있다.

거리굿과 물림굿이 있는 것은 전형적인 굿의 성격을 선명하게 보여주는 사례이다. 이들의 굿이 곧 일정한 성격을 겸하게 하고 있으며, 이들의 거리에 의해서 마을굿과 토착신앙의 성격을 분명하게 하는 점이 드러난다. 거리굿과 물림굿을 통해서 온전한 마을지킴이 신앙의 면모를 획득하고 구현하는 점이 확인된다.

④ 성주풀이의 전통은 참으로 중요한 것이고 가신신화이자 무속신화의 한 계통으로 화급하게 보존되어야 할 본풀이인데 이를 선명하게 전승하고 있음이 확인된다.

삼정걸립치기에서 여러 가지 의미가 있는 것들을 구연하고 전승하는데 이 가운데 가장 중요한 것이 바로 〈성주풀이〉이다. 이는 무당이 전승하지 않는 서사무가로서 긴요한 의미를 가지고 있는 것이고 그 내용은 영남 지역의 특별한 전승본으로 간주된다. 이에 대해서 주된 내용은 내력이 깊은 것 가운데 하나로 여겨지며 가신신화의 가장 핵심 부위와 복판을 지니고 있는 것이라고 해도 과언이 아니다.

> 〈성주풀이〉의 요점적인 내용은 서천국 국반왕과 옥진부인은 혼인하여 살다가 사십이 가깝도록 일점혈육이 없어 부처님께 치성을 드린 뒤 잉태하여 옥동자를 낳아서 그 이름을 성조라고 짓는다. 성조는 15세가 되었을 때 옥황께 상소하여 솔 씨 서 말 닷 되 칠 홉 오 작을 받아 지하궁 무주공산에다 옮겨 심게 된다.
>
> 성조가 18세 때 황휘궁의 공주 계화씨와 혼인하나 주색에 빠져 아내를 박대하고 국사를 돌보지 않으므로 신하들이 대왕께 주달하여 성조를 황토섬이라는 무인도에 귀양을 보낸다. 성조는 무인도에서 기한(飢寒)이 자심하고 고생이 극심하던 중 혈서로 편지를 써서 청조(靑鳥)에게 매어 계화부인에게 보낸다.
>
> 계화부인은 성조의 편지를 받고 시모인 옥진부인에게 말하여 천궁대왕으로 하여금 성조의 귀양을 풀도록 한다. 성조는 무인도에서 돌아와 계화부인과 화목하게 살며 5남5녀를 낳아 키운다. 성조의 나이 70에 이르렀을 때 10명의 아들과 딸을 데리고 시냇가에서 쇠 열 닷 말을 일어 내어 온갖 연장을 만들고 무주공산에 심어 두었던 재목을 베어 내어 궁궐 및 백성들의 집을 짓는다. 집짓기를 마친 성조는 입주 성조신이 되고 계화부인은 몸주 성조신이 되고 아들 다섯은 오토지신(五土之神)을 마련하고 딸 다섯은 오방부인(五方夫人)을 마련한다.13)

전국적으로 본다면 〈성주풀이〉는 모두 2대 유형으로 되어 있음이 확인된다. 경기남부 지역에 존재하는 〈황제풀이〉라고 하는 것이 존재하는데 이 새성주굿에서 하는 본

---

13) 孫晋泰, 『朝鮮神歌遺篇』, (東京 鄕土文化社, 1930).
   서대석, 「무가(巫歌)」, 『한국민속대관』 6, (고려대학교민족문화연구소, 1982).

풀이는 특정하게 존재하는 지역유형 oicotype이라고 할 수가 있다. 경기도 남부에 전승되는 〈성주풀이〉 또는 〈황제풀이〉의 핵심적인 내용은 다음과 같다.

천하국의 천사랑씨(대목신)와 지하국 지탈부인이 혼인하여 황우양씨를 낳는다. 황우양씨가 성장하여 혼인하고 황우뜰에서 살고 있는데, 천하궁의 누각이 쇠동풍에 무너져서 이를 다시 세우려고 황우양씨를 부른다.

황우양씨는 천하궁 차사에게 잡히어 부인이 만들어준 집 짓는 연장을 가지고, 부인과 작별하고 천하궁을 향해 출발한다. 이 때 부인은 길 가는 도중 누가 말을 걸더라도 말대꾸를 하지 말라고 당부한다.

황우양씨가 소진뜰을 지나다가 소진랑과 대화를 나누게 되고, 그의 말에 속아 옷을 바꾸어 입는다. 소진랑은 황우뜰로 가서 황우양씨의 부인을 납치하여 소진뜰로 데려온다. 그러나 부인은 여러 가지 평계를 대고 시일을 연기하며 정절을 지킨다.

한편, 황우양씨는 꿈자리가 산란하여 문복을 해 보고 집안에 변고가 있음을 알게 된다. 그는 서둘러 천하궁의 일을 마치고 황우뜰에 이르러 부인의 혈서를 발견하고 즉시 소진뜰에 다다른다. 황우양씨는 우물에서 부인을 만나 그간의 사연을 듣고 청새·홍새로 변신하여 부인의 치마폭에 숨어서 소진랑에게 접근한다. 그리고 소진랑을 잡아 장승을 만들어 세워 놓고, 소진랑의 부인은 서낭을 만들고 그의 자식들은 노루·사슴·까마귀·까치 등을 만든다. 황우양씨 부부는 다시 황우뜰로 내려와서 집이 무너진 빈 터에서 유숙하며 황우양씨는 집 짓는 법을, 부인은 누에 치고 옷 짓는 법을 이야기한다. 뒤에 황우양씨는 성주신이 되고 부인은 지신이 된다.[14]

두 가지 본풀이는 서로 상이한 양상을 보인다. 영남의 〈성주풀이〉는 농악대의 집단에 의해서 구연되는 것이고, 경기도 남부의 〈성주풀이〉는 특정한 무당 집단에 의해서 전승된다. 내용에 있어서도 성주와 성주부인이 서로 구실을 하면서 가정을 지켜내는 것이 핵심적이기는 해도 영남의 본풀이는 부부 사이의 문제가 노출되는 반면에, 경기

14) http://100.daum.net/encyclopedia/view/14XXE0029609
서대석, 「무가(巫歌)」, 『한국민속대관』 6, (고려대학교민족문화연구소, 1982).
서대석, "성주풀이연구", 『한국신화의 연구』, (집문당, 2001).

남부의 본풀이는 황우양씨, 소진랑 소진뜰, 황우양씨 부인 사이의 삼각 갈등을 핵심으로 하고 있으므로 전혀 다른 구성을 하고 있음이 발견된다. 그러므로 각기 독자적 전승과 집단의 기억에 의해서 집안 수호신의 내력을 말하는 별도의 유형으로 보는 편이 적절한 것 같다.

이 영남의 〈성주풀이〉 본풀이는 만신들이 아닌 농악대의 상쇠에 의해서 전승되는 것으로 주목할 만한 특징이 있다. 집, 집안 지킴이, 인간의 가족구성원 등이 서로 연관되어 있으며, 세 가지 구성 요소가 긴밀한 관계를 맺고 있음을 보여주는 것으로 참으로 요긴한 내용으로 되어 있음이 확인된다. 본풀이의 구성 요소가 지니는 특성을 잘 지니고 있을 뿐만 아니라, 그러한 전통 속에서 일정한 의미를 지니고 있음이 양만근 보존회장의 구연과 기억 속에서 전승되는 것은 참으로 강조해야 할 특성으로 보인다.

⑤ 삼정걸립치기의 농악대 구성과 이들이 연행하는 농악이 소박하지만 김해 특유의 요소로 되어 있으므로 이를 평가할 만한 가치로 내세울 수 있겠다.

농악대의 편성은 농기(1), 꽹사(상쇠)(1), 징(1), 북(1), 장고(1), 소고(5), 포수(1), 화동(1), 사대부(양반광대)(1) 등이 기본편성으로 되어 있으며, 이것으로 비교적 적은 인원의 편성을 하고 있으나 다른 각도에서 본다면 이를 확장할 수 있는 여지를 지니고 있는 것이라고 할 수 있다. 기본편제에서 주목할 만한 것은 전원이 고깔을 쓰고 활동하는 점에서 각별한 의미를 부여할 수가 있겠다.

삼정걸립치기 중 덧배귀악은 경상도 특유의 소박하고 특별한 가락에 의존하고 있음이 확인된다. 소박한 가락이 가지는 의미를 훨씬 많이 부여해도 좋을 정도로 썩 바람직한 농악이라고 하는 점을 분명하게 드러낸다. 그 점에서 이 삼정걸립치기 농악은 김해 지역의 특성을 드러내는 것이라고 평가해도 지나치지 않는다.

김해
삼정걸립치기
보존회

김해 삼정걸립치기보존회

1. 김해 삼정걸립치기보존회의 조직과 운영

1) 삼정걸립치기보존회의 조직

　김해 삼정걸립치기는 그 역사와 전통성을 갖춘 두레농악의 뿌리임을 알 수 있다. 이러한 전통에 입각하여 역사적으로 삼정동의 걸립치기 농악이 유지되어 왔으나, 현대에 들어서면서 농업기술의 변화, 농지축소 등의 사회문화적 환경으로 속에서 그 모습을 변화할 수밖에 없었다. 이에 따라서 삼정동의 농악은 일명 삼정걸립치기농악보존회라는 조직을 만들어서 운영하고 있다. 실제 걸립치기농악이 이제 축소화되면서, 보존회를 유지하는 것 그 자체가 어려운 현실이 되어가고 있는 곳은 전국적으로 절실한 현실이 되어버렸다.

　삼정걸립치기보존회는 1998년에 창립되었다. 당시 양만근 상쇠를 주축으로 하여 마을의 정월대보름맞이 지신밟기를 하거나 가락문화제 농악경연대회에 출전하는 등의 본격적인 외부활동을 시작하였다. 1998년에 보존회를 창립한 회원들은 보존회의 4세대에 해당한다고 할 수 있다.

　현재의 삼정걸립치기보존회를 이끌어 온 데 있어서 양만근(1942~)의 역할을 매우 중요하다. 양만근 상쇠가 걸립치기의 상쇠로 살아오게 된 내력을 간단하게 살펴보면 다음과 같다.

양만근은 어렸을 적 국민학교에 다니면서도 쇠소리만 나면 소리가 나는 곳으로 찾아가서 소리를 듣기도 하고, 조그만 양재기 조각을 들고 다니며 두드리면서 타고난 신명을 감추지 못했다. 조금 커서는 드럼통으로 대야를 만들어서 장구를 만들어서 치기도 하는 등 농악소리에 일찍부터 귀가 트였고, 몸이 움직였다. 특히 드럼통을 잘라서 만든 장구는 소리가 잘나서, 두드리면 동생들이 춤춘다면서 함께 놀기를 여러 번 했다고 한다.

양만근 상쇠의 집안은 일찍이 아버지가 일본 사람들의 신용을 얻었고, 나중에 해방이 되면서 일해주던 어방동의 과수원밭을 모두 불하받게 되면서, 과수원 농사에 좋은 논을 얻어 넉넉한 살림으로 살 수 있었다. 형편이 넉넉한 덕에 농사를 도우며 농악을 배울 있었다. 아들이 징소리 꽹과리 소리 좋아하시며 장구를 치시던 아버지 양상백 어른이나 다른 가족들도 모두 말리지 않았다. 양만근 상쇠의 할아버지인 양인후 어른께서도 소고를 했다고 하며, 양기복 큰아버지는 꽹과리와 장구를 잘 쳤으며, 양수복 작은아버지도 포수로 걸립치기에 활동했다고 하니, 가족들이 모두 신명이 타고났다고 할 수 있다.

곧 양만근 상쇠는 당시의 마을 상쇠인 김용택 어른을 찾아가서 꽹과리를 어떻게 치는 지를 물으면서 본격적인 농악의 길로 들어서게 되었다. 김용택 어른에게 묻고 혼자 연습하기를 거듭하였다. 그리하여 열일곱이 넘어서면서 어느 정도 기량을 갖추게 되었다. 이때부터 스물한두 살까지 마을사람들이 초선대로 해치러 갈 때 함께 따라가게 되면서 본격적인 활동을 하게 되었다. 해치에 가서 놀이에 참여해도 기껏 500원만 버는 것이 보통인데, 2,000원을 벌어오기도 한 적 있다고 한다. 그때부터 마을 사람들도 꽹과리를 잘 친다고 인정하였다.

이후 마을 사람들에게 인정받으면서 아버지, 작은아버지, 큰아버지 등과 걸립치기에 함께 다니게 되었다. 이에 곧 1960년대에 이르면 걸립치기를 할 때 종쇠 노릇을 할 수 있게 된 것이다. 1980년대까지 김용택의 뒤를 이어 종쇠에서 부쇠까지 꾸준하게 활동하면서 삼정걸립치기가 유지되는 데 결정적인 역할을 하였다. 그러나 양만근에게 개인적으로 닥친 집안의 위기로 인하여 한 동안 활동을 접게 되었다. 이로 인하여 삼정걸립치기 역시 그 전승이 약화되는 시기를 맞이하게 되었다.

그럼에도 양만근 상쇠가 다시 마음을 다잡으면서 1990년대에 삼정걸립치기를 살리기 위해 노력하게 되었고, 1998년 삼정걸립치기보존회를 조직한 것이다. 이후 양만근 상쇠를 중심으로 삼정걸립치기보존회를 유지하면서 그 전통을 유지하기 위해 많은 노력을 펼치는 중이다.

현재 삼정걸립치기보존회는 2011년 정관을 수정하면서 회장 1명, 남녀부회장 각 1명, 고문 2명, 감사 2명, 사무국장 1명, 재무 1명, 관리부장 1명, 홍보부장 1명, 봉사부장 1명을 중심으로 그 외 일반회원과 특별회원으로 구성된 조직을 완성하였다. 현재까지 이러한 형태를 유지하면서 보존회의 활동과 보존회원들의 화합을 도모하기 위해 애쓰고 있다.

2) 삼정걸립치기보존회 정관

1998년 창립
2011년 정관 계정
2013년 정관 계정
2015년 9월 7일 임시총회 정관 계정
2015년 정관 계정
2016년 정관 계정

제 1 장 總則(총칙)

제1조 (名稱) 본회는 〔삼정걸립치기보존회〕라 칭한다.
제2조 (所在地) 본회의 사무소는 김해시내에 둔다.
제3조 (目的) 본회는 우리고장의 삼정걸립치기 맥을 이어 전수, 계승 보존한다.
제4조 (事業) 본회는 사업은 각 항과 같다.
　　　　1항 : 지1장 3조의 사업.
　　　　2항 : 예술문화 창달을 위한 사업.
　　　　3항 : 환경보존과 지역사회 봉사사업.

4항 : 회원의 친목도모와 권익을 옹호하는 사업.
　　5항 : 기타 본회의 목적에 부합하는 사업.
제5조 (運營) 본회의 운영은 회원의 결의에 의하여 결정한다.

제 2 장 會員(회원)

제6조 (회원구성) 본회의 구성은 정회원과 준회원, 특별회원과 명예회원으로 구분한다.
제7조 (회원의 자격)
1항 : 정회원이라 함은 본회의 취지를 찬동하며 국악전수를 받았거나 취미를 가지고 있으며
　　　본회의 관심 있는 자로 임원회의 승인을 거처 월례회 및 총회에서 결정한다.
2항 : 특별회원이라 함은 민속예술의 원로이거나 정회원으로서의 2년 이상 활동을 하다가
　　　만 70세 이상 연세가 원만하거나 정회원으로 활동을 할 수 없는 자를 임원회 결정
　　　하에 특별회원 자격을 둔다.
3항 : 준회원이라 함은 민속예술에 관심 있어 전수를 받고 있으나 정회원의 자격을 취득하
　　　기까지를 칭한다. (단 기량이 뛰어나 공연에 바로 투입되는 자는 준회원으로 회비는
　　　정회원과 동일하며 준회원으로의 기간은 임원진에서 결정하며 월례회 및 총회에 참
　　　석은 할 수 있으나 발언권이나 의결권은 주지 않는다.)
4항 : 명예회원이라 함은 본회의 관심과 지역발전에 기여하며 본회의 후원자로서 임원회를
　　　거처 명예회원 자격을 둔다.
제8조 (권리) 정회원 이상은 의결권과 발언권, 선거권과 피선거권을 가질 권리가 있다.
제9조 (의무)
　　1항 : 회원은 제1장 3조의 목적을 달성하는 데 기여하는 의무를 가지고 있다.
　　2항 : 회의에서 결정한 행사나 사업에 참석하는 의무를 가지고 있다.
　　3항 : 모든 운영규정에 준수하여야 한다.
제10조 (자격상실) 본 회의 회원은 퇴회, 제명, 사망 시에는 자격을 상실한다.
제11조 (징계 및 제명) 본 회의 회원은 총회 및 회원에서 결정된 부분에 승복하지 아니하고
　　　본 회의 운영에 차질을 빚는 행동을 할 시에는 총회에서 참석인원 과반수이상 결의
　　　로 징계 또는 제명을 할 수 있다.
　　1항 : 연 3개월 이상 회의 및 행사에 불참자.
　　2항 : 본회의 명예를 훼손하거나 질서문란의 행위.
　　3항 : 개인의 사리사욕을 일삼아 단체성이 없는 행위.

제12조 (포상) 본회의 발전과 명예를 높이는 데 기여한 공로가 크거나 지대한자는 본회의
　　　　임원에서 심의, 결정하여 포상한다.
제13조 (가입) 회원의 가입은 입회 후 6개월이 경과하여 임원회에서 심의하여 월례회에서
　　　　정회원으로 승인 또는 회원 자격을 참석회원 과반수 이상 결의로 결정한다.

제3장 任員(임원)

제14조 (임원의 종류와 정수) 본회의 임원은 당연직과 선거직 임명직으로 다음과 같다.
　　　1항 : 당연직 - 회장 (양만근 상쇠)
　　　2항 : 선거직 - 부회장 2명, 감사 2명
　　　3항 : 임명직 - 사무국장, 이사 (재무, 홍보, 봉사, 관리)
제15조 (임원의 선출) 본회의 선거직임원은 선거관리 규정에 의하여 총회 및 임시총회 에
　　　　서 선출하며 임명직 임원은 회장이 임명하여 회의에서 인준을 받는다.
제16조 (임원의 임기) 임원의 임기는 당선일로부터 2년으로 하고 증원 또는 보임된 임원은
　　　　규정에 따라 현임자와 동시에 종료한다. (단, 연임할 수 있다.)
제17조 (임원의 결원) 선거직 결원은 총회에서 선출하며 임명하여 임원회의 인준을 받는다.
제18조 (임원의 임무) 본회의 임원의무는 다음과 같다.
　　　1) 회장은 본회의 최고 책임자로서 본회 또는 각 분과를 대표하고 회무, 회계, 전반사항
　　　　을 총괄하고 모든 회의의 의장이 된다.
　　　2) 직전회장은 회장의 자문에 응해야 한다.
　　　3) 부회장은 회장을 보좌하고 대내외 업무와 이사를 관장한다.
　　　4) 감사는 업무전반의 감사권을 가지고 있으며 감사규정에 의하여 감사보고를 하여야
　　　　한다.
　　　5) 사무국장은 업무를 관장하고 회의 및 모든 행사의 진행을 맞는다.
　　　6) 이사는 필요한 분과를 결정하고 회장에게 보고하여야 하며 회장은 임원의 의무를
　　　　맡게 한다.

제4장 財政(재정)

제19조 (회계년도) 본회의 회계연도는 1월 1일부터 12월 31일까지로 한다.
제20조 (예결산) 예산 및 결산의 승인은 상, 하반기 중에 개최되는 정기총회 및 임시총회에
　　　　서 승인 받아야 한다.

제21조 (수지) 1. 본회의 수입은 회비, 찬조금등으로 하며 본회 기금확보를 위해 월례회에서 결의하여 별도의 수입사업을 시행할 수 있다.

2. 본회의 지출은 사업계획에 의거 진행함을 원칙으로 하되 그 외 지출은 임원회에서 결의 지출할 수 있다.

제22조 (관리) 본회의 재정 관리는 금융기관에 예치한다.

제23조 (자산의 단체성) 본회의 회원으로서 그 자격을 상실하였을 경우 본회의 자산에 대하여 반제 청구를 할 수 없다.

제 5 장 總匯(총회)

제24조 (총회) 본회의 총회는 정기총회와 임시총회로 구분한다.

제25조 (총회소집) 1. 정기총회는 매년 12월 년 1회 회장이 소집한다.

2. 임시총회는 회장이 필요하다고 인정될 때 소집하여 회원의 다수가 요구 시 서면, 전화로 통보하여 소집한다.

제26조 (총회결의) 총회의 결의는 과반수이상 참석으로 성립되며 별도의 사항이 없는 한 출석의 과반수 찬성으로 결의 한다.

제27조 (총결 의결사항) 다음 사항은 총회에서 의결을 받아야 한다.

정관개정

임원의 선출 및 해임

사업계획 및 수지예산 승인

사업보고 및 결산 승인

회비의 영수 및 납기일 결정

본회의 중요 고정자산 및 처분

부칙

경조사

1) 입원비는 본인에 한하여 1회로 한다.

2) 축, 조의금은 2회에 한하여 지급한다.

본 정관에 명시되지 아니한 사항은 일반관례에 의한다.

본 정관의 시행일은 공포일로부터 시행한다.

2. 삼정걸립치기보존회 활동 사항

□ 삼정걸립치기보존회 활동사항(1998년~2016년)

삼정걸립치기보존회는 보존회가 걸립되기 전과 이후 명칭에 차이를 두고 있어, "걸립치기"와 "지신밟기"로 달리 표기한다.

1998년도

1월 1일 : 신년 해맞이행사 공연, 신어산
2월 2일 : 정월대보름맞이 지신밟기
4월 12일 : 22회 가락문화제 농악경연대회 참가, 최우수상 수상

1999년도

1월 1일 : 신년 해맞이행사 공연, 신어산
3월 1일 : 정월대보름맞이 걸립치기
5월 1일 : 23회 가락문화제 농악경연대회 참가, 우수상 수상
5월 9일 : 삼성초등학교 총동창회 공연
5월 16일 : 활천동 경로잔치 초청공연, 삼성초등학교
5월 23일 : 가락불교 사암연합회 봉축행사 길놀이(공설운동장~시청)
6월 3일 : 활천농악단 중심으로 삼정걸립치기 보존회 창립
10월 17일 : 활천동 체육대회 초청공연, 삼성초등학교
11월 5일 : 김해시 체육대회 초청공연, 삼성초등학교
12월 31일 : 밀레니움축제 초청공연, 김해공설운동장

2000년도

1월 1일 : 신년 해맞이 행사, 신어산
1월 30일 : 가락불교사암연합회 대보름맞이 시민축제 공연
2월 14일 : 김해 중앙상가 걸립치기
2월 18일·19일 : 정월대보름 걸립치기
4월 20일 : 24회 가락문화제 농악경연대회 참가, 2위 수상
5월 6일 : 가락불교 사암연합회 재등행렬 길놀이
5월 7일 : 화인 경로잔치, 삼계초등학교 체육대회 초청공연
5월 14일 : 활천동 경로잔치 초청공연

6월 18일 : 김해시 조기축구대회 초청공연, 김해공설운동짱
10월　6일 : 꽃동산 유치원 조기공연
10월 27일 : 열린음악회 초청공연, 어방화인
10월 29일 : 내외동 체육대회 초청공연

2001년도

　1월　1일 : 신년 해맞이 행사 공연, 분산 만장대
　1월　5일 : 내외동 지신밟기
　2월 3 · 6일 : 활천동(삼정동) 걸립치기
　4월　9일 : 25회 가락문홧제 농악경연대회 참가, 장려상 · 개인상 수상
　4월 15일 : 김해 청년연합회 체육대회 초청공연
　4월 16일 : 한림면 풍년기원제 통수식 초청공연
　4월 28일 : 가락불교 연합회 제등행렬 길놀이
　5월　6일 : 동상동 경로잔치, 동광초등학교
　5월 13일 : 부산 공성공업고등학교 체육대회 초청공연
　9월 24일 : 알파마트 개업 지신밟기
10월　7일 : 꽃동산 유치원 운동회 초청공연
10월 14일 : 가락중학교 체육대회 초청공연
11월　3일 : 김해시민 체육대회 초청공연
12월 13일 : 삼안동 노인정 개관식 지신밟기

2002년도

　1월　1일 : 신년해맞이 행사
　2월 23 · 26일 : 정월 걸립치기
　4월 3일 : 킹마트 초청공연
　4월 11일 : 중사도 비 제막식 공연
　4월 28일 : 26회 가락문화제 석전놀이 참가
　5월 26일 : 가락불교 연합회 제등행렬 길놀이
　5월 26일 :김해고등학교 체육대회 초청공연
　8월　4일 : 아시안게임 성화봉송 축하공연

2003년

1월 1일 : 신년 해맞이행사 공연, 분산 만장대
2월 12 · 13일 :정월 걸립치기

4월 20일 : 27회 가락문화제 농악경연대회 참가, 장려상·개인상 수상
7월 19일 : 32회 경상남도민속예술축제 삼정걸립치기 참가, 개인연기상(태평소) 수상
10월 26일 : 호남 체육대회 초청공연
12월 18일 : '2003 국악의 향연'초청공연, 김해국립박물관

2004년도

1월 1일 : 신년 해맞이행사 공연, 분산 만장대
1월 16일 : 창원 인터내셔널 호텔 초청공연
1월 25일 : 연지공원 행사 초청공연
2월 2~5일 : 정월대보름 지신밟기
2월 27일 :명지대교 기공식 초청공연
3월 23일 : 부산 용호동 중앙해수랜드 초청공연
3월 27일 : 호남 향우회 초청공연
5월 1일 : 경남 도민 체육대회 초청공연
5월 3일 : 28회 가락문화제 삼정걸립치기 시연
5월 16일 : 동상동 경로잔치 초청공연
6월 13일 : 김해 청년연합회 가족체육대회 초청공연
9월 1일 : 택견연합회 초청공연
9월 11일 : 제15회 경남 생활체육대회 초청공연, 합천
10월 19일 : 경남 의용소방대 체육대회 초청공연, 삼천포
10월 21일 : 부산광역시 NGO 행사 개막식 초청공연
11월 28일 : 김해 불교문화원 개관식 축하공연 및 지신밟기
12월 31일 : 부원동 문화의 집 초청공연

2005년도

1월 1일 : 신년 해맞이행사 공연, 분산 만당대
2월 21~23일 : 정월 걸립치기
2월 23일 : 안동체육공원 개장식 초청공연
4월 16일 : 수로왕 서울나들이 삼정걸립치기 공연
5월 6일 : 대우유토피아·화인아파트 경로잔치, 주촌보원행원 경로잔치
5월 7일 : 석가탄신일 봉축행사 시가행진 길놀이
5월 22일 : 활천동(삼정동) 경로잔치
6월 12일 : 구산동 X-게임장 개관식 초청공연

7월 8일 : 33회 경상남도 민속예술축제 삼정걸립치기 참가

8월 20일 :「가야세계문화축전2005, 김해」D-50 돗자리 콘서트 초청공연

9월 30일 :「가야세계문화축전2005, 김해」길놀이

10월 1~16일 :「가야세계문화축전2005, 김해」큰줄다리기 참가 삼정걸립치기 시연

11월 8일 : 호남 향우회 체육대회 초청공연

12월 23일 : 어방체육공원 개장식 초청공연

2006년도

1월 1일 : 신년 해맞이행사 공연, 분산 만장대

1월 13일 : 신대구·부산 고속도로 개통식 길놀이

1월 19일 : 김해 하수관 BTL 준공식 초청공연

2월 1일 : 생림면 지신밟기

2월 9일 : 정월 지신밟기

2월 12일 : 정월 대보름 달집태우기, 생림 무척산 자연농원

4월 15일 : 30회 가락문화제 삼정걸립치기 시연

5월 8일 : 보현행원 경로잔치 초청공연

10월 1일 : 김해시 노인의 날 기념 초청공연

10월 3일 : 보현행원 체육대회 초청공연

10월 5일 :「가야세계문화축전2006, 김해」삼정걸립치기 시연 김해큰줄당기기 참가

2007년도

1월 1일 : 신년 해맞이행사 공연, 분산 만장대

3월 2~4일 : 정월 걸립치기

3월 7일 : 인제대학교 앞 오래뜰 개장싱 초청공연

4월 21일 : 수로왕 서울행차 참가 판굿공연

5월 2일 : 가야문화축제 삼정걸립치기 시연

6월 4일 : 24회 경상남도 민속예술축제 참가, 우수상 수상

 ※ 경상남도지사 문화예술 단체 선정, 표창

2008년도

1월 1일 : 신년 해맞이행사 공연, 분산 만장대

5월 13일 : 활천동 경로잔치 초청공연

10월 : 전국 민속예술축제 (금상, 문화체육부 장관상 입상)

10월 28일 : 김해시시민 체육대회 식전행사 초청공연

2009년도

1월　1일 : 신년 해맞이행사 공연, 분산 만장대

2월　7일 : 칠암문화센터 10주년 기념행사 축하공연

2월　7일 ~ 9일 : 지신밟기 행사

3월 20일 : 김해 시민의종 기공식 초청공연

4월　5일 : 수로행차 "장유" 초청공연

4월　7일 : 가야테마파크 기공식 초청공연

4월 23일 : 가야문화축제 시연회

4월 18일 : 김해시 큰줄다리기 시가행진

5월　9일 : 활천동 경로잔치 초청공연

8월　　 : 경남 통영 한산도 축제 초청공연

11월 27일 : 삼정걸립치기보존회 정기공연

12월　4일 : 김해 시민의 종 타종식 기념 초청공연

12월　7일 : 사랑병원 위문 초청공연

2010년도

1월　1일 : 신년 해맞이행사 공연, 분산 만장대

2월 10일 : 활천동 사무소 개청식 초청공연

2월 24일 ~ 26일 : 지신밟기 행사

4월 30일 : 가야문화축제 시연회

5월　2일 : 김해시 큰줄다리기 행사 초청공연

5월　8일 : 활천동 경로잔치 초청공연, 보현행원 위안잔치 초청공연

6월 16일 : 단오 마중 잔치 초청공연

10월 17일 : 김해 시민체육대회 식전행사 초청공연

12월　6일 : 삼정걸립치기보존회 정기공연

12월 31일 : 활천동 자생단체 송년의밤 초청공연

2011년도

4월 13일 : 가야문화축제 시연회

4월 17일 : 김해시 큰줄다리기 시가행진

5월　8일 : 활천동 경로잔치 초청공연

5월 19일 : 석전놀이 경상남도 김해시 축하공연

10월 8일 : 대동 면민 체육대회 초청공연

10월 20일 : 삼정걸립치기보존회 정기공연

10월 23일 : 활천동 체육대회 초청공연

12월   : 정기총회

2012년도

1월   1일 : 신년 해맞이행사 공연, 분산 만장대

2월   3일 : 지신밟기 행사

2월   6일 : 김해시청,한옥체험관 지신밟기 행사

4월   4일 : 가야문화축제 시연희

5월 13일 : 활천동 경로잔치 초청공연

11월 3일 : 김해 시민체육대회 식전행사 초청공연

11월 10일 : 진영단감축제 초청공연

2013년도

1월   1일 : 신년 해맞이행사 공연, 분산 만장대

2월 22~25일 : 보름 지신밟기행사

3월   3일 : 영산 3,1 문화재 행사 초청공연

4월 24일 : 가야문화축제 시연희

5월   4일 : 활천동 경로잔치 초청공연

10월 27일 : 활천동 체육대회 초청공연

11월 21일 : 활천동 송년의 밤 초청공연

12월   : 정기총회

2014년도

1월   1일 : 신년 해맞이 행사 공연, 분산 만장대

3월 21일 : 김해시 장애인 회관 목욕탕 기공식 초청공연

4월 11일 : 가야문화축제 시연희

10월 12일 : 삼정걸립치기보존회 정기공연

2015년도

4월 29일 : 가야문화축제 시연희

5월 28일 : 경상남도 민속예술축제 "김해농악보존회" 경연대회 장려상 입상

10월 12일 : 삼정걸립치기보존회 정기공연

2016년도

　4월　20일 : 가야문화축제 시연희

　6월　 4일 : 삼정걸립치기보존회 공연

　11월 4일 : 삼정걸립치기보존회 학술회의

　12월 12일 : 정기총회

3. 삼정걸립치기보존회원

1) 시기별 삼정걸립치기보존회원의 변화

　김해 삼정걸립치기보존회가 1990년대 후반 결성되었으나, 실질적인 농악대의 활동은 그 역사를 거슬러서 올라갈 수밖에 없다. 그러나 현재 상황에 가장 오래 전의 상황을 알 수 있는 것은 1920년대부터 해방 전후로 활동했었던 인물들에 대한 정보이다. 일찍이 유진 어빙 크네즈(Eugene Irving Knez Knezevich, 1916-2010) 같은 인물이 이를 정리함으로써 실제 삼정동의 걸립치기에 관한 자료를 확인할 수 있다. 손진태, 유진 어빙 크네즈, 이두현과 같은 민속학자들이 꾸준하게 문화재 발굴, 민속조사를 목적으로 삼정걸립치기를 주목함으로써 오랜 전통과 역사 속에서 삼정걸립치기를 함께 했었던 연행자들에 대한 자료를 정리할 수 있다.

　앞서 정리한 기록을 통해서 상쇠의 세대를 구분하여 20세기 초반 제1대 유상진 상쇠 시절의 활동자 명단을 비롯해, 제2대 정치봉 상쇠가 활동하던 1960년대, 제3대 김용택 상쇠와 양만근 종쇠가 활동하던 1960년대~1990년대, 제4대 양만근 상쇠 활동 시기를 기준으로 한다. 또한 2017년 2월 현재의 회원명단을 함께 정리하여, 삼정걸립치기보존회의 변화과정을 한 눈에 살펴볼 수 있다. 변화상황을 정리하면 다음과 같다.

(1) 제1대(1920년대~해방 전후) 김해 삼정 2구 걸립치기 명단

담당 분야	이름	성별	생존기간	주 소
상쇠	유상진	남	미상	김해 삼방동 874 스님
중쇠	정치봉(몽돌)	남	1904.7.27.~1985.9.18	삼정동 195-7(어방동824)
징	정봉규(봉구)	남	1886.6.10.~1951.4.12	김해 삼정동(미산정) 126
북	황계조	남	1896.12.19.~1967.1.10	김해 삼정동 106
장고	서정봉(차봉)	남	1914.2.14.~1999.4.15	김해 삼정동 132
소고	양인호	남	미상 ~미상.2.27.사망	김해 삼정동 197
	최대봉	남	미상~ 1953.5.10	김해 삼정동(미산정) 83
	박만용	남	1902.03.03.~1959.11.06	김해 삼정동(미산정)104
	김덕수	남	1926.03.24.~2000.08.22	김해 삼정동 197
포수	김천수	남	1920.11.27.~1908.2.3	김해 삼정동 107
하동	김만년	남	1907.1.15.~1968.10.8	김해 삼정동 103
사대양반	황작지	남	미상 ~ 1951.3.18. 사망	김해 삼정동(미산정) 140
	이기주	남	1901.2.11.~1985.2.10. 사망	김해 삼정동 118
고깔제작	배덕천	남	미상 ~ 1863.7.20. 사망	김해 삼정동(미산정) 109
농악기 관리	정추봉	남	1890.10.13.~사망년도 미상	김해 삼정동(미산정) 120
	최만수	남	1904.11.16.~사망년도 미상	김해 삼정동 83
동유지	참봉:김병호	남	1868.12.27.~1946.07.9	김해 삼정동 137
	외관:이정길	남	1923.06.28.~1997.02.16	김해 삼정동 134
	줄편장:강병규	남	1887.2.17.~1976.7.21	김해 삼정동(미산정) 84

(2) 제2대(1960년대) 삼정걸립치기 회원 명단

담당 분야	이름	성별	생년월일	주소
상쇠	정치봉(몽돌)	남	1904.7.27.~1985.9.18.	김해 삼정동 195-7
부쇠	김용택	남	131221-1905815	김해 삼정동 143
종쇠	양만근	남	1942.9.2. (현 생존)	김해 삼정동 192

징	최철수	남	1923.10.4.~1995.2.8	김해 삼정동 101
북	정재용	남	1921.2.8.~2001.2.5.	김해 삼정동 120
	황금유	남	1921.7.22.~	김해 삼정동 128
장고	최경식	남	1921.05.05.	김해 삼정동 200-26
	양상백	남	1917. 7.3~1981.5.16.	김해 삼정동 117
소고	유종철	남	250220-1905815	김해 삼정동 127
	장석기	남	1928.2.26.(현생존)	김해 삼정동 147
	김신용	남	1925.10.07.~1987.7.4.	김해 삼정동 210
	유상근	남	1932.06.10.~	김해 삼정동 200-6
	김판출	남		
포수	이원출	남	1912.4.21.~1985.3.25.	김해 삼정동 147
하동	박원선	남	1914.5.20.~1993.4.15.	김해 삼정동 525
	김만년	남	1907.1.15.~1968.10.8.	김해 삼정동 103
사대양반	김정호	남	1915 생~사망년도 미상	김해 삼정동 197
	이기주	남	1920.11.27.~1968.2.3.	김해 삼정동 107
	박봉근	남	1923.09.06.	김해 삼정동 104
뒷패	손해용	남	1916.7. 25~사망년도 미상	김해 삼정동 84

※ 역할이 확인되지 않은 부분은 제외함. 이하 1998년대까지 동일함.

(3) 제3대(1970년대~1990년) 삼정걸립치기 회원 명단

담당 분야	이름	성별	생년월일	주소
상쇠	김용택	남	1913.12.21	김해 삼정동 143
부쇠	양만근	남	1942.9.2.(현 생존)	김해 삼정동 192
징	최철수	남	1923.10.4.~1995.2.8.	김해 삼정동 101
북	정재용	남	1921.2.8.~2001.2.5.	김해 삼정동 120
	황금유	남	1921.7.22.	김해 삼정동 128
	김판출	남		김해 삼정동

북	김귀남	남	1936,12,11	김해 삼정동 129-12
장고	최경식	남	1921.05.05.	김해 삼정동 200-26
	양태식	남	1931,02.03~2003.04.19. (사망)	김해 삼정동 645-7
	서정봉	남		
	유상근	남	1932.06.10.(음)~	김해 삼정동 200-6
소고	김덕구	남	1939.08.04.	김해 김해대로 2541번길 5
	임성두	여	1924.	
	김신용	남	1925.10.7.~1987.7.4.	김해 삼정동 210
	유종철	남	2502220-1905815	김해 삼정동 127
	장석기	남	1928.	김해 삼정동
	신옥남	여	1937. 11,17,~	김해 삼정동 79-4
포수	문우슬	남	1932.08.05.~(현 생존)	김해 어방동 870-1
하동	장동술	남		
사대양반	박봉근	남	1923.09.06.	김해 삼정동 104
뒷패	손해용	남	1926.7.25.~사망년도 미상	김해 삼정동 84

(4) 제4대(1990년~1998년) 김해 삼정걸립치기 회원 명단

담당 분야	이름	성별	생년월일	주소
상쇠	양만근	남	1942.9.2.(현 생존)	김해 삼정동 192
징	최철수	남	1923.10.4.~1995.2.8.	김해 삼정동 101
북	김명규	남	1932.	김해 삼정동
	조귀이	남	1934.12,09~(현 생존)	김해 삼정동
	김판출	남		김해 삼정동
장고	김덕구	남	1939.08.04.(현 생존)	김해 김해대로 2541번길5
	양태식	남	191923.	김해 삼정동
	서정봉	남	1914.	김해 삼정동
소고	김우애	여	1934.12,05~(현 생존)	김해 삼정동 142-2

소고	정만자	여	1937,01,04~(현 생존)	김해 삼정동 84-2
	주정회	여	1935.12,16~(현 생존)	김해 삼정동 142-1
	김 경	여	1945.05.28.~(현 생존)	김해 삼정동 635-15
	최정자	여	1943.07.02.~(현 생존)	김해 삼정동 1443-26
포수	문우술	남	1932.08.05.~(현 생존)	김해 어방동 871-1
하동	최만조	남	1938.08.10.~(현 생존)	김해 삼정동 129-3
팔대양반	김일연	남	1928~ (현 생존)	김해 삼정동
뒷패	서만오	남	1941.12.20.~	김해 삼정동 635-15

(5) 삼정걸립치기보존회설립 이후(1998년대~2010년) 회원 명단

담당 분야	이름	성별	생년월일	주소
상쇠	양만근	남	1942.09.02.	김해 삼정동 143-26
종쇠	허갑득(수빈)	여	1955.06.29.	김해 삼계동 대우푸르지오1차 513-1204
징	김영덕	남	1933.06.27.	김해 어방동 110번지
	최종남	여	1959.05.20.	김해 삼정동 592-6번지
	박두이	여	1953.08.22.	김해 내동 187-16
북	김종한	남	1957.05.27.	김해 삼정동 659-6번지
	박혁균	남	1962.05.25.	김해 삼정동 934-5번지
	배경열	남	1960.09.26.	김해 어방동 875번지
	노재심	남	1957.12.12.	김해 외동 1249-4번지
	이상철	남	1954.09.09.	김해 삼방동 644-5
	김재섭	남	1966.07.13.	김해 삼방동 66-9번지
북	김미옥	여	1982.10.02.	김해 삼정동 90-10번지
	이무선	여	1952.05.30.	김해 칠산2동 318번지
	홍혜영	여	1965.03.06.	김해 안동 한일아파트
장구	김은비(현이)	여	1960.10.20.	김해 어방동 719-15번지
	허말선	여	1960.10.07.	김해 외동 705번지

장구	박귀옥	여	1951.04.17.	김해 삼정동 656-6번지
	박경희	여	1966.04.14.	김해 삼정동 596-1번지
	조화순	여	1956.10.29.	김해 삼정동 140-13번지
	유차선	여	1956.02.13.	김해 구산동 대동아파트
	유현정	여	1958.03.13.	김해 한림면 명동 569-1번지
	김미숙	여	1969.08.15.	김해 동상동 609-1번지
소고	신옥남	여	1937.11.17.	김해 삼정동 591-2(2,3세대)
	박용갑	여	1954.02.06.	김해 삼방동 211-11번지
	오귀남	여	1945.07.25.	김해 삼계동 1439-5번지
	강송강	여	1940.12.28.	김해 서상동 331-21번지
	천정희	여	1958.10.09.	김해 삼정동 595-3번지
	양은정	여	1973.03.20.	김해 삼정동 143-26번지
	강분임	여	1954.12.26.	김해 삼정동 134번지
	박삼선	여	1968.02.25.	김해 삼정동 658-6번지
	류임선	여	1964.07.08.	김해 삼정동 534-5번지
	황겸자	여	1941.10.03.	김해 어방동 458-10번지
	김갑임	여	1967.03.03.	김해 삼정동 613-2번지
	장순남	여	1959.04.15.	김해 어방동 718-4 우상하트
태평소	박정석	남	1959.10.13.	김해 외동 일동한신아파트 104-304호
나팔	김점근	남	1945.10.09.	김해 삼정동 82-17번지
기수	구상길	남	1961.10.06.	김해 삼정동 197-27번지
	허정기	남	1951.07.12.	김해 삼정동 218-22번지
포수	문우술	남	1932.08.05.	김해 어방동 871-1번지
양반	박명숙	여	1952.02.03.	김해 삼정동 646-15번지
각시	조금순	여	1953.11.22.	김해 삼정동 658번지-6번지
화동	신원이	남	1939.10.04.	김해 지내동 선암
선님	강호철	남	1952.03.21.	김해 삼정동 658-5번지
집주인	이강식	남	1934.09.12.	김해 봉황동 19-4번지

집주인	여영득	여	1947.04.01.	김해 삼정동 143-26
축문	조귀환	남	1941.02.12.	김해 상동면 감로리 501번지
뒷일	이기춘	남	1968.04.20.	김해 삼정동 606-1번지
	유영옥	남	1962.02.03.	김해 삼방동 189번지
	이연우	남	1958.12.06.	김해 어방동 577번지
	김창태	남	1948.09.18.	김해 삼정동 664-14번지
	정현찬	남	1955.10.09.	김해 지내동 동원아파트
	윤현숙	여	1956.11.27.	김해 삼정동 658-1번지

(6) 2010년대 삼정걸립치기보존회 회원 명단

연번	이름	생년월일	직책	주소
1	김희성		고문	
2	문우술	1932.08.02	고문	어방동817-1
3	양만근	1942.09.02	회장	삼정동 143-26
4	김재석	1966.07.13	부회장,남	김해시 삼안로 255번길 8
5	허수빈	1955.06.29	부회장, 여	삼계 명지세인트빌 102동 701호
6	배경열	1960.09.29	감사	삼안동
7	김현이	1960.10.20	감사	김해시 외동 1261
8	장준용	1987.02.23	사무국장	김해 지내동 동원@302/807호
9	구경숙	1968.07.13	재무	김해 삼방동 국제타운 414호
10	최고은	1984.11.17	관리부장	동상동 롯데캐슬 205/702
11	최인재	1956.03.22	홍보부장	동상동 롯데케슬 107-706
12	이경희	1959.04.21	봉사부장	어방동 분성로 501 19-19
13	한외숙	1947.07.15	회원	삼정동 46-7
14	임시대	1948.09.20	회원	지내동
15	여영득	1947.04.01	회원	삼정동 143-26
16	정영수	1966.11.10	회원	삼방동 화인 아파트

17	김동희	1986.03.16	회원	동상동동광@407
18	김영신	1966.03.19	회원	김해시 화인@105동402호
19	양명희	1970.11.22	회원	김해시 구산동 유엔아이 @
20	양은희	1977.04.14	회원	김해시 구산동 유엔아이 @
21	양경희	1969.01.20	회원	김해시 삼정동 한빛빌라 401
22	정석문	1965.11.22	회원	김해시 활천로 6번길 22
23	김민정	1966.08.23	회원	내동 한덕한신타워 106/606
24	박상수	1948.12.25	회원	김해시 어방동 718-3
25	김앙옥	1956.12.06	회원	김해시 부영@203동1502호
26	박종규	1961.09.02	회원	외동 함박로 119번길6
27	정순이	1958.03.22	회원	동상동 롯데케슬 107-706
28	권새림	1999.06.22	회원	구산동 한일 유앵아이 204-
29	이수금	1974.03.26	회원	외동 동일@ 202-402
30	서정희	1954.06.27	회원	김해시 흥동
31	김수민	1960.12.21	회원	사방동 동성@512/303
32	이윤숙	1960.06.20	회원	삼방동 25-4 현대 삼안빌라
33	이춘자	1960.03.25	회원	삼방동 동원@ 107/711
34	김미순	1959.04.15	회원	삼안로 163번길 18-10
35	안향자	1959.11.01	회원	김해 지내동 276-1
36	고혜경	1959.06.07	회원	김해 삼방동 20-14
37	정현정	1959.06.25	회원	김해 삼방동 화인@ 101/603
38	최진복	1971.09.09	특,회원	양산시 담호동 171
39	손옥란	1959.07.09	회원	김해시 활천로 74번길 8
40	김임철	1961.06.23	회원	김해시 어방동 716-16 덕산
41	이명덕	1958.09.28	회원	김해시 진영읍 좌곤리 893
42	박필순	1950.01.12	회원	김해시 월산로 112-55
43	강차연	1964.12.28	회원	김해시 주촌면 원지리 98-2
44	송광민	1994.08.04	회원	김해시 삼계동 부영@102/502

(7) 2017년 현재 삼정걸립치기보존회 회원 명단

	이름	생년월일	직책	치배역할	주소
1	김희성		고문		
2	문우술	1932.08.02	고문		어방동817-1
3	양만근	1942.09.02	회장	상쇠	삼정동 143-26
4	김재석	1966.07.13	남자 부회장	부쇠	김해시 삼안로 255번길 8
5	허수빈	1955.06.29	여자 부회장	상소고	삼계 명지세인트빌 102동 701호
6	배경열	1960.09.29	감사	상북	삼안동
7	김현이	1960.10.20	감사	상장고	김해시 외동 1261
8	장준용	1987.02.23	사무국장	종쇠	김해 지내동 동원@302/807호
9	구경숙	1968.07.13	재무	소고	김해 삼방동 국제타운 414호
10	최고은	1984.11.17	관리부장	소고	동상동 롯대캐슬 205/702
11	최인재	1956.03.22	홍보부장	북	동상동 롯데케슬 107-706
12	이경희	1959.04.21	봉사부장	장고	어방동 분성로 501 19-19
13	한외숙	1947.07.15	회원	집주인(마님)	삼정동 46-7
14	임시대	1948.09.20	회원	포수	지내동
15	여영득	1947.04.01	회원	상차림	삼정동 143-26
16	정영수	1966.11.10	회원	각시	삼방동 화인 아파트
17	김동희	1986.03.16	회원	하동	동상동동광@407
18	김영신	1966.03.19	회원	장고	김해시 화인@105동402호
19	양명희	1970.11.22	회원	소고	김해시 구산동 유엔아이 @
20	양은희	1977.04.14	회원	소고	김해시 구산동 유엔아이 @
21	양경희	1969.01.20	회원	소고	김해시 삼정동 한빛빌라 401
22	정석문	1965.11.22	회원	북	김해시 활천로 6번길 22
23	김민정	1966.08.23	회원	소고	내동 한덕한신타워 106/606
24	박상수	1948.12.25	회원	징	김해시 어방동 718-3
25	김양옥	1956.12.06	회원	장고	김해시 부영@203동1502호

26	박종규	1961.09.02	회원	북	외동 함박로 119번길6
27	정순이	1958.03.22	회원	마을사람	동상동 롯데케슬 107-706
28	권새림	1999.06.22	회원		구산동 한일 유앵아이 204-
29	이수금	1974.03.26	회원	소고	외동 동일@ 202-402
30	서정희	1954.06.27	회원	상징	김해시 홍동
31	김수민	1960.12.21	회원	소고	사방동 동성@512/303
32	이윤숙	1960.06.20	회원	소고	삼방동 25-4 현대 삼안빌라
33	이춘자	1960.03.25	회원	소고	삼방동 동원@ 107/711
34	김미순	1959.04.15	회원	소고	삼안로 163번길 18-10
35	안향자	1959.11.01	회원	마을사람	김해 지내동 276-1
36	고혜경	1959.06.07	회원	장고	김해 삼방동 20-14
37	정현정	1959.06.25	회원	소고	김해 삼방동 화인@ 101/603
38	손옥란	1959.07.09	회원	소고	김해시 활천로 74번길 8
39	김임철	1961.06.23	회원	북	김해시 어방동 716-16 덕산
40	이명덕	1958.09.28	회원	북	김해시 진영읍 좌곤리 893
41	박필순	1950.01.12	회원	징	김해시 월산로 112-55
42	강차연	1964.12.28	회원	장고	김해시 주촌면 원지리 98-2
43	송광민	1994.08.04	회원	장고	김해시 삼계동 부영@102/502

◇ 삼정걸립치기보존회 특별회원 ◇

	이름	생년월일	직책	역할	주소
1	조귀환	1941.02.12	특.회원	축문, 대감	김해시 상동면 감로리 501
2	이강식	1934.09.12	특.회원	집주인	김해시 가락로 23번길24
3	한달임	1946.03.30	특.회원	상차림	김해시 분성로 494번길27
4	김 경	1944.05.28	특.회원	상차림	김해시 인제로51번길 62-1
5	최진복	1971.09.09	특.회원	북	양산시 담호동 171

부록

1. 성주풀이 사설 모음

1) 김해 삼정걸립치기 농악 사설 : 이두현 정리본

〔乞粒치기 祝願〕

鄭致鳳 口述
李杜鉉 採錄

(1) 성주굿

여로호 여로호 성쥰임아
칠년성주 말년성주
성주님 본이가 어데메냥
경상도라 안동땅에
제비야원도 아니시고
조선국도 아니시고
서천서궉이 본이로다
것때야 성주 조분님은
왕발왕시 아니신강
것때야 성주 조몬님은
맹화야 부인이 아니신강
성존님의 부치시는(부친은)
청궁대왕 아닐릉가
성존님의 모치시는(모친은)
옥진부인이 아닐릉가
성존님의 실내부인
게화씨부인이 아닐릉가
성쥰님의 거동 보소
세상에 장부가 나타나서
무슨 공을 이러구보면

춘추루만대 나려가도
빛난 일롬이 있을소냥
지하 고로 살피본니
인생이가 나타나서
집이가야 업스서르
수풀에르 의지하고
식목시를 하실적에
사리야 남게 사리가 열고
국수야 남게 국수 열고
옷남게는 옷이 열고
밥남게는 밥이 열고
까막깟치 말을 하고
새짐성도 배설(벼살?)하고
나무야 돌이가 기동을 할제
성주야 홀연 생각하니
집으로야 지어서러(지여서)
인간에다 전해 놓고
성조라꼬 전애서면
춘춘 루만대 내러가도
뺏난일롬이 이서리라

앞집에라 김대묵아(농악 장단 빨라진다)
뒷집에 박대묵아
가진연장 지여지고
나무자불 가자시라
서른시가지 연장망태
양어-깨 걸러매고
거지야봉동산 더러가서
나무야한줄 바래보니
숭도없고 탈도없다.
김대묵 박대묵 거동 보소
금독 옥독을 양날갈아
십리야 만츰 물너서서
오리야 만츰 전주더니
이것찍고 저것찍어
나무야 한준 넘어갔다
설은시명 역꾼덜이
오기얏차 하넌소리
허공중에 높이떴네
이술하여 건너와서
구분남근 덩을치고
저진나무 배를따고
여우머리 터를 딱아
봉어설에다 주초르놓네
호박주초 유리 야지동
사(?)누자 세를 걸어
갑짠년 갑짜월에
갑짜일 갑짜시에
일조상낭 높이얹어

오-색토 알매치고
태각어로 개와이어
일력수 동문내소
이칠화 서문내고
삼팔목 남문내고
사구거에 북문내고
사시야 바태다 중문을내고
그문상에 하여서대
소지하니 황금출이요
개문하니 만복내라
집을랑 지어놓고
성조님 업설소냥
모시러가자 모시러가자
성조님 모시러가자
백지야 석장 품에품고
서천국 더러가서
성조님 모시올 때
일력수 저바다에
배삼착 떠두론다
앞엣배 둘러보니
이집조앙 타신배요
뒤엣배 둘러보니
이집성주 타신배라
거뒤에 높이떤배
석가세존 타신배요
석가세존 모시다가
양산통도 좌정하고
서황님 모시다가

저자리 좌정하고
성조님 모시다가
차가중에 좌정하고
성조님 덕택으로
이집의 대주양반
아들 샘형제 낳은 것을
글공부 고이시기
서월(서울)이라 높이올라
극해이장 매련하고
딸애기 놓은 것은
고이곱기 길러내여
정열부인 매련하고
이집의 대주양반
동수(서)사방 다댕기도
물발끼로 불발끼고
말소리 항(향)내나고
우선(웃은)소리 꽃이페고
작구(잡귀)야잡신 물러치고
재수야사망 이서서라
들어온다 들어온다

온빠리 돈빠리 들어온다
저기 저기 널어놓고
니도씨고 나도씨고
만포장 서나보자
만포장 시다가 남는돈은
자손대대로 물려주고
자손대 시고도 남는돈은
손자때까지 물려주고
손자때 시고도 남는돈은
춘춘유만대 나려가도
부귀야 다남 하옵시고
소원성치 하옵기난
성조님 공덕이요
일년하고 열두달에
과연하고 열석달에
안과태평 하옵기도
성조님 덕분이요
여러 여러 성준님아
(농악 장단을 몰아친다)
수만년을 누리소

(2) 조왕굿

어여로 조왕님아
천년조왕 말녀조왕
조왕님 모신곳에
조왕님 덕택으로
이집의 내무대신
동서사방 다댕기도

작구야잡신 물러치고
재수야사망 이서서러
농사장원도 하옵시고
돈바리도 들어와서
서말찌 닷말찌는
주룽주룽 걸렸구나

온도야 사도오도
죽죽이 나여있고
은조래 놋조래도
죽죽이 걸려있고
조왕님 덕택으로
험한임석 하덜말고
살밥팥밥을 삼시로하고
일년하고 열두달이
과연하고 열석달에
재수사망도 하옵시고
부귀와다남도 하옵시고
소원성취도 하오리다
조왕님 떠나시면

성조님 말년하고(마련하고?)
성조님 떠사시면
조왕님이 말년하야
성주조왕 항애(화해?) 동심
억수말년 지내가도
벤치않고 늘이주소
재수사망 하옵기도
조왕님 덕택이요
안과태평 하옵기도
조왕님 덕택이다
여러 여러 조왕님아
(농악 장단을 몰아친다)
수말년을 누리소

(3) 샘굿(용왕굿)

여-러 여-러 요왕님아
동해바다 요왕님아
서해바다 요왕님아
남해바다 요왕님아
북해바다 요왕님아
사해팔방 요왕님이
하해동심 하여스러
일년하고 열두달에
과년하고 열석달에

사시장천 먹더라도
변치않고 나와주고
먹고씨고 남도록까지
철철철 넘어주소
요-왕님 덕택이요
여러 여러 요왕님아
(장단을 몰아친다)
수만년을 누리소

(4) 장독굿

어려로 장뚝아
이-장뚝이 누장뚝고

하늘의 옥항상제
지하를 나려와서

이자리다 앉혔구나
이장을 담을적에
태고라 천왕시는
콩태자 지맛이요
염지라 실농시는
소금염자 지맛이요
이가지 저가지 조합하야
이-장을 담았구나
뛰장단지 꿀제기고
지름단지 꽃까지페고

매븐장에 찔레꽃페고
일년하고 열두달에
과연하고 열석달에
사시장천 먹더라도
생청같이 달아주소
장뚝에 덕분이요
여러 여러 장뚝아
(농악 장단 몰아친다)
수말년을 누리소

(5) 도장굿(고방굿)

여-러 여-러 고방아
고방에 계신 곳에
고방의 덕택으로
이집의 대주양반
금년농사 장원하야
이고방 채와주고
이고방 채우고 남는 것은
건너고방 채와주고
그고방 채우고 남는 것은

외작추수로 돌리주고
일년하고 열두달에
과연하고 열석달에
사시장천 먹더라도
비지않고 채와주게
고-방의 덕택이요
여러 여러 고방아
(농악 장단 몰아친다)
수만년을 누리소

(6) 마닥굿

여-로 마닥아
절료(천리)마를 매언나
말료(만리)마를 매언나
계을삼동 미겨서
이라자라 하거든

용천마가 되어주고
날쟁비 되어주게
마닥장군의 덕택이요
수말년 나리도록
수십년 누리주소

여러여로 마닥아
(농악 장단 몰아친다)

수말년을 누리소

(7) 거리굿

에히야 거리야
앞도거리 뒤도거리
김해에는 삼거리요
부-산은 사거리요
종-로는 니거리라
사해팔방 거리들아
이술 한잔 먹고가서
걸-기를 민해가거라
중의죽은 저구신아
가사장삼 둘러메고
양산통도 돌아갈 때
이술조꼼 묵꼬가고
걸뱅이죽은 저구신아
함배기 쪽배기 앞에끼고
삽짝살째기 둘아갈 때
이술 한잔 먹고가서
걸기를 면해가고
돌로죽은 석살기도
이술 한잔 먹고가서
석살기 면해가고
불에죽은 화살기도
이술 한잔 먹구가서
화-살기 면해가고
낡에죽은 목신기도

이술 한잔 먹구가서
수-살기 면해가고
아전에죽은 저구신아
지청도복을 어깨에메고
동헌마당 지내갈 때
이술 한잔 먹구가서
아전기를 면해가고
총각죽은 몽달기는
이술 한잔 먹구가서
몽-달기 면해가고
처녀죽은 저구신은
전반겉은 저머리를
치마끈에 찔러꽂고
물동을 앞에끼고
샘에질 돌아갈 때
이술 쪼꼼 먹구가서
처녀구신을 면해가자
사해팔방 거리들아
이술 한잔 먹구가서
걸기-를 민해가고
이집의 대주양반
동서야 사방에 다댕기도
물맑히고 불밝히고
잡구야 잡신 물러치고

재수야 사방 있어스러
부귀다남 하옵시고
소원성치 하리로다
에 거리야-(말로 외운다)
이술 한잔 묵구 가거라 에-
불살 항마 진언이라
안이금강 삼등방피
심심금강 반을푼유
당상고미 남자공명
사생풍와 패학지심
불법주 하계지심
오해도래 강복소재
엄소만이 엄소만이
흠허리 한야라 하리 한야라

흠밧다 밤바레야
엄걱긍 열율령 사파쇠
속구천리 원근 만리하라
대엄대불경이라
옴마라 달세라 비사지비라
바이반 옴도로 오광사파하
동남산 진사하니
조석세끼 삼천하고
모석세끼 팔백이로되 유이부족이라
욕식이 여귀하니
여귀는 불원천리 원근타파하라
(물에다 밥을 말아 칼로 휘저으며)
이놈으 귀신아 어쉐!

2) 성주풀이 : 1960년대 채집 삼정걸립치기

(1) 여루호 여루호 성쥰임아
천년성주 만년성주
성쥰임 존이 어데면용
경상도 안동땅
제비원도 본아니고
조선국도 본아니고
주원국(中原國)도 본아니고
서천국(西天國)이 본아닌강
그때 성주 조분임은
왕발왕시 아니신강
그때 성주 조몬임은
맹화부인 아니신강
성쥰임에 부치시는
청궁대왕(天宮大王) 아니신강
성쥰임에 모치시는
옥진부인(玉眞夫人) 아니신강
성균임에 실내부인
계화시부인(桂花夫人) 아니신강
청궁대왕 영광 사십에
무일점 혈육이 없어
도사(道師)임에 점을하니
도사점에 하시는말이
이십전 자석어은
팔자로서 두거니와
사십 후의 자식어은
신공(神功)을 하여야 둔다하니

청궁대왕 거동보소
양주부처 의논하고
하-탕에 수족씻고
중-탕에 모욕하고
상지야 상탕에 머리모욕
모욕시 제기슬 정이하고
만장제장 보여다가
불미쌀 준비하여
운무산으로 높이올라
천제당에 천제하고
산제당에 산제하고
재석임에 성을타서
백일불공 다한후에
처소로 도라와서
환궁좌정 하신후에
동방화초(洞房花燭)에 정잠을 자더니
그날밤 삼경후에
꿈하나를 어더꾸나
일월성신이 떠러저서
양쥬품안을 도라든다.
양쥬놀라 깨달으니
이난 남가 일몽이라
부부에 몽사를 의논하고
양쥬가 생각하대
태몽이랏고 짐작한대
그달부터 태기있어

십삭만에 탄생하니
활달한 귀남자라
부인이 정신을 진정하여
아기보양을 살펴보니
얼굴이 관옥(冠玉)이요
풍체가 두목제(杜牧之)라
천졍(天庭)이 높아서니
소년공명 할거시오
쥰도(準頭)가 도다서니
부귀영화를 보리로다
일월짝(日月角)이 나자서니
이십전에 귀양가리라
아기관상 다본후에
아기일흠 지어낸다
일흠은 안심국(安心國)이요
별호(別號)시는 성조(成造)시라

(2) 성쥬점점 자라나서
한 살먹어 걸음하니
못갈데 전이없고
두 살먹어 말을하대
소진장의(蘇秦張義) 구빈(口辯)이요
세 살먹어 형례아라
효자충신(孝子忠信) 뽄을 받고
네 살먹어 입학시켜
십오세 다다르니
무불통지 하는구나
성주홀은 생각하니

장부가 세상에 나타나서
무슨공을 이루고보면
춘추누만대 내려가두록
빛난 일흠을 얻어볼고(하고서)
경가사방을 살피다가
지하를 살펴보니
인생이 나타나서
집이가 업서서리
수풀을 의지하고
식목실 하실적에
사리낭게 사리열고
국수낭게 국수열고
옷낭게 오시열고
밥낭게 밥이열고
까막깐치 말을 허고
새짐승도 벼실하고
나무와 돌이 기동을 할제
성쥬홀은 생각하니
집어로 지어서러
인간에다 전해놋코
성쥬락고 전해서면
춘추누만대로 나러가도
빛난 일흠이 이서리라
그만한 사연으로
상소지어 품에품고
천상옥경(天上玉京) 솟아올나
상제(上帝)전에다 상소를 전하니
상제상소 살펴보고

기특키 생각하여
제석궁(帝釋宮)에 소식하여
솔시 서말 서대 서흡 삼작을
성쥰임에 허급하니
선쥰임 거동보소
천은을 사례하고
사은 숙배 다한후에
지하를 나러와서
무주공산(無主空山) 댕기면서
솔시 서말 서대 서흡 삼작을
다 허처놋코
서천국으로 환국하니
성쥬연이 십팔세라

(3) 청궁대왕 거동보소
제석궁에 청혼하여
청혼끝에 허혼하고
허혼끝에 택일하여
게화시에 간택하니
간택한 그날밤에
천졩(天定)이 불허하고
연분이 부족하여
게화시를 논박(소박?)하고
마음이 허랑하여
부모보행(奉養?)을 못하더니
조정백관 거동보소
대전통편 내여놋코
대전통편의 상귀하니

대전통편에 하야서대
전처소박 부모불효하넌난 사람을랑
이리철리 저리철리
무인도 황토섬(黃土島)에
삼년귀양 이적하라
법적으로 판단하니
성조님 거동보소
누렁이라 거역하며
누 분부라 안갈소냐
부왕임도 무정하고
조정백관도 야속하다
안대골(궐)에 들어가서
어마님전에 복지쥬 왈
불효자 안심국은
이리철리 저리철리
무인도 황토섬에
삼년귀양 가난이다.
옥진부인 하는말삼
사십후에 너를두어
근근자사 길렀는대
귀양이 무삼말고
안심국 하는말이
부모명령을 거역하리요
조정백관 거동보소
우쥬남산 낭걸비여
겡광선(經廣船)을 뫃와놋코
삼년 먹을 양식이며
삼년 먹을 연장이며

삼년입을 의복이며
겡광선에 실어놋코
거삼세에 성쥬모서
순금비단 돛얼달어
동남풍이 일어나서
겡관선을 챗촉한다
서천국은 멀어지고
황토섬이 가죽게라
새김(짐)생도 없는고제
삼년귀양 살고나니
이복양식 다떨어지고
귀양풀 소식이 무소식이라
산으로 올라가서
산채도 캐여먹고
해변으로 나려와서
해채(海菜)도 캐여먹고
짭은 것을 못먹으니
온만신 털이나서
사람인지 김성인지
분간할수 전이업다
성조혼자 생각하니
삼년귀양 다살았는데
귀양풀 소식이 만무하다
공중을 살펴보고
자기한탄 하실적에
이때맛참 모춘이라
잎은피여 청산대고
꽃은피여 화산될 때

공중을 살펴보니
공중에 청조새 한 마리 날아와서
성쥬보고 응한지라
성쥰임 거동보소
새야새야 청조새야
우리고국 가거들랑
내 글 한 자 전애주라
청조새 거동보소
갓까이 날아와서
응하는 듯 하난지라
성쥰임 거동보소
편지한장 시작허니
짓필맥(筆墨)이 어데인나
사방을 살펴보니
웃옷 앞 섶이 있난지라
옷자락을 띠여놋코
편지한장 씨자하니
필맥이 어데인나
손을물어 깨여서러
혈서한장 적어서러
청조새게 던져주니
그 청조 거동보소
그 편지 받아물고
천장 만장 높이 떠서
자기고국 행한지라

(4) 청조새가 편지물고
서천국을 당도하여

맹월각(明月閣)앞에 들어가서
혈서를 떤질적에
계화시부인 거동보소
가-장을 이별하고
오날저날 보낼적에
그때맛참 계화시가
화원에 물을줄 때
청조새가 날아와서
혈서한장 떨운지라
급히가서 주어보니
가군혈서 분명하다
급히 그걸 검어쥐고
안대골 들어가서
어마님 전에다 전하니
옥진부인 거동보소
만득을 나은자식
귀양삼년 보낸후에
오날내일 하는 것이
소식이 돈절하고
죽었나냐 살았나냐
수심에 자탄병이나서
식음을 전폐하고
오날인양 내일인양
고대고대 하는판
이때 맛참 계화시가
성쥬수서를 올린지라
성주모친 거동보소
정신을 버떡차려

그헐서 받아보니
안심국글씨가 분명하다
상서히 살피보니
삼년간 고생사리
눈물가려 볼 수 없고
목이메여 말몬한다.
정신을 진정하여
청궁대왕께 전달하니
청궁대왕 거동보소
그 즉시 깜짝 놀래
다시금 생각하니
무남독자 안심국을
무인도 황토섬에
귀양살이 보낸제가
우금 사년대엿꾸나
제석궁 소식하고
조정백관을 호령하여
겡광선 다시내여
선인불러 재촉하되
인삼노경 약을실고
제철이복을 배에실어
조정백관 그 배 실어
순금비단 돛얼달아
황토섬을 행한지라
그때맛참 성쥰임은
혈서한자 적어서러
청조에게 전해놓고
오날이나 소식올까

내일이나 소식올까
만심고대 하올적에
일일은 해상을 살피보니
난대업난 겡광선이
해상에 떳난지라
놋푼돌에 올라서서
고성대독 하는말이
저기가는 저-배는
고기잡은 어선인양
손님실은 객선인양
성쥬실러 오는 배면
이곳얼 당도하라
조정백관이 깜짝놀나
사방을 명경하니
황토섬 상상봉에
어떤 김성 한 마리가
호령을 하난지라
그곳을 당도하여
그김셍을 살피보니
온만신에 털이나서
사람인지 김성인지
분간할수 전이없다
조정백관 거동보소
성쥬앞에 복지주왈
소인들은 서천국 사옵던이
청궁대왕 명령하에
겡광선을 다시내여
무인도 황토섬을

성쥬임모시러 왔나이다
과연 그때야
성쥬임이 고국서 온줄알고
여보아라 이신하야
내가과연 안심국 성쥬이다
전생에 죄를짓고
십팔세 무인도 황토섬에
삼년귀양 왔더니만
우금사년을 고생하대
비로써 금일에야
조정백관 상봉하고
만성인을 상대하니
인지죽어도 여한없다
그말슴 떨어지니
조정백관 거동보소
급히나졸 호령하여
인삼녹용 약달이고
조정백관 복지주왈
불초인생 저희들이
흥망중에 시기를 잃었아오니
죄사무삭이오나
만분용서하옵소서
이복내여 개복하고
인삼녹용 약을쓰니
온만신 털을 벗꼬
활달한 성쥬로다

(5) 겡광선에 높이앉아

황토섬을 이별하고
자기고국 둘아올제
황토섬아 잘있거라
돌비럭도 잘있거라
나는고국 둘아간다
서남풍이 일어나서
겡광성을 젯촉하여
순식간에 서천국을 당도하여
상가마 내 타고
궁실을 들어가서
아부님전에 복지주왈
귀양산 사년어로(을)
저저이 설화하고
안대골에 돌아가서
어마님 전에 복지주왈
귀양산 사년어로(을)
저저이 설화하고
맹월각에 둘아가서
계화시를 반갑게 맞나
귀양산 사년어로(을)
저저이 설화하고
백년언약 정할적에
지왕(産神)임이 좌정하여
일남자 탄생하여
청제지신 마련하고
이남자 탄생하여
적제지신 마련하고
삼남자 탄생하여

백제지신 마련하고
사남자 탄생하여
흑제지신 마련하고
오남자 탄생하여
황제지신 마련하고
아들 오형제 두어서러
오방지신 마련하고
딸 다섯 두어서러
시대각시 마련하고
이리키 니낼적에
성쥬년은 六十七세
계화시년은 六十九세

(6) 성쥬 호련(忽然) 생각하니
솔시 서말 서대 서흡 삼작
얻어다가 무주공산 헛천제가
사십구년 되였구나
성주호련 생각하니
집으로 지어설으
인간에다 전해야만
성주라고 할 수 있다
앞집에 김대묵아
뒷집에 박대묵아
가진연장 지어지고
나무자불 가자시라
서런 세가지 연장망태
양어깨 걸머지고
무주공산 들어가니

낙낙장송 버려서서
나무야한주 바래보니
까막깐치 집을짓고
또한낭걸 바래보니
황새덕새가 똥을 누어
지나무 부정에 몬시겠다
또한낭걸 바래보니
참새뱁새가 알을낳어
거나무도 부정해 몬시겠다
동토로다 동토로다
목신귀가 동토로다
지내주소 지내주소
목신제 지내주자
목신제를 지낼 적에
시내큰장 들어가서
만장지장 보아다가
목신제를 지낸후에
나무야 한주 바래보니
숭도없고 탈도없다
김대묵 박대묵 거동보소
금독옥독 양날갈아
십리야만춤 물너서서
오리야만춤 전쥬더니
이모찍고 저모찍어
나무야 한주 넘어갔내
설은시명 역군들이
어기얏차 하는소리
허공중에 높이떳네

이수를 하여 건너와서
굽운나무 등을치고
젯인나무 배를따고
곧은나무 곳따덤어
이재목 내여놋코
이집터 볼짝시면
관동은 금강산
금강산 줄기를 받아
전라도는 지리산
지리산 줄기를 받아
황해도 태백산
그산줄기 받아와서
생김하고 부축산
그산줄기를 받아서
활천하고 보우재
보우재 줄기를 받아서를
이집터가 생겼구나
용의머리 터를딱고
봉의설에다 줏초놓아
호박줏초 유리지동
사누자 쎄를걸어
갑짜년 갑짜월
갑짜일 갑짜시에
일쪼상냥 높이얹어
오색토 알매치고
태각으로 게와(盖瓦)이어
사방에 풍경달아
동남풍 디리부니

풍경소리도 요란하고
일역수 동문내고
이칠화 서문내고
삼팔목 남문내고
사규거에 북문내고
사십통에 중문을내여
그문상에 하여서대
소지하니 황금출이요
개문하니 만복내라

(7) 집얼낭 지어놋코
성쥰임이 없을소냥
모시러가자 모시러가자
성쥰임을 모시러가자
백지석장 품에품고
서천국을 들어가서
성쥰임을 모서올때
일역수 저바당에
배삼착(隻) 떠두론다
앞의배를 둘러보니
조왕임 타신배요
뒤엣배 둘러보니
성쥬임 타신배요
거뒤에 높이뜬배
석가여래 타신배라
석가세존 모시다가
양산통도에 좌정시기고
조왕임 모시다가

저자리에 좌정시기고
성쥰임 모시다가
차가중에 좌정하시고
성쥰임 덕택으로
이집에 대주양반
아덜 삼형제두어서러
글공부 고이 시기
서월(서울)이라 높이 올라
국해이장(國會議長) 마련하고
딸애기 낳은 것은
고이곱게 길러내여
정열부인 마련하고
성쥰임 덕분으로
이집의 대주양반
동서사방 다댕기도
물발끼로 불발끼고
작꾸잡신(雜鬼雜神) 물리치고
재수사망 이서서러
들어온다 들어온다
언빨이 돈빨이 들어온다
여기저기 헐처놓고
너도시고 나도시고
만표장 서나보자
만표장시다가 남는돈은
자손 대대로 물리주고
자손대시고 남은돈은
손자때까지 물리주고
손자때시고 남는돈은

춘춘 누만대 내려가두록
부귀다남 하옵시고
소원성치 하옵기도
성쥰임에 덕분이요
성쥰임이 떠나시면
조왕임이 말윤하고
조왕임이 떠나시면
성쥰임이 말윤하여
성쥰임과 조왕님이
항에동심 하야서러

이집에 대주양반
일년하고 열두달
과년하고 열석달
안과태평 하옵시고
재수사망 하옵기는
성쥰임의 덕분이요
여루여루 성쥰임아
억슈말년을 누리쥬소
이만 멋치라

3) 동래 성주풀이 : 『조선신가유편』 소재 성주풀이

成造푸리

― 家神由來歌 ―

一.

忽然天地開闢後에,
三皇五帝그時節에,
天皇氏처음나셔
木德으로임군되여,
日月星辰照臨하니,
날과달이밝아잇고.
地皇氏後에나셔
土德으로임군되니,
풀과남기도닷드라.
人皇氏다시나셔
兄弟九人이
分掌九州하야,
皆出於人生할제,
人間文物마련하고.
燧人氏後에나셔
始鑽樹불을내여,
敎人火食마련하고.
有巢氏다시나셔
構木爲巢하고,
食木實할재,
남글얼거집을삼고,
雪寒을避하더라.
軒轅氏後에나셔,

高山의남글비여,
三四隻배를모와,
萬頃蒼波씌여놋코,
億兆蒼生銃攝하며,
맷고그물지여,
고기잡기매련하고.
神農氏後에나셔
歷山에남글비여,
훌정쟁기만드려셔,
農事法가러치고,
嘗百草藥을지여,
治病生活다사리고.
伏羲氏聖君이라,
蒼海갓탄意見으로,
河圖落書풀어내고,
날가온데제자모와,
萬物賣買가러치고,
始劃八卦하여,
陰陽을가로칠제,
男子의娶妻法과,
女子의出嫁法을,
禮必로가로치셔,
夫婦를定하드라.
女媧氏後에나셔

五色돌고이가라,
以補天하신後에,
女工諸技가로치며,
男女衣服마련하고.
法主氏法을내고,
陶唐氏曆書내여,
春夏秋冬四時節과,
冬藏秋收마련하고.
孔子님出世하야,
詩書百家三綱五倫,
仁義禮智善惡班常,
有識無識가로치니,
그째그時節에
成造本이어듸매뇨,
中原國도안이시요,
朝鮮國도안이시요,
西天國이正本이라.
成造父親天宮大王,
成造母親玉眞夫人,
成造祖父國飯王氏,
成造祖母月明夫人.
成造님外祖父는淨飯王氏안이시며,
成造님外祖母는
摩耶夫人이시며,
成造님室內夫人
桂花夫人안이신가.

二.

成造父親天宮大王
나히설혼일곱이오,
成造母親玉眞夫人
나히설혼아홉이라.
兩主나히年當四十近하도록
膝下에一点血肉이엄서,
每日夫婦恨歎할제,
한날은卜師를請하야
問卜하니,其卜師点之曰,
三十前子息은
八字로두거니와,
四十前子息은
善心으로修功하고,
佛前에致誠하면,
生男富貴한다하니,
婦人이그말듯고,
왼갓功을다드릴제,
高山에松竹비혀,
天門에祈禱하고,
地場에禁土놋코,
金銀彩緞갓추와셔,
수래에놉히실고,
雲門寺로차자들어,
至誠으로功드릴제,
名山大川靈神堂과,
姑未築修石假山,
諸佛菩薩彌勒님前

至誠으로發願하며,
七星佛功,羅漢佛功,
百日山祭,帝釋佛功,
大海마다龍王祭며,
天祭堂天祭하기,
신중마다袈裟施主,
茶器施主燃燈施主,
路口마중집짓기며,
街里송장初喪치기,
貧한사람解産時에,
매윽糧食施主하며,
조王世尊,后土神靈,
堂山,處容,地神祭를,
至極精神비럿더니,
功든塔이문허지며,
심든낭기썩거질가.
大王과婦人이吉日을簡擇하야,
洞房花燭正잠잘째,
初更에得夢하니,
감정새두머리,青충을물고,
벼개左右便에안자보이고,
菊花꽂세승이가
벼개우에피엿거늘.
二更에得夢하니
三台六卿紫微星,
婦人압혜나리시고,
金쟁盤에붉은구실,
셋이궁굴녀보이거늘.

三更에得夢하니
宮中房內에五雲이모와들고,
엇더한仙官이黃鶴을타고,
彩雲에사이여셔
國門을크게열고,
婦人졋혜안지며曰,
婦人은놀나지마옵소셔,
나는도率天宮之王이라,
婦人의功德과精誠이至極한故로
天皇이感動하고,
諸佛이指示하사,
子息주려왓나니다.
日月星辰精氣바다,
童子를마련하야,
婦人을쥬시며曰,
이야기일홈을安心國이라지어시며,
別號는成造氏라하며.
無數히길겨할째,
無情한風聲소래,
婦人의깁히든잠
忽然꿈을깨고보니,
仙官은간곳업고,
燭火만도々엿다.
婦人이夢事를
國王前에說話하니,
國王도길거드라.

三.

이튿날平明에,

解夢者를急히불너,

夢事를說話하니,

初更에감정새두머리,

靑충물고보이는거슨,

左便은大王의直星이요,

右便은婦人의魂靈이라.

靑충두머리는

鴛鴦翡翠之樂일쌘더러,

菊花꼿세숭이는

國家에三台六卿날쑴이요.

二更에어든쑴은

三台六卿紫微星은

三神諸佛이大王을모신바요,

金쟁盤북은구실셋은

國家에得男할쑴이옵고.

三更에어든쑴은

仙官이婦人의寢室에坐定한거슨,

이는곳지양이라.

星辰의精氣바다,

童子를마련하야,

婦人을쥬신거신,

國家에得男하면,

少年功名 할것이니,

煩夢을생각마옵소셔.

四.

果若其言으로

그달부터孕胎잇셔,

한두달에이실맷고,

三四朔에人形생겨,

다섯달반짐싯고,

六朔에六腑생겨,

七朔에骨肉맷고,

八九朔에男女分別,

三萬八千四血孔과

四肢手足骨격이며

智慧聰明마련하고,

十朔을배살하야,

지양이나려왓셔

婦人의품은아히,

世上에引導할제,

命德王은命을주고,

福德王은福을주고,

分接王은가래들고,

금탄王은열ㅅ대들고,

婦人을侵노하니,

婦人이昏迷中에

金光門고이열어,

아기를誕生하니,

딸이라도방가운데,

玉가튼貴童子라.

婦人이精神차려,

枕衾에依支하고

아기모양살펴보니,
얼골은冠玉갓고,
風彩는杜牧之라.

伍.

婦人이大喜하야
觀相客을急히불너,
아히觀相매련알졔,
雪花上白簡紙에
黃毛筆덤벅써셔,
紅硯에먹을갈아,
階下에伏地하고,
初中末年富貴功名
興亡盛衰吉凶禍福,
個々히記錄하니,
그글에하엿시되,
天庭이놉핫시니
少年功名할거시요,
準頭가놉핫시니
富貴功名如一이라,
兩眉間이집헛시니
前妻소박할거시요,
日月角이나자시니
二十前十八歲에,
無山千里無人處에
黃土섬에三年기양마련하엿거늘.
觀相客이보기를다한後에
相書를올니거늘,

婦人이살펴보고
肝臟이쎅거지기해읍시셜니운다.
前功이可惜이라,
이러헐줄아랏시면
생기지나마랏실ㅅ걸,
너의八字庸劣하고
내福祚그쑨이라.
내年當四十에
至極히功을드려,
獨子너를어들젹에
富貴榮華하잣더니,
二十前十八時에
三年귀양가단말가.
諸佛菩薩야속하고,
三神지양無情하다.
뉘다려怨聲하며,
허물한들무엇하리.
放聲哀痛셜니우니,
侍衛하는侍女들과,
胎가러는모든婦女,
눈물을難禁이라,
婦人을달내면셔
조흔말노勸請하니,
婦人이哀痛타가,夢事를生覺하고,
눈물을긋치시며,
아히일홈定名할졔,
이아히일홈을
安心國이라定하시고,

別號는成造라부러더라.

六.

成造無病長壽하야
日就月將잘아날졔,
두쌀먹어거럼하니
못갈바졍히엄고,
세쌀먹어말삼하니
蘇秦張儀口辯하니
孝悌忠臣쎈을밧고,
다섯쌀에書堂에入學하니
師曠의聰明이라.
歲月이如流하야
어는닷長成하니,
成造나히十五歲라.
詩書百家萬卷書册,
無不通知하는지라.
一日은成造內念生覺하되
丈夫出世하엿다가,무삼功을어더,
千秋에빗난일홈,
壁上에올니리요.

七.

그쌔맛참地下宮을살펴보니,
새즘생도말삼하고,
가막간치벼살할졔,
나무돌도굼니러고,

옷남게옷도열고,
밤남게밤이열고,
쌀남게쌀이열고,
온갓果實다여러서,
世上에생긴사람,
窮迫하리엄는지라.
人間이생겻시되,
連命은豊足하나,
짐이엄서숩풀을依支히고,
六月炎天더운날과
白雪寒風차운節을
困々히 避하거날,
成造님生覺하되,
내地下國나려가서,
空山에남글비여,
人間에집을지여,
寒熱을避키하고,
尊卑를가라치면
成造의빗난일홈,
累萬年傳하리라生覺하고,
父母兩位前에人間집엄심을
憫망히來告하니,
父母兩位許諾하시거늘,
許諾바다地下國나려가서,
無主空山다々러매,
왼갓남기다잇시되,
엇든남글바라보니
山神이坐定하여

그나무도못씨겟고,

쏘한남글바라보니

堂山직힌남기되야

그나무도못씨겟고,

쏘한남글바라보니

鳥鵲짐생집을지어

그나무도못씨겟고,

쏘한남글바래보니

국수직힌남기되야

그나무도못씨겟고,

나무一株도쓸남기업는고로,

나무업는沙汀을

歷々히記錄하야,

上疏지어손에들고,

荷恩을再拜하고,

天恩을謝禮하야,

天上玉京놉히소사,

玉皇님前伏地하고,

上疏를올니시니,

玉皇님이상上疏바다觀察하시고,

成造를보와奇特히녁이시고,

帝釋宮에下敎하샤,

솔씨서말닷되七合五勺를許給하시거늘,

成造님이솔시바다,

地下宮나러왓셔,

無主空山다々러셔,

여게적게심어놋코,

還國할새,不遠間三年中에,

成造나히十八歲라.

八.

大王과婦人이

成造長成홈을奇特히녁이시고,

一日은滿朝諸臣을모화,

國事를議論後에,

成造娶婚簡擇令이나리시거늘,

左政丞伏地奏曰,

皇輝宮에한公主잇시되,

女工姿質이아롬답고,

淑女의氣象이되오니,

그곳을請婚하소셔.

大王이그말삼을올히녁여,

皇輝宮에請婚하니,

皇輝王이許婚하시거늘,

四星擇日갈히바다,

皇輝宮에보낸後에,

納幣를봉하시고.

娶婚日이當到하니,

成造威儀보량이면,

金冠朝服正하입고,

紗帽冠帶놉히시며,

玉轎에坐定하고,

三台六卿모든臣下,

左右로侍衛하고,

外三千,內八百이,

前後로羅列하야,

皇輝宮을드러가셔,
玉轎를노어시고,
그째成造任은,
定禮席에드러서,
伏羲氏내신法을,
오리를雁을하고,
北向四拜하신後에,
금실로因綠매져,
女必從夫하며定禮를하드라.
其時成造任은
上房에入侍하니,
日落西山黃昏되매,
室內를迎接하야
上房으로모시드려,
酒肴로相盃하고,
花燭洞房에百年을因綠맷고,
그날밤을보낼적에,
天定이不利하고,緣分이不足하야
桂花氏를소박하고,
薄待가滋甚하며.

九.

그째에成造任이
酒色에放蕩하고,
花柳에潛身ㅎ야
國事를모로더라.
四五朔지내가니
朝廷에諫臣들이,

榻前奏達하옵거늘,
大王이헐일업셔,
通編을드려놋코
法典을相考하니,
그글에하엿시되,
三綱五倫모로는놈,
父母不孝하는者,
賢妻소박,이웃不誼,
親戚不睦하는者는,
這히査實하야
國法을施行하되,
無山千里無人島黃土섬에
三年귀양마련하엿거늘,
大王이生覺하니,
天地가아득하고,
日月이無光하되,
國法을施行하고,
成造를急히불너,
귀양가라催促하니,
成造任이할일업시
父王의命을바다,
南別宮을드러가셔
母親前에下直할졔,
不孝子安心國이,
父王任前得罪하고,
無山千里無人島黃土섬에
三年귀양가나니다.
母親任은尊體無恙하옵소서,

小子多幸히귀양살고도라오면,
大王大妃모시옵고,
百歲奉養하런이와,
小子만일黃土섬서죽어지면,
오날이母子間永離別이로소이다.
放聲痛哭설니우니,
夫人이듯기를다한後에,
氣絕하야업더저서,
握手相別痛哭하며,
국아── 安心國아,
너의八字庸劣하고,
내福이그쑨이라.
大王任도無情하고,
朝廷諫臣야속하다,
무삼罪至重키로,
二十前어린거슬
人跡도不到處에
三年귀양왼말인야.
天地日月星辰님과,
明天이感動하사,
우리太子安心國이
情狀을살피시고,
無事히귀양살고
도라오기하옵소셔.
국아── 안심국아,
너代로三年귀양,
내가살고도라오마.
아모리挽留하나

國法이重한지라,
成造母親을달내여曰,
父母代로子息가는法은
예로부터잇거니와,
子息代로父母귀양가는法은
千秋에업사오니,
母親은尊禮無恙하옵소셔.
눈물노下直하고,
闕門박내다러니,
三台六卿모든臣下,
잘가라고하직하며,
遠近親戚一家들도
잘가라고하직하며,
三千宮女나人들도,
잘가라고하직하고,
哭聲이浪籍하니.
其時에武士들이
成造를모시내여,
수래우에놉히실ㅅ고,
長安大道上에
行色업시써나가서,
江邊에다ㅅ러매,
成造를모시다가
輕廣船에실어노코,
三年먹을糧度衣服,
이물에실어놋코,
純金비단돗틀다니
兩돗틀갈나달고,

샛감고배씌우니,
其時에成造任은
고을에높히안자,
左右山川살피보니,
이리지척져리지척,
泛々中流써나간다.
가며서바라보니,
西天國은머러가고,
黃土섬은가차온다.
無情하다東南風아,
輕廣船을督促마라.
山도예보든山이아니요,
물도예보든물이아니로다.
飛禽走獸흔한고제,
人跡은不到處라.
三年귀양뉘를바라살아날고,
大王任도無情하고,
朝廷諫臣야속하고,
나의八字庸劣하다.
내,무삼罪至重큰대,
二十前十八歲에
黃土섬無人處에
三年귀양외인말고.
山川草木飛禽走獸,
눈물을흘니는듯,
船人들도痛哭하며,
成造를慰勞하고,
멧날멧칠배질하야

黃土섬에到泊하고,
三年먹을糧度衣服,
섬中에下陸하고,
船人들을下直할제,
여바라船人들아,
故國에도라가서,
不行한짓하지말고,
三綱五倫仁義禮智
善惡을생각하고,
平生을平保하면,
내三年귀양살고,
故國을도라가면,
다시相逢하련이와,
내身運이不吉하야
이곳서죽게되면,
너히들도永離別이라.
成造任이仰天歎息셜니우니,
諸般船人들도失聲하야痛哭하며,
成造를慰勞하고,
三年定配에安身還國하옵소서.
擧手再拜하고,
배를씌야故國으로도라갈새,
成造任할일업서,
船人들을下直하고,

　　一〇.

눈물을친구삼고,
새즘생을벗을삼아,

하로잇틀한달두달,
一年이暫間이라,
二年잇해귀양사니,
歲月이如流하야,
三年귀양잠ㅅ간이라.
오날이나消息올ㅅ가,
來日이나解配할ㅅ가,
故國을生覺하고,
父王消息기다리니,
답々한心恨中에
將迎四年되얏스되,
消息이頓絶하다.
三年입을衣服不足하니,
簫瑟寒風찬바람에
白雪도紛々한데,
衣服업는져人生이,
추어어이자라나며,
三年糧食써러지니,
배가곱하어이살냐.
한째굼고두째굴머,
모진목숨에죽든아니하고,
飢寒이滋甚하야
견딜수업는고로,
海邊靑山오나가서,
松皮벗겨위렵하고,
海水에나려가서,
海菜山菜캐여내여
連命은겨우하되,

여러달여러날을
火食먹지아니하니,
왼몸에털이나서,
짐생인지사람인지,
分間할수업는지라.

그째는어너째냐,
甲子春三月이라,
불탄속님새로나며,
왼갓花草滿發한데,
蜀나라杜鵑鳥며
롱山鸚鵡鳥鵲즘생,
萬頃蒼波綠水上,
怨不相思鴛鴦새,
王師堂前저재비며,
然長鳴白鶴이며,
爲報故人數寄書,
消息傳튼靑鳥새가
成造압헤우지니,
그째에成造님이
故國을生覺하고,
슯히우는杜鵑새야,
나도이곳죽어지면
져른늑시아니될ㅅ가.
홀노歎息痛哭타가,
靑鳥새를바라보고,
반갑다靑鳥새야,

어데갓다인제왓나,
人跡도不到處에
春光싸라너왓거든,
片紙한장傳해다가,
西天國도라가서,
明月閣에붓처쥬게,
明月閣桂花夫人,
날과百年任이로다.
付托하야더져놋코,
片紙를씨자하니,
紙筆墨이업는지라.
써러진官帶ㅅ자락,
씌여서압헤놋코,
無名指를터주어서
피를내여血書할제,
그글에하엿시되,
父母兩位主님
玉體無恙하옵시며,
夫人은相別數年에,
父母님모시옵고
貴體安寧하심닛가.
家君은黃土셤定配後로,
困難이莫甚中에,
三年먹을糧度衣服,
前後로乏絶이라,
飢寒이滋甚한말,
셜음으로記錄하야,
씨기를맛친後에

靑鳥前付託하니,
저靑鳥擧動보소,
片紙封을덥석물고,
두하래를휠 치며,
西天國을바라보고
둥々 써놉히나라,
萬頃蒼波서져건너,
長安大道上에나러들어,
明月閣을바라보고,
휠々나라드러가니.
그째에桂花夫人,
春色을귀경차로
鳳凰樓에놉히올나,
左右山川求景할제,
나무── 속닙나고,
가지마당春色이라.
滿塘秋水紅蓮花,
暗香不動月桂花며
三月春風海棠花며
桃李花牧丹花며
杜鵑花滿發하야
左右山川어리엇고,
南園綠草蝴蝶들은
꼿틀보고반기는듯,
雙去雙來나라들고,
東園桃李便是春은,
곳々마당春色일.
쏘한편바라보니,

清江綠水鴛鴦새는
翡翠로싹을지어,
陰陽으로써서서잇고,
箕山朝陽鳳凰鳥며
佳人相思기러기며
然長鳴白鶴이며
莫教枝上쇠쇠리며
聲々啼血杜鵑鳥며
작지작난烏鵲이며
어엽분彩鸞鳥며
강왕明月저황새며
九萬長天大鵬새,
王師堂前저재비며,
호반새·북굼새며,
赤壁火戰저怨鳥들,
春色싸라나라드니,
去年秋에離別하든
王師堂前저재비는
今春三月三吉日에
옛主人을찻것마는,
슯허다成造任은
黃土섬에귀양간지
干今四年지내도록,
明月閣을못오신고.
落淚歎息슯히울제,
西王母青鳥새가
空中에서우지진다.
桂花부인바라보고,

새야青鳥새야,
有情한즘생이라,
周遊天下다니다가,
黃土섬드러가서,
家君太子成造任이
죽엇는지살앗는지,
生死存亡아라다가,
나의게붓처주게.
말이맛지아니하야
青鳥새입에물엇든
片紙封을夫人무럽혜,
쑥써러치고나라가니,
桂花夫人고히녁여,
片紙바다開탁하니,
家君의筆跡은分明하나,
눈물이헐너글ㅅ발을살펴지못하고,
곤々히것친後에
편지封을집어들고,
南別宮을드러갈제,
成造母親玉眞夫人,
年當四十에
왼갓대功을드려,
獨子成造두엇시매,
사랑코귀히길녀,
畫夜로사랑히녀기시드니,
문득朝廷懺訴맛내,
黃土섬定配後로,
成造를생각하고,

나날히勞歎하니,
病안들고무엇되리,
시름相思病이드러,
寢席에依支하야,
눕고이지못하더라.
人蔘鹿茸膏美珍味,
아무리供敬한들,
回春할수업는지라.
그쌔에桂花夫人,
片紙封을집어들고,
夫人엿테안지며曰,
媤母任은 精神을鎭定하와,
太子書簡監察하옵소서.
夫人이드러시고,
놀나며하는말이,
이거시외인말이냐,
쑴이거든쌔지말고,
生時거든變치마소.
하늘이指示하사,
太子書簡어더보니,
슮허고즐거와라.
書簡씌여개탁하니,
滿紙長書하엿스되,
字々히서름이라.
玉眞夫人痛哭하며,
大王님도無情하고,
朝廷諫臣無心하다.
우리太子成造氏가,

귀양간지數三年에
解配할ㅅ줄모로신고.
衣服업는저人生이
嚴冬雪寒찬바람에,
추어々이사랏스며,
糧食이써러지니,
三四月진々해에,
배가곱하엿지한고,
慘酷한經過로다.
이럿키셜니우니,
三千宮女들도
갓치눈물지어우니,
哭聲이紛々터라.
그쌔에天宮大王,
龍床에坐起하고,
諸臣을보와國事를議論타가,
哭聲이들니거늘,
이哭聲이엇진곡성이냐.
老臣이 伏地奏曰,
黃土섬귀양가신
太子書簡이왓나이다.
大王이들어시고,
書簡을急히울녀,
事綠을살펴보니
글字망당서름이라,
大王이마으이알니여,
落淚後悔하며
諫臣을遠竄하고,

禁府都事命令하야,
左右丞相모시시고,
黃土섬太子成造,
귀양풀어入侍하라,
催促令이나리시니,
禁府都事命을듯고,
一等木手불너드려,
항장목비여내야,
八九間배를모와,
純金비단돗틀달고,
二十四名船人들과
都沙工을號令하되,
黃土섬이어더매냐,
얼는밧비行船하라.
都沙工이命을듯고,
짐ㅅ대꿋테國旗달고,
적군들을총독하야
黃土섬을드러갈제,
바람도順히불고,
물ㅅ결도잠々하니,
萬頃蒼波大海中에
泛　中流써나간다.

　　一二.

그째太子成造氏는
靑鳥에게편지傳한後로
桂花夫人答書오기를
朝夕으로바라드니,

난대업는輕廣船이
國旗를놉히달고,
江上에둥々써서
어더메를向하거늘,
成造任이바라보고,
어허그배반갑고나,
지내가는過船인지,
장사하는商船인지,
時節이요란하야
軍糧실ㅅ고가는밴지,
十里長江碧波上,
往來하는거루ㅅ밴지,
太白이騎鯨飛上天하니
風月실ㅅ고가는밴지,
桐江七里灘에
嚴子陸의낙시ㅅ밴지,
赤壁江秋夜月에
蘇子瞻의노든밴지,
萬頃蒼波欲暮天에
穿魚換酒하든밴지,
箕山潁水말근물에
巢父許由노든밴지,
알기가어렵고나,
일너라어늬배냐
거게가는 船人들ㅅ게
故國付託傳해볼ㅅ가.
上々峰에놉히올나
소래를크게하며,

져게가는 船人들아,
飢寒이滋甚하야
죽게된이人生을
救援하고돌아가소.
船人들이바라보니
貌樣은짐생이나,
音聲은사라이라.
沙工이對答하되,
네가짐생이냐사람이냐.
成造任이말삼한다,
여바라船人들아,
나는다른사람이아니라,
西天國太子成造ㄹ너니
父王任前得罪하고,
귀양온지數三年에,
火食먹지못한고로,
一身에털이나서,
아라볼수업지마는,
나도일ㅅ정사라이라.
禁府都事그말듯고,
惶々急々하며,
左右丞相은,君臣之禮로차려,
金冠朝服紗帽官帶,
一身을整齊하고,
二十四名적군들은
배를둘녀黃土섬에到泊하고,
成造를모셔다가,
高床에坐定하니,

成造困々한精神을차리시고丞相을도라
보며,
國家興亡과父母의存亡이며,
諸臣의安否를
낫々치무른後에,
成造任을供敬할제,
人蔘鹿茸膏美珍味,
나날히奉養하니,
왼몸에낫든털이
一時에다쌔지고,
精華水에沐浴식켜,
衣服을갓추어입어시니,
男中豪傑이分明하다.
靑衫玉帶御授花로
머리에쇠즈시고,
船中에坐定하니,
仙官이分明하다.
發船日이當到하니,
都沙工의擧動바라,
告祀를차리는데,
魚東肉西南果北菜,
차례되도차려놋코,
큰돗자바手足묵거,
산것갓치차려놋코,
왼갓祭需갓추求해,
至誠으로祭만할제,
북채를갈나잡고,
북을둥々울니면서,

四海龍王,四斗七星,
五嶽山靈,日月星辰,
明々한天地間에
下降輝明하옵소서.
軒轅氏배를모와,
以濟不通한然後에
後生이쓴을바다,
다各其爲業하니,
莫大한功이아니며.
夏禹氏九年治水,
배아니고다시리며,
西天國太子成造,
黃土섬드러올제,
배아니고어이오며,
數三年귀양後에
다시還國하오시니,
바람도順히불고,
물ㅅ질도잔々하야,
無事히到達하기
千萬伏祝發願이요.
狂風도막아주고,
致破업시점지하옵소서.
빌기를다한後에,
배를씌아故國을도라올째,
닷감고돗틀다라,
어기여차소래하며,
북을둥々울녀내니,
遠浦歸帆이이아니냐.

그째에成造任은
黃土섬을바라보고,
海邊靑山잘잇거라,
나무돌도잘잇거라.
一喜一悲下直하며,
故國을도라올제,
그째는어는째냐,
秋七月望間이라,
白鷺는희엿는데,
月光은明朗하다.
江上에白鷗들은
오락가락往來할제,
淸風은徐來하고,
水波는不興이라.
白빈洲에갈미기는
紅蓼로나라들고,
三山기럭이는
漢水로도라들제,
심陽江當到하니,
白樂天一去後에
琵琶聲쓴어지고,
赤壁江지내오니,
蘇東坡노든차쥐,
依舊間客잇것마는,
曹孟德一世之雄은以今安在아.
月落烏啼깁푼밤에
姑蘇城에배를매니,
寒山寺쇠북聲이

客船에들니온다.
고기낙는漁父들은
姜太公의낙대빌고,
嚴子陵의긴줄어더,
范蠡船빌여타고,
오락가락往來하며,
외로운밤千里遠客,
겨우든잠깨와내고,
塔前에老僧들은
八幅長衫곳갈쓰고,
뚜벅── 揖을하니,
寒寺暮鍾이아니며.
瀟湘夜雨,洞庭秋月,
平沙落雁,漁村落照,
黃陵哀怨,遠浦歸帆이아니냐.
八景을지내오며,
水宮景佳다본後에,
幾日間배질하야,
西天國을當到할제,
故國山川반가와라.
船艙에到泊하고,
그째成造님이,闕內에入侍할제,
左右丞相擁衛하며,
六曹諸臣나와맛고,
前後左右御前使令,
압뒤로나려서,
삼인風樂勸馬聲은
大道上振動하고,

太子기구놀나와라.
그렁저렁成造님이,闕內에入侍하야,
父王任前肅拜하니,
大王任이父子의愛情과君臣之節로,
一喜一悲하며奇特히녁이시고,
典獄에갓친罪人,
數三年귀양罪人,
白放解配하옵시며,
大宴을配設터라.
그째에玉眞夫人,
成造귀양푼단말삼드러시고,
數三年깁피든病,
幾月間에完快하야,
玉瓊樓에놉히올나,
成造드러오심을苦待터니,
문득成造氏가南別宮을들오거늘,
夫人이急히나려,
成造의손을잡고,
數三年苦生함을,
萬番이나慰勞터라.
母主前에大綱說話하신後에,
이날ㅅ밤三更時에,
成造任이明月閣을차저드러,
桂花夫人三四年못보든愛情을
낫ㅅ치敍懷할제,
酒肴로相盃하고,
言語로相通하며,
鴛鴦枕翡翠衾에

陰陽을히롱하며,
萬端愁懷위로하며,
그밤을지낼적에,
도率天宮지양님이
成造家門드러왓서
열子息을마련하다.
一男子誕生,二男子誕生,
三男子誕生,四男子誕生,
五男子誕生하니,
아달다섯分明하고.
一女誕生,二女誕生,
三女誕生,四女誕生,
五女誕生하니쌀다섯分明커늘,
男女間十子息이
充實하게자라난다,
日就月將　成할제.

一三.

그쌔에成造任이
年當七十白髮이라.
一日은成造任이
過去事를生覺하니,
嗚呼라슯흔지라,
寄부유於天地하고,
渺滄海之一粟일,
어화青春少年들아,
어제少年오날白髮,
내어이모로리오,

西山에지는해는
明朝라돗것마는,
東海水허른물은
다시오기어려와라,
紅顔이白首되니,
다시젊들못하리라.
내少年時節에
天上宮올나가서,
솔씨어더심은제가,
해數를헤여보니
四十九年되얏고나.
其間에엇든남기,
다成林하얏는지,
翫景次로나려가서,
집이나지여볼ㅅ가.
成造님아달다섯쌀다섯,
열자식을그나리고,
地下宮을나려왓서,
終南山놉피소사,
나무마당적간할제,
倭躑躅 · 진달木
휘어진古木이며,
客舍青々柳木이며,
세답한박달木,
君子節松木이며,
日出峰扶桑木,
月中桂樹木과,
마지상木이며,

몸ㅅ질조흔梧桐木과,
陰陽相沖짭子木과,
栢子木,石榴木이,
長成하기서이시나,
연장업는저남글,
누라서비여내리.
成造한計교를생각하고,
열子息을그나리시고,
시내ㅅ가에나려가서,
左手에함박이며,
右手엣족박들고,
첫鐵을일엇시되,
沙鐵이라못시갯고,
두분채다시이러,
上쇠닷말中쇠닷말,
下쇠도닷말이라.
열닷말이러내여,
大等에大불미며,
中等에中불미며,
小等에小불미며,
불미세채차려놋코,
온갓연장ㅅ만한다.
大독기,中독기,小독기,
大싸구,中싸구,小싸구며,
大톱,中톱,小톱이며,
大찍개,中찍개,小찍개며,
大슬,中슬,小슬이며,
大맛치,中맛치,小맛치며,

大칼,中칼,小칼이며,
大大포,中大포,小大포며,
大송곳,中송곳,小송곳,
大자,中자,小자이며,
광이,호망,낫연장과,
大中못,小못까지,
온갓연장갓초지어,
各ㅅ用處마련하고,
木手를고로아서,
집짓기마련할제,
서른세名木手들이,
金독기둘너매고,
大등에大木비고,
中등에中木비고,
小등에小木비여,
굴근남근갓싸듬고,
자즌남근굴ㅅ게깍가,
집남글만든後에,
酒果脯鹽갓추어서,
天地精神祭만하고,
上木은國宮짓고,
中木은宮舍짓고,
餘木을골나내야,
富貴貧賤百姓들의
집을지어맛기실제,
집터를살피시고,
龍頭에터를싹고,
鶴頭를쇠리삼아,

役軍들을총독하야,
쇵의머리돌치우고,
가래머리흙골울제,
놉흔대낫게하고,
나진대놉게하야,
高下업시터를싹가,
집을한간始作한다.
五行으로柱礎놋코,
仁義禮智지동세와,
三綱五倫들ㅅ보언ㅅ고,
八卦로椽木걸고,
九宮을밧궁걸고,
八條木도리언ㅅ고,
六十四卦之法을알매언ㅅ고,
三百八十四爻之法을盖瓦언저,
河圖洛書산지엵고,
日月노窓戶내고,
太極을丹靑하고,
陰陽을빈주짜고,
萬卷書册마루놋코,
五十土로塗壁하고,
五彩로映窓달아,
高臺廣室놉흔집에
生男生女富貴功名,
갓게지어맛기시고,
三八木을東門내고,
二七火로南門내되,
그째에成造님이,

佩鐵을내여놋코,
二十四方가리실제,
東便을바래보니
靑龍山이應을하야,
火災之神막아내고,
黃租豆太黍粟,
穀間이찰것이요.
南便을바라보니
朱雀山이應을하야,
官災口舌막아내고,
三政丞六判書며,
朝官四夫날것이요.
西便을바라보니
白虎山이應을하니,
白虎는山神이라,
이집지어맛기시면,
男子는長成하야,
智識이넉々하야,
政府大臣지낼거요,
女兒는長成하면,
淑女의節槪로서,
他門에出嫁하면
貞烈夫人될것이오.
北便을바라보니
玄武山이應을하야,
失物損財막아내고,
金銀錢田與畓을
年々히부라가고,

生財如水하야,
取之無禁用之不渴,
所願成就할것이라.
그째에成造님이,
집과터를稱讚하고,
立春써붓치실제,
開門하니萬福來요,
掃地하니黃金出이라,
天增歲月人增壽요,
春滿乾坤福滿家라,
堯之日月이요,
舜之乾坤이라,
堂山鶴髮千年壽요,
膝下兒孫萬歲榮이라.
上梁文에하엿시되,
應天上之三光이요,
備人間之五福이라.
立春을붓친後에,
成造任입주成造되야시고,
그室內桂花夫人,
몸ㅅ주成造되야시며,
成造아달다섯튼

五土之神마련하고,
成造쌀다섯튼
五方夫人마련後에,
其時都大木은
龍鱗鳳甲투구쓰고,
長槍을놉히들어,
千災萬厄一百怯殺,
五方害殺막아내니.
成造님이어진聖德과
神靈한明鑑으로
人間에下降하사,
億兆蒼生에집을지어맛기시니,
如河海之聖德이요,
如泰山之報功이라.
謹祝成造는上梁에應接하옵소서.

本成造푸리는, 朝鮮서自古以來로, 貧富
間, 入宅後에盲人을招致하야, 落成宴을
兼하야安宅祈禱로서, 이노래를불너, 써
成造님의來歷를傳하며, 사람의憺한愁懷
를消滅하고, 滿庭和樂裡에成造님의誠心
祈禱를밧치게하는것이니라.

大正十四年十二月　日
慶南盲人祖合長
東萊郡龜浦面龜浦里,崔順道謹識.

4) 부산아미농악 성주풀이 : 조갑용

(1) '93 일요 명인 명창전('93. 11. 21) 국립국악원 사물놀이 실황

* 성주풀이 중에서 가장 유명한 조갑용 씨의 영남 성주풀이 대본입니다. *
* 우리 아라가야풍물연구회에서도 화천농악 지신밟기와 함께 이용할 것입니다. *

○ 아니리
여봐라 북수야. 우리가 밤낮 풍악만 칠 것이 성주풀이 해보세

○ 자진모리
서울로 지치달라~ 삼각산 일체봉 아주주루루 훑어져 금강산이 되었네~
금강산 줄기받아 아주주루루 훑어져 계룡산이 되었네~
계룡산 줄기받아 아주주루루 훑어져 지리산이 되었네~
지리산 줄기받아 아주주루루 훑어져 한라산이 되었네~
한라산 줄기받아 아주주루루 훑어져 서울 삼각산(혹은 남산)이 되었네~
삼각산 줄기받아 아주주루루 훑어져 이 뒤에 당산이 되었네~
당산에 줄기받아 이 집터가 되었구나

집짓자 집짓자 집짓자 집짓자 용의 머리에다 터를 닦고
학의 등에다가 집을 짓고 산위에다가 핑경 달고
동남풍이 디리부니 핑경소리가 듣기좋네

○자진모리
사바세계 개벽후에 태고천지가 돌아올 때~ 유유피창 하늘천자 자방자시 열려있고~
천지오행 따지자는 축방축시로 벌어져서~ 태고라 천황씨는 목덕으로 왕을 할 때~
우리 인간 나타날 때 인방인시로 나타나고~우리중생 집이없어 바위틈을 집을 삼고~
엄동설한 설한풍에 눈비맞고 살아갈 때~ 신농씨는 나타나서 남산밑에 밭을 갈고~
농사짓는 법을내어 농사짓게도 힘을 쓰고~ 여화씨는 나타나서 옷을지어 입게 하고~
수찬씨는 나타나서 불을 빌려 화식할 때~ 삼시세때 밥을 지어 처음으로 먹게 하고~
성주님은 나타나서 하도낙서를 둘러보고~무주공산 터를닦아 초옥삼칸의 집을 짓고~

남혼여치 법을 내어 장가들고 시집가서~ 분벽사창 좋은 방에 아들 딸이 장성하니~

장하도다 장하도다 성주공덕이 장하도다~성주님을 모실라허니 성주근본을 알아야지
성주부친은 청룡대왕 성주모친은 계화부인~ 삼십연광 지나가고 사십연광 돌아와도~
부부간은 자식없어 탄식 끝에 눈물이라~ 수미산 팔봉대서 도사님이 내리셨다~
계화부인 문전앞에 목탁치며 동냥빌 때~ 계화부인 거동보니 그중태도가 범상하여~
버선발로 뛰어내려 중아 중아 들어봐라~ 우리부부 자식없어 탄식끝에는 눈물이라~
도사님 허시는 말씀 신공없는 자식놓으면~ 공든탑이 무너질까 신든절이 끊어질까~
우리절의 부처님은 영험이 많은고로~ 백일정성 기도허면 귀한 태자를 볼터이오~
그말씀을 허시더니 오고 간데가 흔적없다~ 계화부인 거동보소 수미산을 올라갈 때~
높은산 정기빌고 낮은산에는 기도하고~ 수화접목 탑을모아 월천강에다 다리놓고~
산이라도 앞산이면 산신제도 지내주고~ 물이라도 쾌천이면 용왕제도 지내주고~
나무역시 고목이면 목신제도 지내주고~ 수미산을 올라서서 대법당을 중수허니~
법당안에 아미타불 연불꽃이 만발하다~ 금불부처 도금을 하고 백일정성 비난 후에~
그날부터 태기있어 그날부터 태기있어~
오십연광에 얻은 아들 그 아들 이름이 성주로다~

천년 성주 만년 성주 수수만대 내려온 성주~
초가 성주 와가 성주 성주 근본이 어디메뇨~
경상도 안동땅의 제비원이 본일런가~
제비원도 본 아니요 강남원이 본이로세~
강남에서 날아온 제비 솔씨 한쌍을 물어다가~
뒷동산 높이 떠서 삼천리 강산에 흩였더니~
밤이 되면 이슬 맞고 낮이 되면 태양을 받아~
그 솔이 점점 자라나서 타박솔이 되었구나~
타박솔도 자라나서 황장목이 되었구나~ 황장목도 자라나서 낙락장송이 되었구나~

(비나이다 비나이다 성주시준 비나이다/ 나라에는 충신빌고 부모님께 효자빌고/
형제간에 우애빌고 백년부부 화목빌고/ 단명자 수명빌고 무자인은 생남빌고/

군자숙녀 낳거들랑 수복록을 점지할 때/ 석순이복을 점지하고 삼천갑자 명을주소/
군자호걸이 장성커든 나라에는 충신되고/ 부모님전 효성있고 경상 감사 급제주소/

이집에라 가모양반 요조숙녀를 낳거들랑/ 경주부인 마련하고 열년춘향을 점지하소/
반달같은 요조숙녀 온달같이도 장성커든/ 삼정승 육판서 구재진시 좋은 가문/
천생연분 지하배필 만복으로 인연맺고/ 부모님전 효녀있고 가장에게 열녀가되소/
성주님의 은덕으로 이집에라 대주양반/ 말소리 향내나고 걸음걸이에 꽃만 피소 /)

천지풍화 막아내고 지하풍화도 막아내소~ 손재풍재 막아내고 관재구설을 막아내소~
일년하고도 열두달에 과년하고도 열석달에~ 삼백하고 육십일 오늘같이도 점지하소~
잡귀잡신은 물알로 가고 만복수복만 이리오소~

(2) 조갑용 영남 성주풀이 : 1999, 조갑용사물놀이전수소

○ **문굿**

(별달거리)
주인주인 문여소 만복이 드가요/ 어서치고 술먹세 미역국에 땀난다
만복도 드가요 수복도 드가요/ 문여소 문여소 지신밟기 드가요
(간주…영남사물 끝까지)

○ **아니리**

여봐라 북수야. 우리가 밤낮 풍악만 칠 것이 아니라
성주님을 모셔다가 이 가정에 좌정을 시키는게 어떠하냐

○ **자진모리**

(자진모리 장구, 북, 징 반주만)
서울로 지치달라/ 삼각산 일체봉 아주주루루 훑어져 금강산이 되었네
금강산 줄기받아 아주주루루 훑어져 계룡산이 되었네
계룡산 줄기받아 아주주루루 훑어져 지리산이 되었네

지리산 줄기받아 아주주루루 훑어져 한라산이 되었네
한라산 줄기받아 아주주루루 훑어져 서울 삼각산 되었네
삼각산 줄기받아 아주주루루 훑어져 이 뒤에 당산이 되었네
당산에 줄기받아 이 집터가 되었구나
(간주…자진모리)
어루 지신이야 성주지신을 돌리보세/
사바세계 개벽 후에 태고천지 돌아올 때/ 유유피창 하늘천자 자방자시 열려있고/
천지오행 따지자는 축방축시에 벌어져서/ 태고라 천황씨는 목덕으로 왕을할 때/
우리인생 나타날 때 임방임씨로 나타나고/ 우리 중생 집이 없어 바위틈을 집을 삼고
나무열매 밥을 삼고 나뭇잎을 옷을 삼아/ 엄동설한 설한풍에 눈비 맞고 살아갈 때/
신농씨는 나타나서 남산 밑에다 밭을갈고/ 농사짓는 법을내어 농사짓게도 힘을 쓰고
여화씨는 나타나서 길삼질을 가르쳐서/ 좋은 본목 많이 짜서 옷을 지어 입게 하고
수찬씨는 나타나서 불을 빌려 화식할 때/ 삼시세때 밥을 지어 처음으로 먹게 하고/
헌원씨는 나타나서 억조창생을 구제할 때/ 모진병이 몸에들어 주야없이도 앓는 사람
대상맥초 풀을 모아 백가지풀을 맛을 보고/ 만병통치 약을 지어 모진 병도 낫게하고
성주님은 나타나서 하도낙서를 둘러보고/ 무주공산 터를 닦아 초옥삼간의 집을 짓고
남혼여치 법을 내어 장가들고 시집가서/ 아들낳고 딸을낳아 모진눈비로 아니맞고/
분벽사창 좋은 방에 아들 딸이 장성하니/ 장하도다 장하도다 성주공덕이 장하도다
억조창생 만민들아 성주님을 잘 모시소
(간주…다다~그다다~그…)
성주님을 모실라허니 성주근본을 알아야지/
성주부친은 청룡대왕 성주모친은 계화부인/
삼십영광 지나가고 사십영광 돌아와도/ 부부간에 자식없어 계화부인 탄식할때/
수미산 팔봉대서 도사님이 내리셨다/ 계화부인 문전앞에 목탁치며 공냥빌 때/
계화부인 거동보니 그중태도가 범상하여/ 버선발로 뛰어내려 중아 중아 들어봐라/
우리부부 자식없어 탄식끝에는 눈물이라/ 도사님 하시는 말씀 신공없는 자식놓으면/
공든탑이 무너질까 신든절이 끊어질까/ 우리절의 부처님은 영험이 많은고로/
백일정성 기도하면 귀한 태자를 볼터이오/

그말씀을 하시더니 오고간데가 흔적이 없다/

계화부인 거동보소 수미산을 올라갈 때/ 높은산 정기빌고 낮은산에는 기도하고/
수화접목 탑을모아 월천강에다 다리놓고/ 산이라도 앞산이면 산신제도 지내주고/
물이라도 쾌천이면 용왕제도 지내주고/ 나무역시 고목이면 목신제도 지내주고/
수미산을 올라서서 대법당을 중수허니/ 법당안에 아미타불 연불꽃이 만발하네/
금불부처 도금을 하고 백일정성 드린 후에/ 온집안에 향기들고 그달부터 태기있어/
오십영광에 놓는 아들 그 아들 이름이 성주로다
(간주…다다~그다다~그…)

천년 성주 만년 성주 수수만대 내려온 성주/
초가 성주 와가 성주 성주 근본이 어디메뇨/
경상도 안동땅의 제비중천이 본이로다/ 제비원이 본 아니다 강남원이 본이로세/
강남에서 날아온 제비 솔씨 한쌍을 물어다가/
뒷동산 높이 떠서 삼천리 강산에 흩었더니/
밤이되면 이슬맞고 낮이되면 태양을 받아/ 그솔이 점점 자라나서 타박솔이 되었구나
타박솔도 자라나서 황장목이 되었구나/ 황장목이 자라나서 도리기둥이 되었구나/

둥글박자 박대목아 버들유자 유대목아/ 서른 세가지 연장망태 왼어깨 둘러메고/
뒷동산 치치달라 한등넘고 두등넘어/ 나무한주 잡아보니 동쪽으로 뻗은 가지/
황새득새 똥을싸서 아주야 부정타 못쓰겠다/ 또 한등 넘어서서 나무한주 잡아보니/
서쪽으로 뻗은 가지 까막까치 집을 지어/ 그 나무도 못쓰겠다 삼세등 거듭넘어/
아름다운 금수강산 강산 근본 들어보소
(간주)

양반근주 밤나무면 상림덕사 배나무라/ 무상의 신사 신사무요 미인단복에 박달나무
말꾼주권 마치나무 몸색이 좋다 오동나무/ 잎이넓은 노갈나무 잎이 좁은 고사리나무
평퍼졌다 떡갈나무 물색이좋다 단풍나무/ 부부연분에 홀잎나무 원앙금침에 잣나무라
세월이장차 옷나무요 유각가던 석류나무/ 둔갑장생 무궁화나무 천지오행에 닥나무라
산중의 귀물은 다래나무 백설강산에 으름나무/

근은 좋다 황장목아 석달열흘에 백일홍아/
여포창날 음나무요 포위한식에 칠기나무/ 유부녀절개 사철나무 황녀눈물에 소산반죽
백팔염주 보리수나무 재앙년분에 살구나무/ 시냇가에 유목나무 여자팔자는 버드나무
인생유수 감나무면 연세많은 고목나무/
춘향이 홍벌에 물푸리나무 풋머리 단장 동백나무/

거짓말 잘해도 참나무요 물에 두둥둥 뚝나무라/
십리절반에 오리나무 타도타관에 고향나무
열녀절개 대나무요 군자절개는 소나무라/ 허리굵은 늙은 장송 가지가지가 보배나무
삼정승 뻗은 가지 육판서 꽃이 피네

군자절개 푸른청송 그 나무가 왕목이니/
성주님 봇기둥 분명하니 대목 역시도 거동보소/
갓 벗어 솔꿩이 걸고 옷 벗어 등짐하고/
그 나무에 톱을 걸어 밀어라 땡기라 톱질이야/
나무한주 넘어간다 그 나무가 넘는소리/ 하늘에서 천동하고 땅이 울려 지동할 때/

화살같이 곧은 먹줄 굽은 나무 먹줄 놓고/ 옥왕의 옥토끼와 금옥강 금도끼를/
용왕님전 분부받고 상제전에 빌리다가/ 굽은나무 등을 치고 곧은 나무 배를 다듬어/
도리상량 보기둥을 공단같이도 다듬어서/ 삼십명 역군들이 이 집나무 운송할 때/
서방남방 다 가려내고 나무운송이 야단이다/ 이집에라 대주양반 이 집터를 잡을라고
삼통천문 하달길에 무학도사를 모시다가/ 이상저산 지리밟아 명산대천에 찾아가서/
청룡황룡 흥국이요 우봉산악이 되었으니/ 천지현황 생긴 후에 이 집터가 대명지라
(간주)

산신령전 기도하고 오토지신 지만후에/ 초산의 목동들이 용의 머리에 터를 닦아/
청용황용 뒷주름잡고 남산 봉학이 안을 받아/ 호박주추 유리기둥 산호도리 앞을엊고
초생반달 빌리다가 반달들보에 엊어놓고/ 이집에라 대주양반 상량제만 모실라고
구룡수라 좋은 물에 삼일정성 기도하고/ 천장지장 장을 보아 만반진수 차려놓고/

비나이다 비나이다 성주시지준에 비나이다/ 부모님전 존체빌고 자공성불 비는 말씀/
제갈공명 본을 받아 훌륭하게도 의시대며/ 하도 용마 높이타고 한양서울 올라가서/
유리천상 칠부궁전에 금상님전 용상앞에/ 용연에다 먹을 갈아 산호필반 정을 풀어/
왕희지의 필법으로 일필휘지 글을 지어/ 일천에다 선장하여 금상님전 올렸드니/
칠부금상 높이앉아 천하영웅 얻고 보니/ 황용강 물길이 굽이치고 하도용마 닙굽친다

소년등과 급제주니 청계황계 바쳐들고/ 삼천궁녀 둘러서고 천하지후 올라서서/
평양감사 도임으로 대원수를 마련하니/ 거리거리 송덕소리 장안만호가 진동한다/
만대유진(전) 많이 빌고 상량제만 모신후에/청실홍실 줄을 메고 열두자 석가래걸고/
소산반죽 좋은대로 엉금엉금 산자 얽고/ 오색토로 알매쳐서 초옥삼간에 집을 지어/
동두칠성 돌자귀에 북두칠성 저문고리/ 유성청폐 좋은 나무 분남창문 달아놓고/
만리장성 울을 하고 소실대문 갖기 달아/ 단층흑백 찬란한집 네귀에다 평경달고/
오초동남 좋은바람 평경소리 듣기좋다
(간주)

이집지은 삼년만에 성주님이 없을소냐/ 모시오자 모시오자 성주님을 모실라고/
한송정 솔을 베어 반야용성 배를 모아/ 용인포로 돛을 달아 어기여차 떠나는 배/
앞이 물에 저사공아 뒷고을에도 도사공아/ 강풍에는 노를 젓고 순풍에는 돛을 달아/
황토섬을 뚝떠나서 만경창과 당도하니/ 정강유수 맑은물은 삼천리 강산에 둘러있고/
저 봉 넘어 뜬구름은 성주님을 둘러쌓다/ 앞강을 바라보니 배삼척이 떠서 온다/

앞의 배를 살펴보니 연화봉으로 배를 모아/ 청용황용 그림놓고 무지개로 단청하고/
구품연화 찬란한 배 조왕님이 타신배라/ 마지막 배를 둘러보니 인왕보살 노를 젓고
팔만팔천 동자보살 칠성가사를 지어입고/ 염불소리 진동한 배 시주님이 타신 배라/
모셔왔네 모셔왔네 성주시준 모셔왔네/ 청사초롱 걸어놓고 이방경치 둘러보니/
연하지로 도배하고 유리장판 반다지에/ 천하여화 좋은 그림 좌우에다 걸었는데
(간주)

위수에 강태공은 문왕을 만날라고/ 곧은 낚시 물에 넣고 언덕밑에 앉아서로/
꾸벅꾸벅 자부는 모양 역력하게도 그려있고/ 한종실 유황숙은 와룡선생 만날라고/

남향초당 풍설중에 걸음좋다 적토마상/ 지향없이 가는 모양 역력히도 그려있고/
시중천자 이적선은 채석강의 명월하에/ 포도주를 취케먹고 물밑에 비친달은/
섬섬옥수 잡는 모양 역력하게도 그려있고/ 산중처사 두노인과 상상시호 넷노인이/

바둑판을 앞에 놓고 흑기백기 두시는데/ 뒤에 앉은 저노인이 훈수를 하시다가/
무한당코 나앉는 모양 역력하게도 그려있고/ 일궁명화 좋은 국화 봄나비를 안볼라고
삼강시에 숨어피니 숨어피는 구월국화/ 화공이 그린 좋은 그림 역력하게도 그려있다
분벽사창 좋은 방에 운무병풍 둘러치고/ 감자을축 육십일에 생기복덕 날을 받아/
시주님은 방으로 모시고 성주님은 문위에 모시고

장생불사 만년주요 삼신산 불로초와/ 마구선녀 국화주요 한무세라 이슬주와/
팔선녀의 신서주요 옥단춘에 기강주며/ 남산에는 봉회찜에 북해에는 오리탕을/
옥판에다 잔득고와 앵무잔에 술을 부어/
(신호판 좋은 판에 차례차례 차려놓고)/ 비나이다 비나이다 성주시준 비나이다/
나라에는 충신빌고 부모님께 효자빌고/ 형제간에 우애빌고 백년부부 화목빌고/
단명자 수명빌고 무자인은 생남빌고/ 삼신제왕 공덕으로 이 집에라 대주양반/

오초동남 깊은 밤에 태몽꿈을 꾸고나니/ 그날부터 태기있어 동자제왕 좌정하고/
오장육보 간담지례 마련하시던 도술제왕/ 사대육신 뼈마디를 마련하시던 거해제왕/
면목두상 뒤꼭지를 마련하시던 금부제왕/ 남녀간을 분별하여 마련하시던 태산제왕/
명과 복과 사주팔자 마련하시던 칠성제왕/ 머리바지 물을 잡아 탄생시키던 제석제왕

군자숙녀 낳거들랑 수복록을 점지할 때/ 석순이 복을 점지하고 삼천갑자 명을 주소
군자호걸 장성커든 나라에는 충신되고/ 부모님전 효성있고 경상 감사 급제주소/
이집에라 가모양반 요조숙녀 낳거들랑/ 경주부인 마련하고 열년 춘향 점지하소/
반달같은 요조숙녀 온달같이 장성커든/ 삼정승 육판서 구대진사 좋은 가문/

천생연분 지하배필 만복으로 인연맺고/ 검은 머리 백발연분 칠보단장을 곱게하고/
소산반죽 청댓잎에 청실홍실 걸어놓고/ 열두폭 채할밑에 군자숙녀가 마주서서/
꽃본나무 물본 기러기 원앙록수 부부되어/ 부모님전 효성있고 가장에서 열녀되소/

성주님의 은덕으로 이집에라 대주양반/ 말소리 향내나고 걸을걸이 꽃만피소/
(천지풍화 막아내고 지하풍하도 막아내소/ 손재풍재 막아내고 관재구슬도 막아내소)/
일년하고 열두달 과년하고 열석달에/ 삼백하고 육십일 오늘같이도 점지하소/
잡귀잡신 물러서고 만복은 이리주소

(맺음풍물)

(3) 국립국악원 사물놀이 연행 영남성주풀이

(자료출처 : 국립국악원 사물놀이 실황음반(1992. 9. 15, 서울음반) 채록 자료)

○ 아니리

여봐라 북쇠(수)야.
우리가 밤낮 풍악만 칠 것이 아니라 성주지신풀이 한번 해 보세.

천개에 자하고 지백은(지278개는) 축하니 땅은 지시에 생긴 법이요.
인생은 묘하야 사람은 인시에 생겼고 그중에 성주부친이 생기고
그중에 성주모친이 생겼던 것이었다.
성주부친이 누구시면 천공황제가 분명하고
성주모친이 누구시면 옥질(진)부인이 분명하다.
슬하에 일점혈육 없어 무주남산 지치달라(아)
칠성단 모아놓고 백일정성 기도하니 지성이면 감천이라
옥황상제가 알읍시고(아시고) 자식을 주라고 분부한다.

○ 자진모리

서울로 지치달라/ 삼각산 일체봉 아주주루루 훑어져 금강산이 되었네/
금강산 줄기받아 아주주루루 훑어져 계룡산이 되었네/
계룡산 줄기받아 아주주루루 훑어져 지리산이 되었네/
지리산 줄기받아 아주주루루 훑어져 한라산이 되었네/
한라산 줄기받아 아주주루루 훑어져 서울 삼각산(혹은 남산)이 되었네/

삼각산 줄기받아 아주주루루 훑어져 이 뒤에 당산이 되었네/
당산에 줄기받아 이 집터가 되었구나

집짓자 집짓자 집짓자 집짓자 용의 머리에다 터를 닦고
학의 등에다가 집을 짓고 산위에다가 평경 달고 (평경=풍경)
동남풍이 디리부니 평경소리가 요란하다

○ 굿거리

넘노라네 넘노라네 청룡인가 황룡인가/ 굼실굼실 잘도노니 어찌아니 좋을소냐/
세월이 장차 여루하여 십오세가 되었구나/ 처운처운 가리받아 장가날이나 받아보세 /
장가가던 삼일만에 부모님에게 불효하고/ 일가에게 우애없어 대동동편에 내어놓고/
귀양삼년 마련하니 어찌하면 좋을소냐/ 삼년먹을 양식실고 삼년입을 의복실어라/
가자가자 어서가자 황토섬 귀양살이 어서가자/
황토섬에 당도하여 돌미륵을 집을 삼고/
새짐승을 벗을 삼아 세월을 장차 보낼적에/ 하루가고 이틀가고 한달가고 두달가고/
한해가고 두해가고 석삼년이 되었구나/

○ 자진모리

사바세계 개벽 후에 태고천지 돌아올 때/ 유유피창 하늘천자 자방자시 열려있고/
천지오행 따지자는 축방축시로 벌어져서/ 태고라 천황씨는 목덕으로 왕을할 때/
우리인간 나타날 때 임방임씨로 나타나고/ 우리 중생 집이없어 바위틈을 집을 삼고.
나무열매 밥을 삼고 나뭇잎을 옷을 삼아/
엄동설한 설한풍에 눈비 맞고 살아갈 때/ 신농씨는 나타나서 남산밑에다 밭을 갈고.
농사짓는 법을 내어 농사짓게도 힘을 쓰고/ 여화씨는 나타나서 옷을지어 입게 하고.
수찬씨는 나타나서 불을 빌려 화식할 때/ 삼시세때 밥을 지어 처음으로 먹게 하고.
헌원씨는 나타나서 억조창생을 구제할때/ 모진병이 몸에들어 주야없이도 앓는사람;
대상맥초 풀을모아 백가지풀을 맛을 보고/ 만병통치 약을 지어 모진병도 낫게하고;
성주님은 나타나서 하도낙서를 둘러보고/ 무주공산 터를닦아 초옥삼칸의 집을짓고;
분벽사창 좋은 방에 아들 딸이 장성하니/ 장하도다 장하도다 성주공덕이 장하도다;

억조창생 만민들아 성주님을 잘 모시소/ 성주님을 모실라하니 성주근본 알아야지;
주야 부친은 청룡대왕 성주모친 계화부인/ 삼십영광 지나가고 사십영광 돌아와도;
부부간은 자식없어 계화부인이 탄식할 때/ 수미산 팔봉대서 도사님이 내리선다;
계화부인 문전앞에 목탁치며 동냥빌 때/ 계화부인 거동보니 그중태도가 범상하여;
버선발로 뛰어내려 중아 중아 들어봐라/ 우리부부 자식없어 탄식끝에 눈물이라;
도사님 허시는 말씀 신공없는 자식놓면/ 공든탑이 무너질까 신든절이 끊어질까;
우리절의 부처님은 영험이 많은고로/ 비나이다 비나이다 성주시준에 비나이다;
나라에는 충신빌고 부모님께 효자빌고/ 단명자 수명빌고 무자인은 생남빌고;
삼신제왕 공덕으로 이집에라 모양반/ 오초동남 김은방에 태몽꿈을 꾸고나서;
그날부터 태기있어 동자제왕이 좌정하고/ 오장육보 간담지래 마련하시던 도술제왕;
사대육신 뼈마디를 마련하시던 거해제왕/ 면목두상 뒤꼭지를 마련하시던 금부제왕;
남녀간을 분별하여 마련시던 태산제왕/ 명과 복과 사주팔자 마련하시던 칠성제왕;
머리잡이 물을 잡아 탄생시키던 제석대왕/ 군자숙녀 낳거들랑 수복록을 점지할 때;
석순이복을 점지하고 삼천갑자 명을주소/ 군자호걸이 장성커든 나라에는 충신되고;
이집에라 가모양반 요조숙녀를 낳거들랑/ 경주부인 마련하고 열년춘향을 점지하소;
반달같은 요조숙녀 온달같이도 장성커든/ 삼정승 육판서 구재진시 좋은 가문;
천생연분 지하배필 만복으로 인연맺고/ 검은머리 백발연분 칠보단장 곱게하고;
소산반죽 청댓잎에 청실홍실 걸어놓고/ 열두폭 채할밑에 군자숙녀가 마주서서;
꽃본나비 물본 기러기 원앙녹수 부부되어/ 부모님전 효녀있고 가장에게 열녀가되소;
성주님의 은덕으로 이집에라 대주양반 / 말소리 향내나고 걸음걸이에 꽃만 피소;
천지풍화 막아내고 지하풍화 막아낼 때/ 손재풍재 막아내고 관재구설 막아내소;
일년하고도 열두달 과년하고도 열석달에/ 삼백하고 육십일 오늘같이 점지하소;
잡귀잡신은 물알로 가고 만복수복만 이리오소

2. 모정자소리 사설 모음

1) 김해 상정동 모정자소리 : 김해 모심기 노래

1. 모찔 때 노래

(1) 한강에다 모를 부어 모내기가 난감하다.
   하늘에다 목화를 심어 목화 따기가 난감하다.

(2) 일월햇님 돌아와도 이슬 깰 줄 모르도다.
   매화대를 꺾어 들고 털며 가도 내 갈라네.

(3) 아침이슬 채전밭에 뽈동꺾는 저 처녀야,
   뽈통이야 좋다마는 고은 손목 다 젖는다.

(4) 장되한섬 모를 부어 잡나락이 절반이라.
   등너머에 첩을 두어 첩의 자식이 절반이다.

(5) 바둑판같은 이 못자리 장기판만큼 남았구나.
   장기판이야 좋다마는 돌이 없어 못 두겠네.

2. 오전 모심기 노래

(6) 이 논에다 모를 심어 금실금실 영화로다.
   우리 부모님 산소등에 솔을 심어 영화로다.

(7) 물길랑 처정청 헐어놓고 주인네 양반 어데 갔나?
   문어야 전복 올려 놓고 첩의 방에 놀러 갔네.

3. 점심 올 때

(8) 한양 낭군 밥 담다가 놋주구닷단 분질렀네.
   아가아가 며늘아가 나도닷단 분질렀네

(9) 점심아 실었다 도복바리 어데만큼 오시는고?
     이등 저등 건너등에 칡에 걸려 더디다네.

(10) 오늘 낮에 점심반찬 무슨 고기 올랐는고?
     전라도라 고심청어 많이 많이 올랐다네.

4. 오후 모심기 노래

(11) 유자와 탱자가 근원 좋아 한 꼭지에 둘 열렸네.
     처녀와 총각이 인연 좋아 한 베개에 잠들었네.

(12) 해 다 젓네, 해 다 젓네, 양산땅에 해 다 젓네.
     빵긋빵긋 웃는 애기 못다 보고 해 다 젓네.

(13) 해 다 지고 저문 날에 우연행상 떠나간다.
     이태백이 본처 죽고 이별상부 떠나간다.

(14) 다풀다풀 다박머리 해 다 진대 어데가나?
     울어머니 산소등에 젖먹으러 나는 가요.

(15) 저녁을 먹고 썩 나서니 월명당에서 손을 치네.
     손치는 데는 저녁에 가고 주모집에는 낮에 가네.

(16) 꽃바구니 옆에 끼고 주초 캐는 저 처녀야,
     처자집은 어데인데, 해 다 진데 주초캐노?

(17) 해 다 젓네 해 다 젓네 구월강산 해 다 젓네.
     물 밑에는 요녀각시 은쟁반에 해바다라.

(18) 상사초롱 불 밝혀라, 임의 방에 놀러가자.
     임도 눕고 나도 눕고 저초롱불을 누가 껄고?

(19) 김정승의 맏딸애기 도복바리 몇바린고?

궤 두바리 농 두바리 고리 닷죽 실었다네.

(20) 동해동산 돋는 햇님 서에 서산 마주 섰네.
　　우리도 얼른 집에 가서 우리 님과 마주 설레.

(21) 석양은 펄펄 재를 넘고 나의 갈길은 천리로다.
　　말은 가자고 굽을 치고 님은 잡고 아니 놓네.

5. 해 다 지고 다 심어갈 때

(22) 탐박탐박 수제비는 사위야 상에 다 올랐네.
　　할멈은 어데 가고 딸을 혼자 시켰는고?

(23) 논두름 밑에 가재야 해 다 젓다 나오너라.
　　오물오물 노다가 해 지는 줄 몰랐네.

(24) 오늘 해가 이만 되니 산골마다 연기나네.
　　할멈은 어데가고 연기낼 줄 모르든고?

6. 오전과 오후를 통한 노래

(25) 임이 죽어 연자가 되어 추녀끝에 들락날락,
　　들며 보고 나며 봐도 님인 줄을 내 몰랐네.

(26) 남창남창 벼루끝에 무정하다 울오라바,
　　나도 죽어 남자 되어 처자권속 섬겨볼레.

(27) 알곰삼삼 고은 독에 술을 빚어 과하주라,
　　팔모야 꺾었다 유리잔에 나비 한쌍 권주한다.

(28) 서울이라 연당못에 펄펄 뛰는 금붕어야,
　　금붕어 잡아다 회 쳐 놓고 춘향이 불러 술 부어라.

(29) 님이야 품에 자고나니 아시랑살랑 추워오네.
　　아시랑살랑 추울 때면 선살구가 제멋이라.

(30) 야야 총각아, 손목놓게 길상사저고리 등 나간다.
　　야야 처자야 그 말 마라, 동지섣달 꽃 본 듯이

(31) 이 산 저 산 야산중에 슬피 우는 송낙새야,
　　거제봉산 어데다 두고 야산중에 슬피 우노?

(32) 아가야 도령님 병환 나서, 순금시야 배 깎어라.
　　순금시야 깎는 배는 맛도 좋고 연약하다.

(33) 진주야 단성 안사랑에 장기 두는 처남손아,
　　내정일색 너의 누이, 남중호걸 나를 다오.

(34) 사내강변 버들숲에 초경소리가 울려난다.
　　설흔세칸 청개와집에 글소리 정정 울려 난다.

(35) 알곰삼삼 고은 처자 동산이 고개를 넘어간다.
　　날면 보고 들면 보고 군자 간장 다 녹힌다.

(36) 모시적삼 안섭안에 함박꽃이 봉지 짓네.
　　그 꽃 한송이 딸라하니 호령소리가 벽력같네.

(37) 배꽃이네, 배꽃이네, 처녀수건 배꽃이네.
　　배꽃같은 수건아래 거울같은 눈매보소.

(38) 저기 가는 저 장모님 딸이나 있거든 사위보소.
　　딸이야 있건마는 나이 어려 못 보겠네.

(39) 나갔던 우리 님 오실 줄 알면 문을 잠그고 잠을 자나?
　　가랑비 세우가 올 줄 알면 섭수야 도포를 울에 지나?

(40) 파랑보찜 반보찜에 처가집에 향해 가네.
    각시님은 내다보고 칠보단장 고이하네.

(41) 사랑 앞에 노송 심어 학이 앉아 노래한다.
    학은 점점 젊어오고 님은 점점 늙어가네.

(42) 사랑앞에 갈을 심어 세대삿갓 잘게 절어,
    공단비단, 끈을 달아 사촌 형부 선물하세.

(43) 상주고을 연당못에 연밥 따는 저 처녀야
    연밥 줄밥 내 따주마 살림살이 나랑 하자.

(44) 담장안에 꽃을 심어 담장밖에 휘젓었네.
    서울가는 선비님이 그 꽃보고 길 못가네.

(45) 찔레꽃을 살금대서 님의 버선 볼을 걸어,
    님을 보고 버선 보니 님줄 정이 전혀 없네.

(46) 머리좋고 실한 처녀 줄뽕낡에 앉아 우네.
    줄뽕갈뽕 내 따주마 백년해로 나와 하세.

(47) 일곱삼삼 고은 처자 대티고개 넘나드네.
    오르며 내리며 빛만 보고 대장부 간장 다 녹는다

(48) 찔레꽃은 장가 가고 석류꽃은 유람 가네.
    만인간아, 웃지 마라. 씨종자를 바레간다.

(49) 소주 곳고 약주 뜨고 국화정에 놀러가세.
    우리는 언제 한량되어 국화정자 놀러 갈가?

(50) 모야 모야 노랑 모야 너 언제 커서 열매 열래?
    이달 크고 훗달 크고 칠팔월에 열매 열지.

(51) 아래 웃논 모꾼들아, 춘삼월이 언제든고?
　　　우리 님이 길 떠날 때 춘삼월에 올라더라.

(52) 오늘 아침 모인 동무 해 다 지니 이별일세.
　　　석자수건 목에 매고 새는 날에 상봉하세.

(53) 샛별같은 저 밭골에 반달애기 떠나온다.
　　　제가 무슨 반달인가 초생달이 반달이지.

(54) 저기 가는 저 구름은 어떤 사신 타고 가노?
　　　웅천하고 천자봉에 놀던 신선 타고 가네.

(55) 올벼는 피어 고개지고, 열무, 배추 살쪄오네.
　　　집 사놓고 연 사놓고 구시월로 데려가소.

(56) 저 건너 청산에 눈이 와서 솔잎마다 낙화로다.
　　　낙화도 한철 꽃일런가, 우리도 한철 꽃일라네.

(57) 농사철이 닥쳐오네, 신농씨 오기만 기다린다.
　　　신농씨 간지가 언제던고, 신농씨 오기를 기다리노?

(58) 화용도라 좁은 길에 조맹덕이 살아 올가?
　　　인당수라 깊은 물에 심낭자가 살아오네.

(59) 헌원씨 배를 모아 사해 팔방 통케하고
　　　주공이 예를 내어 법도를 밝히도다.

(60) 서울이라 왕대밭에, 금비둘기 알을 낳네.
　　　그 알 한개 주었으면, 금년 과거 내 할 것을.

(61) 원아원아 합천 원아, 육년만 살고 가세.
　　　합천 기생 용월이는, 일산 밑에 놀아 나네.

(62) 꽃 피었네 꽃 피었네. 칠성단에 꽃 피었네.
    칠성 기생 봉학이는, 고은 꽃만 가려 꺾네.

(63) 진주 종로 세종로에, 세대삿갓 세가 나네.
    서울이라 주석판에, 옥가락지 세가 나네.

(64) 장독간에 동백나무, 일생 봐도 제색이요,
    우리집 과부 형수 일상 봐도 절색이네.

(65) 석산에 심었던 남방초는, 심회풀이 남방초라.
    주렴발 밑에 청춘 과수, 심회풀이 남방초라.

(66) 밀양하고 거우산에, 산용화꽃이 피어나네.
    이 꽃 한쌍 꺾어다가, 님의 용상 걸고지라.

(67) 밀양 삼랑 국노숲에 연밥 따는 저 처녀야
    연밥이야 따나 마나, 연줄이나 걷지마라.

(68) 박을 심어 박을 심어, 언양 양산 박을 심어,
    언양 양산 양 도령아, 박줄이나 걷지마라.

(69) 밀양 삼랑 왈자 처자, 전옥에다 갇혔다네.
    사정사정 옥사정아, 옥문 조금 열었다고,

(70) 유월이라 새벽달에, 처자 셋이 난질 가네.
    석자 수건 목에 걸고, 총각 셋이 따라 가네.

(71) 칠월 칠석 은하수야, 오작배로 건너오소.
    만단 설화 할렸더니, 세살 동창 해돋았네.

(72) 칠월 그믐 팔월 초승 성모꾼 보니 한숨 나네.
    우리 님은 어데 가고 성묘할 줄 모르던고?

2) 경남 김해시 삼정동의 현장에서 채집한 등기소리 몇 가지

사설 정리 : 김헌선

유자캉 금자캉 의논이 좋아 한꼭다리 둘 셋 여네
처녀캉 총각캉 의논이 좋아 한 벼개에 둘이 잔다

김선풍 외, 『한국 육담의 세계관』

유자캉 탱자캉 의논이 좋아 한꼭다리 둘 셋 여네
처녀캉 총각캉 의논이 좋아 한 벼개에 둘이 잔다

김해시 활천면 삼정2구 / 삼정2구 경로당 정만자 할머니(82세), 2016. 7. 20.

사랑 앞에다 노송을 심어 노송나무에 학 앉았네
학은 점점 자라오고 이 몸 잠잠이 늙어가네

김해시 활천면 삼정2구 / 삼정2구 경로당 정만자 할머니(82세), 2016. 7. 20.

아기야 도련님 병환이 나서 순금씨야 배 깎아라
순금씨 깎안 배는 맛도 좋고나 연약하네

김해시 활천면 삼정2구 / 삼정2구 경로당 정만자 할머니(82세), 2016. 7. 20.

낭창 낭창 베리 끝에 무정하다 저 오라바
나도 죽어서 남자가 되어 처자 권속 싱길라네

김해시 활천면 삼정2구 / 삼정2구 경로당 정만자 할머니(82세), 2016. 7. 20.

3) 『한국구비문학대계』 소재 모심기(등지소리, 모정자소리) 모음

(1) 등지 노래

테잎연번　　[상동면 민요 15]

음성위치　　T. 상동 7 앞

채록지　　우계리 우계

채록자　　김승찬, 박기범 조사

구연자　　김순이

출전 한국구비문학대계 8집 9책

출전페이지　1094~1098

설명 * 박분준 할머니가 등지 노래를 하자고 하자 김순이 할머니가 같이 불렀다. 노래를 하는데 기억이 나지 않는다면서 앞에 했던 것을 다시 부르자 김말순 아주머니가 옆에서 등지의 첫 구절을 하나씩 기억시켜 주자 노래가 계속되었다.*

본문

〔1095쪽〕

저게가는//저구름은 어디메 신선//타고가요
웅천하고//천자봉에 노던신선//타고간다.

저 건너 청산에//눈이 와서 솔잎마중1)//낙화로다
낙화는두둥실//꽃아닌가 우리도항상//놀아보세.

남창남창//베루2) 건너야가는//저오라바.
나도죽어서//남자가되어 처자곤석3)//심길라네.

우리여동생은//무슨죄를 절두4)//귀향가노?

---

1) [주]마다.
2) [주]벼랑.끝에
3) [주]식구.
4) [주]絶島.외섬에

사공은//배띄여라 우리동생//보고가자.

한강수에다//모를부어 모쪄내기도//난감하요.
하늘우에다//목화심어 목화따기도//난감하요.

바닷장같은//이모자리에〔1096쪽〕 장구판5)만치//남았구나.
장구야판이사//좋다마는 둘리6)없어//못두겠네.

한제7)여 한섬//모를 부어 잡나랙이//절반이요.
성혜여 성밖에//첩을 두고 기생의 첩이//절반이라.

머리도 좋고//실한 처녀 줄뽕남게//앉아우네.
줄뽕갈뽕//내 따줌세 백년하리8)//내캉살세.

주천당모랭이//썩돌아서니 아니야9)먹던//술내나네.
기상10)의 적삼//속고름에 고름마다//상내11)난다.

서월이라//왕대밭에 금비들기//알을나야
그알한개//주웠으면 금년과거로//내할거로.

샛별같은//저밭골에〔1097쪽〕 반달반달//떠나오네.
지가무슨//반달이라 초승달이//반달이지.

살곰아삼삼//고운독에 누룩을섞어서//금청주야
팔모를깎았다//유리잔에 나비가앉아서//권주가하네.

---

5) (5)[주]장기판.
6) (6)[주]둘 사람이.
7) (7)[주]빚을 내어 구한 볍씨.
8) (8)[주]해로.
9) (9)[주]아니.
10) (10)[주]기생.
11) (11)[주]향내.

[저게 가신 저 구름은 어드 메 신선 타고 가노
웅천하고 천자봉에 노던 신선 타고간다]

처자캉총각캉//근원이좋아 한베개비고//잠들었네.
석류캉유자캉//근원이좋아 한꼭지에//둘열었네.

초롱초롱//청사초롱 님의야방에//불밝혀라.
님도눕고//나도눕고 초롱의불을//누가끌꼬?

포장보짐//반보따리 첩의집을//후아드네.
우리야//각씨님 칠보단장//곱게하고 날오두록//기다린다.

연줄거네//연줄거네 해달밑에서//연줄거네.
꾼아꾼아//서재꾼아 연줄가는//구경가자.

〔1098쪽〕
오늘낮주에//점심반찬 무슨고기가//올랐난고?
전라도라//고슴청어 마리야반이//올랐단다.

점심을시켜다//더복발에 어데야만치//오시난고?
이등저등//건느야등에 칡기가걸려//못온다네.

서월이라//남정자야 점심올챔이//늦어온다.
미나리라//수금채를 맛본다고//드디오요.

순금씨라//깎은배는 맛도좋고//연약하네.
아가야도련님//병환이나서 순금씨야//배깎아라.

(2) 모심기 노래

모심기 노래

테잎연번   [상북면 민요 3]

음성위치   상북 3 뒤

채록지   명촌리 명촌

채록자   정상박, 성재옥, 박정훈 조사.

구연자   김금순

출전   한국구비문학대계 8집 13책

출전페이지   607~610

설명   * 오후 1시 30분경에 어제 갔던 김금순 할머니댁으로 갔다. 마침 4명의 할머니들이 잡담을 하고 있어 한 시간쯤 설화를 구술시키고 있었는데, 김묘남 할머니가 와서 노래나 하자고 하여 조사자가 '모심기 노래'를 해 보라고 하여 시작한 것이다. 제보자들이 돌려 가면서 몇 대문씩 생각나는 대로 부른 것이다. 기억이 잘 나지 않아 몇 대문을 한 사람이 부르고 다른 사람에게 시킬 때에는 서로 미루기도 하였다.*

본문

〔김금순〕

한강수야//모를부여//그모찌기도//극막하다

하늘에라//목화갈어//목화따기//요원하다

한강수에//모를부여//그모찌기도//난감하다

〔이자출〕

하늘에도//목화걸어//목화따기//난감하다

바대쩡같은12)//이모자리//장구판만치//남았구나

장구야판이사//좋다마는//장구둔이가//몇몇되노

---

12) [주]바다와 같은.

〔김묘남〕
물기야청청//헐어놓고//주인양반//어데갔노
문어야대전복//손에들고//첩의방에//놀러갔네

〔이자출〕
〔608쪽〕
서울이라//왕대밭에//금비둘기//알을낳네
그알한개//주었이먼//금년과게로//내할거로

이논빼미//모를숨거//장잎이나서//영화로다
우리야부모님//산소등에//소를심어서//영화로다

서울이라//남정자여//점심참때가//늦어온다
서른세칸//정지안에//돌고나니//더디더라

〔김금순〕
물기야청청//헐어놓고//주인네양반//어데갔노
문어야대전복//손에들고//첩의야방에//쓰러졌다

상추야//상칸물에//상추씻는//저큰아가
큰대큰잎//다제치고//속에속배들13)//나를주소
여보시요//그말마소//언제봤던//손님이라//속에속잎을//달라하요

우리야도련님//병환이나서//순금씨불러서14)//배깎아라
순금씨야//깎은배는//맛도좋고도//연하도다

모시야적삼//안사랑에//바둑두는//처남손아
여자일생//너거누부15)//남자호걸//나를주소

---

13) [주]속의 속잎을.
14) [주]순금씨는 人名.
15) [주]너의 누님.

남창남창//베리끝에//울고가는16)//울오랍아
난도죽어//후생가여//낭군님부터//섬길라네

사래야질고//장천밭에//목화따는//저큰아가
오면가면//빛만비고//대장부간장//다녹인다
많이보면//병날끼고//쌀날만침//보고가소

저산머리에//이는구름//도련님전자로//흘렀단다
어화그처자//왈수로다17)//도련님전자로//주았단다

〔609쪽〕
알송달송//무자줌치18)//팔사동동19)//끈을달아
인지주까//전지주까//닭히울어도//아니주네

〔김묘남〕
오늘해가//다됐는가//골목골목에도//연기난다
우리야임은//어들가고//연기낼줄을//모르던고

찔레야꽃을//살꿈데쳐//임이야보선을//붉어졌네
님을보고//버선보니//버선줄뜻이//전히없네

찔레야꽃은//장가로가고//석류꽃은//노각간다20)
만인간아//윗지마소//씨종자로//바래간다

지녁을묵고//썩나서니//물명당아래서//손을치네
손치는 데는//밤에가고//주모야술집에는//낮에가지

---

16) [주]'무정하다'고 해야 할 것인데, 와전된 것이다.
17) [주]왈짜로다. 사내같이 덜렁덜렁한 여자.
18) [주]좋은 줌치의 일종.
19) [주]八絲의 좋은 매듭.
20) [주]노각은 나이 많은 上客.

모시야적삼//안사랑에//외순에서21)//저꽃이피네
필적에는//곱기나피고//질적에는//속히나지네

초롱초롱//양사초롱//임의야방에//불밝혀라
니도눕고//나도눕고//초롱아불은//누가끄노
병풍아너메//금붕어여//꽁지얄랑22)//저불끄세

〔이자출〕
머리야좋고//실한처녀//문턱넘게//앉아운다
올뽕갈뽕23)//내따주마//백년해로야//내캉사자

허리야질고//장찬밭에//반달이둥실//떠나오네
니가무쉰//반달이고//초승달이//반달이지

모심기 노래

테잎연번	[온양면 민요 3]
음성위치	온양 1 뒤
채록지	발리 하발
채록자	정상박, 김현수, 정원효, 김동환 조사.
구연자	김원연
출전	한국구비문학대계 8집 13책
출전페이지	181~183
설명	* 앞 민요가 끝나고 조사자가 '줌치 노래'를 청하니까, '모심기 노래' 가운데 무자줌치를 소재로 한 한 연을 불렀다. 그래서, 계속하여 '모심기 노래'를 시켰더니 수없이 연이 많다고 하면서 대개 아침부터 저녁의 시간순으로 불렀다. 원래 모심기할 때에 선후창으로 부르던 것인데, 이것은 제보자가 혼자서 부른 것을 채록한 것이다. *

---

21) 〔주〕참외의 순에서.
22) 〔주〕꼬리를 살짝 흔들어서.
23) 〔주〕갈뽕은 줄뽕의 와전인 듯. 울타리로 심은 뽕나무와 줄지어 심은 뽕나무

본문

알송달송//무자줌치//팔사동동//끈을달아
인제주까//전제주까24)//닭이울어도//아니주네

한강수에다//모를부어//이모찔이가//누구던가25)
하늘에다//목화를심어//목화딸이가//누구신고

이물끼저물끼//헐어놓고//쥐인네양반은//어데로갔노
문어야대전복26)//손에들고//주모야술집에//놀러갔네

이논빼미//모를숨거//금실금실//영화로다
우리야부모님//산소등에//솥을숨가서//영화로다

상추야산간//흐른물에//상추씻는//저큰아가
잎은뜯어//광주리에담고//줄기한쌍//나를주소

머리좋고//실한처자27)//울뽕에//앉아우네
울뽕줄뽕28)//내따주마//백년가약//내캉할래

서울가신//선부네요//우리선부는//안오시나
오기사//온다마는//칠성판에//얹혀온다29)

남창남창//벼리끝에30)//무정하다//울오랍아
난도죽어//군자되어//처자혼백을//건져줄까

---

24) [주]이제 줄까, 저제 줄까.
25) [주]이 모를 찔 사람이 누구인가.
26) [주]문어와 큰 전복을.
27) [주]튼튼한 처녀.
28) [주]울타리로 심은 뽕나무와 줄지어 심은 뽕나무.
29) [주]棺의 바닥에 까는 七星板에 누워 온다는 말이니 죽어서 온다는 뜻이다
30) [주]물결이 남실남실하는 벼랑끝에.

성지골바램이31)//내리다불어//도련님선자를//날렀구나

〔183쪽〕
어화그처자//왈짜로다//도련님선자를//주워주네

반들반들//저밭골에//반달걸이도//떠나온다
니가야무슨//반달이고//초승달이//반달이지

오늘해가//요만되면32)//점섬참이//늦어온다
설흔세칸//정주안에33)//돌고나니//늦었심더

해다지고//점근날에34)//어떤행상이//떠나가노
이태백이//본처죽고//이별행상이//떠나간다

해다지고//점근날에//어떤수자가35)//울고가노
부모형제//이별하고//갈곳이없어서//울고갑니더

초롱아초롱아//영사초롱//임의방에다//불밝혀라
임도눕고//난도눕고//저초롱불을//누가끌고

비바람불었다//얼근독에//술을해여도//금청줄세36)
팔목깨끼//유리잔에//나부한쌍//잔질하네37)

애기야도련님//병이들어//순금씨야38)//배깎아라

---

31) [주]성지골은 地名.
32) [주]오늘 해가 중천에 떠서 이만큼 되었으니.
33) [주]큰 부엌 안을.
34) [주]해가 지고 날이 저물었을 때에.
35) [주]어떠한 竪子, 즉 더벅머리 아이.
36) [주]金淸酒. 좋은 청주.
37) [주]나비 한 쌍, 즉 두 기생이 잔질하네.
38) [주]순금씨는 人名.

순금씨야//깎은배는//맛도좋고//수원하다[39]

동네동네//복동네야[40]//늦기쳤다고[41]//설어마라
삼정승아//육판서도//그앞으는//꿀고든다[42]

(3) 모심기 노래(2)

테잎연번	[청량면 민요 4]
음성위치	청량 4 앞
채록지	율리 탑골
채록자	정상박, 김현수, 정원효, 김동환 조사.
구연자	박봉하
출전	한국구비문학대계 8집 13책
출전페이지	102~103
설명	* 제보자에게서 오전에 이미 '모심기 노래'를 들었다. 제보자가 이야기를 잘하는 까닭에 조사자의 숙소인 손천석 할아버지댁에서 오후에 다시 이야기를 시키고 있었다. [설화 29]를 구연할 때에 '주지(가지)'란 말이 나와서 그것을 물으니까, "와모찌는 노래에도 그런 말이 안 있나?"하면서 첫 연을 불렀는데, 생각이 나자 계속 불렀다. 모찌는 부분이 끝나자 옆에 있던 손천석씨가 "모를 쪘는데 숨거야지." 하면서 '모심는 노래'를 하게 하였으나 뒷부분은 이미 채록한 대목과 같아서 채록하지 않았다. *

본문

〔모찔 때 부르는 노래〕

강남게//강대추//주지가휘청//열렸네[43]

---

39) [주]시원하다.
40) [주]福이 있는 마을. 여기서는 여자의 생식기를 비유한 말.
41) [주]늦게 찾는다고.
42) [주]그 앞에는 무릎을 꿇고 사정한다. 이 연은 상소리인데, 해도 되겠느냐고 조사자에게 물어 보고 여자의 생식기에서 영웅호걸도 나오는 것이니 대단한 것이라 설명을 하고 덧붙여 노래했다.

충청도//중복성44)//주지가휘청//열렸다

쪼르자//쪼루자//임의강으로//쪼루자45)
쪼르자//쪼루자//처자총각을//쪼루자

쪼르자//쪼루자//영감해미를//쪼루자
쪼르자//쪼루자//처자빗청을//쪼루자

쪼르자//쪼루자//새각시빗청을//쪼루자

〔모심을 때 부르는 노래〕

농사야법은//있건마는//실농씨양반//어데갔노
태고때시절이//언제라꼬//실농씨로//이제찾노

얘기야도련님//병이나서//순금씨데리다//배깎아라
순금씨야46)//깎은배는//연하고도//맛이좋다

남창남창//베리끝에//무정하다//울오라배
나도죽어서//환생해여//저래공중//해여볼까47)

이물께저물께//헐어놓고//주인네양반//어데갔노
문어야대전복//손에들고//첩의야방에//나눕었네

---

43) [주]강남의 강대추는 가지가 휘청하게 많이 열렸다는 말이다.
44) [주]忠淸道의 복숭아.
45) [주]조루자는 조르자.
46) [주]순금씨는 처녀 이름.
47) [주]저렇게 공경을 하여 볼까.

(4) 모노래

테잎연번	[의령읍 민요 6]
음성위치	T. 의령 5 앞
채록지	서동
채록자	정상박, 김현수, 성재옥 조사
구연자	최양순
출전	한국구비문학대계 8집 10책
출전페이지	265~271

설명　　* '매화 타령'이 끝나고 한참 동안 설명을 했다. 글을 보고 배운 창(唱)이라고 뽐내어서 구전으로 배운 노래가 좋다고 하면서 '모노래'를 청했다. 제보자는 많이 잊었을 것인데, 생각나는 대로 하겠다고 하면서 시작했다. 노래하는 도중에 할머니들이 들락날락해서 분위기가 어수선했으나, 김옥순(여·59), 하경악(여·77) 양씨가 가까이 앉아서 잊은 가사를 거들어 주었다. 부르다가 대목에 따라서는 쉬어가면서 계속하곤 했다. 여기에 채록된 모노래의 구성은 원래의 상태 대로가 아니고 기억나는 대로 연을 이어간 것이다. *

본문

〔모찌기〕

아침이슬//채전밭에 불뚱꺽는//저처녀야
불뚱이야//꺾지마는 곱은홀목//다적시네[48]

이논에라//모를부여 모쪄내기//난감하네
하늘에라//목화를심어 목화따기//난감하네

목화야질질이//베짜는소래 한양낭군//질못가네
한양낭군//질못가들 짜른베를//걷을쏘냐

---

48) [주]고운 팔목을 다 적시네. 이 대목을 끝내고 다 불렀다는 것을 계속 불러 달라고 하자 다시 시작했다.

〔266쪽〕

이논에라//모를부여 장기판만키//남았구나
우런님은//어디가고⁴⁹⁾ 장기둘줄//모르는고

서마지기//논빼미를 반달만치//남아있네
네가무슨//반달이냐 초승달이//반달이제

이논에라//모를심어 장잎이올라//영화로고나
에런자식을//곱기곱기길러⁵⁰⁾ 갓을씌와//영화로세

물꼬청청//헐어놓고 주연할량//어디로가노⁵¹⁾
문에전복을//어시어시에와들고⁵²⁾ 첩의집에//놀로갔네

무슨놈우//첩이걸레 밤에가고//낮에가노
낮우로는//놀로가고 밤이되면//자로가네⁵³⁾

사랑동창//밀창밖에 절로크는//쌍대추야
대추라도//큰대추는 〔267쪽〕 첩의집에//다따갔네

아래웃논//모꾼들은 춘삼월이//어느때요
우런님이//길떠나실 때 춘삼월로//오마더니

오날이나//님이올까 내년이나//소식올까
기다리고//바래다가 망두성이//되였구나⁵⁴⁾

하늘바람이//내리불어 떨어질까//염려로고나

---

49) [주]우리 임은 어디에 가고
50) [주]어린 자식을 곱게 길러
51) [주]주인의 양반인 한량은 어디로 갔느냐?
52) [주]문어와 전복을 약간 비스듬하게 베어서 들고
53) [주]이 연은 제보자와 김옥순씨(여·56)가 합창을 했다.
54) [주]望夫石이 되었구나

유자석노는//한꼭대기둘이붙어55) 떨어지기//어려워라

진주영영//큰몰타고56)//썩나서니
연꽃패여//화초되고 수영버들//춤잘추네

알금삼삼//곱은처녀 봉산이고개//넘노나네
오면가면//빛만보고 장부간장//다녹이네

남산밑에//남도령을 서산밑에//서도령아
〔268쪽〕이대저대를//다꺾으나 오죽대만//꺾들마라57)

의령남산//범든골에 배얄꽃에//소년들아
반절마라//반절을마소58) 백발보고//반절마소

숭지나네//배얄꽃은 매양봐도//한색인데
우러집에//서모년은59) 날만보몬//변색이네

진주단성//안사랑에60) 장개도는//처남손아
꽃걸을사//며누리를 반달같지//나를도라

우리누우//앉인방에 불안써도//불썼듯네61)
늦었네//늦었네62) 점슴참이가//늦었네

숟가락//단반에 세니라고//늦었네63)

---

55) 〔주〕유자와 석류는 한 꼭지에 두 개씩 달려 있어서
56) 〔주〕晉州營에 큰 말을 타고 진영못뚝.
57) 〔주〕烏竹만은 꺾지 말라.
58) 〔주〕늙었다고 박절하게 대하지 말라.
59) 〔주〕우리 집의 庶母는
60) 〔주〕山淸郡 丹成面. 옛날에 晉州牧에 속하였으므로 晉州 丹城이라 한다. 이 연은 기억 상태가 좋지 못하였다.
61) 〔주〕내 누이가 앉은 방은 불을 켜지 아니해도 켠 듯이 환하네. 이 연을 부르고 조금 쉬다가 불렀다.
62) 〔주〕이 연부터 세 연은 경쾌한 가락으로 빠르게 불렀다.

짜른치매//진처매64) 끄니라고//늦었네
바가치//단반에 세니라고//더디네65)

아장아장//걷는걸음 추치미하니라고//더디네66)
더디네//더디네 점슴챔이가//더디네

방실방실이//웃는우런님은 몬다보고//해다졌네
오늘해가//다졌는가 골골마다//연기나네
우리할멈은//어데를가고67) 연기낼줄//모르는고

다풀다풀//타박머리 해다진데//어디갔노
울어머니//산소등에 젖먹으로//나는가네

아래웃논//못꾼들은 춘삼월이//어느때뇨
우런님이//길떠나실 때 춘삼월에//오다더니

이덜저덜//다던지고 〔270쪽〕 춘삼월을//기다렸네
서울가신//우런님이 칠성판에//실리오네

둘이베자//지은베개 한채베기//이왠일고68)
둘이덮자//지은이불 한채덥기//이왠일이고

동지섣달//긴긴밤에 임그리워//몬살겠고
삼사월에//진진해에 점심굶고//몬살레라

---

63) [주]숟가락 한단 반을 헤아리느라고 늦었네.
64) [주]짧은 치마 긴 치마
65) [주]헤아린다고 늦었네.
66) [주]머뭇거리느라고 천천히 오네.
67) [주]내 아내는 어디를 가 버리고
68) [주]님과 함께 둘이서 베자고 만든 베개 혼자 베니 이 어찌된 일인가

이산저산//양두산에 슬피우는//송락새야
니아무리//슬피운들 살쎀이는//날만하나⁶⁹⁾

놀쨩놀쨩//세삼배처마⁷⁰⁾ 주름주름이//향내나네
내몸에는//땀내가나고 당신몸에//향내나네

모시적삼//안섶안에 연적겉은//저젓봐라
한번쥐고//두번을쥐니 쥘때마장//주미크네⁷¹⁾

낭창낭창//비렁 끝에 무정할세//울오랍아 앞에가는//동숭두고 뒤에오는//올키잡소⁷²⁾
나도야죽어서//후성가서⁷³⁾ 처자부터//셈길라네

해다지고//저문날에 에인수자//길떠나네⁷⁴⁾
그수자가//그아니라 백년처를//잃고가네

땀복땀복//수재비는 사외상에//다올랐네
우리할맘은//어디로가고 딸의동자//시키던고
노랑감투를//푹숙이씌고 멀국석이//더욱섧네⁷⁵⁾

---

69) [주]속을 썩히는 나만큼 슬프냐
70) [주]노랑노랑 가는(細) 삼베치마
71) [주]주먹보다 크네
72) [주]누이와 처가 물에 빠졌는데, 오라비가 누이동생을 두고 올캐인 처를 건지려고 잡는다는 말이다.
73) [주]나도 죽어 저승에 가서
74) [주]어떤 수자(竪子)가 길을 떠나가네.
75) [주]장인이 장모가 죽은 후 노란 두건을 쓰고 수제비를 먹는데, 딸이 건더기는 자기 남편인 사위에게 다 주고 자기에겐 멀건 국물만 주니 더욱 섧다는 말이다.

(5) 모심기 노래(1)

테잎연번	[밀양읍 민요 1]
음성위치	T. 밀양 2 앞~뒤
채록지	교동 1구 동사무소
채록자	류종목, 성재옥, 김현수 조사
구연자	최점석
출전	한국구비문학대계 8집 7책
출전페이지	188~193

설명　　　* 교동 1구 동사무소에서 마을의 부녀자들 및 할아버지 몇 분을 모셔 놓고 이야기를 몇 편 듣고 난 뒤에 노래를 청하여 들은 것이다. 최점석 씨는 지신밟기를 먼저 불렀으나 채록 상태가 좋지 않아 내일 다시 녹음하기로 약속하였다. 여러 사람이 같이 부르면서 가사가 정확하지 않은 것은 기억을 되살려 줘 가면서 불렀다. 앞소리는 주로 부녀자들이 불렀고, 뒷소리는 최점석 씨가 받았다. 그러나, 가사를 잊은 것이 있을 경우에는 앞소리를 부른 사람이 계속 뒷소리까지 부른 것도 있다. 한 줄씩 떼어 쓴 것은 각편임을 뜻한다. 각편의 순서는 임의대로 바꿀 수 있다. *

본문

한강수에다//모를부여//모쪄내기가//난감하다
뒷밭에//목화숨거//목화따기//난감하다

바다겉은//저모구자리//장구판만첨//남았구나
장구야판이사//좋건마는//둘이없어//몬두겠네

알구마삼삼//고운독에//술을빚어//청감주라
금붕어잡아//회쳐놓고//춘향이불러//술부어라

연약한부쇠//다달가쳐여76)//담배한대//묵어보자
담배야맛이사//좋건마는//살림맛은//어떻겠노

---

76) [주]다 닳도록 쳐서.

점슴을시기서//술래꾼을//어데만첨//오시던고
이등저등//건네등에//녹칢이걸려77)//못오더네

서울이야//남정자야//점슴참이//늦어온다
찹쌀닷말//맵쌀닷말//이늬라고//늦어졌네

오늘낮에//점슴반찬//무슨고기//올랐던고
전라도라//독간잽이78)//마리반썩//올랐구나

서울이라//한골못에//폴폴뛰는//금붕아는
금붕어잡어//회쳐놓고//춘향이불러//술부어라

저게가는//저구름은//어는신선이//타고나가노
웅천하고//천자봉에//노던신선//타고가네

저게가는//저구름속에//눈들었나//비들었나
눈도비도//아니들고//소리명창//내들었네

서울이라//왕대밭에//금비들키//알을나여
그알한개//주웠으면//과개간장79)//하건마는

이산저산//양산중에//실피우는//송낙새야
봉산을랑//어데두고//여산줄기//니가우노

찔레야꽃으로//살꼼디쳐//임의님버선에//볼걸었네80)
버선보고//임을보니//임볼정이//전히없네

찔레야꽃으는//장개를가고//석류꽃은//요각가네

---

77) [주]푸른 칢덩쿨에 걸려.
78) [주]소금에 절인 조기.
79) [주]과거 급제.
80) [주]테이프를 교체하느라고 두 번 불렀다.

만인간아//웃지마래이//씨종자바래//내가간다

봄아봄아//오지마래이//청춘과수//심회난다
명주바지//잔줄바지//몬다입고//황천가네

칠십에나는//노부모두고//황천말이//웬말이고
님이죽어여//연자가되여//처마끝에//앉아우네

날민보고//들민보고//임오신줄//내가아나
사랑앞에//배일랑은//서당꾼이//휘잦았다

장독간에//봉숭아는//나부야한쌍//휘잦았다
총각아씨는//잔글씨는//글자마당//장완이요81)

처녀들짜는//북받은소리//소리마당//장완일래
저게가는//선배중에//우리오빠//상자로다

물밑에야//괴기중에//금붕어가//상자로다
밀양아삼당//궁노숲에//연밥따는//저큰아가

연밥줄밥//내따주마//내품안에//잠들어라
잠들기는//어렵쟎고//연밥따기가//늦어온다

낭창낭창//비럭끝에//무정하다//저오빠야
나도죽어//후승가여//나도낭군//심기볼래

이물끼저물끼//헐어놓고//주인네양반//어데갔노
문어야대전복//손에들고//첩의야방에//놀로갔다

이논빼미다//모를숨거//잡나랙이//반치로다
둘넘에다//첩을두고//잡사람이//반칠레라

---

81) [주]총각이 쓰는 잔 글씨는 글자마다 장원이요.

주천당모랭이//돌아서니//아니묵던//술내나네
말큰가자고//굽우를틀고//임은잡고//낙루노다

석양은펼펼//재를넘고//이내갈길//천리로다
님아님아//날잡지말고//지는해를//잡아주게

해다졌네//해다졌네//양산땅에//해다졌네
방실방긋//웃는애기//몬다보고//해다졌네

알구마삼삼//곱운독에//누룩을디뎌//청감주요
꽃을기렸다//유리잔에//나비야한쌍//권주한다

오늘해가//다졌는데//살골마당82)//연기나네
우런님은//어데가고//연기낼줄//모르던가

시모수삼가래//뱅틀어지고83)//대청끝에//썩나서네
돌아오는//달도나보고//서울가신//님도보고

서울이라//대청끝에//지정닷말//모를붓네
지정꽃으는//핐디마는//부모야흔적//못보겠네

모시야적삼//반젖안에84)//연적겉은//저젖봐라
많이보면//병날끼고//쌀낱만침//보고가소

초롱아초롱아//영사초롱아//임으님방에//불밝혀라
임도눕고나//나도나눕고//초롱아불을//뉘가끌꼬

저건네라//황새등에//청실홍실//그네매자
니랑내랑//열렸다가//떨어질까//염려로다

---

82) [주]산골마다.
83) [주]가는 올의 삼가락을 뱅 틀어 쥐고.
84) [주]'안섶 안에'의 잘못이다.

오늘햇님이//다졌는데//웬아행상//떠나가네
이태백이//본철랑은//임으행상//떠나온다

해다졌네//해다졌네//양산땅에//해다졌네
방실방실//윗는애기//몬다나보고//해다졌네

연실가네//연실가네//해달로따라//연실가네
그연줄을//따라나가면//부모야형지를//만나보재

다풀다풀//다박머리//해다진데//너어데가노
우리야부모님//산소등에//젖먹으로//내가간다

유월이라//새빅달에[85]//총각둘이//도망가네
석자야수건을//목에다걸고//총각둘이//뒤따린다

유자캉금자캉//의논이좋아//한꼭다리//둘셋여네
처녀캉총각캉//의논이좋아//한벼개에//둘이잔다

장사장사//황배장사//니젊어진게//무엇이냐
산호동곳//오등비녀//팔선녀의//낭자로다

서울가는//선부님요//우리야선부//안오시나
오기사//오지를마는//철성판에라//실려온다

타고가는//쌍가메를//어데라두고//칠성판이
웬일인고

유월이라//두달인데//첩을팔아//부채사니
구시월이//돌아오니//첩의생각//절로난다

서울이라//한골못에//골목골목//그물쳤네
잔처자는//다빠지고//큰처자는//낚아져라

---

85) [주]새벽달 아래. 다음 줄의 '총각 둘'은 '처녀 둘'의 잘못이다.

3. 삼정걸립치기와 당산제, 등기소리 관련 면담 자료

1) 삼정걸립치기 양만근 상쇠 면담

면담일: 2016년 7월 19일

면담장소: 김해시 분성로 494번길 15(삼정동), 삼정2구 경로당

조사자: 김헌선, 김은희, 시지은, 지연화

제보자: 양만근(梁萬根), 1941년생, 뱀띠

-출생과 형제

○김헌선: 어디서 태어나셨어요, 어르신?

●양만근: 여기서 태어났지.

○김헌선: 김해시 삼정동에서 태어났다는 거죠?

●양만근: 네.

○김헌선: 옛날 주소명으로는 어떻게 돼요?

●양만근: 그때는 197번지로 되어 있었지.

○김헌선: 197번지. 아버님이 성함이 어떻게 되세요?

●양만근: 양상백.

○김헌선: 어머니는요?

●양만근: 황두남.

○김헌선: 남자 이름이네요? 황두남.

○김은희: 아들 낳으라고 그렇게 지으셨겠죠, 밑으로.

○김헌선: 아버님이 자제 분은 몇이나 두셨어요?

●양만근: 3형제. 3형제인데 놓기는 5명을 낳았는데. 살아있기는 지금 저. 뭐 하나는 멀리 갔고.

○김헌선: 둘만 살았어요?

●양만근: 네. 둘만. 끝만이 동생만. 남자 둘이 있었는데 하나는 벌써……

○김헌선: 잃어버렸어~

●양만근: 하나는 살아 있고. 우리집 밑에 있고.

삼정걸립치기 양만근 상쇠

- 아버님의 걸립활동

○김헌선: 아버님께서는 걸립치기는 안 하셨어요?

●양만근: 했지.

○김헌선: 뭘 하셨어요? 아버님께서는.

●양만근: 아버지 장구도 치고. 장구도 치고. 내가 할 때는 동네 앞에 누 집에 치겠노 그거 저 지금 말로 섭외하러 댕겼지.

○김헌선: 섭외. 화주 노릇을 했어요? 화주라 그랬어요?

●양만근: 내가 할 때는.

○김헌선: 그러니까 우리 양만근 어르신께서 직접 할 때는 아버님께서 섭외를 하셨는데. 그 때 이름이 뭐였어요? 섭외라 그랬어요? 화주라 그랬어요? 뭐라 그랬어요?

●양만근: 그냥 집집마다 누 집에 칠라노, 안 칠라노 그 물으러 댕겼지.

○김헌선: 따로 이름이 없어요? 그렇게 하는 역할을 맡은 사람 이름이 없습니까?

●양만근: 이름은, 이름은 없고. 그냥 동네 가가호호로 먼저 앞에 다니면서 칠라나 안 칠라 나 물어보러 댕긴 거지. 그라면 어떤 집에 가면 우리집은 안 칠란다 그카고 돈을 주기도 하고. 그 다음은 저, 칠 사람은 우리 오늘 몇 시에 오겠다 카면 그거 약속을 해놓고.

○김현선: 그럼 그건 정월달에 그렇게 했단 말씀이죠? 칠 건지 안 칠 건지. 그니까 지난번에 말씀해 주시기로는 6일하고 7일 사이에 하신 거죠? 7일, 8일.

●양만근: 아니지. 8일까지는 연습을 해요.

○김현선: 8일까지는 연습을 하고.

●양만근: 연습, 연습을 하지. 연습을 해 가지고 보름까지 치는 거지.

○김현선: 보름까지~

●양만근: 네.

○김현선: 연습은 주로 어디서 하셨습니까?

●양만근: 인제 보면 이원출이라고. 이원출씨 댁이 마당이 넓고, 좀 만만고 하니까. 거기가서 쫙 모여가지고 연습도 하고, 의논하고 이래.

○김현선: 그러니까 아버님 양상백 어르신도 장구도 치다가 선생님께서 나서서 치기 시작할 때는 섭외같은 거 하러 다니시고.

●여영득: 꽹과리도 치던데.

●양만근: 꽹과리도 치지. 장구치는 사람이 꽹과리 못 치는 사람……

○김현선: 어머님도 보신 적 있으세요? 시아버님이시죠?

●여영득: 네. 23살에 봄에 여 왔으니까, 쫙 봤다 아입니꺼.

– 아내 여영득

○김현선: 어머님은 어디서 시집오셨어요?

●여영득: 청도요.

○김현선: 굉장히 멀리서 오셨네. 안태고향이 청도다 이 말씀이신가요? 청도 어디세요?

●여영득: 그 청도카면은 밀양 올라가서 유청 가는데 고서 갈래.

●양만근: 청도 매전면.

●여영득: 매전면 내동카는 데가 있어요.

○김현선: 매전면 내동. 왜 이리 오셨어요?

●여영득: 모르게, 나도 모르고예. 우리 오촌 아재가 여 살아 계시서. 그래 중신을.

○김현선: 중신. 우리 어머님은 이름이 어떻게 되세요?

●여영득: 여영득.

○김현선: 여영득. 그러면 이 입 구자 2개 쓰는 여(呂) 씨인가요?

●양만근: 맞어, 맞어.

○김현선: 영득. 영득은 한자로 어떻게 쓰세요?

●여영득: 길 영(永)자. 얻을 득(得)자. 우리 아버님이, 우리 아부지가 학자였어서.

○김현선: 한문 학자셔서. 중신하셔서 23살 때 오셨을 때가 몇 년도입니까? 혹시 기억하세요?

●여영득: 그때 몇 년도인고, 모르겠어요. 하여튼 3월 달에 왔어요. 음력 3월 달에 왔어요.

○김현선: 음력 3월에.

양만근 상쇠의 부인 여영득(呂永得)

○시지은: 23살 때요? 어머님 무슨 띠이신데요?

●양만근: 개띠.

○김현선: 개띠. 거기서는 뭐 길쌈같은 거 하셨습니까? 청도에서?

●여영득: 그거는 옛날에 삼 삼고, 모시도 삼고. 뭐 그런 거 안 했습니꺼.

○김현선: 그때도 하셨어요? 어르신께서?

●여영득: 베도 짜 봤어예.

○김현선: 베 틀어서. 뭐 청도는 굉장히 유명한 데잖아요. 베 짜는 걸로. 길쌈도 하시고? 명도 잣았습니까? 미영도 했어요?

●여영득: 우리 아버지는 뭐 삼도 이래 매고, 그거 하고, 누이(누에) 믹이가 그거 뽑고. 우리 아부지가 그런 걸 잘 했어요. 할머니가 그런 솜씨가 있어가지고.

○시지은: 삼도 하시고, 그럼 누에도 하시고.

●양만근: 내가 장가가니 누에, 누에 많이 믹이.

○김현선: 어머니 그러면은 인제 삼 삼을 때, 동네 어른들한테 배웠어요?

●여영득: 인자 동네 어른보다도 우리 할머니가 계시거든예. 할머니가 계시니까.

○김현선: 친할머니?

양만근 상쇠 내외

●여영득: 네. 할머니가 인제 가리치준다 아닙니까. 할머니는 뭔가 한 번만 보면은 뭐시기든 다 하거든. 다 하고. 옛날 도복(?) 그런 것도예, 우리 할머니는 이래 따 가지고 한 번 씻고 이래하면은 자기가 자기 손으로 싹 비가 한다고. 그만이 머리가 좋았어. 머리가 좋아가 우리 아부지도 닮아 그렇더라구예.

○김현선: 어르신, 몇 살 때부터 길쌈을 하셨어요?

●여영득: 그러니까 뭐 13살 이래 될 때는예. 뭐 누에 그런 거 삼고 뭐.

○김현선: 삼 삼으셨어요? 어르신들 삼 삼을 때 뭐라고 노래하잖아요?

●여영득: 삼 삼았으이 노래하는 그러는 거는 잘 모르겠구예. 삼 한 공밭에 심어놓으면, 막 비가 와가 이런 솔이 있더라고. 길다란 거. 그런데 막 찌대예. 찌 가지고 그래가 지중 집에 가가 전부 쪄 가지고. 물에 담가가 머리 고거는 톡톡 뚜드리가 그래 찌대. 찌 가지고. 하하. 그래가 삼고. 그라더라.

○김현선: 뭐라고 하잖아요. 어르신들 이렇게 쭉 질삼. 둘개삼이라고 들어보셨습니까?

●여영득: 그런 소리는 못 들었어요.

○김현선: 처음 들어보고? 삼 삼을 때 뭐라고 하잖아요? 청도 밀양 진삼가리……

●여영득: 그런 거는 난 못 들었어요.

○김현선: 안 들어보셨고. 그럼 한 10년 정도를 길쌈을 하셨군요. 베도 짜고.

●여영득: 삼 삼고. 뭐 그래.

○김현선: 어머니께서 청도시구나. 그럼 모도 심어보셨습니까?

●여영득: 모 심지예.

○김현선: 모 심을 때 뭐라고 소리하잖아요, 어르신들이 옛날에.

●여영득: 모노래 그런 거 엄청 많이 들었는데 다 잊어버렸어. 우리 아부지 그거 잘 하거든. 그 생이(상여) 앞소리도 잘 하고 그랬어. 잘 하고 이랬는데. 그걸 이래 쓰일 줄 몰랐다니까. 그걸 알았으면은 다 그걸 내가.

○시지은: 기억하고 있었을 텐데.

●여영득: 사람 돌아가시면 염하는 것도 우리 아버지는 잘 하고. 꽃, 꽃 그런 것도 생이 꽃도 잘 만들고. 하여튼 손에 가면 안 되는 게 없어.

○시지은: 그럼 뭐 상여소리 이런 것도 잘 하셨어요?

●여영득: 뭐 예. 생이소리 그거 앞장소리 그거 억수로 좋았다니까. 맨날 내가 그때 그 소리 좀 외워놓을 꺼다 그랬다니까. 하도 좋아서.

-삼정동에서의 논농사와 등기소리

○김현선: 아버님, 여기 삼정동은 주로 어떤 일을 했습니까? 논농사를 하셨어요? 뭐를 했어요?

●양만근: 논농사인데. 타작하고 나면 모심기하고. 여기 옛날에는 여 앞이 전부 논이었어요.

○김현선: 논이었습니까?

●양만근: 네. 지금 집이 전부 들어서 있는데. 전부 논이여. 논이고. 그 다음에 밀, 보리 이런 거는 많이 심었거든. 타작 하면, 타작 하자. 모심기 하자 막 겹쳐가지고 이래.

○김현선: 어르신 타작하고 모심기하고 그러실 때, 논에 이름이 있잖아요. 저 들에 이름이 각각 논마다 이름이 따로 있었죠?

●양만근: 이름, 이름은 지정, 지정 번지가 따로 있어요. 지정 번지가 있고. 고 다음에 뭐 사람들 보면 그냥 마 가면 이거 누가 짓는다, 누가 짓는다. 넘은 도지도 많이 얻어가.

○김현선: 도지도 있었고.

●양만근: 네. 살(쌀)이 귀했어요. 살이 있는데 그거는 내 가지고 일꾼들 삯 주고 이래

할라꼬. 보리밥은, 보리밥 위에다가 인자 어른들 줄끼라고 살 조금 얹어가 이래 하지. 우리는 살도 못 얻어먹어. 우쩌다가 한 개, 쌀 한 개씩 이고 그랬지. 저 뭐 한참 6.25사변 나고 나면, 가뭄게 박정희 대통령, 아니 이승만 대통령. 안량미살. 안량미살[86] 가져와도 꿀맛 같애.

○김현선: 안량미쌀, 안남미!

○시지은: 그 어르신 여기 주작물이 밀하고 보리에요?

●양만근: 밀, 밀도 숭그고, 보리도 숭그고. 하고 나면, 나락, 벼를 심지.

○시지은: 벼도 심고. 봄에 그러면 보리 추수하고 난 다음에는 벼도 심어요?

●양만근: 네. 벼를 심지.

○시지은: 집집마다 벼농사를 다 지었어요?

●양만근: 네. 벼농사도 하고.

●여영득: 밭에는 산딸기, 딸기.

●양만근: 밭에는 산딸기도 하고.

○시지은: 어르신은 농사 언제 시작하셨어요?

●양만근: 나는 15살 때부터 논매고 이랬는데.

○시지은: 15살부터 논에서 일하셨어요?

●양만근: 네, 논에 일했지.

○김현선: 논을 몇 번 맸습니까 어르신?

●양만근: 초벌매고, 두벌매고, 세벌매고, 네벌, 다섯벌까지 매지.

○김현선: 초벌, 두벌, 세벌, 네벌, 다섯벌.

●양만근: 다섯벌 째는 골을 타 주거든. 바람 들어가라고.

○김현선: 초벌 때는 호미로 맸습니까?

●양만근: 저 경기도 저리로 가 보니까 호미로 매는데, 우리는 손으로가 주로 매고, 또 왜정 때 미는 거 있어요. 논이 여물며는 이래 밀어가지고, 부드럽게 해 가지고 손으로가…… 손으로 매고 나면 쇠팔이 다 들고 이러면 막 손에 뻘은 꽉 찼재. 쇠팔이 다 들고 나면은 쇠팔이 **한 사람도 있어요.

---

86) 인디카 쌀(영어: Indica rice) 또는 안남미(安南米)는 전 세계 쌀의 90%를 차지하는 대표적인 쌀 품종이다. 인디카는 모양이 길쭉하고, 찰기가 없어서 밥알이 분리된다.

●여영득: 뒤에, 뒤에서.

○김현선: 초벌 매고, 두벌 매고, 세벌 매고, 네벌 매고 다섯벌까지 맬 때. 마지막에 골 타주기를 했다 이 말이죠? 골 타주기를, 바람 들어가라고.

●양만근: 네.

○김현선: 그때 무슨 소리같은 건 안 하셨어요?

●양만근: 인자 모심기 같은 이런 건 하고. 그걸 등기라 카는데.

○김현선: 등기. 등지? 등기?

●양만근: 등지, 등기. 등기. 등기라 하기도 하고, 등지인가 등긴가. 등기 카기도 하고. 경 상도 말은 마. 헤헤헤

○김현선: 등기, 등지.

●양만근: 네. 등기카고, 등지카기도 하고.

○김현선: 어르신 그럼 모찌기하고 모심기를 합쳐서 등기라 그러는가요?

●양만근: 네. 합쳐가 등기. 모찔 때도 하는 게 있고 노래가, 모 심을 때 하는 게 있고. 모 심을 때도 아침에 하는 게 있고, 점심 때 하는 게 있고. 저녁에 해가 질 때 하는 게 있고 이래요.

○김현선: 어떻게 다릅니까? 이 세 가지 소리는? 아침, 점심, 저녁 소리가 어떻게 달라요?

●양만근: 인자 점심 때는 뭐 점심아 실었다 뭐 저 가져온다고.

○김현선: 점심참이 들어온다 뭐 이렇게.

●양만근: 다 잊어부렀어. 그 모심기 하는 거를. 처음에 아침에 할 때는 아침에 모 찌거든. 모쪄 가지고 그 다음에 인자 논 다른한 데 거다 전부 다 해가 모를 심고. 농사는 거의 다 뭐 한 40대까지는 늘 농사를 지었지. 하우스 농사도 짓고.

○김현선: 농악 본격적으로 치면서 나선 거는 농사하고 겸해서 하신 거죠?

●양만근: 응, 겸해가.

●여영득: 이거 자꾸 하니까예 농사가 됩니꺼? 이거 하로 댕기. 하하하

●양만근: 장개 가 가지고도, 장개 갈 때 그때도 꽹과리도 치고, 장구도 치고 그랬는데. 처갓집에. 장개 가서 놀거든. 그때는 이 꽹과리 이런 거, 장구, 북 아니면 놀 게 없어요. 요새는 전부 다 기타도 치고, 가야금도 튕그고 막 이래싸지만. 그때 는 이 장구 아니면 놀 게 없어요.

○김헌선: 등기나 등지 말고 논 맬 때도 소리를 하셨죠?

●양만근: 논 맬 때도 하는데, 나는 몰라 지금.

○김헌선: 잊어버리셨어요? 방아소리 있었습니까, 혹시?

●양만근: 방아소리 뭣을 갖다 방아소리라 하는가 모르겠는데. 등기 때, 논 맬 때, '휘우우 우우'카고 이렇게 하면서 등기를 해요. 하면 구슬프게 이래……

●여영득: 받아 주는 사람이 있고.

●양만근: 그래 한 사람이 하고 나면 또 받아 가지고 또 하고.

○김헌선: '이후'하는 거 슬픈 소리죠, 굉장히?

●양만근: 네.

○김헌선: 그리고 이렇게 쭉 논을 싸잖아요? 둘러싸서 쌈을 싸잖아요? 쌈 싸는 건 안 해보 셨어요?

●양만근: 쌈. 그냥 논을 갖다 딱딱 이라면. 여기 인자 왜정 때 구획정리를 해 논 논이기 때문에 딱 900평씩이라예. 900평인데 딱 요 그날 논맬라 하면은 딱 4명. 4명이 하면 딱 900평 딱. 논이 매진다고.

○김헌선: 논이 아주 직사각형, 정사각형 반듯하게 돼 있었어요?

●양만근: 네. 반듯하게 다 돼있었거든. 지금도 그래 돼가 있고.

○시지은: 그럼 4명이 하루면 900평을 다 매요?

●양만근: 네. 하루에, 하루에 900평을 다 모심기를 다 하지.

○시지은: 그래도 왜 4명이 잘 하는 사람 아니면 조금 일이 서툰 사람 있고 이러면 이렇게 나가는 속도가 다르잖아요?

●양만근: 다라도 막 **맹이로 따라가야지.

○시지은: 달라도 그냥 자기 줄은 자기가 하는 거예요?

●양만근: 자기가 따라가야지. 5골이면 5골, 4골이면 4골 딱 잡거든. 잡아가지고 그라면 은 4이서 하면은 골수가 5골이면 20골 아닙니까? 그래 딱 끝나. 그런 식으로. 그러면 빨리 하라고 주인은 저 우물에다가 담배갑을 갖다가 딱 갖다 놓고. 먼저 가는 사람이 인자 그거 담배.

○시지은: 그러면 4명이 일하면 담배를 한 갑을 놔요?

●양만근: 한 두서너 갑 갖다 놓거든.

○시지은: 그럼 맨 못 하는 사람은 못 갖는 거네요?

●양만근: 못 갖지.

○시지은: 900평이 20고랑?

●양만근: 아니지. 고랑 수는 그 보다 영 많지만은. 이 나락 포기가 요래 요래 심어난 골이, 5골 딱 잡으면 딱 이래 딱 매기 돼 있어요.

○시지은: 한 줄로 쭉 가게 돼 있어요?

●양만근: 사람이 가면 5줄이라. 5줄을 매고 간다 이 말이지.

○김은희: 한 번에 그러면은 논 하나에 4명씩만 들어가고. 다른 논에는. 두레 매면은 사람들이 여럿이 나올 꺼 아니에요. 동네에서.

●양만근: 아니, 가면 얼추 같이 가요. 같이 가. 이빠이 가고 나면 거서 또 매가 이리 또 오고. 그래가지고 매고.

○시지은: 그렇게 농지 정리되고 나서, 900평씩 정리되고 나서도, 일 할 때 소리하고 그랬어요?

●양만근: 소리하지. 그 모심기 하면 등기도 하고. 보리는 보리타작대로 하고. 보리타작은 딱 7명이 한 조라. 그럼 인제 900평 두고 딱 두드리는데 7명이 한 조가 되어가지고 그래 두드리고.

○김현선: 보리타작할 때, 개상질을 했습니까? 태질을 했습니까?

●양만근: 도리깨 가지고.

○김현선: 도리깨로? 마당에다 이렇게 놓고?

●양만근: 그 인자 논에다 터를 닦아요. 터를 닦아가지고 밟아가지고. 그래가 넘 저 두드려가 깝디기 가져와가 새로 거처가 그거를 해놔 놓고. 그래가 가마떼기 이래가지고 밟아가지고, 그래가지고 한 이틀 있으면 쫙 말라붙거든. 그럼 그거를 이래해 가지고 네 골로 탁 해가지고. 한 조가 7명이다. 7명.

○김현선: 그럼 7명 가운데 도리깨는 몇 명이 잡아요?

●양만근: 목도리깨가 하나 있고, 그 다음 좀도리깨. 그 다음 5명은 이 짝에서 디비 주고 뭐 이라기 때문에, 때리라카면 한받이야, 끝받이, 첫받이. 이래 이름이 있어.

○김현선: 소리는 어떻게 했습니까? 그거 할 때 소리 하잖아요?

●양만근: 소리 했지.

●여영득: 어와 때리라 캐사며 안 캐나?

○김헌선: 어머니가 잘 하시네.

○김은희: 많이 해보셨어요?

●여영득: 그래 한다니까.

●양만근: 소리하는데. 인제 칫받이야 때리라 이래하거든. 칫받이, 치단받이, 한받이. 한받이로 갔다 고 다음에 무슨 받이로 가더라? 받이로 가고. 허단받이, 끝받이. 이런, 요런 식으로.

○김헌선: 고 일한 사람들, 뒤집어 주는 사람들을 받이라 그랬군요?

●양만근: 네. 끝받이, 한받이, 치단받이, 허단받이. 그리고 5명하고 좀도리깨하고 딱 7명이야. 딱 7명이라.

○김헌선: 한 조가 돼서. 칫받이, 한받이, 허단받이, 끝받이.

●양만근: 그래 5명 요짝에 스고, 그 다음 이짝에 목도리깨하고, 인자 이짝에는 좀도리깨.

○김헌선: 그럼 소리, 선소리는 누가 내요?

●양만근: 소리 인제 목도리깨가 치단받이 어와 카거든. 어와 때리라 어와 카고. 여럿이 장악하는 거는 어와 어화 카고. 이제 노래하는 거는…… 목도리깨가 노래하고.

○시지은: 그러면 그 다섯 명, 치받이, 치단받이. 이 사람들이 하는 일이 달라요? 서서?

●양만근: 인자 목도리깨하고, 목도리깨하고 나면. 요기 인제 넉 줄로 딱 하거든에. 그러면 한 줄 딱 하고 나면은 고 다음에 요거 또 시작할 때는, 처음에는 오우헤야 이렇게 하거든. 들어가기 때문에 천천히 인자.

○김헌선: 느린 소리로.

●양만근: 오우헤야 카면 따라서 따라서 오우헤야 이렇게 하고. 아침에 같으면 동해, 동해 뭐 카드나.

○김헌선: 동해 동녘 솟은 해는.

●양만근: 동해 동산에 해가 떴는데 인자 그 카면 오우헤야 하고. 그거는 한 가지야. 그 하는 거는 장하는 거고.

○김헌선: 그럼 인제 보리타작 하면서 논 벌써 삶아가지고. 쓸어가지고 또 논 준비하는 거죠?

●양만근: 그거는 인자 뚜드리고 나면은 가래를 들어오거든.

○김헌선: 가래. 물 푸는 가래 말씀입니까?

●양만근: 아니지. 가래가 나무로 가지고 이래 해 놓은. 산맷줄로. 산맷줄로 이래가. 가래로 가지고 디라고마. 바람이 많이 안 부니까. 인제 가래로 가지고.

○시지은: 꺼풀은 그럼 날아가고!

●양만근: 그렇지. 날아가고.

○김헌선: 가래에서 그 보리, 곡식 거두려고 그렇게 한 거죠? 바람에 불려가지고? 그거를 가래로 하고. 혼자서 가래를 했습니까? 여러 사람이?

●양만근: 인제 모아주면은 또 채이나 이래가지고 소쿠리나 가지고 들어오는 사람들도 있고. 같이 와 합동으로 이래 하지. 합동으로 하고.

○김헌선: 근데 그거 다 해서 곡식 거두면 다시 논일 시작하는 거죠?

●양만근: 그거 하면 전부 집에다 다 지다 올려야 돼. 옛날에는 뭐 차고 이런 것도 없어요. 전부 지게로 지고 다 올렸거든. 쌀보리 같은 거 이런 거는 무거워요. 한 가마 해놓으면. 한 80kg 그쯤 나가이께네. 얼마나 무겁노. 엔간한 사람은 들도 못 해요. 그러고 인제 또 나는 섬을 만들어가지고.

○김헌선: 섬, 가마니보다 더 크잖아요.

●양만근: 더 크지. 그럼 진짜로 장골이 아니면은 못 지어요.

○시지은: 어르신은 그거 잘 드셨어요?

●양만근: 아니, 나는 그런 건 못 져. 이 힘이 약한데. 인자 보리 같은 거 이런 거는 한 가마니 지면은 한 짐이라예. 그래도 뭐 일꾼이니까 어깨가 아프거나 어쩌거나 미고 가야 하는 기라. 짐 다 보리고 뭐고 전부 다 그 집에, 밤 12시라도 그놈 다 해놔야 집에 가는 기라. 요새 같으면 해 6시 되면 해 질라카면 전부 6시 딱 되면 시마인데. 안 그래. 아침에 또 일찍 깨배러 온다고. 한 4시 돼서 깨우러 오거든. 그러면 거기서 인자 해장, 밥 한 숟갈을 준다고. 아침 일찍 나가면 무슨 밥맛이 있노. 쪼개 무고나면 쪼개 점심 조금 하고 나면 배가 고파 갖고. 또 보리밥 무노니 소화가 잘 돼 가지고 방구도 픽픽 껴 쌓고.

○김헌선: 그럼 어르신 그렇게 지금 말씀하신 보리타작해서 거둘 때, 특별하게 품앗이를 했습니까? 품삯을 사서 했어요?

●양만근: 품앗이 사는 사람도 있고. 서로 서로 도와주고 서로 서로 품앗이하고. 안 그러면

돈을 받고 가기도 하고.

○김헌선: 돈 받는 건 품삯을 산다 그랬어요? 뭐라 그랬어요? 일꾼을 사는 거잖아요. 품을 사는 겁니까?

●양만근: 품 사는 격이지. 품앗이는 내가 해주면은 거 가서 또 해줘야 하고. 돈을 받고 하는 거는 인자 지금 말하자면 그 집에 하루 가서 돈을 받고 일을 해준다는 뜻이지.

○김은희: 품을 산다고 해요 그거는? 돈 받고 사람 사는 거는 품 산다 그래요?

●양만근: 품 산다. 품 산다.

○시지은: 품 산다 그래요? 일꾼 산다 그래요?

●양만근: 품 산다 하지. 주인은 일꾼하고 품 산다 이카지만. 그 사람 가서 품 산다 캐야지.

○김헌선: 보리농사도 도지를 준 적이 있습니까?

●양만근: 보리농사는 도지를 주는 게 아니고. 자기가 농사 많이 짓는 사람은 다 못 짓거든. 그래노니께 딴 사람들이 심어 먹어라 이카면. 심어 먹어라 카면.

○김헌선: 심어 먹어라 그랬어요? 쌀농사하고 보리농사하고 다르군요, 그게.

●양만근: 다르지. 쌀농사는 참 부잣집이라도 살(쌀)밥이래 먹고 그랜 건 안 했거든. 또 그때는 살기가 어려웠고.

○김은희: 그럼 여기 논이 전체가 몇 평 정도가 있었어요?

●양만근: 길 알루는 학교 말고는 전부 다 논이었어. 여기 다. 안동 저리도 다 논이었고.

○김헌선: 안동이라 그랬어요?

●양만근: 안동 저 한일합섬 있는 데. 저 공장 있는 데.

●여영득: 초슨대, 초슨대 절로. 초슨대(초선대)87) 밑으로 전시 논이 있었어요.

●양만근: 전부 다 논이었어.

---

87) 경상남도 김해시 안동에 있는 초선대(招仙臺). '신선을 초대한다'는 초선대는 '현자를 청한다'는 초현대라고 불리기도 한다.

-삼정동 1구, 2구, 3구

○김현선: 어르신 옛날에 여기 삼정 3구까지 있다고 그러셨잖아요? 1구는 이름이 어떻게
　　　　 돼요?

●양만근: 삼정1구는 1구대로 이 경계가 있어요. 아끼아마. 아끼아마집 있는 데서 저쪽에
　　　　 는 삼정1구고. 요짝에서는 요기가 삼정2구가 되고. 그 다음에 어방1구인데, 청
　　　　 석이라 카기도 하고, 어방1구라 카기도 하고.

○김현선: 왜 청석이라 그랬습니까?

●양만근: 돌이 청석이 많이 나온다 해 가지고 청석이라 하기도 하고. 어방1구라.

○김현선: 그러니까 거기 3구면서도 어방1구에 속하는 거군요?

●양만근: 거는 3구가 아니고 어방1구고. 삼정3구는 전산. 전산이 있어요. 지금 저 요 봐
　　　　 도 보여요. 섬이라 섬.

●여영득: 저 밑에 섬이라 마 그런 산이 하나 있어예. 거는 전산.

○시지은: 전산?

●양만근: 그래 삼정3구가 전산이야.

○김현선: 그럼 어르신 삼정 이름이 있어야 하잖아요. 이름이 뭐였어요, 여기는? 아까 아
　　　　 끼야마에서부터 저리 있는 데까지 1구라 그러고.

●양만근: 저는 삼정1구고. 저 짝에는. 여는 2구고.

○김현선: 지난 번에 뭐라고 마을 이름을 말씀을 하셨는데.

○김은희: 옛날 무슨 마을, 무슨 실 뭐 이런 거 있잖아요.

○김현선: 지난 번에 뭐라 하셨어. 적산가옥이 있어서 뭐라 했고.

●양만근: 아 마초반? 마초반은 요 밑에.

○김현선: 순우리말은 없었어요? 우리말로 고을 이름을 말하는 건 없었고? 마을 이름을?

●여영득: 우리말로는 없고 마초반이라 캤죠.

●양만근: 마초반 그냥 마초반 카고. 옛날에 왜정 때, 그 사람이 이름이 마초가 돼 가지고
　　　　 그게 마초반이라고. 이래.

○시지은: 그럼 그 마초반(마초)88)은 1구, 2구, 3구 중 어디에요?

---

88) 1981년 7월 김해읍이 시로 승격함에 따라 김해시 삼정동은 행정동인 활천동(活川洞) 관할 하에 있게

●양만근: 2구로 들어오지. 열꽃섬(열고섬)도 있었고. 열꽃섬하고, 열꽃섬도 2구라. 마초반도 2구.

○김현선: 또! 마초반, 열꽃섬 말고 뭐가 있었어요?

●양만근: 초선대. 초선대는 어방3구고. 저기 인자 저기는 전산은 삼정3구고.

○시지은: 본동? 본동은 어디에요?

●양만근: 부언동. 부언동이지. 부언동은 시청 있는데 거기. 전산이라 캤거든. 전산인데. 그건 부언동이야 부언동. 부언동이지. 전산이라 카거든. 전산이라.

○시지은: 남산지기는 뭐에요? 남산지기?

●양만근: 남산지기. 그거는 남산지기라 카지.

○시지은: 그거는 1구, 2구, 3구 중에 어디에요?

●양만근: 그거는 김해시 쪽으로 들어가는 데야. 삼정동이 아니지.

○시지은: 삼정동 옆에 있어요?

●양만근: 삼정동은 그 옆에. 옛날에 고랑이 요래 돼 가지고 있었는데. 요짝 안으로는 삼정 1구고, 요기는 2구 되고.

○김은희: 근데 왜 삼정동이라 그래요? 삼정동이 왜 삼정동이 됐는지 유래는 못 들어보셨어요?

●양만근: 그때 들어보니 미산정. 미산정이라는 이름을 지었어요. 고것도 얼마 안 가서 또 삼정동으로 변동을 했어요. 삼정승이 나온다 캐가지고 삼정동이라 해.

○김은희: 옛날 풍수에? 옛날 풍수에 여기가 삼정승이 날 동네다 해서?

●양만근: 네. 우리가 듣기에는 삼정승이 살았다는 이런 말을 들었는데. 살았다는 그런 말을 들었는데. 그래 그게 인자 정승이 살았다고 해서 여기 못도 있고 그래 했거든. 그래가 매(묘)도 있고. 매도 찾으러 왔어요, 서울서. 이가(李家)라 카더라고. 그래가 누가 가르쳐주나 안 가르쳐주거든요. 다 뺏길까 싶어서 안 가르쳐준다고요, 아무도. 봐도 전부 짚고 있으니께. 그런 거는 다 찾으러 온 거는 알지. 어릴 때니. 어릴 때라도 나이가 한 고 때는 21살, 19 요런……

○시지은: 아까 뭐 안동? 안동은 어디에요? 삼정3구?

되었다. 삼정동에는 마초·열고섬·남중·남역·삼정곡 등의 마을, 야산인 알매 등이 있다.

●양만근: 아니. 어방 1구도 있고, 2구도 있고. 고 다음에 삼방동이 있고. 삼방동도 1, 2구 있지?

●김재석 사무장: 그냥 삼방동이고, 삼방동이고 고 밑에 안동이 있습니다. 따롭니다.

●양만근: 게내(개내)도 있고. 게내(개내)라 카기도 하고. 게내가 내 안동이고 그렇지. 그래 모단이라 카기도 하고. 그 다음에 서남.

●김재석 사무장: 모단은 저 진해고.

○김헌선: 안동이 게내라 이 말씀이죠?

●김재석 사무장: 안동에 게내마을이 따로 있어요.

●양만근: 게내마을이 따로 있어요.

○김은희: 그거는 바다쪽? 바다로 연결되는 데를 게내라 하는 건가요?

●김재석 사무장: 게내가예 옛날에는 지리학적으로 보면 바다와 바로 연결되더라구예. 갯벌 같은 거. 조개 캐먹고 뭐 이라며.

-걸립치기 내력, 상쇠 내력, 집안 내력

○시지은: 어르신 이거 치는 거는 언제 뭘로 시작하셔서 어떻게 상쇠까지 하시게 된 거예요?

●양만근: 처음에 학교 가기 전에, 국민학교 가기 전에 이 쇠소리가 나면은 가서 딱 듣는기라예. 듣고 있다가 그라면 인제 쪼마난 양재기나 가지고 두드리고. 그래 두드리고 그 다음에는 인자 6.25 사변 나고 나면은 인자 도람통(드럼통)을 가지고 다라이로 만든 게 있어요. 고게 또 소리가 참 멋지게 나. 그래 한쪽만 여 때리고. 여 딱 때리면 장구소리 맨치로 붕붕 나고 이래. 돌구통, 돌도구통에다 얹어가지고. 그래가 딱딱 추면 누가 뚜드른가 싶어서 막 담을 넘어다 보고 이래 쌓구만.

그때는 어디 있었노. 아버지가 옛날 왜정 때, 과수원 밭을 어방동에 있었거든, 어방동에. 왜놈들 신용을 얻어가지고 아버지가 일을 해주고, 품삯을 하고. 그런데 그게 인자 어머니 인자 일쩍 돌아가셨거든. 그래 그 바람에 인자 옛날에 아키야마가 농사를 다 관리하고 했는데. 해방이 딱 되니까 그 사람들 일본 가 버리니까 전부 아버지끼야. 전부 다. 저 한일합섬, 빙그레니 뭐 저런 거 전부 다 우리 논이었다. 좋은 논은 다 우리 논이야.

그런데 옛날에는 땅값이 없어. 넘의 집 일년 살면은 논 한 구역도 샀어요.

논 한 구역이 900평이거든. 한 구역씩 산다고. 그만치 가치가 없었어요. 터는 그리 많애도. 그래 어방 거게서 옛날에 박해수란 사람이 있어요. 그 사람이 우리 밭을 샀거든. 그 사람이 박정희 대통령한테 상도 받고 그랬거든.

○김은희: 6.25 때 도라무통에다 장구치신 거 말씀하시다가 아버지 얘기는 왜 나온 거예요?

●양만근: 고거 소리가 잘 나서 내가 얹어놔 놓고 뚜드리고 이라면 동생들은 춤춘다고 막 이래쌓고. 동생들하고 나이 차이가 많이 나거든. 고 밑에 동생이 둘이가 죽어버렸기 때문에. 그래서 인제 나이 차이가 많이 나. 그래 남자 3형제라. 그라니께 두 살 들던 해, 막내 동생 두 살 들던 해에, 낳아 가지고 8개월 만에 어머니가 돌아가셨거든. 그러고 나니 춤춘다고 하면 7~8살 요래 묵었을 때. 그때는 내가 제법 진 택이라.(컸을 때라) 그라니께 춤을 추지. 그래가 인제 좀 안 되는 거는 우리 상쇠한테 가서 요거 우짭니까, 우떻게 칩니꺼 물어보고. 요새 같으면 막 악보를 정해가 막 이래하지만은. 악보를 정해도 그렇게 용하게 그렇게 못 치거든.

○김헌선: 그때 상쇠 어른한테 여쭤보셨다 그러는데 누구에요? 상쇠 어른이?

●양만근: 김용택.

○김헌선: 김용택 어르신 위에 정치봉인가요?

●양만근: 네, 정치봉.

○김헌선: 김용택 어르신한테 여쭤보면 자세히 일러주셨어요? 가락을?

●양만근: 네.

○김헌선: 어린 아이한테도 그렇게 일러줍니까?

●양만근: 그때는 나이가 한 30 그쯤 됐으니까.

○김헌선: 근데 아버님께서 아까, 아끼야마 그 관리하던 사람 밑에서 신임을 얻어가지고 일을 했다가 집안이 해방되고 나서 좀 잘 사셨겠네요?

●양만근: 그때는 큰집도, 큰집이 요 우에 있었거든. 큰집에 소도 주고. 막 이래, 많이 그것도 하고.

○김헌선: 그 많은 재산은 어디 갔습니까?

●양만근: 그 재산 그거, 어머니 돌아가고 나니께 뭐 싹 없어지대~

○김헌선: 아버님께서 다시 얻으셨어요, 어머니를?

●양만근: 어머니 얻어가지고.

○김현선: 그러셨구나. 그러니까 그때가 몇 살이셨습니까? 어머니 막 돌아가시고 이랬을 때가?

●양만근: 11살.

○김현선: 설움을 많이 당하셨구나. 재산은 재산대로 없어져버리고. 고생도 많이 하시고. 동생들도 고생 많이 했겠네요, 같이?

○시지은: 그거 막 그릇 두들기고, 드럼통 두들기고 이러면 아버님께서 하지 말라고 안 그러셨어요?

●양만근: 그래 안 해요. 또 아버지하고 있을 때 이래 두드린 것도 아니고. 할 게 없으니까. 옛날에 농사지으러 나가면 어른들은 밤에 해가 다 져가 뭐 날이 새가 들어올 때도 있고. 이러는 기라. 그렇지. 그냥 이래 우리는 아이들은 놀 게 없으니까네. 그런 거나 하고 이라지만. 두드리고 자기 취미가 있으니까 그래 하는 기지. 징소리만 나면 어쨌든 그 가는 기라. 가가 듣고 와서 또 연습하고.

○김은희: 누가 가르쳐준 거 아닌데 그냥 어르신이 들은 것만 기억하고 와 가지고 집에서 연습하고 그러신 거예요?

●양만근: 연습하고. 그리고 안 되는 거는 쇠를 치다가 그때는 가서 물어보고 이래 했지만. 그 당시에는 그리 치도, 스물한 살 먹고 이럴 때는…… 옛날에 이승만 대통령 4.19, 대통령 할 때 그때는 자유당 때 아닙니까? 그 때는 애고패고[89] 인자 치러 댕기고 이랬거든. 그람 쇠가 잘 치 주야, 북만 동동 치가, 치면 쇠가 잘 치면은 어울리는 게 틀려요. 쇠가 잘 치면은 북만 동동 치 주도. 그냥 막 그냥 둥둥 이래 치 주면은 쇠가 딱 요리를 하거든. 그래 치 주고, 옛날 동래 금강원에 이런 데 댕기며 많이 쳐 줬어요. 뒷뜰에 해치한다 카면은 초선대 거는 해치하는 그런 곳이라요.

○김현선: 해치가 뭡니까?

●양만근: 해치카는, 해치한다 이 카지.

○김현선: 그러니까 일종의 봄놀이 하는 거지요? 야유회 비슷하게?

---

89) '애고패고'는 경상도 경남 사투리로 '떠들다' '외치다' '퍼뜨리다' '떳떳하고 당당하게' 등의 뜻으로 쓰인다.

● 양만근: 놀이, 야유회.

○ 김현선: 꽹과리하고 그런 걸 가져와서 거기서 놀았어요?

● 양만근: 북 하나, 꽹과리 하나, 징 하나, 장구 하나 이래가지고. 그래 거기가 둘이 서이 치는 게 아니고. 또 비싸서 못 사요. 쌀로 갖다 한 가마니 치면 반 가마니 팔아야 장구 하나 사는데. 아무나 거 못 사요. 요즘 같으면 뭐 돈이나 뭐 많이 벌고 하니께 사서 와 이래 같이 하지만. 그 당시에는 없어서 못 샀다. 돈이 없어서.

○ 김은희: 그럼 이거는 북이나 이런 장구나 이런 거는 개인이 갖고 있는 거예요? 아니면 동네에서 공동으로 갖고 있는 거예요?

● 양만근: 동네 공동으로 갖고 있는 것도 있고. 개인이 꽹과리 같은 거 하는 사람은 자기가 사야지. 동네에 있는 것도 있지. 있는데 쫌 친다 카면은 자기 꽹과리가 있어야지.

○ 김현선: 동네마다 해치를 하면 그때 다 어르신께서 놀아주러 다니셨어요?

● 양만근: 네. 그때 놀아주고. 그때 최고로 하루 종일 일해 봐야 500원밖에 못 받는데. 2000원 받아 본 적이 있어요.

○ 김현선: 놀아주시고?

● 양만근: 2000원 하면 요새 애들은 200만원 돼. 가치가. 2000원 카면 200만원 돼요. 집도, 집 하나 살라캐 봐야 몇 잎 안 되거든. 한 5만원만 주면 집 샀어요.

○ 김은희: 2000원 벌어가지고 어떻게 하셨어요?

● 여영득: 아버지 갖다 드렸지. 그 시기엔 벌면 아버지 갖다 드렸어.

○ 김현선: 몇 살 때 어르신이 그렇게 하고 다니셨습니까? 아직 결혼 안 하시고?

● 양만근: 네. 결혼 안 했어요. 21살 먹어서부터.

○ 김현선: 갖다 드리면 좋아하셨어요? 아버지께서 좋아하셨어?

● 양만근: 그때 농사짓고 나면 뭐 할 일이 없거든. 할 일이 없으니까 그런 거. 그래 놀이로 써 전부 다 놀러를 가면은 가고. 또 칠라 카면 날로 부르더만은. 불러가 가면 치 주면 거서 또 돈을 몇 잎 주고. 그람 팁이 또 많이 나와요 또, 여자한테. 총각이 되어 놓으니까네. 헤헤헤헤~ 막 이래 호주머니 여주고만.

● 여영득: 여줘도 집에 오면은 아버님 다 주더라. 내하고 살 때.

○ 김현선: 효자시구나. 죄송하지만 아버님은 언제 돌아가셨습니까? 몇 살에? 어르신 몇 살 때?

●양만근: 몇 살 됐나? 그러니까 내가 한 47됐나?

○김현선: 47때? 그때까지 건강하게 사셨어요? 어르신께서?

●양만근: 네. 나중에 암으로 돌아가셨는데. 그래가지고 요새 같으면 내가 살릴 낀데. 그때 가 돼 놓으니까 치료가 안 되이께네. 그래 하는지도 몰랐고. 딴 방도로 해서 고친단 그런 것도 몰랐고. 그래가 인제 고생도, 고생도 많이 했어요. 고생도 말도 몬 하고. 그 고생이라 카면 막. 그래서 내가 이바구를 잘 안 하려고 하지.

○김현선: 그래도 말씀을 하셔야죠. 그게 살아온 삶의 소중한 부분이고. 거기서 우러난 게 농악이고, 걸립치기니까.

●양만근: 그거 할 때는 이거 칠 때는 놀고 이라면, 노래 부르고 이라면은 노래장단을 쳐 줘야 되고. 또 인제 그 놀구로 할라카면 노는 장단을 쳐 줘야 되고. 그러고 인제 그런 식으로 차고 치 주면, 기분을 맞차 줘야 팁이 나오지.

○시지은: 그때 같이 어울려서, 해치 같이 어울려서 다녔던 분 있을 것 아니에요? 또래?

●양만근: 나는 이런 거를 하기 때문에 그런 데 댕기지만은, 그 노는 거기서 북만, 북도 올케 치나 카면 올케 치지도 몬 해요. 장구도 올케, 장구도 치도 좋다 좋다~ 좋다 좋다~ 하는 거 '합따쿵따 합따쿵따' 이게 좋다 좋다~ 이거든. 뭐 치 주면 은 북은 쿵쿵 두드리고. 징은 거기에 맞춰서 첫 박에 한 번 딱 때려주면 되는 기고. 그걸 자기들이 잡고 치면은 나는 쇠만 가지고 요리를 해주는 택이지.

○시지은: 아~ 그러면 놀러온 사람들이, 다른 악기는 놀러온 사람들이 치고. 어르신은 가서 꽹과리 잘 쳐주시는 거예요? 다른 악기는 놀러온 사람들이 치고?

●양만근: 그렇지. 그래서 꽹과리는 내가 가지고 가지. 꽹과리는 내가 가지고 가는데, 북하 고 이런 거는 즈그가 맞춰가 가오지. 지그들은 꽹과리가 안 되니께네 그래 날로 부르는 거지.

○시지은: 혼자 가서서 그럼 하루에 2000원을 버셨단 말이에요? 그러면 2000원 아닐 때 는 보통 얼마씩 받으신 것 같아요?

●양만근: 그때 1원짜리, 1원짜리 쓸 때라. 1원짜리도 쓰고 이럴 땐데. 1원짜리 있으면은 대포눈깔이가 요래, 눈깔이 이만큼 큰 게 있어요. 그런 게 한 11개 줘. 1원짜리 줘도.

○시지은: 그러면 그렇게 해치 많이 다니셨을 때가 몇 살 정도셨어요?

●양만근: 고때 마 내가 볼 때는 지금 확실하게 기억이 안 나는데 한 17세 정도 되어서도 내가 쳤지 싶어요. 그때는 그 친척집에 장가들고 이래 가면은 많이 가거든. 가면 그런 데 가서도 쇠 쳐주고 놀고, 같이 놀고 이런 게 많이 있기 때문에.

○시지은: 그게 한 몇 살까지?

●양만근: 17~ 17, 18, 19, 20살. 요거 할 때는 하긴 했는데 그래 하긴 했는데. 요 취재할 때가 이두현 박사 취재할 때 67년도거든. 그래서 그게 그리 댕기지. 그 앞에는 내가 댕긴다카면 내가 가서 많이 가서 치 주고. 그런데 최철수라고 있어요. 우리 여기 징치고 하던 사람이.

○김헌선: 최철수?

●양만근: 최철수. 그 책에 올라와 있어요. 그 사람이 징을 치고 이래하면 징을 치도 쇠 넘구기 이 득배기 장단 고거 치는데 잘 쳐요. 그래 그 사람도 많이 댕겼어.

○김헌선: 어르신 그럼 정월달에 하는 당산제 있잖아요. 당제, 걸립치기 하는 거. 그거 말고 해치할 때 하고, 혼인식 하거나 친구들 장가가고 쳐 주는 거 말고 또 어떤 때 농악을 치고 노셨습니까?

●양만근: 그런 거 하고. 고 다음에 농악, 농악하는 거는 대회 나가고 이런 거는 안 했고. 그 당시에 대회 이런 거는 안 했고. 안 했고 마 주로 봄 되면은 전부 다 계를 많이 모은다. 놀라갈, 놀라꼬. 계를 모아가지고 그라믄 날 받아가 인자 이래 해치를 하고.

○김은희: 그럼 해치는 이 근방에서 노는 거예요? 아님 멀리까지?

●양만근: 동네에서도 놀고, 동래 금강원에 갈 때도 있고. 동래 금강원에 가서 노니까, 그때는 양아치도 많았어요. 그래 여자들이 주로 보면 주로 남자들이 많이 서이, 같이 이래 어울리서 놀고 이러진 않았거든. 이 여자들이 주로 많이 놀면, 이 보리밥 먹다가 소주 한 컵을 묵고 나면 몸을 관리를 못 하는 기라. 그래싸니카네 이 전두환이 때 그때 이거 그거를 중지를 시켜버린 거라.

○김헌선: 이제 어르신 다시 쫌 여쭤볼께요. 이게 굉장히 중요한거네. 그니까 어르신께서 해치다니시면서 팁도 받아오시고 돈도 받아오시고. 그렇게 해서 농악도 했고. 걸립치기 해서 정치봉 어르신이라던지 김용택 그런 분네들하고도 같이 인제.

●양만근: 그거는 와 치는가 하면 내가 치러 댕기면 쇠를 잘 치니까. 니 해라 카고.

○김현선: 어르신 부쇠로 데려 오셨어요?

●양만근: 그렇지. 아부지, 아부지하고도 같이, 작은아버지하고도 같이 놀고. 큰아버지도 같이 놀고.

○김현선: 큰아버지는 이름이 어떻게 됩니까?

●양만근: 양기복

○김현선: 양기복. 작은아버지는?

●양만근: 양수복. 그 작은아버지는 인자 왜정 때 조여와가지고 굴 뚫다가 굴이 폭파. 앞에 다이나마이트 여놓은데 그 옆에다 모르고 하다가 그게 터져가지고. 그래 마 온 전신, 얼굴이고 뭐고 똑 이래가지고. 살이 이런 데 코 다 날아가 버리고. 그래가 지고 살이 나가 버리니 여는 구멍이 뻐끔. 다른 사람들이 보면 똑 문딩이맨치 이렇게 막.

●여영득: 난 맨 처음에 시집와서 문딩인 줄 알았어요.

○김현선: 양수복 작은아버지는 주로 어떤 악기를?

●양만근: 포수. 포수.

○김현선: 양기복 큰아버지는?

●양만근: 큰아버지 꽹과리도 치고, 장구도 치고. 내 우에 할아버지. 할아버지도 소고니 뭐니 이런 거 잘 했대예.

○김현선: 할아버지는 함자가 어떻게 되셨어요?

●양만근: 양인후.

○김현선: 할아버님이 소고도 치시고. 아버님도 하시고.

●양만근: 네.

-걸립치기 순서와 주요한 장단

○김현선: 어르신 처음에 어렸을 때, 7살 때 가락 배우셨잖아요? 주로 어떤 가락을 치셨던 거 같아요? 좋다 좋다 가락을 치셨어요? 어떤 가락을 치셨어요?

●양만근: 그때 인제 그냥 '좋다 좋다' 하는 이 가락이라. 주로 보면 좋다 하는 이 가락이 고. 넘구고 하는 거는, 득배기카는 그거는 17 요정도 될 때. 남한(??)사람들이 딴 거는 고거는 고거를 넘가줘야만이 고게 득배기라는데 나는 그거를 몰랐어

요. '이 사람, 니 당신 이 사람 득배기 칠 줄 모르나?' 이 카거든.

그거를 넘가줘야 고게 득배기라. 고걸 안 치면 득배기가 아니라. 그냥 농악만 이래 치갔고는 득배기라 안 캅니다. 그래서 내가 득배긴 줄 알지. 그래 그 넘가줘야만이 인제 그거 글로 쓰면은 '주먹질 득 또 배벽할 배' 카기도 하고 밀 배 카기도 하고. 귀신 귀. 그람 소고를 하게 되면은 마지막에 다섯 번째는 인사를 합니다. 소고 춤 출 때.

○김헌선: 어르신 '좋다좋다' 가락하고 '넘구는 가락'하고 '득배기가락' 있다 그러셨잖아요. 구음으로 잠깐 해보세요. 긴장하지 마시고 틀려도 됩니다.

●양만근: 좋다좋다가 아니고 그냥 인제 꽹과리를, 아 애릴 때는 다 외웠구나. 우리 내가 그거 할 때는 '덩거 덩거 덩그라딱딱' 이라면은 '더덩덩덩 덩기닥쿵딱' 이랬지. '덩기닥쿵딱 쿵기닥쿵딱' 이래. 좋다 좋다 좋다 좋다라. 엇박을 치면 좋다 좋다 좋다 좋다 이래. 인제 접을 넣으면은 조금 틀리지만.

○김헌선: 접가락을 지금 치신 거죠? 접가락. 접을 넣는다는 얘기.

●양만근: 네. 접을 넣는 거 하고 틀리. 주로 '합딱쿵딱 쿵딱쿵딱' 좋다. 해줘야 춤이 나오는데 지절로. 그리고 득배기카는 거는 춤도 추지만 딱 모디를 넘가라 카기도 하고 배기라 카기도 하고. 배기라 하기도. 그래야 소고가 차고 돌고 앉고 이러거든. 소고를 안 치면은 득배기 아니라. 우리가 말 나오는 대로 하면 이 덧자라 이 덧자. ㅅ자 덧자. 이거를 쓰면 안 되요. 안 되고 '자자자자자자 장그작 작작' 카면 전부 스톱이라. 딱 이제 상쇠를 해보면 알아요. 전부 스톱이 되고. 그 다음에 '저정정정정 저정' 이러거든. 배기라는 '쟁 잭잭 잭잭잭'이라 하거든. 그 다음에 배긴다는 뜻이라. 배기라. 내쳐라. 귀신을 내쳐라는 뜻이야.

○김헌선: 그래서 그게 득배기라 그런다구요?

●양만근: 그래서 득배기.

○김헌선: 그러니까 모디가 앞이고 배기라 하고.

●양만근: 우리가 보통 인제 그 춤을 추고 하던 사람, 장 추던 사람은 이 사람 모디 한 번 넘가라. 함 배기라 카기도 하고. 그래 인제 그걸 하거나. 그라면 배기라 가면 그걸 또 모으, 모으는. 그거를 하여간 모아야 하거든 또. 다 같이 '자자자자자작' 하면 모아줘야 이기. 그래 또 이기 북이 만약에 '쿵쿵쿵쿵' 이러면 못 넘가요.

북도 '쿵 쿵 쿵' 이래 해줘야 넘가주지 안 그러면 못 넘가요. 그래가 고거를 안 치고 그냥 놀 때는 좋다 좋다, 좋다 좋다 이런 장단을 주로 많이 치거든. 그러면 좋다 좋다 하면 지절로 춤이 나오니까. 그래 고 장단 치고 있으면 남자들은 들어보면은 '이 사람아, 그것만 치면 되나. 배기라.' 이래. '모디를 함 넘가라.' 이렇게 하고.

○김헌선: 모디를 넘가라가 마디를 한 번 넘겨라 이거죠?

●양만근: 네. 그래서 모디라 카는 게 '장그라 작작'이 캐가지고 '장장장 장 자장 짝 장 작짜 으짜 으짜'이라거든. 근데 쇠만 그래 할 수가 있지. 쇠만. 넘구는 이게 짝 짝. 장구는 '더덩 덩덩덩 더덩 덩따쿵따따 덩덩'이라는데 쇠는 쩩쩩쩩 이래 하거든. 틀리지. 쇠가 아니고는 그렇게 치질 못 해요.

○김헌선: 아까 이제 배기는, 배겨라 그랬을 때는 소고들이 인제 춤을 추고 노는 건가요?

●양만근: 네. 배기는 거는 인제 소고가 춤추라꼬 하는 거지.

○김헌선: 소고가 어떤 춤을 춥니까, 주로?

●양만근: 그래 차고 돌고 앉고 그냥. 덩따쿵따 할 때는 그냥 이렇게 추고.

○김헌선: 차고 돌고 앉고.

●양만근: 차고 돌고 앉고. 그게 인제 배긴다 이런 뜻이라.

○김헌선: 배긴다는 말은 경상도만 있는 거죠? 특히 요 남쪽에만? 배긴다는 말은?

●양만근: 함 배기라 이카거든.

○김헌선: 배긴다는 말이 구체적으로 어떤 뜻입니까?

●양만근: 그런 게 '장그라작작' 캐가지고 '장그라작작' 하면 스돕이라. 춤도 스돕 딱 스돕. 스돕인데. '저정 정정정 저정'이라거든. 장구하고 이런 거는 '저정 정정정 저정'이라는데 '저정' 카면은 이게 장구가 저정카는데 춤이 될라카면은 쇠가 으짝 안 쳐주면 춤이 안 되요. 첨에 으짝 이래 치거든 쇠는 '으짝 쨍장장장 자장'고거는 같이 치고. 으짝 저정 할 때, 파바밥 칠 때. 더덩 칠 때 더덩카면은, 거서 쇠가 같이 더덩 해주면 춤이 안 되요. 으짱 이래 치 주야 춤이 으짝 이래 되지.

○김헌선: 엇가락을 쳐야 하는구나.

●양만근: 엇가락을 치야 춤이 되는 거지. 그라면 이래 이래 더덩 이래 해뿌면 안 되는기라. 같이 쇠가 이래 추면 춤이 안 되잖아. 그래서 으짜 으짜 이렇게 가는 거고.

칠 때마중 쿵 들어가는 데가 쇠를 안 쳐요. 쿵이 들어가는 데가.

○김헌선: 정박에 안 치고 빗겨 치는구나.

●양만근: 네. 쿵딱쿵딱 이래 댕기지. 그런 식으로 됩니다.

○김은희: 그걸 배긴다고 하는 말이에요?

●양만근: 아니지. 배긴다는 것은 요 '장그작 작작 자자자자자작' 할 때 모은다. 다다다 다닥 하거든요. 고거 칠라카면은. 득배기 칠라카면은 다다다다다닥 하면은 요게 일치해야 넘구는기라. 일치해야 똑같이 딱 넘어가지 안 그라면 한 사람이라도 틀리면은 이게 쇠가 넘겨주지 못 하지.

○시지은: 그럼 꽹과리가 먼저 배기기 시작하면 장구랑 북도 이제 같이 배겨요?

●양만근: 그렇지.

○시지은: 그게 딱 맞아야 넘기는 거죠? 꽹과리부터 시작해서 한 번 몰아가는 거예요?

●양만근: 맞아야 그게 되지. 춤이 되고 그렇지. 안 맞으면 춤이 안 되지. 배길라카면은 쇠가 인자 먼저.

○시지은: 잘게잘게잘게잘게

●양만근: 잘게잘게 자꾸 인자. 개수가 자꾸자꾸 많아져요. 처음에. 처음에는 '합딱쿵딱 쿵딱쿵딱'인데 '합따쿵따딱 쿵딱쿵딱'. 그 다음에 '합따쿵따닥 쿵따닥쿵딱'. 자꾸 개수가 많아지네. 그 다음에 '덩그덕 덕덕 덩그덕 덕덕 다다다 다다다 다다다 다딱' 이런다고.

○시지은: 그 다음에 '쿵따따 쿵따따 쿵따따 쿵따따'

●양만근: 그 다음에 쿵따따. '따다다 따다다 따다다 다딱' 이래. '따다다 따다다 따다다 으따딱' 이랜다고. 그 다음에 인자 배길 때는 '따다다다다다다' 일정해야 돼. 높고 낮은 그게 없고. 쩌 이래 나가지. 그러면은 '쨍그자 짜작' 카면은 이 장구하고 이런 것도 '쨍그작 짜작' 이래 나가고. '덩그러 따딱' 이래 돼 가지.

○김은희: 그렇게 하고 득배기로 넘어가는 건가요?

●양만근: 글자 그대로가, 이 주먹을 쥐라는 뜻이거든요. 그거를 마카란 뜻이거든. '다다다 다다다 장그락 짜작' 카면은 주먹을 쥐었다는 뜻이거든. 그 다음에 '저정 정정정 저정'. 장구하고 북하고는 '쿠궁 쿵쿵쿵 쿠궁' 이래 치거든. 그러면은 쇠는 '으짱 장장장 짜장' 이래 치거든. '으짱 장장장 짜장 짝 땅 땅 땅' 이러는

동안 '쟁 잭잭 잭잭잭' 이러거든. 이 붙이는데, 요 소리도 멋지게 내야 맛이 나지. 이 손막음이 잘 돼야 그 맛을 내는 기여. 안 그러면 그냥 이렇게 꽹과리만 이래 해 갖고는 맛이 안 나요. 표가 딱 나요. 요 손막음을 잘 해야 된다.

○김은희: 그러면 소고들이 득배기 춤추면 이 순서가 정해져 있잖아요.

●양만근: 네. 순서가 정해져 있는데, 그 돌 때는 옛날에는 그냥 가르키고 이래 안 하니까, 차고 돌고 이래 안 하고. 그냥 막 이래 갖고 막 이래가 돌고 이랬거든.

○김은희: 계속 돌기만 하고.

●양만근: 네, 돌기만 하고. 그런데 우리는 딱 그거 쇠를 칠 때, 소고는 어떻게 해야 된다카는 그기 인자 상쇠는 알고 있는 기라. 그래 차고 돌고 앉고. 앉을 때 막 춤을 이래 하거든. 소고하는 사람 다 인제 상쇠가 다 알기 때문에 가르키준 거지.

○시지은: 그 득배기는 지난 번에 걸립치기 공연하셨잖아요? 득배기를 그때 몇 번 하셨어요? 한 번?

●양만근: 두 번 했는데. 네 번을 해야 하는데 원칙으로는. 네 번을 같이 놀고 이래 해야 하는데. 주랄, 줄은 택이지, 줄아가 치고.

○시지은: 근데 이렇게 하다보면 득배기하면 놀 시간이 그렇게 많지 않잖아요? 돌아다니면서 해야 하니까.

●양만근: 네. 고거를 할 때 고 두어 번 치고. 풀이도 마찬가지. 풀이도 다 안 합니다. 다 안 하고 조금 빼고 이래 하거든. 그 빠진 데가 있어요. 지금 또 하라카면 또 해요. 그걸 뺐어요 일부러.

○시지은: 고 득배기를 뭐 하고 난 다음에 주로 하세요? 네 번 만약에 한다고 하면? 맨 처음에 성주하고. 맨 처음에 문으로 들어가잖아요.

●양만근: 네. 문에 들어갈 때는, 처음에 들어갈 때는 질굿. 질굿으로 들어가 빠른질굿을 치고. 빠른질굿을 치고 우리는 농악이 아니기 때문에 빼도 되거든. 뭐 저 나비춤이라던지, 뭐 호호딱딱이라던지 이런 거는 안 쳐도 되기 때문에 그런 건 빼고. 걸립치기할 때면 사설하는 것도 많은데 그거까지 넣어갖고는 안 되거든. 그래서 안 해요.

○김은희: 다 가르쳐주셔야 돼요, 근데.

●양만근: 그런데 앞으로 장 그렇게 하지. 이거 농악으로 나갈 때는 이런 거 해야 한다

그 카고.

○시지은: 요새 잘 안 치는 게 호호딱딱하고 나비춤? 그거 예전에는 그러면 부잣집에 가서 걸립치기를 크게 할 때는 그런 것도 다 해요? 길게 놀아야 할 때는?

●양만근: 그 한 번씩 해요.

○시지은: 한 번씩 하고. 득배기는 언제 들어가요? 문굿하고 그 다음에 성주하고 조왕하고.

●양만근: 인제 한판 놀 때!

○시지은: 한판 놀 때! 그러니까 이렇게 집안에 쭉 돌아다니다가 보통 뭐 하고 나서 한 판씩 그렇게 놀아요? 어떤 순서 끝나고 나서?

●양만근: 인자 거 한번 놀 때는 처음부터 그 악이 들어가야. 그 집이 내가 볼 때는 지금 말한 이 득배기라카는 게 그 집에 구신을 쫓가낼라 하면 득배기를 친다 하는 뜻이라예.

○김현선: 근데 한판 노는 거하고 귀신 쫓는 건 다르잖아요?

●양만근: 노는 긴데 그 춤추고 하는 그기 보면은, 내가 생각할 때는 그렇다고 보고 있지.

○김현선: 그러니까 소고쟁이들 춤추는 거 자체가 귀신을 내쫓는 거라 이 말씀이죠?

●양만근: 귀신하고 춤춘다는 뜻이라예. 즉 말하자면 그러게 느그는 차고 박고 했으니까 네 가잔 뜻으로 인사를 한다는 뜻으로 그러지 싶어요.

○시지은: 그럼 소고잽이들이 춤추면서 돌고 차고 하면서 귀신을 집 밖으로 내쫓아 버리는 거예요?

●양만근: 그렇지. 멀리 인자 내쫓는. 귀신하고 같이 춤을 추면서.

○김은희: 소고잽이들하고 같이 춤추다가 잘 놀았으니까 잘 가라 인사를 한다는 말씀인 거죠?

●양만근: 네. 그런 거지.

-삼정걸립치기 보존에 대해

●양만근: 그래 이것도 내가 딴 가락은 절대 내가 누가 하자캐도 안 하고. 아 이거를 보관, 보존을 해야 되겠다 그런 마음으로써 이때까지 해 왔어요. 이때까지 딴 가락은 아무것도 못 쳐요. 칠라카면 치지. 치는데 이거를 보호하기 위해서. 이거를 해 볼끼라고 내 나이 48에 문화원에 갔는가……

○김현선: 48세에요?

●양만근: 문화원에서 나는 이거를 목표로 삼고 들어갔는데. 이거를 하면서 유필언 회장이 인제 오광대 그거를 그것도 했어. 그거 거래주고 하고. 요거를 시키 놔놓고 그거를 했는데. 그래서 처음에는 즈그는 총무보고 시키라 해 놓으니까 사물놀이 가락을 이래 하더라고. 그거 쳐 갖고는 내가 안 되겠다 싶더라고. 이거 하지 말고 걸립치기를 하자. 여기서 내가 안 가르치 갖고는 안 되겠더라고. 그래 그때부터 가르킸어요. 가르키 가지고 65년도인가? 2005년도! 5년도부터 시킸는가. 가락문화제 할 때도 대회도 나가고 그래 했어요. 해 가지고 2005년도인가부터 경상남도대회 가가 그때는 막 우에서 내가 하란 대로 했으면 상을 탔을낀데. 가짜배기 음식을 해가니. 먼저 내 놓은 사과도 그냥 그거 해 논 거. 떡도 가짜배기. 그때는 우에 심사위원들이 전부 다 내려와서 다 봤어요. 상 차리는 거 그거 보러 와서. 그때는 황토 흙도 훑고, 윈새끼 꽈갖고 금고도 치고. 처음에 대회할 때는. 전부 다 매신(짚신) 신키고. 전부 다 옛날에 하던 그런 식으로 했지. 내가 처음에 태평소 그거만 상 하나 받았어요. 그거 하나 받고 떨어져 뿄어. 심사위원들이, 내가 시기면 시기는 대로 했으면 되는데 돈이 없다 보니까네 그리 못 하는 기라.

●여영득: 그때는 인자 내보고 집주인하라 캐서 집주인 했는데. 이 뒷일하고 상 채리는 거는 아무도 안 하려 해. 그래서 내가 그걸 한다니까. 영감이 하니 할 수 없어. 천한 일은 내가 해야 되는 기라.

●양만근: 그래가 77년도에. 7년도에 고 다음에 나갔는데. 7년도에 또 나갔어. 나가가 그래가 우수상을 받았는데. 우수상을 처음에는 쳐다보도 안 하디만은 우수상 딱 받으니까네 막 전부 다 눈이 디비짓는가 우찌됐는가 서로 할라고 막 굿이라. 나는 시만 믿고 내가 그거를 하니까 시만 믿고 이래 했드만. 시에서 내 음정이 안 좋다. 더 상을 좋은 걸 탈라고 하니까 그래 하자. 이래 돌리는 모양이라. 그럼 나는 나도 상 많이 타는 게 좋고 내를 갖다 그거 하지는 않을 끼고 하고 시만 믿고 핸 거라. 그래가 전국 제주도 갔는기라.

○김현선: 이상한 사람 들어와 가지고. 이상한 사람 들어와서 상쇄한······

●여영득: 최덕수.

○김현선: 최덕수. 그게 인제 잘못 단추가 꿰어진 거지.

●양만근: 그래가지고 책도 냈어요 그거로. 그래서 내한테 한 권 도가 카니까 소각시킨다 하는 기라, 시에서.

○김현선: 요 책은 누가 낸 겁니까?

●양만근: 이건 우리가 냈고. 이거 말고 있어요 또. 그거는 모르게 가져간 사람이 몇이 있어요. 그거는 보면은 있는데.

●여영득: 즈그끼리 할라고 책을 낸기라.

●양만근: 그래가 나를 갖다가 고정(??)을 해 놔놓고 즈그가 해 묵을끼라고. 그래 핸기라. 나한테는 물어보지도 않고. 책도 만들고 다 만들었어. 나는 언제든가 여하튼 나는 하니까 이거를 느그가 아무리 발버둥치도 내 없이는 안 된다 카는 그런 마음을 먹고. 시에서 해주겠지, 그런 맘먹고 이래 했다고. 그래 제주도도 갖다 오고 나니 이것들이 즈그가 했다고 하는 기라. 손성일이 하고 즈그가 했다고.

　　그래서 이라지도 못 하고 저라지도 못하고 이러는 기라. 이따가 98년도에 그랬으니까 작년, 그 재작년. 최덕수 이기 지 장유 유라꺼를 할라꼬 맘을 먹은 기라. 그래 상을, 개인상을 저리 준기라. 나를 안 주고. 그래 내 보니께네 우리 회장도 아주 사람이 엉뚱 짓을 핸기라.

●여영득: 사람이 어질면은 바보로 치더라고. 바보로 치고 막 그란대요.

●양만근: 그래가 그거 하고 이래싼케 전부 다 말하는 게 그라는 기라. 그 장유 유라 꺼를 했기 때문에 그 사람은 안 된다. 이렇게 이바구를 하더라고.

　　그래서 내가 함 움직이봐야겠다 싶은 생각이 들더라고. 우리 여기도 또 사람을 넣어놔 노니께 또 나를 배반을 하는 식으로 나를 또 하는 거에요. 즈그가 나를 위시해 놔놓고 즈그가 해볼 끼라고. 그래 핸대 그래가 문화재를 만들라니까 문화재 위원을 구성을 해야 되는데 거서 엉뚱 짓을 하는 기라. 그람 이거 안 된다. 그래 안 된다 이래가지고 여하고 총무하고. 총무를 치낼라 하는 기라. 이 사람 치낼라꼬.

●여영득: 치내고 즈그가 마음대로 할라꼬.

●양만근: 그래가 니 안 된다, 니는…… 하고 내가 총무를 잡았어요. 그래가 인자 총무를 잡고 이거를 해나가자, 머리가 또 좋고…… 이거를 만들었어요. 불러주는 대로 만들어 갖고.

2) 김해 삼정동 당산제와 등기소리 관련 면담

면담일:　　2016년 7월 20일

면담장소:　김해시 분성로 494번길 15(삼정동), 삼정2구 경로당

조사자:　　김헌선, 김은희, 시지은, 지연화

제보자:　　정만자, 1935년생, 돼지띠

　　　　　　주정희, 1935년생, 돼지띠

　　　　　　김외수, 1936년생, 쥐띠

　　　　　　김기형, 1944년생, 원숭이띠

　　　　　　조귀이, 1934년생, 개띠

　　　　　　양만근, 1941년생, 뱀띠

-정만자 어르신의 등기소리

- ●정만자: 안 하니깐, 다 잊아뿔지.
- ○김헌선: 다 잊어버렸어요? 천천히 하시죠. 모찌는 거부터.
- ●정만자: 모찌는 소리는 안 하고. 모 숭그면서 인자. 할 줄도 모르고 지금 몸이 안 좋아 기운도 없고
- ○김헌선: 생각나는 대로만 하세요.
- ●정만자: **총각 처녀 그 눈이 좋아 한 비게서 잠들었네.** 이라고 질린데 다 잊아쁘서.
- ●양만근: **물길을 처정정 헐어 놓고 어이 주인네 양반 어데 갔노.** 받는 기 노래가 있는데, 잘 많이 안 하니께네.
- ○김헌선: 기억나는 것만 해보세요. 정만자 어르신.
- ●정만자: **사랑 앞에서 노숭을 숨가 노숭 낭게 학 앉았네.**

   학은 잠자 젊어오고 이 몸 잠자 늙어가네.
- ●양만근: **점심아 실었다 버국밥에……** 다음에 하다 또 모르겠네.
- ●정만자: 안 하이 다 잊아쁠지, 안 하이. 안 하이.
- ○김헌선: 또 기억나는 거. 쭉 이어서 하세요.
- ●양만근: **모야 모야 파랑모야 너 언제 커서 열매 열래**

   이달 크고 훗달 커서 칠팔월에 열매 열지.

정만자 어르신

여기, 이기 받는 기고 앞에 거는 선창하는 거.

○김헌선: 청사초롱 불 밝혀라. 저녁소리.

●정만자: 청사초롱 불 밝혀라. 잊었던 낭군이. 그건 잊아뿔고.

○김헌선: 기억나시는 거.

●정만자: 또 뭐, 아이고야.

아가야 도련님 병환이 나서 순금씨야 배 깎아라

순금씨는 깍안 배는 맛도 좋고 연약하네.

(일동 웃음)

○김헌선: 아가씨가 병이 나서 순금씨한테 배 깎아 가지고 대접을……

●정만자: 아가야 도련님이 병이 나서 그래서 순금씨야 배 깍아라 순금씨가 깍안 배는 맛도 좋고 연약하네. 다 잊아뿌렸어요. 우리 역시 해쌌는데.

○김헌선: 아까 두 번째로 부르신 거 있잖아요. 두 번째로 부르신 소리. 그건 무슨 말이에요? 말뜻이? 사랑 앞에 노승를 숭가?

●정만자: 아~ 사랑 앞에다 노승을 숭가. 사랑 앞에 노승 나무를 숭가. 그래, 그 학이 앉아서라. 학은 잠자 젊어 오고 이 몸 잠자 늙어 가네. 안 그렇습니까? 사람은 자꾸 연연히 늙어간다 아닙니까.

○김헌선: 이야~ 좋은 거다. 또 기억나는 거. 또 한 번 해보세요.

●정만자: 있기는 마마. 우리는 뭐 모 숭그며 마, 어느 날 마 울대로 빼고 겨 숭궁다 캐쌌는데. 인자, 마, 마. 참 오래 되니 그것도 다 잊아쁘렸어요. 안 하이 다 잊아쁘렸지예.

○김헌선: 어르신 줄모를 심었습니까? 막모를 심었습니까?

●정만자: 이래 줄, 양쪽에서 줄로 어~이 이카고. 또 앵기면(옮기면) 또 숭글고 안 그랬습니까?

○김헌선: 줄모를 심으셨군요? 그 못줄이 파란데, 거길.

●정만자: 와, 거 뻘간 게 있으면 고 따라서 고래 숭근다.

○김헌선: 빨간 게 있고. 또 기억나는 거 해보세요. 노랫말이 굉장히 좋으시잖아요.

●정만자: 갑중이 할라니……

낭창낭창 베리 끝에 무정하다 저 오라바이

나도 죽어서 남자가 되여 처자 공성 싱길라네.

한이 되갖고.

○시지은: 나도 다음에 남자로 태어나서.

●정만자: 자기 마누라만 싱기고 동생은 안 싱기이까네. 그래, 낭창낭창 베리 끝에 무정하다 저 오라바이 나도 죽어 남자 되여 처자 공성 신길라네.

○김헌선: 또 기억나시는 거. 어르신 문서가 좋으시네.

●정만자: 하하하하. 마 갑자기 할라니 다 잊자쁠서.

○김헌선: 아까 돼지띠라 그러셨죠? 1935년에 태어나셨는데.

●정만자: 근데 민적에 출생신고 할 때 잘못 돼 갖고 지금 80이 돼가 있거든요. 82인데, 돼지띤데.

○김헌선: 두 살 젊으시네.

○김헌선: 호적이라 안 그러고. 옛날에 민적이라고 그랬어.

●정만자: 예. 호적에.

○김은희: 그럼 어르신 옛날 줄모는 나이롱 끈이 아니잖아요?

●정만자: 나이롱 줄 맞아예.

○김은희: 옛날에 일제 시대 때도?

●정만자: 예. 나이롱…… 아 몰라.

●양만근: 나이롱 끈이 아니고.

- ●정만자: 끈이 아니고 무슨.
- ●양만근: 옛날에 그 마다리(자루) 만들었든. 그거를 뭐라카노. 그 줄인데.
- ○시지은: 노끈. 노끈.
- ●양만근: 노끈인데, 맞아 노끈인데. 그걸 가지고 이제 만들어가지고.
- ●정만자: 고래갖고. 이자. 중년에 나이롱 줄이 났지.
- ●양만근: 그 앞에는 전부 다 마다리, 옛날에 마다리 만들던 실을 갖다가 무슨 실이라 했는지 모르겠는데. 그거를 가지고 만들어 갖다 해요.
- ●정만자: 옛날에 참 그거 뭐꼬? 마다리 참, 그거 사용하고.
- ○김은희: 어머니, 그건 없었어요? 연밥? 연밥 따는 저 처녀?
- ●정만자: 연밥처녀? 그건 잊아쁠고 통 모르겠네. 있기는 오만댄 개 다 있었는데. 다 있었다. 다 잊아쁘다.

-정만자 어르신의 생애

- ○김헌선: 어르신 정자는 무슨 정자? 어디 정 씨?
- ●정만자: 정씨, 동래 정씨.
- ○김헌선: 아, 알겠습니다. 나라 정(鄭)자. 만자는 무슨 만자? 일만 만(萬)자?
- ●정만자: 예.
- ○김헌선: 삼정 본동 출신?
- ●정만자: 쫌 딴 데 이사를 좀 댕기다가. 끝에 말판에 가 여 삼정동 왔으요. 왔는데 우리 영감이 이북 사람이라예. 그래 이북사람이 돼 놓으니까네 그게 없었어예. 호적이 없어서. 그래 마, 삼정동을 인자, 호적을 맨들었 다 아닙니까.
- ○김헌선: 그러면 바깥 어른이 이북에서 월남하셨어요?
- ●정만자: 예.
- ○김헌선: 두 분이 어떻게 만나셨어요?
- ●정만자: 월남 와 갖고, 인자 김해, 부산 있다 김해 공원을 전속으로 오는 기라예. 오 갖고 인자 뭔 사돈되는 사람이 고은저택 앞에 점방을 차려 놓고 있었어예. 채려 놓고 있었는데. 그 점방, 군인이 되다 보니까네 점방을 맨날 나댕기면서 마. 그 집에 그 점방 모친 보고, 우리 사돈보고 '어무이, 어무이' 하고 댕겼어예.

그래 댕겨갔고. 그래 인자 어디 중신 한 군데, 저 있거든 중신 한 군데 해 줄라꼬 했던 모냥이지예. 그래 인자. 우리 동네에 이름이 너미라고 채이(처녀)가 있는데. 그 채이는 내카 나가 한 너댓 살은 많고 그랬는데. 우리 영감이 또 나가(나이가) 많아예. 그래갖고 선을 보러 가니까네. 김해 김씨 한 성이라예. 그래 몬 하고. 그래 인제 가다가 산댁이라고 하는 사람이, 사돈 그 할매가 '아, 우리 사돈, 산댁이 집에가 처이가 있기는 있는데 나가 애리다' 이래 카니께. '마,마 가보자' 카드래. 막 '가 보입시다, 가 보이십다' 카니 그래 딱 갔드니만. 우리집 왔으요. 오가 난 그때, 들에 새미가 있었거든예? 들에 빨래하러 가거나 나서라 집에 가니까네.

　　그래 인자 칠남매서라 다 끈 붙이고, 내 하나 막냉이가 남았으예. 칠남매 중에 내가 끝이거든예. 그래, 끝인데. 그래, 난 빨래 시그러 가고 없는데. 우리집으로 가니깐 나도 없고 이런데. 엄마 아부지가 연세가, 내가 끝인데, 연세도 많고 그런데. 그 인자 육남매를 끈 붙이고 나니까네 아만케도 쫌 짜신다 아입니까? 그래갖고 좋을 데도 모르고, 그거 채울 행편도 안 되고 그랬다 캤는데. 그래 인자 막 그렇게 하고 얘기하고 안주 쫌 더 이따가 채울기라고 안 채울기라고 했는데. 그래 인자 지나가다가 새미골로 질이 있어가 지나가다가. 그래 산댁이라 마 안말따나 지나갈낀데. 그래, '사돈 처이가 저 처이라고. 빨래 씻는 저 처이라고' 그래케 했어. 그래 보고는. 하하하. 그래 나는 질가 그전에 질가 군인들이 일요일 되면 많이 댕깄거든예. 그래서 '뭐 가는 뭐 질가 가는 군인이다' 하고 생각하고. 나는 모르고 있었는데.

　　그라고 나서 한 며칠 있다 일요일이 됐으예. 일요일 됐는데, 엄마는 저 가락에 언니가 하나 살았는데 거기 이자 순산하러, 회복관하러 갔으예. 가 없는데, 내 혼자 집을 **하는데 군인 한치 떡 들어오더라고. 들어와가꼬. '그래 엄마 어디갔 어요?' 케 이래 쌌더라고. 그래 '엄마, 언니 집에 갔다고' 이래 카니까네. '아, 그래요?' 카더만 앉자이, 말짜이 앉아있고. 나는 그때만 해도 쫌 얼서가네 겁이 나갖고 배깥을 살 나갔쁘따고. 나가 말짜이 앉아있는데 배깥으로 살 나가 갖고. 그래 이웃이 내카고 세 살 떨어지는 금자라고 있었다. '아이고, 금자야, 금자야. 우리집에 군인이 한치 왔는데. 내 겁이 나서 못 있겠다. 그래 니한테 왔다' 카니.

그 시경이 쫌 머스나이 '가보자, 가보자' 하하하 '가보자, 가보자' 카자.

그래 두시 또 오갖고 정기 인자 떡 지동이 있으이 이래 떡 붙어가서 있고. 가는 뭐 어디 부뚜막에 앉아 있고 그랬는데. 그래가 떡 오이 들어오니까네 없어 예. 서서 갔는갑다 이고 둘이서 정기 부뜨막에 떡~ 이 앉아 있으니까네. 아, 뭘. 옛날에는 센배과자하고 나마가시 뭐 빵하고 이걸 똘똘 말은. 그때 옛날에는 참 맛이 있었다. 그걸 빵하고 센배과자하고 마 한 뭉팅이 사다가. 떡 정기더니 내 여여 품에 탁, 이래 손을 애갖고 안기 주더라고. 하하하 그래 이래, 손을 이래 해 가지고 턱 안겨주더라고. 아 겁이 나서 나는 막 못 받을라고. 막 이래, 탁 안겨주더라고요. 내 안겨줘서. 그래 할 수 없이.

○김현선: 금자한테는 안 주고?

●정만자: 예. 날로 탁 안겨주더라고요. 가는 또 너무 애리거든예. 나도 우리 영감카면 애리는데. 나가 재보면 떨어지는데, 가는 더 떨어진다 아닙니꺼. 그래가 턱 안겨 주더라고예. 그래 인자 살 부뚜막에 놔놓고 있으니께. 막 '아부지 어디갔냐고. 엄마 어디갔냐고' 물어쌌고. 그래 아부지는 옛날에 농사를 지니까네 마당이 우리 마당이 널렀고만. 그 이제 풀로 막 한 바가지 비가 와갖고 거름 앙그고예, 그랬어예. 마당 한 쪽 옆에 막 풀로 비가 앙그고, 뭐 설거지하고 물 같은, 꾸정물 같은 거 나오면 거 막 찌끄리고예. 삭으라고. 이랬으예. 그래 참.

그래갖고. 그래 하다가. 아버지가 턱 왔다. 아부지 인자 꼴 비러 가랐다 소린 못하고 아부지도 어디 뭐 '들에 나가있다' 이래 이카니. 풀로 한 박지 비와 마당에 턱 **더니. 그래 또 나가. 나가더만 또 옛날에는 탁주 같은 거를 저, 저 병에다 안 넣어놓고 막 이래 큰 도가지다 담아놓고 받아라 가면 주전가 가 가면 이래 떠가 주거든. 떠가 주면 한 되 받아와. 자기 손을 살가가더만 그릇 내가 상 가 오디만 채려놓고. 마, 찬장문 열디만은 또 반찬 찾아다 놓고. 그래 아부지를 막 잡수라고 부어가 드리니깐.

아부지가 '아, 안 묵는다' 농사를 짓고 하니까는 촌에서는 막걸리 같은 거는 한 잔씩 하거든, 아버지가. 하는데도 '안 묵는다. 안 묵는다, 안 묵는다' 카면서 이래 내치니까네. '아~ 아부지, 인자 안 올게', '아부지 '오지마라' 카고. 아버지가 '오지마라' 카고 막 호랑을 치고 이래도. 막 서뜩도 안하고 막 싱글싱글 웃으면서 마. 그래가 막 잡수라고 술잔을 막 손에 쥐아주고 하이 할 수 없이 뭐. 막 꼴로 한 바가지 비고 해 노니 목이 마르지. 이래 하도 권해 싸니께 한 잔 꿀떡꿀떡 마시더라꼬.

그래 마시고 나서는 막 좋게 말로 하대. 고함을 지르고 이라다가. 이제 좋게 한 잔 마시고. 그래 '아, 인자, 오지 마라이' 카면서 곱게, 인자. '아, 인자 나도 애리고 차울 형편도 안 되고. 그래니깐 오지말라.'고 곱게 말로 하대. 말로 하니까네. '안 올깁니다. 아 인자 안 와요. 안 올깁니다.' 이래 카더만. 또 다음주 하하하 또 다음 주 일요일 되니까는 또 오고. 또 일요일만 되면 또 오고 이라는 기라예. 아이고 애러웠어예.

그래, 그러고는 막 처음에는 겁이 나고 싸더만. 자꾸 일요일 마중 오고 뭘 사고 오고 마, 마 오만 걸 다 사고 이라니께예. 자꾸 봐싸니 정이 드는 기라. 그래 가지고 참 날 받아가 결혼했다아.

○김헌선: 어르신 고 처음에, 선배과자하고 빵 받을 때가 몇 살 때셨어요?

●정만자: 그 때 19살 때예.

○김헌선: 어리지도 않은데.

●정만자: 19살 때. 19살 때 결혼했으요.

○김헌선: 몇 월 달에 하셨어요?

●정만자: 하이고 내가. 오래 되나. 하이고, 9월. 9월 18에 했는가. 안캉 오래는 안 멀시 했으니 모르겠네, 옳긴. 아, 8월 달에 그래 봐 갖고. 그래고는 한 달 지내고 9월 달에 결혼을 했는갑다.

○김은희: 그래도 몇 번이나 왔어요, 집에를? 한 두세 달 와 가지고 날 잡았어요?

●정만자: 매 주일 날만 되면 쫓아와요. 꼭 누가 오라컸나 마. 지그 집만큼 쫓아 댕겨요.

○김헌선: 바깥어른은 어디에요, 고향이?

●정만자: 고향? 이북.

○김헌선: 이북 어디?

●정만자: 황해도. 그래 자기 한참 앨람하고 왔다 카는기라. 다 인민군에 안 갈라꼬. 숨어 숨어 댕기고. 천장의 색깔이(서까래?) 위에다가 이래 숨어가 있고 있고. 이발도 못해 가꼬 머리가 이까정 길고 그랬다카데. 그래 산중에, 산중에 댕기고. 밥

먹으러 엄마가 엿을 고아 갖고. 그래 묵고 몇 보존하라꼬. 그래 밤으로 인자 갖다 주고 묵고. 마 아궁이 밑에다 굴로 파가 그 안에 다 들어가 있고 이랬다 카데예. 그래 살다가 부모들 열람하고 동생 하나는 인민군에 갔다카데예. 동생 하나는 인민군에 가고 있는데. 그래 자기는 인민군에 안 갈라고 별아별아 댕기다 댕기다가. 마즈막. 탁 마즈막 군인이. 아, 미국 군인들이 마즈막 차가 이제 딱 댔는데. 그때는 안 되겠다 싶어서. 그래 친구들 열서이가 그래 그 차 탔다 카는기라예. 그 차 타 갖고 마즈막 탁 하고니 마 마지막 지나고 한강을 막 다리로 탁 끊고카다쁘데. 그래마 끝이 돼쁘서. 삼팔선이 막혀쁘서.

○김은희: 미군 차 얻어 타고 내려오신 거예요, 그러면?

●정만자: 마지막 차에.

○김헌선: 황해도. 그 바깥어른 함자는 어떻게 되요? 이름.

●정만자: 이름은 김은준. 은준.

○김헌선: 어르신하고 저 몇 살 차이 나셨어요?

●정만자: 10년 차이입니다. 처음에 장개 올 때 시 살 속이고 왔데예. 안 할까 싶어서. 시 살 속이고 왔대. 그래 알고 보니깐 세 살이 속이고 왔어. 십 년, 딱 십 년 차이라예. 옛날에는 여덟, 아홉, 열 살까지는 차이가 있었습니다 옛날에는. 그래 많이 출가를 했어예.

○김헌선: 자제 분은 몇이나 두셨어요?

●정만자: 하하하. 그래 6남매 놔놔 놓으니 좋다고, 자기 애로봐가꼬. 6남매 놔 놓으니 좋다고 하데요. 하긴 해도 뭐 잘 살아야 되지. 6남매인데 아들 너이 딸 둘이 그렇습니다.

○김헌선: 바깥어른은 언제? 지금 생존해 계세요?

●정만자: 지금예. 간 지가, 70에 가셨으니깐예. 지금 살았으면 91이다. 그러니까예.

●양만근: 22년 지났네.

●정만자: 아, 92이다. 소띠거든.

○김헌선: 을축생?

●정만자: 예.

-삼정동 당산나무와 당산제

○김헌선: 여기는 살고 그러셨으니깐 아까 행사소리 들리고 징 소리 나고 막 옛날에 다니 셨다 그랬잖아요? 여기에 인제 당산이 있었죠? 요 자리가 당산 터라면서요? 당산 이름이 따로 있습니까?

●정만자: 마, 저 뭐꼬. 여 보배산이 있어. 당산 저때 저 짝에 길이 비딱한 게 하나 있고 고짝에는 보배산이고. 여여 여기는 당산이, 우리 밭이 또 한 마지기 있었고만은. 당산 옆에.

○김헌선: 그 밭은 누구 거였어요?

●정만자: 우리가 이자 집, 이 동네 올 때 집 사고 밭하고 고거하고, 집하고 같이 사고.

○김헌선: 집하고 밭을 같이 사셨어요?

●정만자: 다 우리 밭이고 요는 당산이고 그렇거든예.

○김헌선: 밭 이름은 따로 있었습니까? 한 마지기 밭 이름이 있었어요?

●정만자: 이름이 없고, 마. 고기 저 뭐꼬. 당산 밭 곁에, 밭이 한 마지기 있다. 만날 그래.

○김헌선: 당산에 집터가 있었죠? 자그만한 당집이 하나 있었던데?

●정만자: 예. 집이 요래 당산집이 딱 있고. 나무, 큰 나무가 여 옆에 있고. 여 집이 있었는 데. 그 안에, 비석. 글로 써가 비석이 딱 들어가 있다. 집 지어논 안에.

○김헌선: 그러면은 여기 당산나무 있었다 그랬잖아요? 그 나무는 무슨 나무였어요?

●정만자: 그게 뭐꼬. 잔잔한 검포나무 맹코로.

○김헌선: 검포나무?

●양만근: 검포나무가 아니고 느티나무.

●정만자: 느티나문가? 하여튼 오래되니깐 좀 그하다.

○김헌선: 열매 까맣게 매달리는?

●정만자: 예. 잔잔하니

○김헌선: 느티나무네. 한 그루 있었어요? 큰 나무 한 그루?

●정만자: 예. 한 그루 딱 있는데 컸썼니더.

○김헌선: 고거는 언제 없어졌어요? 어르신 기억에?

●정만자: 기억에 한 15년? 15년 더 됐는가? 모르겠다. 기억에.

●양만근: 당산나무가, 큰 나무 죽을 때 태풍이 와 가지고 자빠지삘고.

● 정만자: 그래 하여튼, 여 새로 질이 나면서 고거를 가서 했거든요, 큰 나무를.

○ 김헌선: 길이 나서 없어졌어요? 신작로가 나면서 없어졌어요?

● 정만자: 예, 예. 없어지고. 거 나무를 비갔고. 그거를 나무를 가지로 그랬는가 톰뱅이로 그랬는가. 절에 올리다카데예. 성주암 절로 올렸다카데예.

○ 김헌선: 어느 절로 올렸어요?

● 정만자: 성주암 절이라고 있어요. 여 위에.

○ 김헌선: 고 당집 안에 어르신. 고 이렇게 보면 비석이 있다고 하셨잖아요? 하나였어요? 둘이었어요?

● 정만자: 하나 딱 있대예.

○ 김헌선: 한자로 써져 있어요?

● 정만자: 예. 한자로 써가 있데여. 그건 우린 모르지.

○ 김헌선: 그 당 옆에 금줄 같은 거 쳐놨었습니까?

● 정만자: 고거 뭐꼬. 당산제 지낼 적에 금줄 딱 쳐 놓지예.

○ 김헌선: 고 집 주위로? 나무까지 쳤어요?

● 정만자: 나무까지도 쳐놓고. 고 당산, 집 지어난 고 가새도 딱 쳐놓고 그랬데.

○ 김헌선: 그 전부 왼새끼로 꼬은 건가요?

● 정만자: 왼새끼로 꽜는가 우엤는가. 새끼 그거 꼬아다가 지다이 달아놓고예.

○ 김헌선: 한지? 종이?

● 정만자: 어데예. 그 짚. 짚 꼬으면서 지다이 이래 달아놓고. 이제 무슨 당산제 지낼 때에 는 뭐 다른 것도 꽂고 그래 하데예.

○ 김헌선: 느티나무에다 같이 금줄을 둘렀다고.

● 정만자: 나무에다 도로 놓고. 그 비석 세워 논 그 집 지어난 데. 요래 지 난 데. 거 가 세다 빵~.

○ 시지은: 비석에는 안 둘렀어요?

● 정만자: 비석에는 안 두르고. 둘렀는가? 앞에 요래 문 앞에 요래 금줄로 쳐 놨는가. 그거는.

○ 김헌선: 사진을 보니깐 문 앞쪽에 쳐 놓으셨던데. 고 나무를 새끼를 꼬아서 짚을 늘였군 요. 이렇게.

● 정만자: 예. 좀 지다이.

○김현선: 어르신 보시기에. 시집와서 여기서 당제 지내는 걸 많이 보셨습니까?

●정만자: 아 당제 지내는 건. 우리가 쪼까 이 동네 온 지가. 53년짼가 그렇거든예.

○김현선: 그러면 그 당산제 볼 때는, 기억으로 언제쯤 보신 거예요? 이사 와서 보셨을 거 아니시겠습니까? 그 때 봤을 때. 정월달? 정월달에 보통 여기 당제를 지내지 않습니까? 근데 정월 며칠날이에요? 정월 7일이에요? 8일이에요?

●정만자: 그 날짜는 어르마이 모르겠습니다.

○김현선: 이제 밤에 지냈습니까? 낮에 지냈습니까?

●정만자: 아침 일찍이 오 갖고.

○김현선: 지난번에 김경호 어른신과 두 분이서 양만근 어르신 도와 말씀을 하셨잖습니까? 근데, 먼저 그 당제를 지낼라면 이 마을에 대 내리는 사람이 있다 그러셨잖아요?

●정만자: 있었다. 고거는 내가 안 봤어예. 안 보고 그래 인자. 통장만 내려가.

○김현선: 통장만?

●정만자: 아! 통장만 내려가 아니고. 여기 전나댁이라고 예전에 요 동네 살았것만.

○김현선: 이름이 어떻게 돼요? 다시.

●정만자: 그 사람이 김외수. 그 사람들이 이 동네에서 이자 우리 가면 많이 살았으예. 살았는데 내캉 한 살 작다, 그 사람들이. 그래 이 동네에서 봤다카네예. 봤는데 나무 한 사람 대를 잡아 갖고 대 가는 대로 그 집에 가가 지정을 해 줬서예. 당산제 지내라꼬.

○김현선: 그 본 걸 들으셨다 이 말이죠? 김외수 어르신네 부인네한테 그 말을 들으셨다는 그 말이죠? 아까 무슨 댁 그랬는데? 무슨 댁?

●정만자: 전나댁이예.(김해 전하동인 듯) 친정이 전나에 있었거든.

○김현선: 김외수, 전나댁. 그 이제 그때 대나무를, 대를 잡았어요. 대는 어떤 나무라고 들어보셨어요? 어떤 대를 잡으셨어?

●정만자: 그 점마 자그만한 거 잡고. 대나무.

○김현선: 그래서 이제 당산제 지낼 사람을 대를 가지고……

●정만자: 예. 대로. 이제 내리가 갖꼬. 그럼 이자 대가 가는 기라예. 가는 그 집을 지정을 해는기라.

○김헌선: 그럼 이제 그 때부터는 그 양반이 제관이 되는 거죠?

●정만자: 예. 예. 그리하믄 이제 초상집에도 안 가고. 참 뭐 궂은 일도 안 보고. 마 딱 당산제 지낼라카며는. 석 달로 참 개려야 되는 기라요. 다 그 깨끄랍습니다.

○김헌선: 당산제 지내기 전에 음력으로 10월 달 정도에 정해지겠네요? 대로 이렇게 정하는 게?

●정만자: 한 그러니깐 섣달에 대를 잡아 갖꼬. 정월 달에 해 갖꼬.

○김은희: 섣달에 대를 잡고, 정월달에 당산제 지내고. 그러면 이제 또 한 달 정도는 정성을 들여야 되는 거예요?

●정만자: 석 달로 정성을 드려야 되는기라.

○김은희: 석 달?

●정만자: 예. 석 달로. 궂은 일도 안 보고. 참 앞만 보고 댕기고. 참 정성이 이 당산제 지낼라카믄. 정성이 가당찮습니다.

-걸립치기

○김헌선: 그럼 어르신 섣달에, 농악 같은 거는 안 했죠? 섣달, 그믐날.

●정만자: 섣달 그믐날 안 하고. 정월 보름날 되면 마 몇날 며칠로 한다 아닙니꺼. 집집마주.

○김헌선: 돌아다니면서 걸립을 했어요?

●정만자: 예.

○김헌선: 주로 뭘 걷었습니까?

●정만자: 인자, 제일 부잣집에부터 머이 가는기라예. 부잣집부터 머이 가 치고 차례차례로 댕깁니데.

○김헌선: 그 때 어르신 차례차례 돌아다닐 때, 요즘말로 하면 이렇게. 뭐라고 할까. 섭외. 이집에 가서 할 겁니까? 안 할겁니까? 그거 정하는.

●정만자: 아 예. 이제 그거는 양반하고 뭐 이래 설도하는 사람들이 마이 따라 댕기거든. 뭐 동네 이운장이 같은 사람하고, 뭐 또 이래 몇이가 가가 그 집에. 걸립 칠라나, 안 칠라나 이래 물어보거든예. 그래 칠라카면, 저희집 칠라칸다 이라카믄. 치고 들어간다 아닙니까. 살뜰에 가 치고. 들어갈 땐. 인자 걸립 갖고 쇠 갖고. '쿵쿵 문여소' 카면서 쇠로 맞차가 '쿵쿵 문여소' 카면서. '이집 주인 쿵쿵 문여소'

카먼. 주인이 이제 쇠 소릴 듣고 뭐다 신 맞는 사람은 춤을 벌렁벌렁 이래 추고. 그래 나오고예. 그래가 오가 치라꼬 이래 절로 하고. 그래가 가서 치고. 인자 그란다.

○김헌선: 어르신 고거, '쿈쿈 문여소' 고거하고. 신나서 맞는 사람 모습 춤 잠깐 한 번 춰보세요. 진짜 춤 잘 추시네.

●정만자: 쿈쿈 문여소. 문 안 여면 갈라요. 취취 취취취 취취취 취취~ 이랬어요. 하하하하.

장단에 맞춰 춤을 추는 정만자 어르신

○김헌선: 그건 어렸을 때부터 배우지 않으면, 신이 없으면 못 추는 춤.

●정만자: 옛날에예 우리가 진흙으로. 우리 친구들 같이 앉아 놀면서 옛날에 춘행이 이걸 많이 불렀거든예. 춘행이 나난 사월 초패날. 아 아이다.

춘행이 시하루 사월 초패날

춘행이 이름은 은가락지 은비네

또 다 잊아쁘다 안하이까네. 그래이가 춘행이 내가 가꼬 막 우리가 막 친구들이 노래 부르고 하믄 춘행이 내리세요 우리 춤 한 번 추고 놉시다 이라카믄. 그래 인자 살 이래 갖꼬. 노래를 부르고 춤을 추고. 그래가 춤을 배왔습니다. 돌아앉아 진흙으로.

○시지은: 춘향이 하면서 춤 배우셨어요?

●정만자: 그래 아무 딴에나 이래 춰도. 마 아무 딴에 장구치고 노는 대로 춤 마 춤 그대로 신나게 췄지.

○김현선: 어르신 죄송한데 그러면, 어르신 댁에도 와서 걸립을 했었어요?

●정만자: 예.

○김현선: 제일 처음에 와서 '주인주인 문여소'부터 합니까?

●정만자: 예. 쇠로 가꼬 장구캉 이래 같이 치면 '쿵쿵 문여소.' 카면서 장단을 맞차가, 그래 인자 주인이 빨리 옷을 아물딴에 입다가 마 옷을 뭐 하나 갈아입고 인자 나올라카면 시간을 걸려서. '문 안 열라면 갈라요' 카면서. 또 쇠로 갖고 이라믄. 그래 주인이 뭐단 사람은 그냥 나오고 뭐단 사람, 신 맞는 사람은 춤을 벌렁벌렁 추고. 그래 막 이래 절을 하고. 들어와서 하라고.

○김현선: 들어오면는 그 걸립패들이 들어오지 않습니까? 제일 먼저 뭐해요?

●정만자: 인자 제일 처음 먼저는 마당 한 바퀴를 뺑 돌아가고. 그래 인자 말자, 주인이 안주인이 쌀 떠놓고. 촛불 켜놓고 물 떠놓고. 뭐 과실 있으면 과실 놔 놓고. 이래 갖고 그 올라 가가 멫이가. 풍물 가 있는 사람이 멫이 올라가 두드리고. 또 쫍으면은 밑에 법고 갖고 노는 사람은 마당에서 성주풀이 할 때니까정 마당에서 노는 사람도 있고. 마 그랬다 아닙니꺼.

○김현선: 그럼 성주풀이를 마당에서 하시는 거죠? 아까 쌀 같은 거 챙겨 놓고?

●정만자: 이자 성주 앞에다가. 성주 앞에다가 채리 놔 놓고. 이제 쇠 치는 사람, 장구 치는 사람, 북 치는 사람 전부 올라간다 아닙니꺼. 그래 인자 우리는……

○김현선: 마루에다 합니까, 성주를?

●정만자: 예.

○김현선: 그럼 성주 앞에서 지금 그렇게 성주풀이한다는 것이죠?

●정만자: 예.

○김현선: 어르신 이제, 고 꼭 확인하고 싶었는데 성주굿을 치잖아요? 성주풀이를 하죠, 쭉? 고게 이제 가령 성주 오남 오녀 두는 애기 기억하세요, 혹시?

●정만자: 인자, 성주 오남매요 이렇게 하는 거. 그걸 다 들미우고 그라데예. 막 이래 쇠로 치면서.

○김현선: 고게 죄송하지만, 한 멫 분 정도 쳐요? 한 30분 이상 칩니까? 고 성주 지금 그거 푸는 거.

●정만자: 한 30분 걸리는가. 더 걸리는가. 고건 기억을 안 하고 있거든예.

○김현선: 그럼 상쇠가 먼저 쭉 먼저 얘기하고. 또 쇠가락 막 치고. 쭉 하다가 춤 막 치고. 계속 주고받으면서 하는 거죠?

●정만자: 예.

○김현선: 고렇게 해서 다 끝나면 그 다음에 뭐 합니까?

●정만자: 그 다음에 이제 다 치고 나면 성주 치고 나면 조왕에 가고, 조왕에 가서 치고 나면 또 장독간에 가고. 또 우물 샘이 마다에 우물이 있으면 우물에 가서 치고. 도장에 있으면 도자 가서 치고. 그래 할 딴에 포수는예 막 전기 들어가던지, 도자 들어가던지 해가 총을 막 이래 다라이 같은 거. 바께스 같은 거. 뭐 있으면 부러 총을 내가 이리 '잡았다' 카면서 잡고 나와가. 주인한테, 안주인한테 팔고 그랬어.

○김현선: 팔면 안주인은 뭘 줘요? 돈을 줍니까?

●정만자: 돈을 주지예.

○김현선: 뭘 잡았어요? 포수가 주로? 뭘 잡았다 그래요?

●정만자: 뭐 다라이 같은 거. 소쿠리 같은 거. 전기 조왕에 조리야, 옛날에는 쌀로 이래가 묵었거든예. 조래 같은 거 갖고 나오고. 이래 갖고. 주인, 안주인 찾아다 팔고 그랬으예.

○김현선: 성주, 조왕, 장독, 새미(샘), 도장. 마굿간 있으셨어요?

●정만자: 마굿간 있으면 있는 집 마굿간도 치고. 없는 집엔 안 치고.

○김현선: 그럼 저 걸립패들이 어떻게 나갑니까? 다 했어요.

●정만자: 그래 다 고래 하고 나면, 마다 서라 전부 다 논다 아닙니까. 뱅뱅 돌아가면서 놀고. 복판에 들어가서 포수하고, 양반하고 복판에 또 춤추고. 인자 쇠 칠 사람, 장구 치고 하는 사람 뱅뱅 돌아가면서 치고. 또 춤추는 사람은 복판에 들어가 춤을 벌렁벌렁 이래 추고. 그래 했어예.

○김현선: 그럼 저기 그게 끝이에요?

●정만자: 그래 끝. 그럼 이제 치고. 그 집에서 술 한 잔 내놓으면, 도랑…… 옛날에는 주장 뭐 옛날에는 독이 많았거든. 도랑 사고 요만한 있으며는 주장 거다 탁주를 탁 담아오면. 뭐 술 자시는 사람은 모도 종그랭이 갖고 묵고 떠 주고 이랬으예. 그래 했다. 그래 해갖고 한 잔 묵고. 또 한 번 삥 돌아 울리고. 마당을 울리고.

그래가 또 딴 집에 가고 그래.

○시지은: 정월 달에 집에서 그렇게 하면 뭐가 좋아요?

●정만자: 아, 동네 다 전부 안가태평하고, 일 년 열두 달 다 무사하이 잘 지내가라꼬, 인자.

○시지은: 그럼 하는 집도 있고, 안 하는 집도 있고 그렇잖아요?

●정만자: 인자 대략 보면 어짜다 몇 집이 빠지지 다 친니더. 인자 주인이 어데 가고 없고 이러며는. 안주인이 가고 없고 이라며는 안 칠 수도 있고. 인자 안주인까 바깥주인까 다 있으며, 다 쳐예.

○김헌선: 어르신 고렇게. 지금 '주인주인 문여소' 해가지고 마당에서 다 하고 돌아갈 때까지. 고렇게 하는 것을 걸립치기라고 합니까? 지신밟기라 합니까?

●정만자: 아 걸립치기도 카고예. 지신밟기도 하고.

○김헌선: 어느 게 더 많이 들어보셨어요? 어느 말을? 걸립치기를 많이 들으셨어요? 지신밟기를 많이 들으셨어요?

●정만자: 주장 '그 집에 걸립 친단다. 한 번 가보자' 이래. 뭐 쇠소리가 나며는 '저 집 쇠 친단다. 걸립 친단다'카고. 그래 놀러가고. 그래 인자 자연지 쇠캉 뚜드리면 지신이 다 붉아지거든요.

○김헌선: 꽹사친다는 안 했어요? 꽹사친다?

●정만자: 그땐 꽹사도 카긴 했으예.

○김헌선: 그러니까 인제 지신 밟는 건데, 여기선 걸립 친단 말을 더 많이 썼군요. 어르신 그럼 걸립 치는 거는, 지신밟기는 정월 대보름까지 했어요?

●정만자: 예.

○김헌선: 그 이외에는 안 했습니까? 마을에서는?

●정만자: 마을에예? 보름에 주장 마이 하고. 그 외에는 무슨 행사 있으면 인자 어디……

○김헌선: 주로 어떤 행사?

●정만자: 뭐, 무슨. 뭐, 뭐. 좋은날 돼 갖고 무슨…… 그래하면서 치러 가고 그랍니더.

-해추(야유회)

○김헌선: 옛날에 그 봄에 야유회 같은 거, 해차.

●정만자: 해추는 옛날에 마이 갔지예. 봄만 되면, 마 뒷등에 밥해 가 갖고 이고 가고. 해갖고 묵고. 그래 해추하고.

○김헌선: 몇 월 달에? 음력으로.

●정만자: 음력으로? 주장 봄 3월달인가?

○김헌선: 3월 삼진 지났습니까?

●정만자: 지났는가? 앞에가. 그건 자시 모르겠습니다.

○김헌선: 부녀자들만 그렇게 하는 거죠? 남자들은 안 하죠?

●정만자: 안 하지. 아! 남자들도 남자들끼리 하는 수가 있지.

○김헌선: 주로 어느 산으로 놀러갔어요? 여기 이 마을은.

●정만자: 이 마을에는 주장 요 성주암 절 밑에 널찍한 매방덩어리 있었거든요. 매 있는데 아주 너른 데가 있었거든요.

○김헌선: 성주암 밑에. 그럼 그때 장구하고 꽹과리하고 누가 갖고 가요? 아니면 뭐하고 노셨어요, 어르신은?

●정만자: 아, 뭐 뭐 남자들 치고. 아주 옛날 할배들하고 막 치고 이라면 우리는 가서 구경 하고. 그때는 우리가 좀 젊었거든예.

○김헌선: 오셔가지고 주로 어떤 거 하고 노셨어요? 꽹과리하고 이런 것들. 뭐 치고.

●정만자: 꽹과리, 징, 장구, 북, 다 치지예. 해추할 때는 소고가 안 갖고 놀고예.

●주정희: 소고가 안 가지고 놀지 북은 잘 치. 저게 저 초신대 절에 저 가서도 해치고 놀다가.

●정만자: 초신대 절 앞에 장소가 있구만.

○김헌선: 그럼 해차 장소가 성주암 매방덩어리 있는 데로 갈 때도 있고. 초선대 있는 데도 갈 때도 있고. 그럼 어떻게 날짜를 정하고, 장소를 누가 정해요?

●정만자: 아 그러는 인자. 해추하자카는 몇인가 둘인가 서인가. 어느 날 우리 날 받아가 갖고 '해추 가자' 이카면. 이제 가서 지축 맞아가 해추할 사람이 '니 아무날 해추 한다' 이러카고. 말로 전부 전갈한다 아닙니까.

○김헌선: 그럼 인제 돈이라든지 뭐 필요한 걸 서로 모아서 걷어야 되잖아요.

●정만자: 그 때는, 옛날에는 돈이 귀하니까니예. 살(쌀)로. 살로 인자 한 사발쓱 거둔다 아닙니꺼. 거다가 고기 마이 거두아지면 몇 되 내 갖고. 반찬 사고 술 안주 사고.

인자 밥, 물, 미나리, 콩나물 뭘, 뭐. 재첩 그런 걸 사가꼬. 그래 반찬 맨들어가 꼬. 이고 가기도 하고 밥 해 가지고 가고.

○김헌선: 어르신 죄송한데, 고 돈 걷으러 다니고 쌀 걷으러 다니는 사람 있잖아요? 그건 미리 정해놓습니까? 아니면은 그 해가 당해서……

●정만자: 아, 인자 봄 되믄 '아 우리 해추 한 번 하자' 이라거든요, 모두. 불리가 앉아 놀면서라. 그래 하믄 '우리 아무날 하자' 이래 되믄. 고래 인자 가가 '아무 날 한다. 니 쌀 한 술 좀 내라.' 이래 캐갖고 받아가 모두고 모두고. 쭉 돌아가면서 모다 갖고. 고기 쌀이 마, 돈이 귀하니께네. 그래 밥 할 쌀 낳가 놓고 고걸 내 갖고예. 그래 반찬 사고.

○김은희: 혹시 진달래꽃 필 때 맞춰서 하는 겁니까? 아니면……

●정만자: 봄에 진달래가 아니지.

●주정희: 아마도 3월 삼짇날 넘어야 했을낍니더. 3월 안에는 춥고 하니까네.

●정만자: 3월 삼짇날인가. 4월달인가. 3월, 4월 이래.

●양만근: 은하사도 가고 부산 가면 동래도 가고. 동래 온천 저리 금강원에도 가고.

●주정희: 온천장에도 가고.

●양만근: 온천장에도 차 대절해가~

●정만자: 고 때는 좀 늦고. 아주 옛날에는 주장 뒤뜰서 마이 놀았지.

○시지은: 그러면 그 모내기 준비하기 전에 가는 거지요?

●정만자: 예, 모내기 전에.

●주정희: 철나기 전에. 보리타작하기 전에.

○시지은: 보리타작 하기 전에~

●정만자: 너무 더워도 못 놀아.

○김헌선: 해추할 때, 자제 분들도 데리고 가시죠?

●정만자: 절대로 안 데려 갑니다. 아들(애들)이 핵교 안 가고 이런 아들은. '아이고 우리 엄마 노는 데 귀경하러 가보자' 그래 이자, 두서넛이 오가 귀경하는 수도 있고 요. 아들은 안 데려갑니다.

-걸립치던 옛어른들

○김헌선: 그럼 어르신, 고 때 '주인주인 문여소' 했을 때, 이 동네 상쇠를 보신 적 있으세요? 걸립 치러 올 때, 상쇠 누가 기억이 나세요?

●정만자: 그 전에 남은 사람 다 돌아가셨다 아닙니꺼.

○김헌선: 기억 남는 분이 계실 거 아니에요?

●정만자: 남은 사람 그 전에 김용택이 하고, 또 누고 정몽돌하고, 죽은 섭장 동생 누꼬. 서정병인가?

○김헌선: 서정봉? 구장 동생?

●정만자: 예. 섭장 동생하고.

○김헌선: 김용택, 정몽돌…… 정치봉 어르신이나 이런 분들은 보신 적 없죠?

●정만자: 정몽돌씨가 정치봉이다.

●양만근: 정몽돌씨가 정치봉씨라. 호적에는 정몽돌이고. 자기 아들도 안 좋아하고 다 안 좋아하거든. 자기 이름이 몽돌이 되어 있어가지고.

○김헌선: 정몽돌 어르신 소리 잘했습니까?

●정만자: 소리 그대로 했어예.

○김헌선: 김용택 어르신도 잘 하고?

●정만자: 김용택은 쇠로 참 잘 쳤다.

●주정희: 쇠도 잘 치고. 그거 앞소리 이런 것도 잘 하고. 옛날에 상애(상여)가면 앞소리도 잘 하데.

●정만자: 그래 앞소리도 참 많이 했어.

○시지은: 앞소리는 논일할 때 앞소리 말씀하시는 거예요?

●정만자: 논일할 때도 등기하고. 생여 나갈 적에 옛날에는 막 꽃생여 해 가꼬. 동네사람이 다 어깨에 해가. 그래 올라갔거든예. 그래 앞소리를 참 잘해예. 갠지갠지 치고. 북 치고.

○김헌선: 정몽돌 어르신은 잘 안했습니까? 앞소리는?

●정만자: 그거는 자시 모르겠습니다.

●양만근: 그 당시에 나이가 많으니까.

●정만자: 아직 젊으니까는 안 가거든예.

●주정희: 정몽돌이는 참 잘 칫다. 그거 잘 칫다.

○김현선: 정치봉 어르신이?

●주정희: 정몽돌.

○시지은: 그럼 김용택, 정몽돌, 서정봉 이 세 분 중에 어느 분이 나이가 제일 많으세요?

●주정희: 정몽돌이 제일 많지.

●정만자: 그래도 우리 아부지가 우리집에 좀 내따라 와 있었거든. 우리 아버지 보고 '행님, 행님'카고 우리집에 몇 번 놀러 왔거든.

○김현선: 정몽돌 어르신이?

●정만자: 예. 우리 아버지 보고 '행님, 행님'카고, 다 한 정 씨가 되나.

●양만근: 정몽돌 씨도 나이가 많은데 그 때.

●정만자: 우리 아버지가 나이가 더 많아.

●양만근: 아, 아버지.

○시지은: 그 다음에는 김용택 어르신이 연세가 높으세요? 서정봉 어르신이 제일 젊고?

●양만근: 서정봉은 주로 장구.

○시지은: 장구. 그럼 세 분이 같이 치신 적도 있어요? 김용택……

●정만자: 그렇지.

●주정희: 정몽돌이가 먼저 해뿔고. 그때는 정몽돌이는 안 들었지. 나이가 많으니까.

-주정희 어르신 생애

○김현선: 어르신은 성함이 어떻게 되세요?

●주정희: 주정희

○김현선: 주자. 정자. 희자. 어디 주? 붉을 주(朱)자?

●주정희: 붉을 주(朱)자.

○김현선: 어디 주씨에요?

●주정희: 신안 주씨.

○김현선: 그 다음에?

●주정희: 곧을 정(貞)자.

○김현선: 곧을 정자. 그 다음에?

● 주정희: 기쁠 희(喜).

○김헌선: 기쁠 희. 올해 연세가 어떻게 되셨어요?

● 주정희: 82.

○김헌선: 동갑이시네. 안태고향이 어디세요?

● 주정희: 친정이 진해입니더.

○김헌선: 진해. 몇 살 때 시집 오셨어요?

● 주정희: 20살 때. 허허허허

○김헌선: 어디로 오셨어요?

● 주정희: 지금 있는 집으로 왔으예.

○김헌선: 바깥어른이 존함이 어떻게 되세요? 이름이?

주정희 어르신

● 주정희: 허순호.

○김헌선: 허자. 순자. 호자. 중신했습니까?

● 주정희: 중신해 가지고 왔쓰요.

○김헌선: 어렸을 때, 모도 심고 그랬어요?

● 주정희: 모도 심었지.

○김헌선: 저기 삼 삼으셨어요?

● 주정희: 삼도 삼고. 처녀 때 삼도 삼아봤지. 삼도 삼고. 명도 자사 이래 목화 해갖고 이래.

● 주정희: 명 빼는 거 나도 해보고.

○김헌선: 삼 삼을 때, 삼 삼는 소리 하지 않습니까?

● 정만자: 삼 삼는…… 나 많은 사람이 하지 우린 안 했으요. 나는 그런 거는 해보진 않았어요.

○김헌선: 모 심으실 때 등기소리 했습니까?

● 주정희: 등기소리, 뭐 나 많은 사람만 하지 뭐. 우린 그 때 젊어가지고. 듣기만 했지.

● 정만자: 니 모 숭글러 마이 안 댕겼다 아이가?

● 주정희: 처음엔 쪼까 댕겼지.

●정만자: 모 숭그러 대니면 참 실데 없이 막 논에 가고 올 때 모 숭그기도 되는데도 등기
　　　　한다. 막 등기하다가 소리하다가.

○김현선: 슬하에 몇 남, 몇 녀 두셨어요?

●주정희: 5남매. 아들 둘, 딸 셋.

○김현선: 2남 3녀요. 주로 농사 하셨습니까?

●주정희: 예. 하우스요. 하우스. 지금은 안 하고. 영감 돌아가시고 나서는, 마 안 합니다.

○김현선: 죄송하지만, 바깥어른은 언제 돌아가셨어요?

●주정희: 10년. 11년차. 벌써 그래 됐지예.

○김현선: 자제 분들은 모두 출가 시키시고?

●주정희: 다 했어요.

○김현선: 손주도 얻으시고?

●주정희: 손주도 다 보고.

○김현선: 축하드립니다. 애쓰셨어요. 그게 제일 행복한 일이지, 뭐.

-해방 이후 걸립활동

○김현선: 르신 아까 돌아다닐 때. 어렸을 때, 몇 살 때부터 따라 다니셨다 그랬죠?

●정만자: 어렸을 적에는 천지도 모르고 막 세상에 나와 신이 많아 갖고. 쪼갤할 때도예
　　　　그래 해방되고예. 종로거리에 막 쇠 치고, 징 치고, 막 장구치고 댕기면 밤새도
　　　　록 쫄쫄쫄 따라 댕겼으예. 난사나이 되네 본들대 나니까네.

○김현선: 어르신 해방 될 때, 여기서 무슨 행사 했었어요, 마을에서?

●정만자: 그거는 자시 모르겠고예. 인자 해방됐다 카니까네 동네 어른들이 막 징 치고,
　　　　장구 치고 쇠 치고 막 밤새도록 종로거리 댕기데예.

○김현선: 종로거리가 어디입니까?

●정만자: 종로, 그 시내예. 김해 시내. 시내 어데 마. 막 골고루 댕기면. 밤새도록 쫄쫄쫄
　　　　따라 댕겼으예.

○김은희: 그 어르신 사는 삼정 본동에는 이런 거 치는 사람들이 없었어요?

●정만자: 와 없어? 동네마다 다 있었지. 동네마다 정월 대보름 되면 치지예.

○김은희: 그럼, 여기 이 동네 오니깐. 이 동네 분들이 더 잘 치던가요?

●정만자: 고 인자 부운동에, 부운동 이후에 살 적엔 남사낭이 시청 뒤에 그 남사낭이. 남사낭이라 카거든예.

●주정희: 주장 공장 같은 큰 대기업체 이런 사람들이 쇠 같은 거 불러다 치고 이렇대. 그래 거 가서 치 주고. 그래 지신밟았다고 하는 게지예.

●정만자: 근데 어릴 적엔 마 구경만 했지 우리가 애리 나놔니께 어디 그거를.

○김은희: 공장 같은 거, 거기도 정월 달에?

●주정희: 정월 달에. 정월 달에 그래 많이 해.

○시지은: 그 때 이쪽에 큰 공장이 뭐 있었어요?

●주정희: 주물공장을 했는데 그거는 뭐 없어져뿔고 안 해.

●양만근: 주물공장에는 갈 때면 김용택씨하고 내하고 최철수 뭐 이래 가가지고 많이 놀았지.

○시지은: 그 때 그런 공장이나 회사 같은 데 가서 지신 밟아주면 뭘 많이 줬어요?

●양만근: 돈이 많이 나오지~

○김현선: 어르신 돈 전부 거두잖아요? 아까 그 걸립 쳐서? 그 돈은 이제 마을에서 공동기금으로 썼습니까?

●양만근: 그거는 인제 그때는 차가 없고 구루마, 소 구루마, 아니면 말 구루마 해갖고 이러 오고 해서 시내 가서 전부 다. 가져오면 그 퇴개비는 우리 동네에서 싣고 가면 그 사람 퇴개비는 주거든. 인건비지.

○김현선: 실어 나르는 걸 옛날에 태가(駄價)라 그러거든. 여기서는 퇴개비라 그러네. 그래서 그렇게 주고 비료라던지 마을에서 공동으로 쓸 거? 공동으로 또 나눠줍니까?

●양만근: 보면 지점 가져왔다꼬. 저 안에 가면 지점, 지점. 오면은 지점……

●정만자: 농사 몇 마지기다 몇 마지기다 카면 고 지점 딱딱 준다 아닙니까.

○김현선: 마지기별로? 아니 자기가 자기 꺼 가서 사면 돼지 왜 굳이 걷어서?

●정만자: 옛날엔 집집마중 없거등예. 멀고 집집마다 구루마가 없으이.

●주정희: 지금은 차가 좋지만. 옛날에는 차가 없으니까. 소 구루마로 해가지고 싣고 와가지고 인자 분배……

○김현선: 소구루마, 그럼 비료 말고 또 뭘 사셨어요? 마을에서. 양만근 어르신?

- 양만근: 비료도 하고 옛날엔 공출로 많이 베고 그랬지예.
- 김현선: 공출~
- 양만근: 공출도 많이 베우고. 그런 것도 싣고 갔다가. 올때는 뭐 비료나 자기가 필요한 거 부치면은. 그때는 구루마가 뭐 좀 사주소, 뭐 좀 사주소 전부 이라면은 사가 오고.
- 정만자: 부탁해간다.
- 김은희: 아니 동네에서 같이 이렇게 지신밟기 해서 모은 돈 있잖아요. 그걸로 비료를 살 때도 있고, 또 다른 거 또 뭐 할 때도 있어요? 그렇게 모아놨다가.
- 양만근: 또 술 한 잔. 모이면은 술도 한 잔 할 때. 그때 술도 한 잔 하고.
- 김현선: 그런 거 정리해놓은 장부 같은 거 없죠? 치부책에다 적어서 정리해놓은.
- 양만근: 장부도 하지. 장부는 회의하고 1년 그 돈이 얼마 들어왔는데……
- 김현선: 그거는 있어요? 없어요? 없어졌죠? 치부책은 없죠?
- 양만근: 네.
- 주정희: 옛날사람들이 다 했건데.
- 정만자: 다 돌아가신 사람이 했건데.

-백중 호미씻이

- 김현선: 그럼 어르신 죄송한데. 7월 백중. 백중 때 논농사 다 끝나잖아요. 호미 다 씻어요?
- 주정희: 옛날에는 백중만 지나면.
- 김현선: 두레 했습니까 안 했습니까?
- 정만자: 옛날에 보니까네 우리 동네는 보니까네 7월 백중날 새미 치고 삽작에다 궁굴로 딱 대 꽂은 게 해 갖고 꽂아 갖고예. 그 이튿날 아침 돼야 물 뜨러 가고. 새미친 날은 물 뜨러 안 가 거든예. 미리 인자 물 미리 떠놓고. 그래갖고 인자 동네서는 오늘 이양기 노는 날, 우리가 쇠 치고 놀자 카믄서라 하루 놀대예.

-김외수 어르신 생애와 대잡이

- 김현선: 김외수 어르신 올해 나이가 어떻게 되셨어요?

●정만자: 81.

○김헌선: 어르신은 안태고향이 어디
　　　　세요? 김외수 어르신은?

●김외수: 맨 김햅니더. 김해 전하동.

●정만자: 전하. 아까 전하, 전하댁이
　　　　라고.

○김헌선: 몇 살때 시집오셨어요?

●김외수: 17살에 왔어요.

●정만자: 하하하하. 나는 작아도 제
　　　　일 일찍 왔네.

김외수 어르신

●김외수: 못 돼가지고. 전하동 저기서 요백에 못 왔습니더.

○김헌선: 바깥어른은 함자가 어떻게 되세요?

●김외수: 유치은예.

○김헌선: 슬하에 몇남 몇녀 두셨어요?

●김외수: 많습니다.

○김은희: 얼매나 많으신데요?

●김외수: 아들 너이 딸 하나 있습니다.

○김헌선: 김외수 어르신은 당산제 할 때 여기서, 대 내리는 거 보셨다면서요?

●김외수: 네. 그전에 요게 그 누구지 아저씨.

●정만자: 김용택이.

●김외수: 잡아가지고. 옛날에 내가 요 있을 때는 고걸 잡아가지고 인자 이래 가는 걸 어디
　　　　가서 그 집에 목격을 해주는 걸 봤는데. 나는 어째서 내가 치렀나 하면은 요기
　　　　이따가……
　　　　　이 사람 껄 가지고 여기서 함 채리고, 저서 함 채리고 이라는데. 거 가니까네
　　　　아무도 채리는 사람이 없다고 청도댁이 나를 하라 하더라고. 그래 갖고 여서
　　　　물은 청도댁이 아침에 떠다 놓고, 저서 해가 오는 거는 내가 요서 해가 와 가지
　　　　고 보름날 함 지냈어예.

○김헌선: 어르신 그 대 내리는 건 언제 내립니까?

●김외수: 그거는예 이래 섣달 한 음력으로예 섣달 한 10일 날 되야지. 고래 해가지고 고래 갖고 고 집엘 고거를 잡는갑다예.

●정만자: 날짜를 몰라서.

●김외수: 섣달 한 10일경 되더라꼬.

●주정희: 그것도 대 내리카는 그 사람들도, 그 하는 사람도 정신이, 진이 빠져. 찬물로 목욕하고. 마 정신이 진이 빠져. 어데 뭐 차마 혼사도 안 가고, 길사도 안 가고 뭐. 아무것도 보지도 안 하고.

●김외수: 근데 그거 보니까네 그 전에 여기 당산제를 성주암에 딱 모시고 나서는 그래 치나마 이래 음작하게 안 하더라고 내가 볼 때는, 청도댁이. 요 당산제, 성주암 절에 갖다 모셔놓고 나서는. 보니 대강 마. 나가 절에 댕기기 땜에, 그래 하드마는.

○김헌선: 성주암에 나무 모셨다는 거죠?

●김외수: 아니. 성주암 법당에다가 모시는 양을. 그래 하시더라고예.

○김헌선: 그럼 그 전에는 청도댁이 했습니까?

●김외수: 그 전에는 청도댁이 하신 게 아이고. 그래 내나 대를 잡아가 그 집에 가이까, 그래 그 집에 강 그 집에서 모시고 이라는데.

●주정희: 신촌댁이라고, 신촌댁도 했어요.

●김외수: 그래, 그래.

○김헌선: 청도댁도 하고 신촌댁도 하고?

●김외수: 예. 청도댁이는 모시지는 않애도 많이 두랑만 많이 하더라구예.

●양만근: 김판출씨 어무이가 많이 했지.

●김외수: 그래 전 처음에 거서 다 했어.

●주정희: 옛날에 김판출씨 어머이가 다 했는데.

●김외수: 아니, 종식이 즈그 할매가 완전히 위에 올라가 딱 그 하더라고.

●주정희: 그래가지고 옛날에는 당산제 지내는 밭이 있대. 고 지내는 사람들 밭을 지(지어) 묵도록 주대예.

●김외수: 그래 요, 요 뒤에 있어.

●주정희: 고걸 지 묵고 당산제를, 제를 지내는 기라.

○김헌선: 아~ 그게 신촌댁이란 말씀이시죠?

●주정희: 신촌댁이 하고. 옛날에는 김판출이 엄마는 택호는 뭔지 모르겠다.

●김외수: 택호를 우리가 아나? 그 전에 해도 뭐.

●주정희: 옛날에는 벨맹이(별명) 똥밭이라 했쌌더라. 똥밭 해쌌대.

●양만근: 똥빨래.

●주정희: 똥빨래, 똥빨래 이래쌌대.

○김현선: 아~ 당밭을 매니까 그랬구나.

●주정희: 그 사람들이 그래 하고 그 다음에 신촌댁이 그 사람들이 했으니까.

●양만근: 신촌댁이 누군데?

●주정희: 간난이 즈그 엄마.

○김현선: 그럼 대 내리는 사람들은 아니잖아요, 신촌댁이나 이런 분들은? 대를 내리면 신촌댁한테 가는 거예요?

●주정희: 네. 대를 잡아가지고 신촌댁에 가니께네. 그 사람들이 저걸로 했어예. 밭도 붙이 가면서.

●김외수: 그래가지고 그런 집을 많이 가더라고예.

○김현선: 신촌댁은 이름이 어떻게 되요?

●주정희: 이름 모르겠습니다.

●김외수: 그거 오래돼 놔놓으니.

●정만자: 마 신촌댁이 신촌댁이지.

○시지은: 그 오신 동네가 신촌이에요?

●주정희: 택호가 신촌댁이라.

○시지은: 신촌?

●주정희: 신촌. 신촌댁이.

○시지은: 그 대 내릴 때는 당산제처럼 뭐 차려놓고 안 하고?

●김외수: 거게 들어가서 대만 잡아가지고 목적하는 집을 가시더라구예.

○시지은: 대를 그 당집에 가서 내려요?

●김외수: 예. 요 당산제, 당산 모시는 집에. 고 집에 가서. 그래 했는데 중간에, 처음에는 내 요 와 가지고 처음에는 그래 하드만은. 그 많이 대를 많이 안 잡고, 인자 그래 간난이 즈그 엄마 목적할 때는 고마 거서 늘 모시더라고, 보니까.

○김은희: 그 아까 성주암에 절에다가 당산을 모셨다는 말이 무슨?

●김외수: 요길 인자 이거 매립을 하니까.

●양만근: 구획정리를 하니까 이 뜯기게 돼 있잖아요? 그라니까 절에다, 성주암 절에다가 옮겼다 이 말입니다.

○김은희: 당산을 그러면 성주암 절에다 모신 거예요? 그럼 거기서 당산제를 또 지낸 거예요?

●김외수: 인자 마 거기 모시고 나서는 다 막 입주해 불고 치아뿌렸을 겁니다, 그때.

○김은희: 정월달에도 안 지나가고?

●김외수: 네, 네.

○시지은: 그러면 당산제는 다 모여서 안 지내도 정성 드리는 사람은 그냥 성주암 가서……

●김외수: 요 부근에는 성주암 절에 많이 가지예.

○시지은: 주로 이거 나무 잡고 잘 내리는 사람이 있잖아요? 이거 누가 잡아요?

●김외수: 그 할배가……

●주정희: 옛날에 대살이대가 잘 잡았고.

●김외수: 대살이대 영 꼬부승한 그 할배가 잡았다. 두부집 할배 내나 그 김 뭐꼬. 김용택 씨. 그래 그 할배가 그랬다. 그라고 나서는 대 잡는 거 안 했어.

○시지은: 그러면 김용택 할아버지가 대를 잡으면 옆에서 누가 뭐라고 뭐라고 해야지 대 내리잖아요?

●김외수: 그마 뭐 아무 그것도 없더라꼬예. 내가 한 번 청도댁 따라 가봤는데. 가 보이께 네 가서는 마 이래 당산제 요 문 딱 열어놔 놓고 딱 이래가 정성을 차리고 있더 만은 마 이래 싹 내리더라고.

●정만자: 뭐라꼬 뭐라꼬 하대. (소란스러워 잘 안 들림)

○시지은: 자기 혼자? 김용택 할아버지가? 잡고 있으면 쫌 이따가 뭐라고 뭐라고 내려요?

●김외수: 예. 나는 뭐라카는 그런 거는 몬 듣고. 고마 당산제 앞에 가서는 대를 딱 가져가 드만은. 문 열어 놓고 딱 꼽아놓고 있드만은. 자기 마음속으로는 뭐라 정성을 들이겠지. 그라드만은 막 이래 살살살살 내리.

○시지은: 그래서 이거 잡고 주로 김판출이 어머니 아니면은 신촌댁, 이 집으로 간 거예요?

●김외수: 처음에는 걸로 많이 가. 내 있을 때는 고서 많이 모셨다고예.

●주정희: 김판출이 할매는 우째가 했는고. 옛날 사람이니까네.

●김외수: 그때는 모르겠구예. 그때는 완전히.

●주정희: 그래 하는 거를 봤고. 대 잡아 가는 거는 신촌댁이. 거기를 봤어요.

○시지은: 신촌댁으로 대가 들어가는 거를 보셨고~

●김외수: 그래갖고 늘 그 집에서 모셨어예.

○김헌선: 그래서 당밭을 부쳐먹었다는 거잖아요? 신촌댁이? 그쵸? 당밭을 부쳐먹었다는
거죠?

●주정희: 옛날에 김판출이 엄마가 그 밭을 부치고 그래 했는데, 그 집에 가서는 그 집에서
부치고 당산제를 지내고 이랬어예.

○시지은: 그 당밭을 김판출이 어머님께서 하다가 신촌댁으로 내려온 거네요? 김판출이
어머니 하다가.

●김외수: 그래갖고 이리 넘어갔어.

○시지은: 김판출이 어머니는 옛날 분이고.

●김외수: 그 전에 무시러버 우리들 칠라카면 우리들 나이나 그즘 됐는데.

○시지은: 네. 그 집에 대가 잘 들어갔는데 그건 못 보셨고. 신촌댁에 대 들어가는 건 보셨고.

●김외수: 그래.

○김은희: 그럼 청도댁은 또 언제에요?

●김외수: 청도댁이는 늘 요 동네 설도로 마.

○김은희: 아, 설도하는 사람.

-칠월 백중놀이

○김은희: 아까 백중 때, 백중 때 아까 금하는 거 있다고 하셨잖아요?

●정만자: 이 동네서 한 게 아이고 내 클 때. 내 본동에. 본동 2954. 클 때고, 내가 참
출가해 갖고 살림살 때 하고 보니 샘이가 참 깊고 물이 좋습니다. 남산 아래.

○김헌선: 남산 아래.

●정만자: 그래 새미 치고, 딱 이래 궁구 새끼줄로, 대로 양쪽에다 이래 꽂아 놓고. 궁구를
쳐 놨대예. 쳐 놔가 고래 고 날은 아무래도 노는 날이니까네 우리 쇠 치고 한번
놀자 카면서 정 *** 누집 부잣집 가가 쇠 치고 놀대예. 그래 하는 거 봤어예.

○김은희: 백중날? 7월 백중날?

●정만자: 네.

○김은희: 새미는 아무도 건드리면 안 되고?

●정만자: 아침에 인자 새미 치고. 그날은 궁구르 치니 아무도 못 들어가지예. 그 이튿날 돼야 인자 물 뜨러가지.

●주정희: 나는 클 때 보니까네, 우리집에 머슴을 갖다 소를 태워가지고. 그래가지고 인자 일 다 마쳤다고. 머슴들 일 다 마쳤다고 소를 태와. 소를 머슴을 태와. 그래가지고 술판을 벌여가 놀고 이라대.

○김헌선: 그러면 그거는 진해에서 그랬다는 말이죠?

●주정희: 진해에서러 그래기도 하고. 요 진해서도 농사가 많았어예. 진해에서도 머슴을 데려 놓고 살았고. 여기서도 머슴을 데려 놓고 살았고.

○김헌선: 여기서도?

●주정희: 네. 여기서는 아니고예. 친정서. 친정서 그리 하대. 여기서는 머슴을 안 했고. 클 때 그랬어예. 머슴을 소를 태우대예. 소를 태워가지고. 그래가지고 일 다 마쳤다고 소를 태우고 술판을 벌이고 이리하대. 동네사람이 모여서 그라대.

○김헌선: 7월 그 백중 때?

●주정희: 네. 7월. 백중 때 그라대.

○시지은: 머슴을 이렇게 앞을 보고 태워요? 아니면 거꾸로 태워요?

●김외수: 앞을 보고. 바로 이래 이래. 머리를.

●정만자: 거꾸로 태우면 되는가.

●김외수: 여도 인제 백중날은 옛날에 새미 물로 많이 먹으니까네. 백중날 되면 전부 우물로 다 치잖아.

●정만자: 옛날에 수도가 있었나? 새미 물.

○김은희: 백중날에는 새미 먼저 치고 나서 그 다음에 노는 거예요?

●김외수: 요 그전에는 수도가 없고 이라니까네. 백중날 되면 언제든지 모도 마 동네 사람 모여 갖고 우물 다 치고.

●여영득: 여 우리 큰집 밑에 샘에 보면 옛날 치샀는 거 봤다, 나도.

●김외수: 내 있는데 거 큰 새미고 그랬잖아.

○김은희: 새미 치는 거는 그날 가서 치는 겁니까?

●양만근: 네. 청소하는.

○김은희: 청소를 며칠 전에 하는 거예요?

●정만자: 그날, 백중날. 7월 백중날.

●양만근: 그 우물 퍼도 물이 자꾸 나기 때문에 여럿이서 막 빨리 퍼내거든. 사다리 놓고 내려가 가지고.

●정만자: 맞지. 그래 전부 다 긁어가.

●양만근: 그라면은 모래. 밑에 모래거든. 모래도 씻고. 물을 구해 와 씻고 그럼 물도 구정물 없이. 싹 퍼내 가지고 깨끗하게 해 놓고 그래 가지고 올라오는 거지.

○시지은: 이 벽은 안 닦아요?

●김외수: 와 안 닦아예.

●양만근: 벽도 닦지.

○시지은: 벽도 다 긁어서 뜯어내고? 떨어내고? 물이끼 같은 거, 이끼 같은 거.

●김외수: 물이끼는 전부 다 문대 가지고.

-김기형 어르신의 생애

○김현선: 김기형 어르신은 올해 연세가 어떻게 되셨다 그랬죠?

●김기형: 73세.

○김현선: 침 맞으러 갔다 오셨어요?

●김기형: 수영장에.

○김현선: 수영장에~ 안태고향이 어디세요?

●김기형: 부산. 아니 저 밀양이라. 원래 태어나기는 밀양이라도 부산서 자랐어요.

○김현선: 시집은 언제 오셨어요?

●김기형: 43년 전엔가.

○김은희: 이 마을로 오신 거죠, 43년 전에? 그럼 30살에 결혼하셨다고요?

●김기형: 예. 29에 했습니다.

○김은희: 늦게 하셨네요. 옛날치고는.

○김현선: 바깥어른은 이름이 어떻게 되세요?

김기형 어르신

●김기형: 서만호.

●양만근: 이장, 통장을 많이 했어요.

○김헌선: 자제는 몇을 두셨어요?

●김기형: 딸 하나, 아들 하나.

○시지은: 73세면 원숭이띠세요?

●김기형: 네. 부군은 용.

○시지은: 그러면 4살 차이 나시는 거예요? 지금……

●김기형: 안 계셔.

-다시 정만자 어르신의 등기소리

○김헌선: 김외수, 전나(전하)댁 어르신은 농사일 많이 하셨어요?

●김외수: 네. 많이 했습니다.

○김헌선: 길쌈도 많이 하시고?

●김외수: 길쌈은 안 해봤고. 클 때 요 문아래 뭐 길쌈 같은 건 안 해봤고. 농사일은 뭐……

●정만자: 마 클 때부터 마 저녁때면 억수로 했어예. 농사가 많고 하니까.

○김헌선: 등기소리 같은 거 많이 해보셨어요? 등지소리?

●김외수: 근데 다 잊어버렸습니다.

○김은희: 아까 한 거 한 번 다시 해줘 보세요. 또 오셨으니까. 다시 한 번.

●정만자: 아~ 모야. 아까 모야모야 많이 했다 아닙니까.

○김은희: 어 그것도 하고. 총각처녀.

○김헌선: 천천히 한 번 해보세요. 왜냐면 너무 좋아서.

●양만근: 아까는 연습이고. 이제 녹음되니까 진짜백이다.

●정만자: 가뜩이나 몸이 안 좋아 기운이 없는데. 헤헤헤.
　　　　　모야 모야 노랑 모야 니 언제 커서 열매 열래
　　　　　이달 크고 저달 크고 칠팔월에 열매 연다

○김헌선: 그 다음꺼.

●정만자: **처녀 총각이 그 눈이 좋아 한 비게서 잠 들었네.**

○김은희: 또 이어서. 사랑에다.

●정만자: **사랑 앞에다가 노숭을 심어 노숭 나무에 학 앉았네.**

　　　　　학은 잠자 젊어 오고 이몸 잠잠이 늙어가네

○시지은: 낭창낭창 별이 깊어?

○김현선: 낭창낭창 그거 해 주세요.

●정만자: **낭창낭창 베리 끝에 무정하다 저 오라바**

　　　　　나도 죽어서 남자가 되어 처자 공손 신길라네

○김현선: 어르신 기억력 대단하시다! 어렸을 때 들은 게 오래 남아있네. 또 기억해보세요
　　　　　다른 거.

●정만자: 아가야 도련님.

　　　　　아가야 도련님 병환이 나서 순금씨야 배 깎아라

　　　　　순금씨가 깎안 배는 맛도 좋고도 연약하네

○김현선: 이걸 어떻게 기억하지? 어르신 굉장히 잘 하세요 지금. 막 그냥 샘에서 샘이
　　　　　막 솟아나네 샘물이.

●정만자: 좋아하는 도련님이 병이 나서예. 그래 인자 배가 연하고 물이 많이 나니까네.
　　　　　그래 맛도 좋고 연약하다카는 그 뜻이라.

○김현선: 이거는 제가 처음 들어봐요 저는.

●정만자: 오만댕 게 다 하고. 수미댁하고 모 숭그러 하면 수미댁하고 둘이서 주고 받고
　　　　　마. 이거 하다가 나중에는 노래 부르고 소리하고.

●양만근: 한참 하셨더만은.

●김외수: 한참 했는데 다 잊아뿔다.

○김은희: 여그는 성님 성님 안 들어갑니까? 여기는? 성님성님 사촌형님. 성님성님 안 들
　　　　　어갑니까?

●정만자: 모르지예.

○시지은: 문어야 대전복 이런 건 없어요?

○김현선: 물꼬를 헐어다 놓고. 천리지척

●정만자: 주인네 양반은 어데갔나. 대강 알지예.

○김현선: 아는데 기억이 허물어지셨구나.

- 정만자: **물길로 저정청청 헐어놓고 주인네 양반이 어데 갔소**

  그 인자 외박하러 갔다. 하하하하.

- 여영득: 또 해 보이소.

- 정만자: 아이 내가 기운이 없다.

- 정만자: 그래 나 또 유자캉 탱자캉 그거.

  유자캉 탱자캉 그 눈이 좋아 한 꼭다리에 둘 열었네

  대강 아는 것만.

- 김헌선: 그 다음에? 밧짝이 있어야지. 잘 생각해 보세요, 어르신. 이 소리 처음 나와요. 대한민국에서.

- 여영득: 아는가? 잊어 불고 말지.

- 정만자: 다 잊아불고. 많이 했다.

- 김외수: 여 오야도 많이 했습니다. 예? 여 오야도예 우리 같이 모 심으러 댕기면서 얼마나 했다고.

- 정만자: 술미댁이 등기 몬 하는 게 없더라.

- 여영득: 또 한 사람 잘 하는 사람 오라 해야겠다.

- 정만자: 또 인자 등기하다 되면 막 소리맨쿠로.

  사랑 앞에다 노숭을 숭가 노숭 낭개에 학 앉았네.

  학은 잠자 젊어오고 이몸 잠자 늙어가네

  이래 또 하다가 등기하다가 소리로 맨들어 가.

(소리를 잘 한다는 할머니께 전화를 하여 모셔오기로 하고, 간식을 들며 기다린다.)

-김해의 논 매기

- 시지은: 다른 동네도 옛날에 여자들이 이렇게 등기소릴 하고 그랬어요? 여자도 일하면서 소리하고 그랬어요?

- 김외수: 많이 하지. 그래 안 하면은 되서러 못 하지.

- 양만근: 남자들은 지게 져 가지고 모 삐라주고.

- 시지은: 어떤 데는, 어떤 마을은 여자들 논에도 못 들어가게 하고. 소리도 못 하게 하고 하는 마을이 있거든요.

●정만자: 모찌는 데예 담배를 몇 카트 해놔 놓고 머이 간 사람 담배 그가 하고. 그래 막 등기 하고, 막 등기 못 하는 사람 소리 하고. 그래 머이찐 가가 담배 그 하고 이랬어예.

●주정희: 여자들이 논일 안 하는데 있어. 논일 안 해. 남자들만 하지. 여자들이 소리도 못 하지.

○시지은: 이쪽은 여자들이 모도 심고. 김도 매요?

●주정희: 김해 여는 여자들이 다 해.

○시지은: 김도 매고?

●주정희: 김도 매고. 모 심어 놓으면 논도 매고. 아이고 마~

●정만자: 두벌 모는 매기가 그대로 되아는데. 세벌 모는 맬라카니 막 눈을 찔러싸, 얼굴을 찌르고. 온 찌르고.

○시지은: 얘가 키가 커서. 자라서 이런 데 찔리고. 그런데 여기 김맬 때는 호미는 안 쓰잖아요.

●김외수: 전라도는 호미를 써요. 내가 전라도, 영감님 따라서 훈련소 거 좀, 논산 훈련소 많이 살았는데. 거는 가면은 아시 논은 전부 호미해 가지고.

○시지은: 이렇게 길다란 호미로.

●김외수: 네. 이래 넙덕하니.

○시지은: 그럼 여기는 뭘로…… 기계로 밀어놓고 해요?

●양만근: 미는 게 있어요.

●주정희: 아시는 소로가 이리 끌고 댕기대. 대드만은 난중에는 밀고 댕기고 밀고 댕기고.

○시지은: 그래야 손으로 할 수 있는 거죠?

●김외수: 등거리가 돼야 하거든. 등거리가.

●양만근: 그거 밀고 파헤쳐 놔야 다음에 손질하지.

●김외수: 전라도 그런데 가면 호미로 갖다가 푹 떠다가 엎어 놓고, 푹 떠다가 엎어 놓고.

●양만근: 경기도 저리 가이까네 호미로 쓰대.

○시지은: 저 위쪽은 아시논, 초벌 맬 때는 거의 다 호미로 쓰거든요. 흙 파서 뒤집어 엎고.

●양만근: 여기는 기계로 가지고.

○시지은: 그걸로 밀어 놓고 이제 잡초는 손으로 어떻게 해요 그러면? 뽑아요 아니면.

●김외수: 두벌 논은 손으로 매고 인자 묻고.

○시지은: 손으로 묻어요? 안 파고도 어떻게 묻어요?

●김외수: 그냥 마 이래.

○시지은: 음~ 밑으로 쑥! 못 자라게. 손으로 이렇게 꾹꾹 뒤집어 놓는 거구나.

-정만자 어르신의 자장가

●정만자: 나는 한 번 퍼뜩 하니까네 짤라비고, 참 등기 길구로 빼거든예.

○시지은: 아~ 길게? 소리를 길게 빼요? 그럼 힘들잖아요.

●정만자: 그래도 마 잘 하는 사람은 된 줄 모르고 한다.

○시지은: 잘 하는 사람은 소리도 길게 빼고~ 소리를 길게 빼면 일할 때 더 좋아요? 더 수월해요? 기분도 좋고?

●정만자: 인자 지어 오니까네. 소리 잘 하면 허리 아픈지 모르고.

○시지은: 할머니, 등지소리, 등기소리 하고 그거 다 하면 다른 소리 한다 그랬잖아요.

●정만자: 잉. 하다가 또 그거 마 질고 뺄고 할라, 될라카면 노래로 부른다.

○시지은: 그건 그냥 노래라 해요?

●정만자: 웅

○시지은: 등기소리는 등기한다 그러고. 또 다른 소리는 또 뭐 하셨어요?

●정만자: 유행가 마 이래 마.

●주정희: 등기소리는 소린데. 소리는 한 가지인데. 길게 빼는 소리가.

●정만자: 한 가지인데. 등기라카고.

○시지은: 그거 말고 아까 빠른 노래 하셨잖아요.

●정만자: 그래 빨리 하니까네 짧고. 뭐시든 한 가지래도 뭐. 모오~~~야. 나는 안 된 다 마.

○시지은: 길게~

●정만자: 길게 빼. 그래하니까네 참 오래가고.

○김헌선: 어르신. 긴체받이, 짜른체받이 이게 뭡니까?

●정만자: 짜른체받이, 긴체받이?

○김헌선: 긴체받이, 짜른체받이.

●정만자: 올케 모르겠는데. 내가 말귀를 못 알아들어……
○김은희: 어르신 옛날에 애기들 키울 때, 애기들 자장, 자장 자장 노래하셨어요?
●정만자: 그거는 마 주장.
●주정희: **달강달강 서울 가서**

    밤 한 톨에 얻어다가

    부뚜막에 두었더니

    머리 깜은 생쥐가

    요리조리 가가지고

    껍질랑 애비주고

    ******랑 애미주고**

    니캉내캉 사키묵자

    달강달강 달강달강 이래 안 했나.
○김은희: 그 노래 다 부르셨어요?
●정만자: 주장

    자장자장 잘 자거라

    앞집 개도 짖지 말고

    뒷집 개도 짖지 말고

    우리아기 잠 잘 자라고

    그래 많이 했지.

-조귀이 어르신의 생애

●정만자: 뭐 좀 마시라. 등기 할라면 물도 마시야 된다.
●조귀이: 참 옛날에 등기. 옛날에는 모 숭그러 가면 등기 안 하면 저 가서 일, 모 못 숭근다. 참 노래 불러야 욱신욱신하니 해가. 참 하다가 보면 딴 데 보면.
●정만자: 뭘 마실래? 고 있네. 요 한 병 마셔라.
●조귀이: 옛날에는 등기를 참 많이 알았는데 인자는 몇 십 년 안 하니까 다 잊아뿌서.
○김현선: 술미 어르신이시죠? 이름이 어떻게 되세요?
●조귀이: 조귀이!

○김헌선: 무슨 띠?

●조귀이: 개띠.

○김헌선: 안태고향이 어디세요?

●조귀이: 김해.

●정만자: 술미, 술미.

●조귀이: 한림입니다. 술미가 아니고.

●정만자: 그래 술미댁이라카먼 술미.

●조귀이: 저 종식이 할매가 그래가지고. 술미 갈라먼 한림면에서 얼마나 가야하는데.

●정만자: 그럼 한림댁이라카지 뭘라 그래 술미댁이라 캤나?

조귀이 어르신

●조귀이: 전에 종식이 즈그어매가 마 부르기 좋고, 이름 정자로 갈라카먼 애랩고 부르기. 아이 마마 자기 멋대로 놔뿌다.

○시지은: 부르기 쉽다고 술미댁이라 불렀어요? 원래 한림댁인데?

●조귀이: 원래 한림댁이가 아니고. 옛날에 한림정이라 캤거든. 왜정시대에. 이웃에 할매는 이 이름은 택호가 없으면 안 되거든. 시집와 놓으니 이웃집 할매가 그래 마 술미가. 한림면카먼은 술미가 부르기 좋고 마 그래키네 아무나마 싶어서 아무 말 안 했다. 그게 이름이 돼버렸다.

○김헌선: 할머니, 바깥어른은 성함이 어떻게 되세요?

●조귀이: 영감탱이라. 서문호. 귀도 어두워서 못 알아들어.

○김헌선: 몇남 몇녀 두셨어요? 슬하에 몇남 몇녀?

●여영득: 2남 1녀.

○김은희: 몇 살 때 시집오셨어요?

●조귀이: 19살에.

○시지은: 할아버지 나이가 많으세요? 몇 살 많으세요?

●조귀이: 내카고 6살 많다.

●정만자: 6살은 보통이다.

● 조귀이: 그러면 90 다 됐다. 동민이 즈 아부지랑 다 한 동갑이다. 용띠다.

○ 김은희: 여 와서 농사 지으셨어요, 계속? 계속 농사지었어요?

● 조귀이: 어, 일 엄청 했어요.

○ 김은희: 논에도 직접 가시고? 모도 직접 심으시고?

● 조귀이: 모 숭글 때면 묵고 살라카면 마 모도 숭가야 되고, 나락도 비야 되고. 들에가 살아야 한다. 오만일 다.

● 정만자: 난 모 숭그고 오다가 저그 뭐 논에 들어가 모 숭그고 이랬어요. 그래 모 숭그고 오면 한자에 동동 숨고 머리에 기가 차서 또 가서 숭고.

● 조귀이: 그래가 다 숭그고 나니까네 일곱 마지기가 논 쪽에 한 마지기, 한 마지기 몬강 모자라더라. 골병 안 들었나. 자고 나서 해 넘어 일하고. 해가 지도록 그 또 오다가 모 주아가 또 꽂아놓고 와야 되고. 내일 또 모 숭그러 가는데.

● 김기형: 옛날 이야기 좀 고만하고 좀 노래 불러 보이소.

○ 김은희: 그래 모 숭그면서 무슨 노래 했어요?

● 조귀이: 모 숭그는 노래가 많다. 열 가지도 더 되고, 스무 가지도 더 되고.

-정만자, 조귀이 어르신의 등기소리

○ 김헌선: 어르신 소리 한 번 해보세요. 등기소리.

● 정만자: 안 하다 갑중이 할라카니.

● 조귀이: 뭐를 불꼬?

● 정만자: 옛날에 하던 거.

● 조귀이: **서월이라 항골못에 어이 펄펄뛰는 금붕어야**
　　　　　인자 이걸 내가 하거든. 내가 하면 딴 사람이 받는 사람이 있어라. 인자 받는 사람은.

● 조귀이, 정만자: **금붕어 잡아다가 회 쳐놓고 어이 춘향이 불러 술 부어라**

● 조귀이: 그래 옛날에 이런 노래하면 나는 마 노래한다고 막 뛰댕기면서 잠이 안 와.

○ 김헌선: 계속 하세요.

● 조귀이: **님이 좋아서 양자가 되여 어이 춘세 끝에 집을 짓네**
　　　　　이 소리를 내가 하거든. 또 내 하면 받는 사람이 있어.

나도야 죽어서 남자가 되어 어이 처자 공속 신길라요

참 옛날 노래다.

● 정만자: 낭창낭창 베리 끝에 무정하다 저 오라바이 그 끝에 나도 죽어 남자 되어 처자 공손 시킬라요. 조금 틀리다

● 조귀이: 또 하라?

● 여영득: 예. 계속 하이소.

○ 김현선: 계속 하세요.

● 조귀이: 또 생각이 안 나노.

● 양만근: 하나 받아 주소.

● 정만자: 나는 몬 받겠다.

● 조귀이: **내가 죽어서 현자가 되어 어이 춘세 끝에 집을 짓네**
나도야 죽어서 남자가 되어 어이 처자 공속 신길라요

사랑아 앞에다 노숭을 심어 어이 노숭 낭게 학 앉았네
학은 점점 젊어오고 어이 우리 님은 늙어오요

● 정만자: 아까 이 소리 했다.

● 조귀이: 또 할라카면 우뜬 거이 또 생각이 나노. 퍼뜩퍼뜩 생각이 안 나노. 몇 십 년이나 안 했는데.

● 정만자: 몇 십 년이나 안 했는데. 아무라도 생각이 안 나더라고. 갑중에 할려니.

● 주정희: 그것도 몇 번 해봤으면 됐지만은 그거 한 지도 언제고.

● 조귀이: 그래 어제도 탁 생각해보고 한 번 불러봤으면 할긴데. 몇 십 년 만에 홍두깨, 밤중에 홍두깨 둘르듯이 불러내께. 뭐 생각나노?

○ 김은희: 할매. 여기 아까 유자캉 탱자캉 카던데. 유자캉 탱자캉.

● 조귀이: 아! 유자캉 탱자캉.

● 정만자: 그 눈이 좋아 한쪽다리 둘 열렸네.

● 조귀이: 만인간아 웃지 마라. 질레꽃은 유학가고 석로꽃은.

● 정만자: 아이. 석로꽃은 유학가고 질레꽃은 장가가고 만인간아 웃지마라 씨종재바래 내 갈란다.

- ●조귀이: 내가간다.
- ○김헌선: 고 소리 한번 해보세요.
- ●조귀이: **질레꽃은 장가가고 어이 석로꽃은 유학가네**

  만인간아 웃지마라 어이 씨종재바래 내가간다 (정만자 어르신이 중간부터 같이 부른다)

  다 의미가 있다, 이거.
- ●정만자: 그래. 소리고 등기고 다 의미가.
- ●주정희: 옛말에 저 이야기는 거짓말이라도 소리는 노래는 다 거짓말이 아니라 안 카나.
- ●조귀이: 그래 그거는 다 맞다. 노래는 다 맞고 이바구 그거는 거짓말이 절반. 거짓말 참말 마 이래가.
- ○김헌선: 어르신 고거 소리가 좋은데.
- ●조귀이: **오늘 나주에 점심반찬 어이 무슨 자반 올랐는고**

  전라도라 고신청에 어이 말이야 반찬이 올랐다요 (정만자 어르신이 끝부분부터 같이 부른다)

  점심참이 늦어오네 어이

  무슨…… 아 또 생각이 안 난다.
- ●정만자: 말이야 반찬이 올라서
- ●조귀이: 말이야 반찬이 올랐는데 와 점심참이 늦어 이래 순금채라 무슨 나물 맛 본다고 늦어온다카. 늦게 온다카대. 반찬 맛 본다고 늦게 온다카대. 늦어오네 늦어오네 점심참이 늦어오네 카니께 순금채가 맛은 제가 맛본다고 늦어온다 카대예. 늦어 온다 카대. 그래 이 등기가 다 의미가 있다. 참 등기가 정든 모 숭그며 했는데 와 인자 차고 앉아 있다가 생각이 안 난다.
- ●정만자: 몇 년 안 했는데.
- ●조귀이: 몇 년 아니고 몇 십 년이데. 노래가 할라카이 생각이 안 난다.
- ●정만자: 그래. 몇 년 아니다. 몇 십 년. 25년이나 됐는데.
- ○김헌선: 질레꽃은 장가가고~
- ●조귀이: 석로꽃은 유학가고.
- ○김헌선: 고거 다시 한 번 천천히 해보세요. 아주 좋아서 그래요.
- ●조귀이: 그거를 해라꼬?

질레꽃은 장가가고 어이 석로꽃은 유학가네

만인간아 울지마라 웃지마라 씨종재로 바래간다

○김헌선: 씨종자로 가려간다?

●정만자: 씨종자 바래서 내가 간다.

●조귀이: 씨종재 바래서. 이제 아들 놓을라꼬 장개가는 기라. 씨종재. 씨, 아들이 있어야 씨종재를 한다 아니가. 딸만 있어가 안 되고. 만인간아 웃지마라 씨종재로 바래서래 장개로 간다 이 뜻이다.

○김헌선: 아까 어르신 이바구는 거짓말이고. 그게 뭐에요?

●정만자: 그래 일일이 맞다 아닙니까. 소리고 등기고. 일리가 다 맞다.

●주정희: 이야기는 옛날에 거짓말이 많아도 이 소리, 노래는 거짓말이 없다 카대예.

○김헌선: 주정희 어르신. 다시 한 번 고 얘기 해보세요.

●주정희: 아 저그 이야기는 거짓말이 있어도 노래는 거짓말이 없다 카대예.

○김헌선: 이야기라 그랬어요? 이바구라 그랬어요?

●주정희: 이바구는 옛날에 거짓말. 이바구는 거짓말이 많답니더.

○김헌선: 다시 한 번만 말씀해보세요. 사투리 써서.

●주정희: 이바구는 거짓말이 많아도 노래는 거짓말이 없답니더.

○김은희: 어르신 아까 그 유자캉 탱자캉 그거는 기억 안 나세요?

●정만자: 내가 했는데 마.

○김은희: 그러니까 아니 한 소절만 했는데. 받는 소리를 기억이 안 난다고 못 하셨잖아요. 받는 소리.

●주정희: 받는 소리. 유자캉 탱자캉 그 눈이 좋아 한 베개 베고. 아 처녀 총각 그 눈이 좋아 한 베개 베고 잠이 드나 그러드나?

●조귀이: 처음에는 한 꼭다리 둘 열었네. 이제 처녀캉 총각캉 그 눈이 좋아 한 비게 베고 잠들었네.

○김헌선: 고걸 이어서 해보세요.

●조귀이: 처음에 뭣이 되노? 유자캉 탱자캉 그 눈이 좋아.

●정만자: 그래 고거 하면 내가 처녀캉.

●조귀이: 유자캉 탱자캉 그 눈이 좋아 어이 한 베게 배 아! 아이다. 한 꼭다리 둘 열었네.

　　　　　　유자캉 청자캉 그 눈이 좋아 어이 한 꼭다리 둘 열었네

●정만자: **총각캉 처자캉 그 눈이 좋아 한 비게서 잠들었네**

○시지은: 아까는 짝이 안 맞았는데 이제 짝이 맞네.

○김현선: 어르신 안짝하고 밧짝하고 하세요. 시작. 유자캉.

●정만자: 또 그 하라네.

●조귀이: **유자캉 탱자캉 그 눈이 좋아 어이 한 꼭다리 둘 열었네**

●정만자: **총각캉 처자캉 그 눈이 좋아 한 비게서 잠들었네**

○김현선: 아, 잘 맞아요 지금. 따른 거 또. 모야모야 노랑모야. 안짝 밧짝.

●조귀이: **모야모야 노랑모야 어이 니 언제 커서 열매 열래**

●정만자: **이달 크고 훗달 크고 칠팔월에 열매 연다**

●여영득: 또 없어요? 또 있으면 빨랑 해보이소.

○김현선: 아주 좋습니다. 또 한 번 해보세요.

●조귀이: **사랑아 앞에 노숭 심어 어이 노숭 낭게 학 앉았네**

●정만자: **학은 점점 젊어오고 이 몸 잠잠 늙어가요**

●조귀이: 또? 한 번 더? 딴 거? 딴 거 생각해야 되지.

○김현선: 바꿔서 하셔도 돼요. 어르신 먼저 하시고.

●조귀이: **오늘 해가 요맘때면 상골 마중 영개(연기)나네**

●정만자: **우리 님은 어데로 가고 능개낼 줄을 모르던가**

●조귀이: **오늘 아침에 만낸 동무 어이 해가 지니 이별이네**

●정만자: 나는 그거 모르겠다. 잊아불고 모르겠다.

○김은희: 이거 뒤에꺼 어머니가 아셔요? 오늘 아침에 만난 동개? 동무?

●조귀이: 오늘 아침에 만낸 동고 해가 지니, 받는 기 또 있는데 생각 안 나네.

●정만자: 있는데 모르겠네. 잊아불고.

●조귀이: 생각 안 나네. 오늘 아침에 만낸 동고 해가 지니 이별하네. 머 새는 날로 만나자
　　　　　카는데 생각 안 난다.

○김현선: 모시야 석삼아 저 적삼에 분통같은 아 저 젖보소.

●조귀이: 아~

　　　　　모시 적삼 안섶 아래 분통같은 저 젖보소

모시야 적삼 안섶 아래 어이 분통겉은 저 젖보소

아저씨 잘 아네.

● 정만자: 또 받아가 해봐라.

○ 김헌선: 많이야 보면은 병든단다.

● 조귀이: 아!!

많이야 보면은 병 나는데 어이 쌀로만치만 보고 가소 (정만자 어르신이 끝부분부터 같이 부른다)

○ 김헌선: 쌀눈이.

● 주정희: 쌀러만큼 보고 가소.

○ 김헌선: 쌀알만큼. 어르신 그 소리 좋으니까요 한번만 더 해주세요. 똑같은 거. 한 번만요.

● 조귀이: **모시야 적삼 안섶 아래 어이 분통겉은 저 젖 보소**

● 정만자: **많이 보면 병 하는데 쌀로만치만 보고 가소**

● 조귀이: 어제 알리준 거 생각을 해가 딱~

● 정만자: 있었으면 함 시험을 해갖고 배왔으면 했을 텐데. 갑중에 마 몇 십 년을 잊어불고 있다가 갑중에 할라카니.

● 여영득: 오늘 머리 회전 잘 되서 오래 살겠다.

● 정만자: 노래 한 차례 부르지 또.

○ 김헌선: 노래 해 보시죠.

○ 시지은: 등기 말고 노래.

● 정만자: 노래 나는 못 합니다.

● 조귀이: **서마지기 이 논배미 어이 반달같이 떠나가네**

니가야 잘 나서 반달이가 어이 초승달이 반달이요

○ 김헌선: 어르신 고게 무슨 뜻이에요?

● 조귀이: 모르지~

● 주정희: 해가 지 가니까네.

● 정만자: 초승달이 반달이라카는 거는 그 날짜가 있거든예. 몇일 날은 달이 안 뜨고, 몇일 날 조금날 반달이 뜨고. 그래 날짜가.

● 조귀이: 초생달이 반달이지. 그믐달은 반달이 아니다.

○김현선: 아니, 서마지기 논배미에.

●주정희: 서마지기 논배미는 반달 같고. 초생달은. 초생달은 무슨 캤노?

●조귀이: 초생달이 반달이지. 니가 무슨 반달이노.

●주정희: 서마지기 논배미는 반달이 아니고. 초생달이 반달이라 카는겨.

○김현선: 그만큼 적게 나오는 게 좋다는 거예요? 서마지기는 너무 많고.

●주정희: 서마지기 논배미는 반달이 아니고.

○김현선: 너무 많고. 모심기에는.

●주정희: 초생달이 반달이라.

○김현선: 초생달은 반달이다 이 말이죠? 그걸 알 수가 있어야지. 그거를 이렇게 직접 일을 안 하시면 전혀 모르고. 서마지기 논배미는 너무 크고 장차니까 힘들고. 초생달이 반달이다 이 말이죠? 곱고 아름답다~

●조귀이: 참 우째 그래 그 노래를 그 맨들어냈을꼬.

●정만자: 참 옛날에 시인네들이 머리가 좋아.

●주정희: 그런 우째 다 모도 만들어냈을꼬.

●조귀이: **밀양 삼당 왈자 처자 어이 저 옥 안에 갇혔다요**
          사장 사장 옥사전의 어이 옥문 조금 열어주소

○김현선: 그게 뭔 뜻이에요 어르신? 지금 하신 게 무슨 뜻이냐고?

●조귀이: 옥에 갇히니 옥 안에서 못 나오니까네 사장 사장 옥사장 옥문 좀

●정만자: 옥문 좀 열어주소.

○김현선: 근데 왜 밀양부터 시작했잖아요. 밀양.

●조귀이: 밀양?

●정만자: 처음에 시작할 때.

●조귀이: 밀양 삼당 왈자 처자 저 옥안에 갇혔구나 사장 사장 옥사정아 옥문 조금 열어주소.

●여영득: 그 노래는 여기 노래가 아니잖아. 맞나?

●정만자: 그것도 맞다. 등기 맞다.

●여영득: 옥에 갇힌 그거를 말하는 거 아이가? 밀양 총각이 그거 핸 거 아이가?

○김은희: 그거 한 번 다시 불러보세요. 한 번만.

○김현선: 지금 금방 하신 거. 밀양 삼당

- 조귀이: 밀양 삼당?

  밀양 삼당 왈자 처자 어이 저 옥 안에 갇혔다요

  사장 사장 옥사전의 어이 옥문 조금 열어주소

- 김현선: 야~ 아주 좋은 노래입니다. 이제 무슨 말인지 알겠다. 밀양 삼당에 왈자 처자가 갇혀있으니까 사장 사장 옥사장아 문 열어달라 이거죠?
- 정만자: 네. 문 좀 열어줘.
- 양만근: 여 한림이니까 고 밀양 삼당진하고 가찹거든, 삼당진에서 밀양이고 고래요.
- 김현선: 야, 이 문서보따리들 어떡하나.
- 조귀이: 살살 긁어내면. 살살 털어내면 갈 수가 있거든. 들으면 갈 수가 있거든. 고 하루 이틀하면 그래 연습을 해놓고. 노래를 생각을 해놀긴데. 갑중에 그래 되나?

-여성들도 함께 한 김해 걸립치기

- 김현선: 조귀이 어르신, 어렸을 때, 자라서 시집오셨을 때 걸립치기 보셨어요? 걸립치기 많이 보셨어요?
- 조귀이: 걸립치기 댕겼다. 많이 보자내.
- 김현선: 어르신이 걸립을 치러 다녔다구요? 왜요?
- 조귀이: 고깔 치고. 그래가 동네 가서 집집마다 가서 성주풀이 하고. 뭐 춤도 추고 놀고 그랬지.
- 김현선: 어르신께서 하셨다구요?
- 조귀이: 그래.
- 정만자: 어데~ 남자들이 풍물치고 하면, 우리는 고깔 치고 소북 들고. 이래이래 추고. 이래이래 하고. 뺑뺑 돌고. 이래 했어.
- 김은희: 여자 분들도 하셨어요?
- 김현선: 그게 몇 살 때 하신 겁니까?
- 주정희: 시집오고. 얼마 안 되서 그렇지. 시집 와 가지고.
- 정만자: 새댁일 때. 4,50대.
- 김현선: 같이 하셨어요? 바깥어른들이 뭐라 하지 않으세요?
- 정만자: 그거는 동네에서 다 그거로 이해를 하고. 한중푼다 아닙니까.

○시지은: 여자들은 다 꼬깔쓰고 소고 들었어요?

●정만자: 한복 딱 입고.

●주정희: 소고, 그 쪼매난 거. 이거 치고.

●조귀이: (사진을 주며) 이거예.

○김은희: 오~ 이거 1990년대인데?

●김기형: 그 안에 다 있어. 그거는 사진 찍어서 그래.

○김은희: 새댁 때도 이걸 하셨어요?

●김기형: 네네. 우리네는 우리 새댁 때 했고, 그 앞전에는 형님들 했고.

●정만자: 남색 치마 입고 옥색 저고리 입고 그게 내다.

●주정희: 울산댁이 북 잘 치던데.

●정만자: 얼매나 신나게 친다고.

●양만근: 징도 잘 쳤지예.

●정만자: 여는 징 안 쳤고. 징도 잘 치고, 북도 잘 뚜드리고 울산댁이는.

●양만근: 여는 북 쳤다 아닙니까.

●정만자: 여는 북 안 쳤어.

●주정희: 북 한 번씩 돌아가며 치지.

●여영득: 아까 사진 거기 보면예 그 인자 노인네들 장구치고.

-당산제와 걸립치기 절차

●여영득: 옛날에 성황당 했던 그것도 뭐 모르는 거는 함 물어보세요. 여도 잘 아시니까.

○김은희: 옛날에 당산제. 당산제 하시는 거 보셨죠?

●조귀이: 당산제는 저게 이전에 판출이 즈그 어매가. 판출이 즈그 어매가 내도록 했거든. 판출이 즈그 어매가 내하다가 그래 인자 판출이 즈그 어매 죽었다 아이가. 죽고 나서 간난이 즈그 어매가 했다. 간난이 즈그 어매가 하다가.

●주정희: 신촌댁이라고.

●김기형: 하는 거는 하는 건데 그때 모시는 과정을 압니꺼?

●조귀이: 그 전에 신촌댁이는 저짝에 살았고. 여게 판출이 집에는 우리캉 대문이 같이 안 있었나. 그거 참 힘들더라.

●주정희: 김용택이가 대를 잡아가지고 그 대가 가서래 신촌댁이 했다 아이가?

●조귀이: 신촌댁이 했다 그래. 종식이 즈그 어매 죽고. 아이구 그래 이 전에는 마실 것도 없었는가. 장보러 가면 수건을 가지고 딱 말 안 하고. 말 안 하고 그래 인자 장 가면 이 깎자 우짠다 이런 소리도 안 하고 돈 주고. 사가 오고 사가 오고. 그래가 전에 한 번 화장실에 가면 목욕해야 되고.

●김기형: 그 제수를 하는 사람이 누군데예?

●조귀이: 간난이 즈그 어매가 해쌌지. 판출이 즈그 어매가 하고, 간난이 즈그 어매가 했다 아이가.

●김기형: 그라면 그 모시는 상 안 있습니까? 모시는 상. 상 채린다 아닙니꺼?

●조귀이: 모르지 마, 그 안에 상이.

●정만자: 간난이 즈그 어매가 해갖고 물 떠놓고 움막 치고 그래 하는.

●조귀이: 판출이 즈그 어매 하듯이 그렇치는 안 했다. 판출이 즈그 어매는 참 얼매나……

●김기형: 그러니께네 모신다 아닙니까. 우리 성주상 밑에다가 모신 상이 있을 거 아닙니꺼. 우리 뭐 제석 제사지내는 것처럼

●조귀이: 나는 지내는 데는 안 가봤는데. 안에 그 안에 채릴낀데. 그 문이 있었거든. 문 열어 놓고 거서 채렸지.

●양만근: 당산 지어가지고. 지어 놘데 거 나무하고 그런데 거 지낸다 이 말이라.

●김기형: 그렇게 제를 지내는데. 우리 모냥 뭐 제사를 집에서 지낸다 아닙니꺼. 그러면은 고기를 산다던지, 나물을 한다던지. 채리는 과정에 뭘 뭘 샀느냐고.

●정만자; 여러 가지 안 하고 과실 몇 가지, 조구, 물 떠놓고.

●주정희: 여그는 거는 고기는 없을 껄. 고기는 안 쓸 낀데. 명태 같은 거. 나무새 같은 거. 탕 같은 거.

○김은희: 장보러 갈 때는 남자 여자 같이 장보러 갑니까? 남자만 장보러 갑니까? 여자, 남자 같이 장보러 갑니까?

●조귀이: 여자, 여자.

○김은희: 여자가 장 보러 갑니까?

●조귀이: 그래가 그거 할라카면 한 일주일 까정은 그 집 삽지개를 금부줄 쳐놔 놓고. 황토 흙으로 짜북짜북 놔 놓고. 절에도 당산제도 금부 요래 치놔 놓고.

○김은희: 산에 제 지내러 갈 때도 남자하고 여자하고 같이 갑니까? 아니면은?

●조귀이: 아니다. 할매 혼자 간다.

○김은희: 할매만 갑니까?

●정만자: 목욕 하고 마 며칠을……

●조귀이: 화장실 가면 목욕 한 번 해야 돼고. 화장실에 가든.

●정만자: 날짜가 아무날 한다 카면 며칠까정 대를 꼽아 놓고. *도 올리 놔 놓고. 금부쳐 놓고. 목욕 하고.

●주정희: 마을에 들어오는 입구에 언제든지 성황대, 대를 양쪽을 꽂아 놓고 금부줄을 치놔 놓고 황토를 이래 쪽, 똑똑똑똑. 월등하니 다섯 개 다 똑똑똑똑 놔놓대. 그래 놔놓고 금부줄을 치 논다대. 금부줄을 치 놔 놓고 그래 나쁜 사람 못 들어오라꼬 부정을 개한다는 이긴 갑대예.

○김은희: 그거는 어디다가 했어요? 동네 입구 어디다가?

●주정희: 동네 입구. 요 마을에 들어오는 골목. 입구에 그래 놓아.

○김은희: 지금 그 쪽 길 있어요?

●김기형: 없어요.

●주정희: 길 주정 내 놔. 지금 그 당산집 앞에 고 항시 고 많이 하거든. 고 많이 하거든. 에덴상회 거도 많이 하고.

●양만근: 거도 하고. 여 내려가는 길도. 골목마다.

○김은희: 여러 군데다가? 한 군데만 하는 게 아니고 여러 군데다가?

●양만근: 네. 한 군데가 아니고 골목 들어오는 마중 한 서너 군데 되거든. 그래 거기 치고 우물에 금부 치고.

●조귀이: 그래 당산제 그거 지나고 나면 섣달로 할매는 궂은 일 안 보고.

○김은희: 제는 새벽에 일찍 지냅니까?

●주정희: 일찍이.

○김은희: 그럼 동네사람들 다 올라갑니까?

●주정희: 아니. 지내는 사람만 올라가지, 다른 사람들 거 안 가.

○김은희: 그 어머니만 가신다고요?

●조귀이: 그래 깨끗한 사람만 가서 봐야 되지, 동네 사람들 다 가면 되나.

○시지은: 그러면 음식 그렇게 과일이랑 떡이랑 해서 그 판출이 어매? 그 분이 갖고 올라 가요, 당으로? 혼자?

●양만근: 어르신이 있거든. 어르신하고 같이.

●조귀이: 없었다. 판출이 즈그 아부지 없었다.

●양만근: 같이 가는데. 축을 읽어주는 사람을 따로 정해요. 축을, 제사에 가면 축을 읽으 거든. 그래 축을 읽고 제사 지내고. 그 음식을 가져와 가지고 그날 아침에 이원출이 집에, 그게 주로 많이 그거를 했거든. 거서 인자 음식을 다북 가져와서 상을 채리나. 거 와서 처음 보는 사람들은 거기다 절로 하고 그래요. 그래 그 음식을 갈라먹고.

○김은희: 일단 집으로 갖고 오면 그걸 상으로 채려놨다가 동네사람들이 그 상에다 절도 올리고. 그렇게 하면 나중에 그 음식을 갈라서 먹는 거고. 산에 못 올라가는 사람들은 거기서 대신 절을 하는 거네요, 그러면?

●양만근: 네. 절하고 나면은 조금씩 조금씩 떠어 가지고.

○시지은: 그러면 그 당집에는 올라가고 싶은 사람은 특별히 부정한 사람 아니면 다 올라 가도 돼요?

●양만근: 아니.

○시지은: 축 읽는 사람하고 고 내외간. 그렇게 세 분만? 그 지내고 다시 집으로 내려와요?

●양만근: 그렇지. 지낸 거를 갖고 내려와서 아침에 이원출씨 댁에 거 사람이 많이 모이고. 마당이 널으니까. 거기다 음식을 또 채리는 기라. 그 음식을 채리면은 그 당산 음식 채리는 거 알고 온다고. 오만 그 절 한다고.

○시지은: 그럼 거기 뭐 깃발도 없고 나무도 없고 그런데 당에 올라갔던 음식상에 대고 절하는 거예요?

●양만근: 그 상을 채리놓거든. 그 지냈던 상을 갖다가 저⋯⋯

●여영득: 갈라 묵기 위해서.

●양만근: 갈라 묵기 위해서 채리는데. 채리놓으면 자기는 제사 지내러 안 가고 이랬으니 까. 그 오면은 절을 하고 이런데 나도 좀 안과태평을 비는 격이지. 좀 더 잘 해주라고.

○김은희: 판출 어매 택호 아십니까? 택호. 판출 어매 택호.

●조귀이: 택호는 없드라.

●주정희: 옛날에 똥빨래 안 캤나.

●조귀이: 그게 어디 택호가.

●정만자: 별밍.

●조귀이: 별밍, 별밍.

○김은희: 그러면 그 아버지 성함은 어떻게 되세요?

●주정희: 그 할배는 일찍 살아가시니 이름 모르지.

●조귀이: 할배는 일찍 돌아가셨다.

●주정희: 일찍 돌아가시니. 그 아들이 김판출이고.

○김은희: 그럼 판출네가 하셨다는 거는 할아버지 살아계셨을 때까지만 그 집에서 제를 지낸 거예요?

●주정희: 할머니 살아계실 때까지는.

○김은희: 그러면 그 집은 할아버지 없는데 할머니 혼자 당산제를 지내신 거예요?

●주정희: 아들 살아있으니까네.

○시지은: 그럼 그 대는 그 판출이 어매, 그 할머니 때문에 그 집으로 가는 거예요? 할아버지 말고?

●주정희: 아니지. 그 사람들은 제 지내고. 인자 그 사람이 죽고 없으니께네 대를 잡아가지고 이거를 누 집에, 누구 집에 대를 내겠노 하고 대를 잡으니께네 신춘댁이 집을 갔는기라.

○김헌선: 김용택 어르신?

●주정희: 네.

○김헌선: 그럼 정확하게 당제는 초여드레에서 초아흐레 고 사이에 지내는 거죠?

●양만근: 초여드레, 옛날에 되면은 고사 지내는 날입니다. 원래 12시 넘어야 지내거든요. 조용할 때.

○김헌선: 조용할 때? 삼경 때 하는군요? 11시에서 1시 사이에?

●양만근: 네. 고라니께네 9일날 택이지. 택은. 12시 넘으면 9일 날이니. 8일 날은 그래가지고.

○김헌선: 준비해서.

●양만근: 고때까지는 8일 날까지는 2일 날부터 해 가지고 장구하고 이런 거 연습을 한다고. 연습을 하고 나면은 9일 날은 원래 그 옛날에는 손이 없는 날 이카거든. 그래서 그런……

●조귀이: 아이고 당산제 그거 보통하는 사람 못 지낸다. 그래 정신이.

●양만근: 판출이 그 아부지 우리 콩사리 해 먹는다고 쓱 콩 빼면은. 그 겁나더라고.

●조귀이: 우리 시집 오니 판출이 즈그 아부지 없대.

○김현선: 콩서리 하지 말라고?

●양만근: 응. 콩사리. 콩 빼가지고 콩사리하면. 그대로 두면 콩사리 해부니까 아들이.

●김기형: 아까 그 사진에 거 판출이씨하고 다 있을텐데?

○시지은: 근데 당산제를 만약에 그 판출이 어매 할머니가 지내면 그 집으로 음식이 내려오잖아요. 근데 왜 또 이원출 어르신 댁으로 가요?

●양만근: 이원출이가 아니고 그 아들이다.

●조귀이: 아들이다 아들.

●양만근: 배가 다른가 갑든데.

●조귀이: 배가 다르는 게 아니고 씨가 다르다. 씨가.

○김은희: 성이 다르니까.

○시지은: 김판출하고 이원출하고 씨가 다른 형제에요?

●조귀이: 판출이는 엄마가 재혼해 가서 낳은 거다.

○시지은: 어매 따라서 그 상이 이원출 어르신한테 가는 거구나. 그럼 누가 형이에요? 판출이하고 원출이하고?

●정만자: 이원출이.

○시지은: 원출이가 형.

○김은희: 그 집이 마당이 넓으니까 그 집으로 가는 거죠?

●양만근: 네. 많이도 놀고. 옛날에 포수도 했고.

○시지은: 원출이 할배가?

○김은희: 당산제 지내고 아침에 일찍 그거 이원출씨네 집에 가서 모여가지고 먹고 나면 그때부터 인제 치기 시작하시는 거예요?

●양만근: 네. 시작이지.

○시지은: 걸립치기. 점심때쯤부터?

●양만근: 아침에 그거 하고 나면은 한 9시, 10시나 좀 되거든. 그래가 모이면 당산에 올라가는 기라. 치고 올라.

○김은희: 그때 다시 치고 당산에 올라가시기 시작하셔서 당산에서 치시고.

●양만근: 그렇지.

○김은희: 새벽에는 몰래 조용히 제사만 지내고 내려오시면. 아침에 다시 인제 다 치면서 올라가가지고 그쪽에서 당산에서 치고, 동네로 내려온다 말씀이신 거죠?

●양만근: 그렇지.

○시지은: 그럼 이제 걸립치기는 고 악기 가지고 당산으로 올라가는 거부터 걸립치기 시작하는 거네요?

●양만근: 그렇지.

○시지은: 그러고 해서 각 집으로 들어가면 시작하는 거고?

●양만근: 그지. 거 저 뒤에 밭이 한 마지기 가진 게 우리 큰집 집 뒤에 그기 어디죠?

●정만자: 우리 밭 요 한 마지기 있고 요 당산 있고.

●양만근: 그렇지. 우리 앞 거는 우리 큰집 아이가 큰집.

●조귀이: 그렇지. 우리 밭 밑에.

○시지은: 여기는 한 마지기가 몇 평이에요? 200평? 250평?

●조귀이: 150평.

●양만근: 아니 밭은 안 그럴 텐데.

●정만자: 밭은 70평이 한 마지기.

●조귀이: 논은 150평.

●정만자: 논은 150평이 한 마지기. 산 따랑이는 200평이 한 마지기.

○시지은: 그러면 그 걸립치기를 아흐레 낮부터 시작하면 길면 보름 때까지 하는 거고. 집이 적으면 일찍 끝날 수도 있구요?

●양만근: 아니 일찍 끝날 수가 없어요. 보름에, 보름날 때까지 치면은 보름날 그날 이제 달집을 짓거든.

○시지은: 음! 그때까지는 해야 되겠네요.

●양만근: 달집을 짓기 때문에.

정만자. 주정희. 양만근 어르신

-대보름 달집태우기와 기타 민간신앙

●조귀이: 참 그래 우리 시집오고 그 때는 참 보름날 되면 달집 짓는다고 야단이고. 달집 불 지른다고 야단이고. 막 산에 올라가가 달 그거 오면 절한다고 야단이고.

●정만자: 달 보고 불 지른다 아이가. 그라면 아들 못 낳은 사람 우짜든지 아들 낳아 줄라 고 소원 빌고. 명도 떼어다 내 겨울 내 떼어다 그 하는데 달아 놓고.

●조귀이: 인자는 마 달집에 불이 있나. 누가 뭐 달 뜨는 거 보러 가는 사람이 있나. 뭐 다 집에 있고 뭐. 위에서 달 뜨는 거 보러 간다고 뒷동에 전부 모두 막 이렇게 동네서들 다 올라가고. 달 뜨는 거 본다고 마.

●양만근: 불을 저가 지르는 거지. 상 채려놓고 절도 하고 그래요. 아들을 놓게 해달라고 비는 격이지.

○김은희: 그래서 아들 얻으신 분 있어요?

●정만자: 있기도 하고. 뭐 없슨 사람은.

●양만근: 그래 당산 할매에 많이 비는 격이지.

○김은희: 여기 당산 할매입니까? 그럼 할아버지는 없어요?

● 주정희: 할아버지는 몰라! 뭐 당산 할매한테.
● 양만근: 주로 당산할매가 주로 그걸 많이 하지. 할배는 그냥 뭐 술만 먹고 그거나 하는
거지.
○ 김은희: 할배는 역시 술만 마시고 노는구나.
● 김기형: 그래 그 우리 넝쿨집 앞에 있던 비석 보셨던 거는 누구에요? 비석 있었잖아.
● 양만근: 비석, 그래 비석. 비석.
● 김기형: 장군이었다 아이가?
● 양만근: 그거를 만들 때, 그 돌이 크고 그래가지고. 그 골목에가 있으니까 그때 돈을
몇 채씩 냈어. 내가 허이도 대고 돈 낸 사람은 그 비석 이름 새기고 이랬다고.
● 김기형: 아닌데.
● 양만근: 했어.
● 김기형: 그거는 아니고. 무슨 장군이라면서 옛날 전설 그게 없었어요?
● 양만근: 그 비석 말하는 거 아니가? 돌 우에?
● 조귀이: 비석 세워놓은 거? 돌 우에 비석 세와 놓은 거? 옛날에 그 삼정동에 과부 많이
난다고 이 전에 김해에서 풍수 그 사람들 안 댕겼나.
● 양만근: 허이하고 몇이 그 돈 내 가지고 이름 올리고 그랬어.
● 조귀이: 경태도 그 들었을기다. 경태. 논실댁이 영감. 그래가 과부 많이 난다고 그래
거따가 비석을 그 방구 우에다 시았다.
● 김기형: 나는 무슨 뭐 장군이 옛날에……
● 주정희: 그래가지고 돌 그거 건드리면 안 된다고 갖다 깨면 안 된다고 해싸. 그래싸 가지
고 빌었다 해놔. 뭘 그 깨도 아무렇지 않은데. 동네만 좋은데. 옛날에 저 당산
제도 그래 지내고, 그래 막 지극정성으로 했는데 지금 안 해도 아무 탈도 없고.
내가 시집 오니께네 우리 할무이가
● 정만자: 그래 미신을 지키면 자꾸 지켜지고.
● 양만근: 근데 갯구같은 거 이런 거는 잘 맞아요. 내가 경험을 해봤기 때문에.
● 주정희: 우리 할매가 내가 시집을 오니까 2월 초하루 되면은 물로 떠놓고 뭐 색종이
빨간 거 파란 거 뭐 헝겊 갖고 오라카는 기라. 그걸 달고 소지 적어 달래 소지
적어가지고 불로 붙여가지고 이래 올리고 막 절을 하더만은. 밥을 해놔 놓고.

물 떠다놓고 이라대. 그래서 내가 어무이, 어무이 돌아가시면 나는 이거 절대 안 할 낍니다 이랬거든. 그 이후부터는 팍 안 하는 기라. 딱 안 하대. 그래도 아무 탈도 없고 아무것도 없는 기라.

그래서러 그래가지고 또 우리 시집온 게 이 구석에 단지 하나 여 놓고. 이 구석에 단지 하나 해놔 놓고 있다. 나는 그거를 보니 딱 기분이 안 좋은 기라. 우리 친정엔 그거 없었거든. 뭘 저런 걸 들여 놨노 싶어서. 그래 그 판출이 딸 영애 그게 우리 순영이한테 놀러를 와 가지고 그리 한 번 놀다가 그걸 깼뿄어. 깨뿌니 우리 할마이 이 깼다고 난리를 나. 또 단지를 사 또 올려놓대. 아니 저거를 건들지도 못 한다 캐싸고 저거를 어떻게 하겠노.

- ●정만자: 신주단지를 모시낱데. 우리 방에가 모시낱데. 저길 내 죽기 전에 없애뿌려야 할낀데. 없애뿌려야. 한날 내가 막 치아뿌서. 치아갖고 단지 그기 반들반들하니. 나는 마 점바치가 우리 영감 아플 적에 뭐 하라카대. 뭐 하고 나서 시준단지를 모셔 봐야 아들 장개줄도 빨리 나고 영감도 낫는다 이라 카더라고. 그래 신주단지 딱 모셔. 자 가서 딱 첫눈에 빈 거를 사 갖고 하더라 카더라고. 그런데 자그마한 걸 할낀데 보니께 마 살이 한 되 넘기 들어가는 거 눈에 띈 기라. 반들반들하니 새카마이. 살이 한 되 넘게 드는 거를 딱 눈에 띈 기라.

그래 사가 와가 살이 순 들어가는 기라. 그래 멋이나 아이구 저거를 없애야 될낀데 해서 내가 한날은 무딩이 씌워갖고 치워뿌거든. 아이 치워뿌드이만 그날 저녁부터 온 정신이 막 쑤시고 막 침조절 안 하는데. 감당 못 하겠어. 그래가 마 너무 아파서 이자.

- ●조귀이: 아이고 신주단지 없애서 그랬는갑다 싶어서 또 사야 되겠다.

- ●정만자: 신주단지를 없애가 진노를 하는 같으가 **한테 물으러 갔다. 물으러 가니까네 뭘 해야 된다 카더라고. 하면 또 돈도 들고 장도 가까 봐야 되고 이래서라. 가만히 생각하니 아이고 마 그때 돈이 쫌 귀하. 이래가 돈도 많이 들겠고 안 되겠다. 내가 살살 장을 나무생 몇 가지하고, 과실 몇 가지 사가 딱 놓고. 쌀 한 되 담가 고사가 쪄 갖고 놔놓고. 그래 아이고 시준할미 내 잘못했습니다. 아이고 한 미욱한 중생이 아무것도 몰라서 그랬습니다. 잘못했습니다. 아마 대고야고 절 하니 어마 매 했다. 아이고 그날 밤에 자고 나니. 그날 밤부터 진노를 안 하는 기라.

영검있더라, 영검 있어.

●주정희: 니는 니 손이 영검 있는지 모르지만 나는 우리 할매가 시주를 이거를 막 방해를 해도 안 해. 그거 나 안 한다카니 우리 할매가 이듬해 딱 치와 불고 안 해. 그래 아무 탈이 없어. 그래 시준할매 우리 할매가 돌아가셨는데 내 참 신주댁이, 우리 외숙모한테 외숙모이 저거 단지 우짤까예. 어머이 가실 때 버려야 될까예? 그 조상을 와 버리. 막 만류를 하는 기라. 몬 버리라 카는 기라. 저를 못 버렸어. 우리 할매 갈 때 버려뿌려야 했는데. 나는 귀찮은 기라. 그래서 저걸 어떻게 하나 내놔 났어. 내놔 나니까네 그래 몬 내비놔 싸니 우리 딸이 농협에 다니니까 농협에 그 근방에 살살이 아저씨가 있었던 모양이지. 우리 엄마는 그걸 신주단 지를 못 없애서 애가 타니 어떻게 해야 하는 기라. 그거 내가 해줄 게 이카는 기라. 그래 한날 떡 사람이 왔는데 남자가 왔는 기라. 오더만은 날더러 절하라고 자기도 절하고 이래싸드만은 그래갖고 동쪽을 보고 절을 하고 있었더만, 아이 신주단지 하나 턱 내려놓고. 그라더만은 하나는 또 그거는 아무 탈도 없습니다. 그거는 가만히 놔나라 카는 기라. 가만히 놔놓고. 이거 때문에 할배가 아파 죽었 다카고 이걸 떡 내려놓고 이라대. 그 내려놓은서라 그 내려놓은 걸 갖다 내가 어딜 갖다 버리겠노 싶어 겁이 나서 못 버리겠는 기라. 이거를 어떻게 버리겠노 싶으데. 그래 할배는 병원에 있는 한날 비를 맞고 집엘 왔다. 저 청도병원에 있었는데 청도병원에서 우리집까지 왔다. 와 가지고 단지를 없애자. 모르겠다 이걸 내가 절에 갖다 버려야지. 버릴 때가 없다.

한날 절로 올라갔다. 절로 올라가서 스님예, 이거 내 시준단진데 이거 어떻게 할까요? 하니 헤헤 온 무당들은 놓을 때 돈 도라 카고, 버릴 때 자기 돈 도라 카고. 무당들은 놓을 때 돈 들고, 버릴 때 돈 돌라칸다 카니 그래놓고 이래 간다 카는 기라. 그 다음에 절 백에 내배릴 때가 없네요 이래카는 기라. 그럼 도로 가 갈까예 카니까네 갖다 놔 노소 하더라. 그래 내가 그냥 우떻게 돌아오노? 돈을 봉투에 딱 청해놔 놓고 시준단지는 법당에 딱 갖다 놓고 그래 왔어요.

그래 하나 또 남아있다 아이가. 저거를 또 어떻게 하노 대걱정인 기라. 시준 할매도 그냥 버려도 괜안트라. 바람도 할매가 그래 올 때 버려도 괜안트라. 아 이고 내가 마 아무 손 없는 날, 윤달에 아무 탈 없는 날. 내가 그때 사용을 해야지 싶어서 윤달에 손 없는 날. 우리 딸로다 날 실어다 은하사 절 입구로 딱 갔다 아이가. 가 가지고 내가 이래 딱 싸 가지고, 보따리 싸가지고, 가지고 올라 갔다. 가져 올라가 가지고 큰 둥구나무 밑에 살을 부았다 아이가. 다 짐승들 묵고 가라고. 딱 부아놔 놓고 그 단지는 절 담에 딱 얹어놓고. 그랑게 아무 탈도 없고, 아무 짓도 없고. 내 그거를 못 없애갖고 애를 태와가. 우리 시누는 물에 갖다 버리는 사람도 있더라. 어데 갖다 버리는 사람도 있더라. 그래는 못 하겠는 기라.

● 정만자: 나는 다부 살판 일궈갖고 씻거가 말라갖고 살로 다부 부어갖고 다부모 썻다 아이가. 그래 거 나고 나이 그 뒤부터 몸이 슬슬 안 아픈 기라.

『契丹國志』
『광여도(廣興圖)』
『舊唐書』
『대동여지도(大東興地圖)』
『文獻通考』
『文獻通考夷樂部』
『문화유산』
『三國志』
『西京雜記』
『속초문화』
『慵齋叢話』
『朝鮮農村記』
『學生』
『해동지도(海東地圖)』

『삼정걸립치기』, 삼정걸립치기보존회, 미간행본, 2016.
『이옥전집』, 소명출판, 2001.
『한국구비문학대계』, 한국정신문화연구원 어문연구실, 1981.
『한국민속신앙사전-마을신앙』, 국립민속박물관, 2010.
『한국민요대전』, 문화방송, 1989~1995.
『한국민속대관』, 고려대학교민족문화연구소, 1982.
『한국민족문화대백과사전』, 한국학중앙연구원, 2009.
『한국세시풍속사전』, 국립민속박물관, 2004.
『활천지』, 활천지편찬위원회, 2013.
고정옥, 『조선민요연구』, 동문선, 1998
김명자, "가신신앙의 성격과 여성상", 『여성문제연구』 13, 대구가톨릭대학교 사회과학연구소, 1984.
김병찬. 「지신밟기소리의 전승 원리 연구」, 부산: 동아대학교 석사학위논문, 2004.
김열규, 『한국민간신앙연구』, 집문당, 1983.
김정헌, 『남원농악』, 남원농악보존회, 2015.

김헌선, 『경기도 토박이농악』, 경기문화재단, 2015.

김헌선, "현단계 민요 연구의 좌표", 『구비문학』 제9집, 한국구비문학회, 1997.

류상일, 「경남지역 지신밟기 성주풀이에 대한 연구」, 부산대학교 석사학위논문, 2000.

박성석 외, 『김해삼정걸립치기』, 경상대학교 인문학연구소, 2009.

서대석, 『한국신화의 연구』, 집문당, 2001.

孫晋泰, 『朝鮮神歌遺篇』, 東京: 鄕土文化社, 1930.

송석하, "남방이앙가", 『학해』, 1937.

송재용, "일제강점기 가신신앙 연구", 『한국고전연구』 17집, 한국한문고전학회, 2008.

신용하, "두레공동체와 농악의 사회사", 『한국사회연구』 2, 1984.

안승택, "해방 전후 한국농촌의 공동노동과 호락질: 공동노동에서 이탈하는 단독노동 배후의 공동체 이데올로
    기와 경제논리", 『비교문화연구』 제15집 2호, 서울대학교 비교문화연구소, 2009.

이능화 저, 서영대 역, 『조선무속고』, 2008.

이걸재, 『공주 말 사전』, 민속원, 2009.

이두현, "김해삼정동걸립치기", 『국어교육』 18, 한국어교육학회, 1972.

이보형. "동남토리 음구조 유형 생성과 변이", 『한국음악연구』 제44집, 한국국악학회, 2008.

이보형, "메나리조", 『한국음악연구』 제2집, 한국국악학회, 1972.

이보형, "신대와 농기", 『韓國文化人類學』, 한국문화인류학회, 1976.

이옥, 『이옥전집』 3, 소명출판, 2001.

이학규, 「금관기속시」(金官紀俗時), 1819.

장주근, "가신신앙", 『한국민속대관 3』, 고려대 민족문화연구소, 1982.

전장석, "조선원시사연구에서 제기되는 몇 가지 문제", 『북한민속학자료집』, 1975.

정병호, 『농악』, 열화당, 1986.

조대일, "과거 우리나라 공동로동의 형태와 그 특성", 『고고민속론문집』.

조동일, 『경북민요』, 형설출판사, 1997.

조동일, "민요에 나타난 해학", 『우리문학과의 만남』, 홍성사, 1978.

조동일, 『제4판 한국문학통사』, 지식산업사, 2005.

赤松智城, 秋葉隆 저, 심우성 역, 『조선무속의 연구』, 동문선, 1991.

정미영, 「지신밟기계 민속놀이연구」, 이화여자대학교 석사학회논문, 1995.

최자운, "부산 경남지역 지신밟기 공연의 추이와 의의", 『한국민요학』 40집, 한국민요학회, 2014.

최충환, 이진희, "지신밟기계 민속놀이의 제의성에 관한 고찰", 『한국여가레크리에이션학회지』 제18권, 한국여
    가레크리에이션학회, 2000.

최현숙, 「김해 걸궁치기 놀이의 음악분석 연구」, 중앙대학교 석사학위논문, 2011.

한병삼, "선사시대 농경문청동기에 대하여", 『고고미술』 112, 고고미술사학회, 1971.

町田歌聲, "農作業歌의 諸相", 『日本民謠全集1』, 1976.

仲産幸二郎外編, 『日本民謠辭典』, 東京堂出版, 1975.

Eugene I Knez, 『대한민국 세 마을에서의 현대화: 민중과 그들의 물질문화를 중심으로』, 스미스소니언연구소
    출판, 1997.

김헌선 金憲宣 Kim, Heon Seon

경기대학교 인문대학 국어국문학과 교수
한국 민속문화 전반에 대한 관심을 갖고 지속적인 현지조사와 연구를 진행하고 있다.

주요저서
『서울지역 안안팎굿 무가 자료집』(2006), 『부여 추양리 두레풍장』(공저, 2013), 『옛이야기의 발견』(2013), 『총체학과 개체학으로서의 한국구전동요연구』(2013), 『한국농악의 다양성과 통일성』(2014), 『최한기의 기학시대, 기의 본체와 활용』(2015), 『금릉빗내농악-진굿의 전통과 혁신』(공저, 2016)

김은희 金銀姬 Kim, Eun Hui

서울과학기술대학교, 한국예술종합학교 강사
고려대학교에서 황해도 굿을 주제로 박사학위를 받았다.
여러 지역의 굿을 비롯한 민속문화에 관심을 갖고 현장조사와 연구를 진행하고 있다.

주요저서
『당산동 부군당굿』(2011), 『부여 추양리 두레풍장』(공저, 2013), 『경기의 민속문화』(공저, 2015), 『금릉빗내농악-진굿의 전통과 혁신』(공저, 2016)

시지은 施知恩 Si, Ji Eun

경기대학교 강사
경기대학교에서 호남우도농악을 주제로 박사학위를 받았다.
농악을 비롯한 다양한 민속 현장에 대한 조사와 연구를 꾸준히 진행하고 있다.

주요저서
『백두대간 남원 노치마을 당산제』(2011), 『부여 추양리 두레풍장』(공저, 2013), 『농악 현장의 해석』(공저, 2014), 『금릉빗내농악-진굿의 전통과 혁신』(공저, 2016)

정서은 鄭諝恩 Jung, Sue Eun

경북대학교 강사
한국학중앙연구원 박사 수료
민요를 비롯한 민속음악의 다양한 소리들에 관심을 갖고 조사와 연구를 진행하고 있다.

주요저서
『유성기음반으로 보는 남도잡가와 민요』(공저, 2007), 『민요와 소리꾼의 세계』(공저, 2014)

경상남도 김해 삼정걸립치기

2017년 3월 15일 초판 1쇄 펴냄

지은이 김헌선·김은희·시지은·정서은
펴낸이 김흥국
펴낸곳 보고사

등록 1990년 12월 13일 제6-0429호
주소 경기도 파주시 회동길 337-15 보고사 2층
전화 031-955-9797(대표)
　　　 02-922-5120~1(편집), 02-922-2246(영업)
팩스 02-922-6990
메일 kanapub3@naver.com / bogosabooks@naver.com
http://www.bogosabooks.co.kr

ISBN 979-11-5516-657-4 03380
ⓒ 김헌선·시지은·김은희·정서은, 2017

정가 25,000원